8° Ln 27 14526

Paris
1855

Grün, Alphonse

La vie publique de Michel Montaigne

LA VIE PUBLIQUE
DE
MICHEL MONTAIGNE

L'auteur et l'éditeur ayant rempli les conditions exigées par les lois et par les conventions littéraires conclues avec les puissances étrangères, poursuivront toute contrefaçon ou traduction du présent ouvrage.

Ch. Lahure, imprimeur du Sénat et de la Cour de Cassation
(ancienne maison Crapelet), rue de Vaugirard, 9.

LA VIE PUBLIQUE

DE

MICHEL MONTAIGNE

ÉTUDE BIOGRAPHIQUE

PAR

ALPHONSE GRÜN

ARCHIVISTE DE LA COURONNE, ANCIEN RÉDACTEUR EN CHEF
DU MONITEUR UNIVERSEL

> J'ay assez duré pour rendre ma durée
> remarquable et enregistrable. Comment ?
> Il y a bien trente ans.
> (*Essais*, liv. II, chap. xv.)

PARIS
LIBRAIRIE D'AMYOT, ÉDITEUR
8, rue de la Paix

MDCCCLV

PRÉFACE.

L'immortalité est acquise à Montaigne écrivain et philosophe. Les souvenirs de sa vie pâlissent sous l'éclat de ses œuvres : pourtant il a pris sa part et exercé son influence dans le mouvement des affaires de ce xvie siècle, si agité, si plein, si fécond. Gentilhomme, instruit, spirituel, bien apparenté, reçu à la cour, il a rempli, comme homme public, et dans plusieurs situations différentes, un rôle important. Sa *durée a été remarquable et enregistrable pendant bien trente ans.* (*Essais*, livre II, chap. xv). Ni l'aptitude, ni les occasions ne lui ont manqué pour atteindre plus haut. Ses goûts, son caractère, sa raison l'ont arrêté sur la route; il aurait pu parvenir à de plus grands honneurs : il a préféré garder son repos; il aurait pu devenir plus puissant : il a mieux aimé rester libre.

S'il avait peu ou point d'ambition, il n'était cependant ni indifférent ni étranger aux affaires publiques; il ne s'y portait pas, il est vrai, avec empressement, mais il ne voulait pas qu'on lui reprochât de ne pas faire assez[1]; il entendait que si on se résigne à devenir homme public, « on ne refuse aux charges qu'on prend l'attention, les pas, les paroles, et la sueur, et le sang au besoin » (livre III, chap. x); il n'admet aucune excuse « pour ne rompre son disner, voyre ni son sommeil » quand on reçoit du nouveau (livre II, chap. iv). Ce que Montaigne veut qu'on donne aux affaires, c'est son temps, c'est sa peine; ce qu'il veut qu'on garde pour soi, c'est soi-même; l'homme doit toujours rester distingué du fonctionnaire.

Montaigne a fait ce qu'il conseille. Sa vie publique, dirigée par les plus nobles principes, a été plus occupée qu'on ne le sait généralement. *Remarquable et enregistrable,* elle n'est enregistrée que pour bien peu par lui-même : « ce ne sont mes gestes que i'escris, » dit-il (livre II, chap. vi). Faut-il croire, avec Mlle de Gournay (*préface des Essais*), que « ce n'est guère la peine d'écrire la vie de Montaigne puisqu'elle est complète dans l'auteur[2]? » A qui veut connaître la vie privée,

---

1. « Les plaintes qui me cornent aux oreilles sont telles : il est, aux offices publicques, trop particulier, trop desdaigneux.... Si i'estois grand enlumineur de mes actions, à l'adventure rembarrerois-ie bien ces reproches; et à quelques uns apprendrois qu'ils ne sont pas si offensez que ie ne face pas assez, que de quoy ie puisse faire assez plus que ie ne foys. » (Livre Ier, chap. xxv.)

2. Le savant Tessier exprime la même pensée : « Montaigne a fait au long l'histoire de sa vie dans ses *Essais*, qui sont entre les mains de tout le monde; ainsi il n'est pas nécessaire que j'insiste là-dessus. » (Éloges des hommes savants, tirez de l'histoire de M. de Thou, avec des additions contenant l'abrégé de leur vie, le jugement et le catalogue de leurs ouvrages; 4ᵉ édit. 1715, t. IV, p. 172.)

la personne, les habitudes, même les plus intimes, le caractère du philosophe, les *Essais* suffisent; son livre, c'est lui, *c'est son essence*. Mais si ce livre, qu'on relit sans cesse, inspire la curiosité de savoir la place que l'auteur a tenue dans la société, dans l'histoire de son temps, les renseignements et les allusions que les *Essais* contiennent, laissent d'immenses lacunes, et ne se peuvent bien comprendre qu'à l'aide des témoignages contemporains.

Des investigations incessantes éclairent les nations étrangères sur la vie de leurs grands hommes; l'Angleterre recherche avec ardeur tout ce qui peut compléter la biographie de Shakespeare[1] : l'Allemagne veut tout savoir sur Goëthe. Aucun fait ne leur paraît trop minutieux, aucun détail indifférent. Nous n'avons eu pour Montaigne, hélas! comme pour bien d'autres, ni la même curiosité, ni le même zèle; les notions rares et vagues que nous avons reçues sur sa vie publique, nous les avons admises sans les contrôler et sans y ajouter; nous savons, en gros, les fonctions et les honneurs dont il a été revêtu; mais des circonstances de

---

[1] Ce grand poëte a lu Montaigne dans une traduction; il se prit pour lui d'un goût passionné, et transporta dans ses pièces des morceaux tout entiers des *Essais*. Le musée Britannique possède l'exemplaire de la traduction sur lequel se trouvent des notes de la main de Shakespeare, et sa signature avec la date de 1603. M. Philarète Chasles explique et prouve, de la manière la plus évidente et avec les détails les plus intéressants, l'influence de notre philosophe sur le poëte anglais. (Voy. Études sur *Shakespeare, Marie Stuart et l'Aretin.*)

ses dignités et de ses emplois, on ne semble pas plus s'en préoccuper que s'il s'agissait du plus obscur des citoyens perdus dans la foule.

Au xvie siècle, les personnages qui avaient figuré sur la scène politique ou militaire écrivaient leurs mémoires, ou recueillaient leurs correspondances; mais la biographie détaillée et critique, comme nous la comprenons aujourd'hui, n'était point pratiquée à l'égard des contemporains : Brantôme raconte ce qu'il a vu ou ce qu'on lui a dit, avec peu de souci de la sévérité historique, et sans s'arrêter à la précision des dates. Ce que les écrivains du siècle de Montaigne nous apprennent de sa carrière publique se réduit à peu de chose. Ses deux amis, de Thou dans son histoire et dans ses mémoires, Étienne Pasquier dans ses lettres, mentionnent, avec éloges, mais sans développement, ses fonctions et ses titres. Même laconisme dans les notices de Scévole de Sainte-Marthe et de Lacroix du Maine.

A l'exception de Mlle de Gournay, qui a noté quelques faits de la vie de son père d'adoption, et de Balzac qui s'est permis quelques épigrammes contre le conseiller au parlement et contre le maire de Bordeaux, le xviie siècle ne s'est arrêté à Montaigne que pour discuter son mérite littéraire et ses idées philosophiques.

Au xviiie siècle, un savant magistrat, le président Bouhier, a publié un mémoire qui embrasse la vie privée et la vie publique de Montaigne, et qui fut inséré en tête de l'édition des *Essais* de Londres, 1739, in-12, et dans les éditions in-4°[1]. C'est une biographie écourtée, incomplète, où l'on trouve des inexactitudes en même temps que des lacunes, et qui a fait quelquefois donner à son auteur le titre, mal justifié, d'historien de Montaigne. Les grandes pensées que les philosophes avaient empruntées, sans le dire, aux *Essais*, rappelèrent l'attention sur le moraliste Périgourdin; l'académie de Bordeaux mit son éloge au concours; le prix fut remporté par le chanoine Talbert; l'écrit couronné, publié en 1774, est surtout littéraire; quant à la partie politique et administrative, il contient très-peu de renseignements et plusieurs erreurs. On en peut dire à peu près autant de l'éloge historique de Montaigne par dom Devienne (1775) et de la notice qu'il avait placée dans son histoire de Bordeaux (1771). La Dixmerie a écrit un éloge de Montaigne, où la déclamation tient plus de place que les faits.

Les imperfections du mémoire de Bouhier étaient, dès lors, bien senties. L'infatigable annotateur Jamet avait reçu des pièces inconnues au magistrat biographe;

---

1. Beaucoup d'anciennes éditions contenaient un « sommaire récit sur la vie de Michel seigneur de Montaigne, extraict de ses propres escrits. » Coste l'inséra aussi dans son édition de 1725, quoiqu'il eût dit dans la préface : « J'ai exclu de cette édition ce qu'on trouve en tant d'autres, sous le titre de vie de Montaigne : extrait fade et incomplet de ce que Montaigne a dit de lui-même dans ses *Essais*. »

il les avait communiquées à Meunier de Querlon, qui s'en est servi pour les notes du voyage de Montaigne, édité en 1774. « On avait, dit-il dans son discours préliminaire, le dessein de publier une vie de Montaigne plus exacte et plus ample que celle du président Bouhier; on remplirait volontiers ce dessein si l'on pouvait avoir communication des lettres de Montaigne que l'on sait être entre les mains de quelques personnes. »

En 1812, l'Académie française proposa pour sujet de prix l'éloge de Montaigne. Le concours fut remarquable par le nombre et le talent des concurrents; la palme resta à l'un des plus jeunes, M. Villemain [1]. Son éloquente et rapide apologie n'a qu'une page à peine pour la vie publique du philosophe; la plupart des autres éloges sont aussi discrets : c'était une des conditions, je n'oserais pas dire un des torts, de ce genre de composition, plus favorable à l'art qu'utile à la science. M. Victor Leclerc a insisté davantage sur la conduite du citoyen et du fonctionnaire. Son travail, enrichi de notes, accru par de nouvelles recherches, est devenu l'introduction de la

---

[1]. Les autres concurrents dont les éloges ont été imprimés, sont MM. Droz, Jay, Leclerc, Victorin Fabre, Émile Vincens, du Roure, Dutens. M. Biot, pensant que Montaigne était au-dessus des banalités d'un éloge, ou que les formules de l'éloge étaient au-dessous de la sincérité de Montaigne, se mit volontairement hors de concours, en refusant d'intituler son travail autrement que *discours* sur Montaigne.

belle édition de Montaigne que le savant professeur a publiée en 1826.

Les Recueils biographiques, la *Biographie universelle*, celle de M. Weiss, les *Dictionnaires* de Chaudon et Feller, la *Galerie française*, l'*Encyclopédie des gens du monde*, le *Dictionnaire de la Conversation*, le *Plutarque français*, d'autres encore contiennent des articles sur Montaigne. Plusieurs éditions modernes des *Essais*, entre autres celle de M. Charles Louandre (1854), sont précédées d'une notice biographique.

La gloire de Montaigne a profité du mouvement littéraire des dernières années de la Restauration. MM Philarète Chasles et Saint-Marc Girardin, tous deux couronnés par l'Académie française pour leurs beaux Mémoires sur l'histoire de la langue et de la littérature française au xvie siècle, ont parlé de lui en hommes qui le sentent et le comprennent. Plus tard M. Sainte-Beuve lui a consacré une de ses intéressantes causeries du lundi, et M. Geruzez une des ingénieuses pages de son cours de littérature.

L'érudition historique a suivi la même route que la critique littéraire; elle y a fait d'actives recherches et d'heureuses découvertes. Des lettres autographes du philosophe ont été trouvées dans différents dépôts publics, par MM. Gustave Brunet, Buchon, Champollion, Detcheverry, Antonin Macé, Achille Jubinal, Horace de Vieil-Castel. M. le docteur Payen, après avoir donné la plus complète bibliographie relative à Montaigne, a publié, en 1847, des *documents inédits ou peu connus sur Montaigne*, et en 1850, de *nouveaux documents;* ces opuscules renferment deux lettres de Montaigne jusqu'alors inédites, deux lettres, l'une de Henri III, l'autre du vicomte de Turenne, également inédites, des commentaires et notes sur des pièces déjà imprimées, et divers renseignements d'un grand intérêt sur la personne et les ouvrages de Montaigne. La correspondance de Henri IV, recueillie par M. Berger de Xivrey, et qui fait partie de la collection de documents inédits pour servir à l'histoire de France, mentionne Montaigne à plusieurs reprises [1].

En présence de ces ressources, le moment m'a semblé venu de faire bien connaître comme homme public celui que le monde entier connaît comme écrivain. Des matériaux de cette biographie, les uns sont restés disséminés, sans liaison entre eux ni avec l'histoire contemporaine; d'autres demeurent inaperçus, oubliés ou incompris. M. Payen qui, par la richesse des documents qu'il possède, par l'étendue de ses connaissances, par le dévouement de toute sa vie à la mémoire de Montaigne, pourrait mieux que personne écrire l'histoire

---

1. Il existe à Paris, dans les archives d'une grande famille, plusieurs lettres inédites de Montaigne au maréchal de Matignon; les possesseurs de ces précieux documents refusent de les publier et d'en laisser prendre communication; malgré des instances réitérées, ils s'obstinent à tenir la lumière sous le boisseau.

complète de celui qu'il aime avec tant de passion, s'est borné jusqu'ici à des publications partielles, où l'on entrevoit à peine les bases de l'édifice qu'il lui siérait si bien d'élever.

Pour former un ensemble des renseignements épars qui existent, et y ajouter des documents nouveaux; pour reconstituer, autant qu'il est possible, la vie publique de Montaigne, j'ai eu recours d'abord aux *Essais;* quoique l'auteur n'ait pas voulu faire le récit de ses *gestes*, on y trouve des explications inattendues sur ses principes, ses actes et ses relations politiques. J'ai consulté les histoires, les correspondances imprimées ou manuscrites du XVIe siècle; celle de Duplessis Mornay seule contient cinq lettres importantes adressées à Montaigne, et dont aucun biographe n'a fait usage. J'ai compulsé, non sans succès, les manuscrits de la Bibliothèque Impériale de Paris. J'ai cherché et trouvé beaucoup dans les chroniques, les coutumes, statuts et règlements de la ville de Bordeaux, ainsi que dans les histoires locales du Bordelais et de la Guyenne. Je dois, et je suis heureux d'exprimer une vive reconnaissance aux personnes qui m'ont aidé de leurs conseils et de leurs communications, à M. Payen d'abord, à M. Rabanis, à MM. Gustave Brunet, Detcheverry, Gras et L. Lamothe de Bordeaux, à MM. les conservateurs et employés des bibliothèques publiques de Paris.

Je n'ai pas cru devoir présenter un récit suivi, rigoureusement chronologique ; cet ordre (que j'ai, d'ailleurs, rétabli dans un dernier chapitre), m'aurait condamné à des interruptions et à des redites ; l'objet spécial que je me suis proposé en aurait souffert. J'ai réuni, dans autant de chapitres séparés, les faits relatifs à chacune des circonstances de la vie publique de Montaigne.

J'ai fixé d'abord l'époque de sa naissance et prouvé sa noblesse, parce qu'il a rempli des fonctions qui exigeaient un certain âge ou la qualité de gentilhomme.

J'ai exposé, d'après lui-même, les principes généraux qui ont présidé à sa conduite politique ; on verra qu'il a toujours été résolûment du parti catholique et royaliste, qu'il n'a jamais appartenu à la Ligue, et que ses sympathies personnelles étaient au contraire pour le roi de Navarre.

Je le montre magistrat pendant près de quinze ans, modéré au milieu de collègues violents, soumis à l'autorité légale dans un parlement turbulent et insubordonné.

Je le suis à la cour de Henri II, de François II, de Charles IX et de Henri III, et fais connaître les idées, la tenue, le langage qu'il y porta, les époques où il y vint, les circonstances où il reçut la cour dans son château.

Je précise la date où il devint chevalier de l'ordre de Saint-Michel.

Je le représente comme gentilhomme de la chambre du roi, et prouve qu'il n'a point été, ainsi qu'on l'a soutenu, secrétaire de Catherine de Médicis.

Je rappelle son titre de citoyen romain et les efforts qu'il fit pour l'obtenir.

Je retrace l'histoire de ses quatre années de mairie à Bordeaux, après avoir expliqué toute l'importance de cette dignité : je discute la question de la durée de son administration ; j'en raconte les principaux actes, honorant son habileté, sa vigilance, son activité, regrettant la faiblesse qui lui a fait, avant le temps, abandonner ses fonctions.

J'entre dans le détail de ses diverses missions, jusqu'à présent presque inconnues ou vaguement indiquées, comme négociateur ou intermédiaire politique.

En rappelant qu'il a porté l'épée, je précise les années où il a pu accomplir son service militaire.

J'établis que s'il s'est trouvé à Blois lors des États de 1588, il n'y était point en qualité de député.

Je prouve que, dans ses dernières années, Montaigne n'a point abandonné la vie et les relations politiques, puisqu'en 1589 il était à Bordeaux avec le maréchal de Matignon pour le service du roi, et qu'en 1590 il entretenait une correspondance avec Henri IV.

Enfin, je résume, suivant l'ordre chronologique, les faits établis dans les chapitres précédents.

Voilà le plan de mon livre. Je n'ai point prétendu écrire une histoire, ni faire une œuvre de style. J'ai voulu, dans une simple étude, exposer ou discuter des faits, combler des lacunes, ouvrir des conjectures. Entré dans une voie toute nouvelle, où d'autres iront, je l'espère, beaucoup plus loin que moi, j'appelle de tous mes vœux les communications et les publications qui viendront me compléter ou me rectifier. Je réclame l'indulgence qu'on doit à toute initiative, et je prie la critique de ne pas oublier, qu'avant tout, j'ai cru remplir, envers un grand homme, un devoir jusqu'ici négligé.

VIE PUBLIQUE DE MONTAIGNE.

CHAPITRE PREMIER.

NAISSANCE ET NOBLESSE DE MONTAIGNE.

Date de la naissance de Montaigne. — Noblesse de son père. — Origine des Eyquem et du nom de Montaigne. — Vie et fonctions de Pierre Eyquem. — Michel lui succède. — Ses armoiries; ce qu'il en dit dans ses *Essais*; ce qu'il en fait dans ses voyages. — Il les lègue à Pierre Charron.

« Enfant on m'y plongea jusqu'aux oreilles, » dit Montaigne, parlant des charges auxquelles il fut préparé de bonne heure. A quel âge a-t-il commencé sa carrière publique? On ne le peut savoir qu'en fixant d'abord l'époque de sa naissance.

Le président Bouhier fait naître Michel de Montaigne le dernier jour de février 1538[1]. L'erreur de ce chiffre doit être mise au compte d'une distraction typographique; car, en le donnant, l'historien cite les *Essais* qui indiquent une autre date. La même excuse ne saurait couvrir la faute de Suard qui, dans l'article Buchanan de la *Biographie universelle*, et pour le besoin d'une argumentation historique, rajeunit sciemment Montaigne de plusieurs années.

Ni l'inattention, ni le parti pris ne peuvent élever aucun

---

[1]. Moreri, qui avoue (article Montaigne) avoir suivi Bouhier, n'a pas manqué de reproduire cette erreur.

doute contre le plus irrécusable de tous les témoignages, celui de l'auteur même des *Essais* : « Je nasquis entre unze heures et midi, le dernier iour de febvrier mille cinq cents trente trois, comme nous comptons à cette heure, commenceant l'an en janvier. » (Livre I, chap. XIX.)

En partant de cette date, on voit Montaigne sortir enfant du collége de Guyenne, consacrer une partie de son adolescence à l'étude du droit, et entrer jeune dans la magistrature.

Il a rempli des emplois et obtenu des honneurs qui exigeaient une condition alors importante, la noblesse. Il en devait jouir pour pouvoir devenir gentilhomme ordinaire de la chambre du roi, chevalier de l'ordre de Saint-Michel, maire de Bordeaux. Montaigne était gentilhomme, d'une bonne famille du Périgord. La mauvaise humeur d'un contemporain a vainement tenté de ravaler son origine. Juste Lipse ayant appelé Montaigne le Thalès français, il s'établit entre le philosophe gascon et l'érudit Flamand un échange de compliments qui excitèrent la jalousie de Scaliger. Les savants de ce temps-là étaient irascibles. Scaliger se vengea en inventant et en répandant des propos sur le père de Montaigne; le petit article qui le concerne dans le recueil de causeries intitulé *Scaligerana secunda*, commence ainsi : « Monsieur de Montagne, son père, était vendeur de harenc. » C'est une médisance qui n'a jamais eu aucun crédit; le défaut de succès a puni la méchante intention.

Michel avait pour père Pierre Eyquem, écuyer[1], seigneur de Montaigne. Le nom d'Eyquem, Ayquem, Eyquelm, est un des plus anciens et des plus répandus de la Guyenne pendant le moyen âge; on le trouve porté par un grand nombre de familles, tantôt comme nom, tantôt comme surnom : c'est de cette dernière manière que Montaigne croyait qu'il avait été employé par ses ancêtres : « Les miens se sont aultres fois surnommez Eyquem, surnom qui touche encores une maison cognue en Angleterre. » (*Essais*, livre II, chap. XVI.)

---

1. « Michael Montanus.... equite patre natus. » (Scévole de Sainte-Marthe).

Le nom d'Eyquem a pu être impr^(t)é en Angleterre par des habitants de la Guyenne lors de l'expulsion définitive des Anglais ; mais il est essentiellement d'origine gasconne. Pendant la domination anglaise, des familles du pays avaient contracté des alliances avec les étrangers, et la maison de Montaigne avait été de ce nombre. « C'est une nation (l'anglaise) à laquelle ceulx de mon quartier ont eu aultres fois une si privée accointance qu'il reste encores en ma maison aulcunes traces de nostre ancien cousinage. » (Livre II, chap. XII.)

Parmi les nombreux Eyquem de la Guyenne, il y en avait de très-puissants et très-riches ; par exemple, le 15 juillet 1363, le Prince noir, siégeant en l'église cathédrale de Bordeaux pour recevoir le serment des nobles et des communes de la Guyenne, Guiraut Aiquem, comme jurat de Saint-Macaire, fut l'un de ceux qui apportèrent le serment de cette ville ; l'acte d'hommage a été imprimé dans la *Collection générale des documents français qui se trouvent en Angleterre*, par Jules Delpit (Paris, in-4°, 1847, p. 86). Le château de ces Aiquem existe encore, sous leur nom, près de Saint-Macaire, et est possédé par la famille de Saluces.

Il m'a été impossible de trouver à quels Eyquem se rattache Montaigne. Le chanoine Prunis, dans une préface inédite dont je parlerai ailleurs, déclare avoir sous les yeux des titres qui font remonter la famille de Montaigne à l'an 1400 ; il est à regretter que le savant compilateur n'ait donné aucun détail sur ces documents.

Les ascendants directs de Michel avaient emprunté le nom de Montaigne à un domaine qu'ils possédaient près du village de Saint-Michel, à cinq lieues de Bergerac ; ils y avaient un château situé sur une hauteur[1]. Pierre y était né, et l'avait, non pas construit, mais agrandi. « Mon pere aimoit à bastir Montaigne, où il estoit nay.... C'est le lieu de ma naissance et de la pluspart de mes ancestres ; ils y ont mis leur affec-

---

1. « Ma maison est iuchee sur un tertre, comme dit son nom. » (Livre III chap. III.)

tion et leur nom. » (Livre III, chap. IX.) De Thou explique de même le nom et atteste la noblesse de la famille : « Michael Montanus.... in montibus Petrocoriorum, a quibus nobili familia nomen ita dictus. » (*Hist.*, livre CIV, sur l'année 1592.)

Comme tous les noms empruntés, durant le moyen âge, à des localités, celui de Montaigne[1] a été pris par plusieurs familles dans diverses provinces. Cette circonstance, Michel l'a relevée lui-même : « ....Je n'ay point de nom qui soit assez mien ; de deux que i'ay, l'un est commun à toute ma race, voire encores à d'aultres : il y a une famille à Paris et à Montpellier qui se surnomme Montaigne, une autre en Bretaigne et en Xaintonge de la Montaigne ; le remuement d'une seule syllabe meslera nos fusees de façon que i'auray part à leur gloire et eulx, à l'aventure, à ma honte.... Il est à quiconque aura envie de le prendre ; ainsi i'honoreray peult estre un crocheteur en ma place. » (Livre II, chap. XVI.) Les biographes ont réalisé les prévisions de Montaigne ; on verra qu'il a été confondu avec d'autres personnes par la seule identité du nom.

Pierre Eyquem n'exerça aucun commerce ; il porta longtemps les armes en Italie ; il eut « une longue part aux guerres au delà des monts, desquelles il avoit laissé un papier journal de sa main.... Il se maria l'an 1528, qui estoit son trente et troisieme, sur le chemin de son retour d'Italie. » (Livre II, chap. II.) Établi dans le château de Montaigne, il s'occupa de l'éducation de ses nombreux enfants, de l'administration de ses biens, et des affaires publiques. Propriétaire d'une maison à Bordeaux, il jouissait du droit de bourgeoisie dans cette grande cité, et il reçut plusieurs fois des preuves honorables de l'estime et de la confiance de ses habitants. Je dirai ailleurs l'importance et l'éclat des fonctions municipales à Bordeaux ; ici je dois me borner à indiquer les charges conférées à Pierre Eyquem. Deux années à peine

---

[1]. Beaucoup de personnes prononcent Montagne quoiqu'elles écrivent Montaigne. Il pourrait en être de même pour les mots anciennement écrits *campaigne, Bretaigne*, etc. Michel signait et écrivait *Montaigne* ; des auteurs de son temps, et même du XVIIe et du XVIIIe siècle, ont écrit *Montagne*.

s'étaient écoulées depuis son retour de l'armée, lorsqu'il fut élu jurat (mais non jurat et prévôt, comme le dit M. Payen, *Nouv. docum.*, p. 63), en juillet 1530; les jurats, investis d'attributions très-étendues, formaient le conseil de la ville. En 1536, les jurats le nommèrent sous-maire : c'est le titre que l'on donnait à celui des jurats désignés pour suppléer, en cas d'empêchement, le maire, qui, à cette époque, était perpétuel et nommé par le roi. En juillet 1540, Pierre Eyquem, « escuyer, sieur de Montagne, » fut encore élu jurat. Enfin, lorsque le roi Henri II eut rendu aux Bordelais leurs priviléges dont il les avait dépouillés pendant deux années, après l'insurrection de 1548, l'un des premiers maires élus fut monsieur de Montagne *le vieux*, nommé pour deux ans, le 1er août 1554[1]. De nombreuses mesures administratives ont signalé sa mairie; il s'y adonna avec un dévouement complet, sans ménagement pour ses propres affaires, pour sa santé, même pour sa vie (*Essais*, livre III, chap. x). Il fut député à la cour pour les intérêts municipaux, et l'on suivit dans cette occasion un usage qui faisait plus d'honneur aux vins du cru qu'au désintéressement des courtisans : « Monsieur le maire, allant en cour pour les affaires de la ville, luy furent envoyez vingt tonneaux de vin pour faire des presens aux seigneurs favorables à ladicte ville. » (Darnal[2].)

1. C'est en qualité de maire que, dans cette année 1554, il reçut l'archevêque de Bordeaux, François de Mauny, lors de son entrée solennelle dans la ville, et lui adressa, au nom de ses administrés, une belle harangue. Le fait est rappelé dans le *Gallia Christiana*, t. II, p. 849 ; mais, par une singulière méprise, le chronographe des archevêques de Bordeaux ayant trouvé M. de Montaigne maire, le confondit avec Michel Montaigne, son fils. Cette étrange erreur, dans un ouvrage qui jouit d'une aussi grande autorité, mérite d'être signalée. Voici le passage relatif à l'entrée du prélat : « Die xi novembris (1554) « in urbem solemni pompa invectus est. In ingressu, vir clarissimus, Michael « de Montaigne, scriptis suis ubique terrarum notus, cum civium præfectus fo- « ret, eorum nomine ad eum luculentam orationem habuit. » Ces écrits immortels n'avaient point paru en 1554; Montaigne, à cette époque, n'avait pas encore vingt-deux ans. Il fut bien maire de Bordeaux, comme son père, mais vingt-sept ans plus tard, et alors c'est M. Prévost de Sansac, et non plus M. de Mauny, qui était archevêque.

2. « *Supplement des Chroniques de la noble ville et cité de Bourdeaux*, par Jean Darnal, escuyer, advocat audict Parlement, naguieres clerc ordinaire de ladicte ville, et à present jurat d'icelle. Bourdeaux, 1620. » Darnal avait

C'est à tort que M. Leclerc, dans le beau travail historique placé en tête de son édition de Montaigne (notes et preuves, p. 101), dit que l'on voit dans la continuation de la chronique bordelaise que le père de Montaigne fut élu procureur de la ville en 1546[1]. Voici les paroles de Darnal : « En ladite année 1546, le 22 de may, maistre Pierre Eyquem, sieur de Gaujac, fust eleu procureur de la ville, vacquant par le decez de feu maistre Arnaud de Lavie, qui en avoit jouy vingt-sept ou vingt-huit ans. » Ce Pierre Eyquem de Gaujac était un des trois frères de Pierre Eyquem de Montaigne : « Le seigneur de Gaviac, mon oncle paternel, dit Michel dans les *Essais* (livre II, chap. XXXVII), homme d'esglise, maladif dez sa naissance. » Le chanoine, soit à cause de la faiblesse de sa santé, soit pour d'autres motifs, ne garda pas cet emploi : « En juillet 1547, le sieur de Gaujac, procureur de ville, résigna son office en faveur de maistre Martin, dit de la Voulte, avocat. » (Darnal.)

En 1554, Pierre Eyquem de Montagne avait été nommé membre de la cour des aides instituée à Périgueux ; mais il paraît avoir bientôt cédé cette charge à son fils Michel : c'est ce que j'examinerai plus loin. Il ne fut point chevalier de l'ordre du Roy, malgré l'affirmation contraire, émise, je ne sais sur quel fondement, par Mlle de Scudéry (*Conversations nouvelles sur divers sujets*, tome II, pages 787 et suivantes.)

La noblesse de Pierre Eyquem résulte de son titre d'écuyer[2], qu'il porta sans aucune contestation. Membre d'une famille ancienne et honorée dans sa province, il n'aurait assurément point usurpé une qualité qui ne lui aurait pas appartenu, au risque d'encourir les peines édictées par les or-

---

remplacé, comme clerc de ville, Richard de Pichon, qui avait exercé sa charge pendant plus de cinquante ans, et qui lui-même avait succédé à son père, Jean de Pichon, mort en 1550 ou 1551.

1. Morcri commet la même erreur, reproduite par M. Louandre.
2. « Le caractère des qualifications nobles se tire de l'usage des provinces. La qualité de chevalier et d'écuyer est entièrement caractéristique de noblesse dans tout le royaume. »(Chérin, *Abrégé chronologique des édits, ordonnances, déclarations*, etc., concernant le titre de noblesse, Disc. prélimin., p. 31.)

donnances[1]. Après la mort de son père et de ses deux frères aînés, Michel devint le chef de la famille; il succéda au titre comme aux biens : de Thou le lui donne dans la notice nécrologique qu'il lui consacre : *Montanus eques* (*Hist.*, livre CIV, année 1592). Jusqu'alors il signait Michel Montaigne; c'est encore la signature mise au bas des lettres ou dédicaces de 1570, insérées dans les œuvres de La Boëtie. Plus tard, il signa Montaigne. Quelques-uns de ses cachets portent, avec ses armes : *Michel, seigneur de Montaigne*.

Outre le château de Montaigne, il possédait un droit seigneurial dans les montagnes du Périgord. C'était une propriété indivise : « Le baron de Caupene, en Chalosse, et moy avons en commun le droit de patronaige d'un benefice qui est de grande estendue, au pied de nos montaignes, qui se nomme Lahontan. » (Livre II, chap. XXXVII.)

Ainsi que les titres, les armoiries timbrées étaient un privilége de la noblesse : nul roturier n'en pouvait prendre sans s'exposer à des peines[2]. La maison de Montaigne avait ses armoiries. Michel a eu soin de les faire connaître : « Ie porte d'azur semé de trefles d'or, à une patte de lyon de mesme, armee de gueules, mise en fasce. » (Livre I, chap. XVI.)

Montaigne jouissait donc de la considération attachée à l'ancienneté de la race, et recueillait les avantages que l'état social de son temps réservait à la noblesse. La prudence éclairée de son père le préserva de l'orgueil en lui faisant passer sa première enfance au milieu de personnes de basse condition; il lui en resta, pendant toute sa vie, un sentiment d'égalité native et une constante bienveillance envers les inférieurs[3].

---

1. Ordonnance d'Henri II, à Amboise, 26 mars 1555, art. 7; édit de Charles IX, de 1560, art. 110; édit d'Henri III, mai 1579, art. 257; édit de mars 1583. Un arrêt de la chambre de l'édit, celle-là même qui fonctionna à Bordeaux pendant la mairie de Michel Montaigne, fait défenses aux roturiers de prendre la qualité d'écuyer, à peine de punition corporelle.

2. Édit de 1560, art. 110.

3. « Le bon pere que Dieu me donna.... m'envoya, dez le berceau, nourrir à un pauvre village des siens, et m'y teint autant que je feus en nourrice, et

Le philosophe jette un coup d'œil dédaigneux sur l'importance dérisoire qu'on attribue au nom, cette chose qu'il montre si incertaine, si mobile, si capricieuse (voir le chapitre DES NOMS, *Essais*, livre I, chap. XLVI). Il n'a pas foi davantage dans la valeur des armoiries : « Quel privilege a cette figure pour demourer particulierement en ma maison? Un gendre la transportera en une aultre famille; quelque chestif acheteur en fera ses premieres armes : il n'est chose où il se rencontre plus de mutation et de confusion. » (*Eod.*)

Voilà le moraliste avec sa haute raison; voici l'homme avec ses petites faiblesses :

Au mois de juin 1580, Montaigne partit pour un long voyage. Cherchait-il à se distraire, à éloigner de ses yeux le triste spectacle de son pays, à soulager sa santé, récemment troublée pour la première fois par la gravelle et par la colique? Cette dernière raison fut peut-être la plus forte. Montaigne ne croyait ni à la médecine ni aux médecins; mais il avait grande envie de guérir, et s'occupait beaucoup de ses maux. Il se persuada que les eaux minérales lui feraient du bien, et il résolut d'essayer celles de divers pays : il visita dans ce but la Lorraine, la Suisse, l'Allemagne, l'Italie. Les détails de ce voyage sont restés longtemps inconnus. Montaigne en avait dicté d'abord et ensuite écrit lui-même une relation; il ne la destinait pas au public, et elle resta dans l'oubli pendant près de deux cents ans : le hasard la fit découvrir [1].

---

encore au delà; me dressant à la plus basse et commune façon de vivre : *magna pars libertatis est bene moratus venter*.... Son humeur visoit encore à une aultre fin ; de me r'allier avecques le peuple et cette condition d'hommes qui a besoing de nostre ayde ; et estimoit que je feusse tenu de regarder plustost vers celuy qui me tend les bras que vers celuy qui me tourne le dos : et feut cette raison pourquoy aussi il me donna à tenir, sur les fonts, à des personnes de la plus abjecte fortune, pour m'y obliger et attacher. » (Livre III, chap. XIII.)

[1]. M. Prunis, chanoine de Chancelade, près de Périgueux, se livrait à des travaux historiques sur le Périgord. Il demanda au possesseur du château de Montaigne, M. le comte de Ségur de La Roquette, la permission de faire des recherches dans ses archives; on lui livra un vieux coffre rempli de papiers; c'est là qu'il trouva un cahier, en partie de l'écriture de Montaigne, et contenant le récit de son voyage. L'authenticité du manuscrit fut constatée; il fut

Montaigne n'y fait pas connaître les noms de tous ses compagnons de voyage ni celui du serviteur qui lui servit de secrétaire ; on voit seulement qu'il avait avec lui en partant M. de Mattecoulon, son frère ; MM. d'Estissac, de Caselis, du Hautoy. En Allemagne, l'arrivée de ces gentilshommes français fait sensation : les autorités des villes où ils passent leur envoient le vin d'honneur. Montaigne va-t-il refuser ces hommages ? Loin de là : il veut que lui et les siens dissimulent leur qualité et se fassent passer pour des grands seigneurs ; afin de se distinguer des autres, il affecte de se promener seul pendant toute une journée. Telle est la comédie que sa vanité joue à Augsbourg. « Le corps de la ville fit cet honneur à messieurs d'Estissac et de Montaigne, de leur envoïer presanter, à leur souper, quatorze grands vesseaux pleins de leur vin, qui leur fut offert par sept serjans vestus de livrees et un honorable officier de ville qu'ils convioient à souper : car c'est la coustume, et aus porteurs on fait donner quelque chose ; ce fut un escu qu'ils leur firent donner. L'officier qui souppa avec eus dit à monsieur de Montaigne qu'ils estoient trois en la ville ayant charge d'ainsi gratifier les estrangiers qui avoient quelque qualité, et qu'ils estoient en cette cause en souin de sçavoir leurs qualités, pour, suivant cela, observer les ceremonies qui leur sont dues. Ils donnent plus de vins aus uns que aus autres : à un duc, l'un des bourguemestres en vient presanter : ils nous prinrent pour barons et chevaliers. M. de Montaigne, pour aucunes raisons, avoit voulu qu'on s'y contrefît et qu'on ne dict pas leurs conditions, et se promena seul tout le long du jour par la ville ; il croit que cela mesme servit à les faire honorer davantage. C'est un honneur que toutes les villes d'Allemagne leur ont faict. »

Il trouva établie en Lorraine et en Allemagne une coutume qu'il s'empressa d'adopter. « Plombieres : il me commanda, à la faveur de son hostesse, selon l'humeur de la

---

déposé à la Bibliothèque du Roi, où il n'existe plus. M. Meunier de Querlon en donna une première édition en 1774, avec une introduction, et des notes dues en grande partie à M. Jamet jeune.

nation, de laisser un escusson de ses armes en bois, qu'un pintre dudict lieu fit pour un escu, et le fit l'hostesse curieusement attacher à la muraille par dehors. »

« ....Les Alemans sont fort amoureux d'armoiries; car en tous les logis il en est une miliasse que les passants jantilshomes du païs y laissent par les parois, et toutes leurs vitres en sont fournies. »

« Augsbourg : je laissai un escusson des armes de M. de Montaigne au devant de la porte du poile où il estoit logé, qui estoit fort bien peint, et me cota deux escus au peintre et vint solds au menuisier. »

Le même usage n'existait pas en Italie; Montaigne se hâta de l'y introduire : il se complaît à le rappeler. Il écrit en italien[1], des bains *della villa*, près de Lucques : « Li (al signor vicario) dissi ancora, ch' io voleva dar principio a questo costume che si vede in tutti i bagni famosi d' Europa, che le persone di qualche grado ci lasciano le arme loro, pegno dell' obbligo ch' hanno a queste acque : del che lui me ne ringraziò molto per la signoria. »

Son hôte de Pise reçut le même cadeau; mais ce ne fut qu'après avoir reconnu, sous serment, que le don était fait à la maison et non à la personne, et que les armoiries resteraient en place, quel que fût dans l'avenir le propriétaire de l'immeuble : « Feci fare le mie arme in Pisa, dorate, di bei colori, e vivi, per uno scudo e mezzo di Francia; e poi al bagno impostarle (perchè erano in telo) su una tavola; e questa tavola la feci chiodare molto molto sollecitamente al muro della camera dove io stava, con quel patto che si tenessino date alla camera, non al capitan Paulino, padrone d'essa, e che in ogni modo non ne fussino spiccate che che dovesse accadere della casa per di qui innanzi. E così mi fu promesso, e giurato da lui. »

---

1. La fantaisie lui était venue de rédiger en cette langue une partie de ses souvenirs de voyage : « Assaggiamo, dit-il en commençant, di parlar un poco questa altra lingua, massime essendo in queste contrade dove mi pare sentire il più perfetto favellare della Toscana, particolarmente tra li paesani che non l'hanno mescolato e alterato con li vicini. »

Montaigne n'avait conservé d'autre enfant qu'une fille; il craignit, après l'avoir prévu, qu'un gendre ne portât dans une autre famille ces armoiries dont il prenait tant de souci. Les parents, les amis anciens ne lui manquaient pas, auxquels il aurait pu les transmettre. Ah! si La Boëtie avait vécu! Une amitié contractée dans les dernières années de sa vie fixa son choix : le fameux théologal et prédicateur Charron, auteur du livre *de la Sagesse,* dut à son affection, peut-être à son admiration pour Montaigne[1], le droit que le philosophe ne voulait pas laisser à sa fille. Gabriel-Marie de Rochemaillet, avocat au parlement de Paris, qui « avoit eu le bonheur d'estre du nombre des plus intimes amis et confidents du deffunct monsieur Charron, » raconte « qu'en l'année 1589, il (Charron) repassa par Angers, où il prescha entierement le caresme, avec tres-grande admiration et edification du peuple, et de là il retourna à Bourdeaux, où il prit cognoissance[2] et vescut fort familierement avec messire Michel de Montagne, chevalier de l'ordre du Roy, aucteur du livre intitulé *les Essais,* duquel il faisoit un merveilleux cas; et le sieur de Montagne l'aimoit d'une affection reciproque, et, avant que mourir, par son testament, il luy permit de porter, apres son deceds, les plaines armes de sa noble famille, parce qu'il ne laissoit aucuns enfans masles. » (Éloge de Charron.)

Dix ans après la mort de son illustre maître et ami, Charron fit son testament : il s'y montra fidèle à sa glorieuse affection, et reconnaissant envers la famille Montaigne de l'honneur qu'il avait reçu[3].

---

1. « Il y a, dit malicieusement Bayle, *Dictionn.,* t. I, p. 852; édit. de 1720, dans les livres *De la sagesse,* une infinité de pensées qui avoient paru dans les *Essais* de Montaigne. Ne doutez pas que cette docilité de Charron n'ait contribué beaucoup à l'affection très-particulière que Montaigne avoit pour lui. »

2. Voy., sur cette date attribuée au commencement des relations de Charron avec Montaigne, ce que je dis au chapitre xii.

3. « Il ne faut oublier ny obmettre en ce lieu le testament qu'il fit et escrivit de sa main le 30 janvier 1602, et qui fut, apres son deceds, ouvert et enregistré au greffe de Condom le 10 decembre 1603, par lequel.... donne à damoiselle Leonor de Montagne, femme du sieur Camein conseiller du Roy en son

On ne sait ce que sont devenues les armoiries de Michel, seigneur de Montaigne, après Charron, mort à Paris le dimanche 16 novembre 1603.

parlement de Bourdeaux, la bonne sœur du feu sieur de Montagne, chevalier de l'ordre du Roy, et sa commere, la somme de cinq cents escus. Ce sont les mesmes mots du testament; et institue le dit sieur de Camein son heritier universel, en payant et acquittant les legs contenus par son testament, revenant, peu s'en faut, à la somme de quinze mille livres tournois. » (*Éloge*.)

CHAPITRE II.

PRINCIPES GÉNÉRAUX DE LA CONDUITE PUBLIQUE DE MONTAIGNE. CATHOLIQUE. — ROYALISTE.

C'est sa vie et ses idées que Montaigne a décrites dans son livre. — Témoignages en faveur de sa sincérité. — Il faut l'apprécier en le comparant à son époque. — Il a joué un rôle considérable. — Il a combattu en lui l'ambition. — Sa modération, son amour du repos. — Dans toutes ses fonctions, il a suivi des principes fermes et constants. — Il reconnaît que les affaires de son temps ne peuvent être conduites par la vertu seule. — Il constate et déplore la corruption générale de son siècle. — Il a horreur du mensonge et de la dissimulation. — Il garde partout son franc parler. — Il met l'honnête au-dessus de l'utile. — Il veut qu'on tienne toujours ce qu'on a promis ; une nécessité d'intérêt public peut seule dispenser les princes de garder leur parole. — Il était cosmopolite, aimait l'égalité parmi les hommes. — Il veut que, quoi qu'on pense, on reste soumis aux lois du pays, qu'on se sacrifie pour les défendre. — Il admet qu'elles doivent fléchir si le salut public l'exige. — Il était ennemi des nouveautés dans l'État ; ne désespérait pas de l'avenir, malgré tous les troubles et les vices du présent. — Il ne veut pas qu'on reste neutre et indifférent dans les affaires publiques. — Résista aux entraînements de parti, et aux alliances avec les hommes malhonnêtes. — Il n'avait point de haine contre ses adversaires. — Aimait sa propre conservation, mais la subordonnait au devoir. — Condamnait les excès de zèle. — Sa modération l'exposa aux inimitiés des partis opposés. — Malgré les progrès de la réforme en Guyenne, il est toujours resté du parti catholique ; s'est plusieurs fois déclaré catholique ; agissait conformément à sa profession de foi. — Flétrissait ceux qui employent la religion dans leur intérêt ; condamnait les excès des catholiques ; était tolérant et juste envers les dissidents. — Il est toujours resté fidèle à la royauté. — A professé courageusement son opinion. — Ne s'est pas mépris sur la Ligue. — N'a jamais été le serviteur ni l'obligé des Guise ; erreur de quelques biographes à ce sujet. — Ses sympathies étaient pour le roi de Navarre.

Après la publication des *Essais*, Montaigne se trouvait à a cour. Le roi l'ayant complimenté sur son ouvrage, il fit une réponse où l'on trouve toute la franchise de son caractère, avec tout l'à-propos et la vivacité de l'esprit gascon : « Ce livre, dit un contemporain, ne contient autre chose qu'une ample declaration de la vie du dit sieur de Montagne, et chacun chapitre contient une partie d'icelle : en quoi me plaist fort la response que le dit sieur fit au roy de France, Henry III, lorsqu'il lui dit que son livre lui plaisoit beaucoup. Sire (répondit l'auteur), il faut donc necessairement que je plaise à votre Majesté, puisque mon livre lui est agreable, car il ne contient autre chose qu'un discours de ma vie et de mes actions. » (Lacroix du Maine et Duverdier, *Bibliothèque françoise*.)

Peut-être l'accueil eût été moins gracieux si déjà on eût connu le troisième livre qui veut qu'on puisse *treuver cecy à dire aux mœurs du roy* sans être un séditieux en son cœur ; mais ce troisième livre ne parut qu'en 1588, et la conversation entre Henri III et Montaigne est datée par la date même de l'article qui la raconte : « Il florit à Bordeaux cette année 1584, agé de cinquante ans, et continue à profiter à la republique en toutes sortes et façons tres louables[1]. »

Dans son ouvrage, Montaigne fait plus encore qu'il n'avait dit au roi : « Ce ne sont mes gestes que i'escris ; c'est moy, c'est mon essence. » (Livre II, chap. VI.) Nous avons donc de lui les mémoires les plus intimes qui se puissent imaginer. Or, les grands hommes qui font leurs mémoires habillent presque toujours la vérité, arrangent l'histoire à leur avantage, flattent leur portrait, et, pour parler comme un homme d'esprit de notre temps, *maximent* leurs pratiques plus qu'ils n'ont pratiqué leurs maximes. En est-il ainsi de Montaigne ? Sa vie publique a-t-elle été d'accord avec son livre ? A-t-il agi comme il a écrit ?

Si l'on en doute, qu'avant d'admettre son témoignage on prenne celui de ses contemporains les plus dignes de foi.

---

1. Entre 1580, date de la première édition des *Essais*, et 1584, date de l'article de Lacroix du Maine, Montaigne avait été élu maire de Bordeaux, et c'est en cette qualité qu'il fut envoyé à la cour dans l'année 1582. Je reviendrai sur ce voyage en parlant de la mairie de Bordeaux.

Jacques-Auguste de Thou, le grand historien, ayant été envoyé en Guyenne comme membre de la cour de l'édit, après la paix de Fleix, en 1581, fit connaissance avec Montaigne ; il trouva en lui : « Un homme franc, ennemi de toute contrainte, et qui n'était entré dans aucune cabale. » (*Mémoires*, livre II, année 1582.) Ce sont là précisément les qualités que Montaigne s'attribue, et qui caractérisent les actes de sa vie publique. De Thou conçut dès lors pour lui la plus vive amitié, et leur intimité ne cessa jamais : « Mihi « dum in ea provincia, in aula, atque adeo Lutetiæ, postea « cum ipso versarer, studiorum et voluntatum consensione « conjunctissimus. » (*Histor.*, lib. CIV, ad annum 1595.)

Un autre homme éminent de son siècle, Étienne Pasquier, était lié aussi d'amitié avec Montaigne : « Nous estions, luy et moy, familiers et amys, par une mutuelle rencontre des lettres.... Moy qui m'estimois, pendant sa vie, bien heureux d'estre honoré de son amitié.... J'aime, respecte et honore sa memoire, autant et plus que de nul autre.... » Le célèbre magistrat qui l'aimait et le connaissait si bien, ajoute, après avoir rappelé ses principales dignités : « Au demeurant, ne pensez pas que sa vie ait esté autre que le general de ses escrits. » (*Lettres de Pasquier*, lettre I, livre XVIII, à M. de Pelgé [1].)

Nous pouvons donc, en toute confiance, chercher dans son livre les principes généraux qui ont guidé sa conduite publique.

Si l'on veut lui rendre pleine justice, il faut penser aux temps où il a vécu, aux événements dont il a été témoin, aux hommes auxquels il s'est trouvé mêlé. Entré dans les fonctions

---

[1]. Mlle de Scudéry a, pour ainsi dire, mis en scène cet honorable témoignage des contemporains, lorsque, dans ses *Conversations nouvelles sur divers sujets*, t. II, p. 787 et suiv., faisant un brillant éloge de Montaigne, elle place dans la bouche d'un des nobles interlocuteurs les paroles suivantes : « Ah ! pour cet autheur là, je ne sçay pas si la nouveauté m'abuse, car il y a peu qu'on voit ses ouvrages imprimez, mais j'en fais mon premier amy, et j'en ay esté si touché que, passant à vingt lieues de cet illustre autheur, je le fus voir à Montagne, où je le trouvay tel qu'il s'est depeint luy mesme dans ses escrits. »

publiques sous Henri II, magistrat sous Charles IX, il a vu de près la cour de ces rois et celle de leur successeur, les violences et les intrigues des partis et de leurs chefs; dans ses rapports avec les Guise, avec Catherine de Médicis, avec Henri III, il a vu fonctionner la politique de dissimulation et de mensonge dont les derniers Valois ont été les disciples et les victimes; il a eu sous les yeux les plus hideux exemples donnés par les personnages les plus élevés, et il a offert le beau spectacle de l'honnêteté conservée au milieu de la corruption générale. S'il servit des princes déshonorés par le vice ou par le crime, c'est qu'il ne voyait en eux que les représentants de la loi du pays; s'il n'a pas rompu brusquement avec une noblesse cupide, querelleuse, débauchée, c'est que les convenances d'une société aussi polie que dissolue condamnaient, et, il faut le reconnaître, habituaient les caractères les plus purs à ces tristes contacts; en acceptant, facilement peut-être, dans ses relations, les mauvaises mœurs de son époque, il en fut toujours le censeur dans ses écrits, et n'en devint jamais le complice dans ses actions.

Le rôle qu'il a joué dans les affaires de son temps est considérable; s'il ne répond pas à toute la puissance d'un grand génie, à toutes les ressources d'un esprit fin et cultivé, à tous les avantages d'une belle situation, c'est que Montaigne ne l'a pas voulu. La part qu'il prit aux occupations publiques ne lui en donna pas le goût; il ne rechercha pas les occasions, et résista aux tentations de l'ambition[1]. Ce ne fut toutefois pas sans peine; plus d'une fois il faillit succomber aux flatteries ou aux avances des grands[2]; le soin qu'il

---

1. « De ce peu que je me suis essayé en cette vacation, je m'en suis d'autant desgoutté : je me sens fumer en l'ame, par fois, aulcunes tentations vers l'ambition; mais ie me bande et obstine au contraire.

« At tu, Catulled, obstinatus obdura. »

On ne m'y appelle gueres, et je m'y convie aussi peu : la liberté et l'oysiveté, qui sont mes maistresses qualitez, sont qualitez diametralement contraires à ce mestier là. » (Livre III, chap. IX.)

2. « Je me presche, il y a si long temps, de me tenir à moy, et separer des choses estrangieres : toutes fois, ie tourne encores tousiours les yeulx à costé;

prend de se prouver qu'il n'est pas ambitieux et qu'il a raison de ne pas l'être, atteste le danger qu'il avait couru[1]; il

l'inclination, un mot favorable d'un grand, un bon visage, me tente : Dieu sçait s'il en est cherté en ce temps, et quel sens il porte! l'ois encore, sans rider le front, les subornements qu'on me faict pour me tirer en place marchande ; et m'en deffends si mollement, qu'il semble que ie souffrisse plus volontiers d'en estre vaincu. » (Livre III, chap. XII.)

1. « Quant à l'ambition, qui est voisine de la presumption, ou fille plus tost, il eust fallu, pour m'advancer que la fortune me fust venu querir par le poing; car, de me mettre en peine pour un' esperance incertaine, et me soubmettre à toutes les difficultez qui accompaignent ceulx qui cherchent à se poulser en credit sur le commencement de leurs progrez, ie ne l'eusse sceu faire : *spem pretio non emo* : ie m'attache à ce que ie veois et que ie tiens, et ne m'esloingne gueres du port.

« Alter remus aquas, alter tibi radat arenas. »

Et puis, on arrive peu à ces advancements, qu'en hazardant premierement le sien. Et ie suis d'advis que si ce qu'on a suffit à maintenir la condition en la quelle on est nay et dressé, c'est folie d'en lascher la prinse sur l'encertitude de l'augmenter. Celuy à qui la fortune refuse de quoy planter son pied, et establir un estre tranquille et reposé, il est pardonnable s'il iecte au hazard ce qu'il a, puisqu'ainsi comme ainsi la necessité l'envoye à la queste :

« Cupienda rebus in malis præceps via est. »

Et i'excuse plustost un cadet de mettre sa legitime au vent, que celuy à qui l'honneur de la maison est en charge, qu'on ne peult point veoir necessiteux que par sa faulte. I'ay bien trouvé le chemin plus court et plus aisé, avecques le conseil de mes bons amis du temps passé, de me desfaire de ce desir, et de me tenir coy :

« Cui sit conditio dulcis sine pulvere palmæ. »

Iugeant aussi bien sainement de mes forces, qu'elles n'estoient pas capables de grandes choses. » (Livre II, chap. XVII.)

« Quant à ce beau mot de quoy se couvre l'ambition et l'avarice, que nous ne sommes pas nayz pour nostre particulier, ains pour le public, rapportons nous en hardiment à ceulx qui sont en la danse ; et qu'ils se battent la conscience, si au contraire, les estats, les charges, et cette tracasserie du monde ne se recherche plus tost pour tirer du public son prouffit particulier. Les mauvais moyens par où on s'y poulse en nostre siecle moutrent bien que la fin n'en vault gueres. » (Livre I, chap. XXXVIII.)

« I'eusse rencontré un million de traverses tous les iours plus malaysees à digerer, au cours de l'ambition, qu'il ne m'a esté malaysé d'arrester l'inclination naturelle qui m'y portoit. » (Livre III, chap. X.)

« Ie me console aucunement (de son défaut de mémoire) : premierement sur ce que c'est un mal duquel principalement i'ay tiré la raison de corriger un mal pire, qui se feust facilement produict en moy, sçavoir est l'ambition; car cette defaillance est insupportable à qui s'empestre des negociations du monde. » (Livre I, chap. IX.)

« Ie ne veulx pas oublier encores cette cicatrice, bien mal propre à produire

avoue même que si autrefois l'ambition lui avait ouvert certaines voies plus conformes à son goût, et qu'il ne fait pas connaître, il aurait cédé [1]. Le spectacle d'une époque corrompue où sa vertu aurait été inutile, raillée ou proscrite [2], l'éloignait aussi de la vie politique. Il aurait pu, comme d'autres, s'il l'avait voulu, plier sa nature aux vices de son temps : il avait dédaigné de l'essayer : « Ie sens que si i'avois à me dresser tout à fait à telles occupations, il m'y faudroit beaucoup de changement et de rabillage. Quand ie pourrois cela sur moy (et pourquoy ne le pourrois ie avecques le temps et le soin?) ie ne le vouldrois pas. » (Livre III, chap. IX.)

Ennemi de la contrainte, peu soucieux du commandement [3], satisfait de la condition modeste et honorable qu'il avait reçue de son père, il ne souhaitait point la grandeur [4],

en public; c'est l'irresolution : default tres incommode à la negociation des affaires du monde. » (Livre II, chap. XVII.)

1. « I'ay souvent depuis evité de m'en mesler (des occupations publiques), rarement accepté, iamais requis; tenant le dos tourné à l'ambition, mais sinon comme les tireurs d'aviron qui s'advancent ainsin à reculons, tellement toutes fois que de ne m'y estre point embarqué i'en suis moins obligé à ma resolution qu'à ma bonne fortune; car il y a des voyes moins ennemies de mon goust, et plus conformes à ma portee, par les quelles si elle m'eust appelé aultres fois au service publique et à mon advancement vers le credit du monde, ie sçais que i'eusse passé par dessus la raison de mes discours pour la suyvre. » (Livre III, chap. I.)

2. « Les qualitez mesmes qui sont en moy non reprochables, ie les trouvois inutiles en ce siecle : la facilité de mes mœurs, on l'eust nommee lascheté et foiblesse; la foy et la conscience s'y feussent trouvees scrupuleuses et superstitieuses; la franchise et la liberté importunes, inconsiderees et temeraires. » (Livre II, chap. XVII.)

3. « I'ay une ame libre et toute sienne, accoustumee à se conduire à sa mode; n'ayant eu, iusques à cette heure, ny commandant, ny maistre forcé, i'ay marché aussi avant, et le pas, qu'il m'a pleu : cela m'a amolli et rendu inutile au service d'aultruy, et ne m'a faict bon qu'à moy. » (Livre II, chap. XVII.)

« .... Ie fuys le commandement, l'obligation et la contraincte; ce que ie foys aiseement et naturellement, si ie m'ordonne de le faire par une expresse et prescripte ordonnance, ie ne sçais plus le faire. » (Eod.)

« Quant au commander, qui semble estre si doulx, considerant l'imbecillité du iugement humain, et la difficulté du choix de choses nouvelles et doubteuses, ie suis fort de cet avis, qu'il est bien plus aisé et plus plaisant de suyvre que de guider; et que c'est un grand seiour d'esprit de n'avoir à tenir qu'une voye tracee, et à respondre que de soy. » (Livre I, chap. XLII.)

4. « .... Si ne m'est-il iamais advenu de souhaiter ny empire, ny royauté,

et en était enfin arrivé à ne se gêner ni tourmenter pour rien, à faire son étude et son bonheur de vivre et de se bien porter[1].

Quoique libre d'ambition, et ami, par-dessus tout, de son repos, Montaigne remplit plusieurs fonctions publiques, et intervint dans plusieurs affaires importantes. Toute sa carrière a été dirigée par des principes nobles et honnêtes; toute sa conduite politique a été loyale, et elle a présenté une constance, une unité qu'on s'étonne de trouver alliées avec sa mobilité d'humeur, avec la versatilité de ses opinions et l'incertitude de ses jugements. L'homme public était aussi résolu dans ses convictions que le philosophe était hésitant dans son scepticisme.

Il voulait que la vie publique comme la vie privée fût conforme aux préceptes de la raison et de la justice; mais il reconnaissait en gémissant, et en s'accusant un peu lui-même, qu'il était impossible, dans un siècle corrompu, de gouverner les affaires publiques par la seule impulsion de la vertu : il en avait fait l'expérience, et la nécessité de faire fléchir les principes n'était pas la cause la moins puissante qui l'eût éloigné des fonctions et dégoûté de son époque :
« La vertu assignée aux affaires du monde est une vertu à plusieurs plis, encoigneures et coudes, pour s'appliquer et ioindre à l'humaine foiblesse; meslee et artificielle, non droicte, nette, constante, ny purement innocente. Les annales reprochent iusques à cette heure à quelqu'un de nos

---

ny l'eminence de ces hautes fortunes et commanderesses : ie ne vise pas de ce costé là ; ie m'aime trop.... Ce credit, cette autorité si puissante, foule mon imagination, et, tout à l'opposition de l'autre, m'aimerois à l'adventure mieulx deuxiesme ou troisieme à Perigueux, que premier à Paris ; au moins, sans mentir, mieulx troisieme à Paris, que premier en charge. Ie ne veulx ny debattre avec un huissier de porte, miserable incogneu ; ny faire fendre, en adoration, les presses où ie passe. Ie suis duict à un estage moyen, comme par mon sort, aussi par mon goust; et ay montré, en la conduicte de ma vie et de mes entreprinses, que i'ay plustost fuy, qu'aultrement, d'eniamber par dessus le degré de fortune auquel Dieu logea ma naissance : toute constitution naturelle est pareillement iuste et aysee. » (Livre III, chap. vii.)

1. « I'en suis là que, sauf la santé et la vie, il n'est chose pourquoy ie veuille ronger mes ongles, et que ie veuille acheter au prix du torment d'esprit et de la contraincte. » (Livre II, chap. xvii.)

roys de s'estre trop simplement laissé aller aux consciencieuses persuasions de son confesseur ; les affaires d'Estat ont des preceptes plus hardis :

« Exeat aula
Qui vult esse pius. »

« I'ai autrefois essayé d'employer au service des maniements publicques les opinions et regles de vivre, ainsi rudes, neufves, impolies ou impollues, comme ie les ai nees chez moy, ou rapportees de mon institution, et desquelles ie me sers, sinon si commodement, ou moins seurement, en particulier ; une vertu scholastique et novice : ie les ai trouvees ineptes et dangereuses. Celuy qui va en la presse, il fault qu'il gauchisse, qu'il serre ses coudes, qu'il recule ou qu'il advance, voire qu'il quicte le droit chemin, selon ce qu'il rencontre, qu'il vive non tant selon soy, que selon aultruy, non selon ce qu'il se propose, mais selon ce qu'on luy propose, selon le temps, selon les hommes, selon les affaires. Platon dit que ce qui eschappe, braye nette, du maniement du monde, c'est par miracle qu'il en eschappe ; et dict aussi que quand il ordonne son philosophe chef d'une police, il n'entend pas le dire d'une police corrompue, comme celle d'Athenes, et encore bien moins comme la nostre, envers lesquelles la sagesse mesme perdroit son latin. » (*Essais*, livre III, chap. IX.)

« Qui se vante, en un temps malade comme cettuy-ci, d'employer au service du monde une vertu naïfve et sincere, ou il ne la cognoist pas, les opinions se corrompants avecques les mœurs (de vray oyez la leur peindre, oyez la pluspart se glorifier de leurs deportemens, et former leurs regles ; au lieu de peindre la vertu, ils peignent l'iniustice toute pure et le vice, et la presentent aussi faulse à l'institution des princes) ou, s'il la cognoist, il se vante à tort, et quoy qu'il die, faist mille choses de quoy sa conscience l'accuse. » (*Eod.*)

« La vie commune doibt avoir conference aux aultres vies : la vertu de Caton estoit vigoreuse oultre la raison de son siecle ; et à un homme qui se mesloit de gouverner les aultres, destiné au service commun, il se pourroit dire que c'estoit une iustice, sinon iniuste, au moins vaine et hors de saison. Mes mœurs mesmes, qui ne disconviennent de celles qui courent, à peine de la largeur d'un poulce, me rendent pourtant aulcunement farouche à mon aage, et inassociable. Ie ne sçais pas si ie me treuve desgouté, sans raison, du monde que ie hante ; mais ie sçais bien que ce seroit sans raison si ie me plaignois qu'il feust desgousté de moy, puisque ie le suis de luy. » (*Eod.*)

« A quelque chose sert le malheur : il faict bon naistre en un siecle fort depravé ; car, par comparaison d'aultruy, vous estes estimé vertueux à bon marché : qui n'est que parricide en nos iours et sacrilege, il est homme de bien et d'honneur. » (Livre II, chap. XVII.)

Cette corruption générale était la faute de tous, des grands surtout :

« La corruption du siecle se faict par la contribution de chacun de nous : les uns y conferent la trahison, les aultres l'iniustice, l'irreligion, la tyrannie, l'avarice, la cruauté, selon qu'ils sont plus puissants : les plus foibles y apportent la sottise, la vanité, l'oisiveté ; desquels ie suis. Il semble que ce soit la saison des choses vaines, quand les dommageables nous pressent : en un temps où le meschammant faire est si commun, de ne faire qu'inutilement il est comme louable. » (Livre III, chap. IX.)

Le vol s'exerçoit jusque sous l'ombre des lois, et l'horreur qu'une telle société inspirait à Montaigne entrait pour beaucoup dans les motifs qui l'avaient déterminé à voyager :

« Les voleurs, de leur grace, ne m'en veulent pas particulierement : ne fois ie pas moy à eulx ; il m'en fauldroit à trop de gents. Pareilles consciences logent soubs diverses sortes de robbes ; pareille cruauté, desloyauté, volerie ; et d'autant pire, qu'elle est plus lasche, plus seure et plus obscure soubs l'umbre des loix. Je hais moins l'iniure professe que traistresse ; guerriere, que pacifique et iuridique. Nostre fiebvre est survenue en un corps qu'elle n'a gueres empiré : le feu y estoit, la flamme s'y est prinse : le bruit est plus grand ; le mal, de peu. Je responds ordinairement à ceulx qui me demandent raison de mes voyages : « que ie « sçais bien ce que ie fuys, mais non pas ce que ie cherche.» Si on me dict que parmy les estrangiers il peult y avoir aussi peu de santé, et que leurs mœurs ne valent pas mieulx que les nostres ; ie responds premierement qu'il est malaysé,

   Tam multæ scelerum facies! »

secondement, que c'est tousiours gaing de changer un mauvais estat à un estat incertain ; et que les maulx d'aultruy ne nous doibvent pas poindre comme les nostres. » (*Eod.*)

« L'aultre cause qui me convie à ces promenades, c'est la disconvenance aux mœurs presentes de nostre estat.... En mon voysinage, nous sommes tantost, par la longue licence de ces guerres civiles, envieillis en une forme d'estat si desbordée

  « Quippe ubi fas versum atque nefas, »

qu'à la vérité c'est merveille qu'elle se puisse maintenir. » (*Eod.*)

Les souvenirs amers l'accompagnaient à l'étranger. Parlait-il des choses nouvelles qui lui plaisaient ? Il mêlait « à son jugement un peu de passion du mespris de son païs qu'il avoit à haine et à contre cœur pour autres considerations. » (*Récit du voyage de 1580.*)

Le vice contemporain que Montaigne avait le plus en horreur, c'était le mensonge[1].

« Le premier traict de la corruption des mœurs, c'est le bannissement de la verité... Nostre verité de maintenant, ce n'est pas ce qui est, mais ce qui se persuade à aultruy : comme nous appelons monnoye, non celle qui est loyale seulement, mais la fausse aussi qui a mise. Nostre nation est de long temps reprochee de ce vice : car Salvianus Mas-

---

1. « Ennemy juré de toute falsification. » (Livre I, chap. xxxix.) — « Moy qui fois singuliere conscience de mentir. » (Livre III, chap. xi.)

siliensis, qui estoit du temps de l'empereur Valentinian, dict : « qu'aux François le mentir et le pariure n'est pas « vice, mais une façon de parler. » Qui vouldroit encherir sur ce tesmoignage, il pourroit dire que ce leur est à present vertu : on s'y forme, on s'y façonne, comme à un exercice d'honneur; car la dissimulation est des plus notables qualitez de ce siecle. » (Livre II, chap. xviii.)

Le mensonge avait acquis une telle puissance que Montaigne déplore de le voir devenu l'arme de la bonne cause et des hommes les meilleurs, autant qu'il pouvait y avoir du bon dans de pareilles mœurs :

« I'apperceois, en ces desmembrements de la France, et divisions où nous sommes tombez, chascun se travailler à deffendre sa cause, mais iusques aux meilleurs, avec desguisement et mensonge : qui en escriroit rondement, en escriroit temerairement et vicieusement. Le plus iuste party, si est ce encore le membre d'un corps vermoulu et verreux; mais, d'un tel corps, le membre moins malade s'appelle sain, et à bon droict, d'autant que nos qualitez n'ont tiltre qu'en la comparaison : l'innocence civile se mesure selon les lieux et les saisons.... Nous ne laissons pas d'avoir des hommes vertueux, mais c'est selon nous. Qui a ses mœurs establies en reglement au dessus de son siecle, ou qu'il torde et esmousse ses regles, ou, ce que ie luy conseille plustost, qu'il se retire à quartier, et ne se mesle point de nous; qu'y gagneroit il? » (Livre III, chap. ix.)

C'est une vive haine et un profond mépris que Montaigne ressent et exprime pour la dissimulation politique, même pratiquée par des rois; et c'est sous Henri III qu'il parlait ainsi! Sa droiture s'irrite et sa fierté se relève devant tant de bassesse : « Plustost lairrois ie rompre le col aux affaires que de tordre ma foy pour leur service. Car, quant à cette nouvelle vertu de feinctise et dissimulation, qui est à cette heure si fort en credit, ie la hais capitalement; et de touts les vices, ie n'en treuve aulcun qui tesmoigne tant de lascheté et bassesse de cœur. C'est une humeur couarde et servile de s'aller desguiser et cacher soubs un masque, et de

n'oser se faire veoir tel qu'on est : par là nos hommes se dressent à la perfidie; estants duicts à produire des paroles faulses, ils ne font pas conscience d'y manquer. Un cœur genereux ne doibt point desmentir ses pensees; il se veult faire veoir iusques au dedans; tout y est bon, ou, au moins, tout y est humain.... Je ne sçais quelle commodité ils attendent de se feindre et contrefaire sans cesse, si ce n'est, de n'en estre pas creus lors mesme qu'ils disent verité ; cela peult tromper une fois ou deux les hommes : mais de faire profession de se tenir couvert, et se vanter, comme ont faict aulcuns de nos princes, que « ils iecteroient leur che-
« mise au feu, si elle estoit participante de leurs vraies in-
« tentions, » qui est un mot de l'ancien Metellus Macedonius :
et publier que, « qui ne sçait se feindre, ne sçait pas re-
« gner, » c'est tenir advertis ceulx qui ont à les practiquer, que ce n'est que piperie et mensonge qu'ils disent : *quo quis versutior et callidior est, hoc invisior et suspectior, detracta opinione probitatis :* ce seroit une grande simplesse à qui se lairroit amuser ny au visage, ni aux paroles de celui qui faict estat d'estre tousiours aultre au dehors qu'il n'est au dedans, comme faisoit Tibere. Et ne sçais quelle part telles gents peuvent avoir au commerce des hommes, ne produisants rien qui soit receu pour comptant : qui est desloyal envers la verité, l'est aussi envers le mensonge.... Or, de moy, j'aime mieulx estre importun et indiscret, que flatteur et dissimulé. l'advoue qu'il se peult mesler quelque poincte de fierté et d'opiniastreté, à se tenir ainsin entier et ouvert comme ie suis, sans consideration d'aultruy; et me semble que ie deviens un peu plus libre où il le fauldroit moins estre, et que ie m'eschauffe par l'opposition du respect : il peult estre aussi que ie me laisse aller aprez ma nature à faulte d'art. Presentant aux grands cette mesme licence de langue et de contenance que i'apporte de ma maison, ie sens combien elle decline vers l'indiscretion et incivilité : mais, oultre que ie suis ainsi faict, ie n'ay pas l'esprit assez soupple pour gauchir à une prompte demande, et pour en eschapper par quelque destour, ny pour feindre une verité,

ny assez de memoire pour la retenir ainsi feincte, ny certes assez d'assurance pour la maintenir, et foys le brave par foiblesse; pourquoy ie m'abandonne à la naïfveté, et à tousiours dire ce que ie pense, et par complexion et par deisseing, laissant à la fortune d'en conduire l'evenement. » (Livre II, chap. XVII.)

Veut-on un exemple de ce franc parler que Montaigne a su garder partout et toujours? qu'on lise ses dernières lettres à Henri IV (je les rapporterai ailleurs) : qu'on lise celle qu'il écrivait à M. de L'Hospital en lui dédiant l'édition des vers latins de La Boëtie; il se plaint à l'ancien chancelier que son ami, capable des plus hautes charges, ait été oublié obscur sur le siége d'un parlement de province; c'est, selon lui, le malheur des hommes « à qui la fortune et la raison ont mis en main le gouvernement des affaires du monde » de ne pouvoir connaître et choisir les personnes qu'il faudrait élever dans l'intérêt de l'État : « il n'a esté nulle chose publicque si bien establie, en laquelle nous ne remarquions souvent la faulte de ce despartement et de ce chois; et en celles où la malice, le fard, les faveurs, les brigues et la violence commandent, si quelque eslection se veoid faicte meritoirement et par ordre, nous le debvons sans doubte à la fortune, qui, par l'inconstance de son bransle divers, s'est pour ce coup rencontree au train de la raison. »

A ceux qui ne voulaient voir dans sa franchise qu'un raffinement de finesse, Montaigne répond : « Ceulx qui disent communement, contre ma profession, que, ce que i'appelle franchise, simplesse et naïfveté en mes mœurs, c'est art et finesse, et plustost prudence, que bonté; industrie, que nature; bon sens, que bonheur; me font plus d'honneur qu'ils ne m'en ostent : mais, certes, ils font ma finesse trop fine; et qui m'aura suyvi et espié de prez, ie luy donray gaigné, s'il ne confesse qu'il n'y a point de regle en leur eschole qui sceut rapporter ce naturel mouvement, et maintenir une apparence de liberté et de licence, si pareille et inflexible, parmi des routes si tortues et diverses, et que toute leur attention et engin ne les y sçauroit conduire. La voye de la verité est une et simple. Celle du prosfit particulier, et de la commodité des affaires qu'on a en charge, double, ineguale et fortuite. J'ay veu souvent en usage ces libertez contrefaictes et artificielles, mais le plus souvent sans succez.... ie ne veulx pas priver la tromperie de son reng; ce seroit mal entendre le monde : ie sçais qu'elle a servi proufitablement, et qu'elle maintient et nourrit la pluspart des vacations des hommes. » (Livre III, chap. 1.)

Après tout, Montaigne avait éprouvé (il peut être bon de le rappeler) que la conduite la plus honnête est aussi la plus habile : « Quand pour la droicture, ie ne suivroys le droict chemin, ie le suivroys pour avoir trouvé, par experience, qu'au bout du compte, c'est communement le plus heureux et le plus utile.... l'ai veu de mon temps mill' hommes soupples, metis, ambigus, et que nul ne doubtoit plus prudents mondains que moy, se perdre où ie me suis sauvé. » (Livre II, chap. XVI.)

Celui qui pensait et parlait ainsi n'a-t-il pas dû être le plus loyal des hommes publics?

L'honnêteté de Montaigne lui faisait repousser cette politique pratiquée par tous les pouvoirs et par tous les partis d'alors, qui ne cherchait que l'utile sans s'inquiéter de ce qui était juste, et qui tendait au succès par tous les moyens. Au-dessus des partis, des gouvernements, des peuples même, Montaigne fait planer la justice universelle, la morale qui condamne toujours le vice : « La iustice en soy, naturelle et universelle, est aultrement reglée, et plus noblement que n'est cette aultre iustice speciale, nationale, contraincte au besoin de nos polices : *Veri iuris germanæque iusticiæ solidam et expressam effigiem nullam tenemus; umbra et imaginibus utimus :* Si que le sage Dandamis, ayant recité les vies de Socrates, Pythagoras, Diogenes, les iugea grands personnages en toute aultre chose, mais trop asservis à la reverence des loix : pour lesquelles autoriser, et seconder, la vierge vertu a beaucoup à se desmettre de sa vigueur originelle; et non seulement par leur permission plusieurs actions vicieuses ont lieu, mais encore, à leur suasion : *ex senatus consultis plebisquecitis scelera excercentur*. Ie suys le langage commun, qui foict difference entre les choses utiles et les honnestes, si que, d'aulcunes actions naturelles, non seulement utiles, mais necessaires, il les nomme deshonnestes et sales. » (Livre III, chap. 1.)

« On argumente mal l'honneur et la beauté d'une action, par son utilité ; et conclud on mal d'estimer que chascun y soit obligé ; et qu'elle soit honneste à chacun, si elle est utile. » (*Eod.*)

« Ne craignions point, aprez un si grand precepteur (Épaminondas), d'estimer qu'il y a quelque chose illicite contre les ennemis mesmes ; que l'interest commun ne doibt pas tout requerir de touts ; contre l'interest privé.... et que toutes choses ne sont pas loisibles à un homme de bien, pour le service de son roy, ny de la cause generale et des loix : *non enim patria præstat omnibus officiis.... et ipsi conducit pios habere cives in parentes*. C'est une instruction propre au temps : nous n'avons que faire de durcir nos courages par ces lames de fer ; c'est assez que nos espaules le soyent ; c'est assez de tremper nos plumes en encre, sans les tremper en sang : si c'est grandeur de courage, et l'effect d'une vertu rare et singuliere, de mespriser l'amitié, les obligations privees, sa parole et la parenté, pour le bien commun et obeissance du magistrat ; c'est assez vrayment, pour nous en excuser, que c'est une grandeur qui ne peult loger en la grandeur du courage d'Epaminondas. » (*Eod.*)

Au philosophe courageux qui flagellait d'une si éloquente ironie les vices des hommes publics, on aurait été mal venu de proposer de s'employer à des choses déshonnêtes :

« Quant à moy, et ma parole et ma foy sont comme le demourant, pieces de ce commun corps. Leur meilleur esfect, c'est le service public ; ie tiens cela pour presupposé. Mais, comme si on me commandoit que ie prenne la charge du palais et des plaids, ie respondrois : « Ie n'y en-« tends rien, » ou la charge de conducteur des pionniers, ie dirois : « Ie suis appellé à un roolle plus digne ; » de mesme qui me vouldroit employer à mentir, à trahir, et à me pariurer, pour quelque service notable, non que d'assassiner ou empoisonner, ie dirois : « Si i'ay volé ou desrobbé « quelqu'un, envoyez moy plustost en gallere. » Car il est loisible à un homme d'honneur de parler ainsi que feirent les Lacedemoniens, ayants esté desfoicts par Antipater, sur le poinct de leurs accords : « Vous nous pouvez commander « des charges poisantes et domageables, autant qu'il vous « plaira. Mais de honteuses et deshonnestes, vous perdrez « vostre temps de nous en commander. » Chascun doibt avoir iuré à soy mesme ce que les roys d'Aegypte faisoient solennellement iurer à leurs iuges « qu'ils ne se desvoy- « roient de leur conscience, par quelque commandement « qu'eulx mesmes leur en feissent. » A telles commissions, il y a note evidente d'ignominie et de condamnation : et qui vous la donne vous accuse, et vous la donne, si vous l'entendez bien, en charge et en peine. Autant que les affaires publicques s'amendent de vostre exploict, autant s'en empirent les vostres ; vous y faictes d'autant pis que mieulx vous y faictes : et ne sera pas nouveau, ny à l'adventure sans quelque air de iustice, que celuy mesme vous nuyse qui vous aura mis en besongne. » (*Eod.*)

Montaigne accorde, et c'est beaucoup, que les offices vicieux peuvent être des nécessités sociales ; mais avec quelle poignante énergie il frappe ceux qui s'en chargent ! Et, qu'on ne l'oublie pas, sous des rois comme Charles IX et Henri III, les plus grands seigneurs mettaient leur conscience au service de la trahison, leur épée au service de l'assassinat :

« ....En toute police, il y a des offices necessaires, non seulement abiects, mais encore vicieux : les vices y treuvent leur reng, et s'employent à la cousture de nostre liaison, comme les venins à la conservation de nostre santé. S'ils deviennent excusables, d'autant qu'ils nous font besoing, et que la necessité commune efface leur vraye qualité, il faut laisser iouer cette partie aux citoyens plus vigoureux et moins craintifs, qui sacrifient leur honneur et leur conscience, comme ces aultres anciens sacrifierent leur vie pour le salut de leur pays ; nous aultres plus foibles, prenons des roolles et plus aysez et moins hazardeux. Le bien public requiert qu'on trahisse, et qu'on mente et qu'on massacre : resignons cette commission à gents plus obeissants et plus soupples. » (*Eod.*)

De la préférence qu'il donne à l'honnête sur l'utile, Montaigne conclut, sans distinguer entre l'homme public et l'homme privé, qu'on doit toujours tenir ce qu'on a promis; il n'admet qu'une exception ; elle est en faveur des princes qui manquent à leur foi par une nécessité d'intérêt public: « Le prince, quand une urgente circonstance et quelque impetueux et inopiné accident du besoing de son estat, luy faict gauchir sa parole et sa foy, ou aultrement le iecte hors de son debvoir ordinaire, doibt attribuer cette necessité à un coup de la verge divine : vice n'est ce pas, car il a quitté sa raison à une plus universelle et puissante raison.... Ce sont dangereux exemples, rares et maladifves exceptions à nos regles naturelles, il y fault ceder, mais avecques grande moderation et circonspection ; aulcune utilité privee n'est digne pour laquelle nous facions cet esfort à nostre conscience ; la publicque, bien, lorsqu'elle est tres apparente et tres importante. » (Livre III, chap. I.)

Qu'on se rappelle qui était alors sur le trône, et on se demandera si ces paroles ne renferment pas plutôt une leçon qu'une concession.

Le libéralisme des idées politiques (qu'on me pardonne l'anachronisme de cette expression) répondait chez Montaigne à la grandeur du sentiment moral. Il avait l'âme cosmopolite :

« Non parce que Socrate l'a dict, mais parce qu'en verité c'est mon humeur, et à l'adventure non sans quelque excez, i'estime touts les hommes mes compatriotes ; et embrasse un Polonois comme un François, postposant cette liaison nationale à l'universelle et commune. » (Livre III, chap. IX.)

Les inégalités sociales disparaissent devant sa raison, et

le gouvernement le plus juste est celui qui s'efforce de les atténuer :

« Si nous considerons un paysan et un roy, un noble et un vilain, un magistrat et un homme privé, un riche et un pauvre, il se presente soubdain à nos yeulx une extreme disparité, qui ne sont differents, par maniere de dire, qu'en leurs chausses. » (Livre I, chap. XLII.) Et il développe cette thèse : « .... Il est inhumain et iniuste de faire tant valoir cette telle quelle prerogative de la fortune; et les polices où il se souffre moins de disparité entre les valets et les maistres me semblent les plus equitables. » (Livre III, chap. IX.)

Pénétré de ces nobles pensées, il appréciait les hommes, non par leur fortune, leur rang ou leurs titres, mais par la seule valeur morale : « Celle-là (une femme qui s'était donné la mort avec son mari) estoit de bas lieu, et parmy telle condition de gents, il n'est pas si nouveau d'y veoir quelque traict de rare bonté.

« Extrema per illos
Iustitia excedens terris vestigia fecit. »

Les aultres deux sont nobles et riches, où les exemples de vertu se logent rarement. » (Livre II, chap. XXXV.) « Ce leger présent, » écrivait-il à Michel de L'Hospital en luj dédiant les vers latins de La Boëtie, « pour mesnager d'une pierre deux coups, servira aussi s'il vous plaist, à vous tesmoigner l'honneur et reverence que ie porte à vostre suffisance et qualitez singulieres qui sont en vous : car, quant aux estrangieres et fortuites, ce n'est pas de mon goust de les mettre en ligne de compte. »

Le spectacle de l'égalité politique qu'il comprenait si bien lui plaisait beaucoup; quand il passa, pour se rendre en Italie, par la petite république de Mulhouse :

« Il print un plaisir infini à voir la liberté et bonne police de cette nation, et son hoste du Reisin revenir du conseil de la dite ville et d'un palais tres magnifique et tout doré, pour servir ses hostes a table, et un home sans suite et sans authorité, qui lui servoit à boire, avoit mené quattre enseignes de gens de pied contre le service du roy.... » (Relation du voyage.)

Il avoue même, tout en se déclarant prêt à entrer « en haine irreconciliable contre toute domination populaire, qu'elle lui semble la plus naturelle et equitable. » (Livre I, chap. IX.) Le gouvernement républicain ne lui inspire aucun éloignement : « Et sçay davantage, » dit-il en parlant de La Boëtie, « que s'il eust eu à choisir, il eust mieulx aymé estre nay à Venise qu'à Sarlac, et avecques raison. » (Livre I, chap. XVII.)

Mais quelle que soit la hardiesse de sa pensée, Montaigne, dans un temps où la révolte éclatait sous toutes les formes, veut que le citoyen et l'homme public restent soumis aux lois du pays.

« La religion chrestienne a toutes les marques d'extreme iustice et utilité, mais nulle plus apparente que l'exacte recommandation de l'obeissance du magistrat et manutention des polices.... Il y a grand à dire entre celuy qui suyt les formes et les loix de son païs, et celuy qui entreprend de les regenter et changer. Celuy là allegue pour son excuse la simplicité, l'obeïssance et l'exemple ; quoy qu'il face, ce ne peult estre malice, c'est pour le plus malheur : *Quis est enim, quem non moveat clarissimis monumentis testata consignataque antiquitas ?...* Qui se mesle de choisir et de changer, usurpe l'auctorité de iuger, et se doibt faire fort de veoir la faulte de ce qu'il chasse, et le bien de ce qu'il introduict. » (Livre I, chap. XXII [1].)

---

[1]. Il mettait d'accord ses principes politiques et sa conscience, en recommandant l'obéissance aux mauvais rois, et en réservant l'opinion intime que chacun doit avoir sur leur compte : distinction juste et précieuse qui dut consoler et soulager Montaigne pendant les règnes qu'il eut à traverser.

« Nous debvons la subiection et obeissance également à touts roys, car elle regarde leur office ; mais l'estimation, non plus que l'affection, nous ne la debvons qu'à leur vertu. Donnons à l'ordre politique de les souffrir patiemment, indignes ; de celer leurs vices ; d'aider de nostre recommandation leurs actions indifferentes, pendant que leur auctorité a besoing de nostre appuy : mais nostre commerce finy, ce n'est pas raison de refuser à la iustice et à nostre liberté l'expression de nos vrays ressentiments ; et nommeement de refuser aux bons

Aucun sacrifice ne lui coûtait pour pratiquer le respect des lois et prendre leur défense :

« Comptant toutes les particulieres circonstances qui me regardent, ie ne treuve homme des nostres à qui la deffense des loix couste, et en gaing cessant, et en dommages emergeant, disent les clercs, plus qu'à moy, et tels font bien les braves de leur chaleur et aspreté, qui font beaucoup moins que moy, en iuste balance. » (Livre III, chap. IX.)

Ce n'est pas qu'il eût pour la loi un culte superstitieux; faisant allusion aux nécessités d'une époque de trouble et de licence, il admet que la loi doit fléchir si le salut public l'exige :

« Si est ce que la fortune, reservant tousiours son auctorité au dessus de nos discours, nous presente aulcune fois la necessité si urgente, qu'il est besoing que les loix lui fassent quelque place : et, quand on resiste à l'accroissance d'une innovation qui vient par violence à s'introduire, de se tenir en tout et par tout en bride et en regle contre ceulx qui ont la clef des champs, ausquels tout cela est loisible qui peult avancer leur desseing, qui n'ont ny loix ny ordre que de suyvre leur advantage, c'est une dangereuse obligation et inequalité :

« Aditum nocendi perfido præstat fides : »

d'autant que la discipline ordinaire d'un estat qui est en santé, ne pourveoit pas à ces accidents extraordinaires. Elle presuppose un corps qui se tient en ses principaulx membres et offices, et un commun consentement à son observation et obeïssance. L'aller legitime est un aller froid, poisant et contrainct, et n'est pas pour tenir bon à un aller licencieux et offensé. On sçait qu'il est encores

---

subiects la gloire d'avoir reveremment et fidellement servy un maistre, les imperfections duquel leur estoient si bien cogneues; frustrant la posterité d'un si utile exemple. Et ceulx qui, par respect de quelque obligation privee, espousent iniquement la memoire d'un prince meslouable, font iustice particuliere aux depens de la iustice publicque. » (Livre I, chap. III.)

reproché à ces deux grands personnages, Octavius et Caton, aux guerres civiles, l'un de Sylla, l'autre de César, d'avoir plustost laissé encourir toutes extremitez à leur patrie que de la secourir aux despens de ses loix, et que de rien remuer : car, à la verité, en ces dernieres necessitez où il n'y a plus que tenir, il seroit à l'adventure plus sagement faict de baisser la teste et prester un peu au coup, que, s'aheurtant oultre la possibilité à ne rien relascher, donner occasion à la violence de fouler tout aux pieds ; et vauldroit mieulx faire vouloir aux loix ce qu'elles peuvent, puisqu'elles ne peuvent ce qu'elles veulent. » (Livre I, chap. XXII.)

L'extrême amour de Montaigne pour les lois établies lui donne une extrême aversion pour les innovations qui agitaient son siècle. Le plus hardi des philosophes était le plus réservé des conservateurs. Témoin des maux que les guerres civiles et religieuses avaient déjà causés à sa patrie, il maudissait les nouveautés qui voulaient s'introduire par force et qu'on repoussait avec cruauté ; il prévoyait qu'elles amèneraient encore d'autres calamités : avant même d'avoir mis la main aux *Essais*, il écrivait à sa femme, le 10 septembre 1570 : « De vray, la nouvelleté couste si cher jusqu'à cette heure à ce pauvre estat (et si ne sçais si nous en sommes à la derniere enchere) qu'en tout et partout i'en quitte le party. »

Le spectacle des guerres civiles et des atrocités sans cesse rallumées par l'esprit de renversement et par le fanatisme allié à l'ambition, rejeta de plus en plus Montaigne loin des partis novateurs. Quelle sagesse, quelle profonde connaissance des éléments de toute société et de notre caractère national, quelle expérience des véritables mobiles humains, quelle admirable appréciation des dangers et des besoins publics dans ces grandes pensées où l'âme du citoyen est à la hauteur du génie de l'écrivain :

« Il y a grand doubte s'il se peut trouver si evident proufit au changement d'une loy receue, telle qu'elle soit, qu'il y a du mal à la remuer : d'autant qu'une police, c'est comme un bastiment de diverses pieces ioinctes ensemble d'une telle liaison, qu'il est impossible d'en esbranler une, que tout le corps ne s'en sente....

« Je suis desgouté de la nouvelleté, quelque visage qu'elle porte : et ay raison ; car i'en ay veu des effets tres dommageables : celle qui nous presse depuis tant d'ans, elle n'a pas tout exploicté ; mais on peult dire, avecques apparence, que par accident elle a tout produict et engendré, voire et les maulx et ruyne qui se font depuis, sans et contre elle : c'est à elle à s'en prendre au nez :

« Heu ! patior telis vulnera facta meis. »

Ceux qui donnent le bransle à un estat sont volontiers les premiers absorbez en sa ruyne : le fruict du trouble ne demeure gueres à celuy qui l'a esmeu ; il bat et brouille l'eau pour d'aultres pescheurs....

« Si me semble il, à le dire franchement, qu'il y a grand amour de soy et presumption, d'estimer ses opinions iusques là que, pour les establir, il faille renverser une paix publicque, et introduire tant de maulx inevitables, et une si horrible corruption de mœurs que les guerres civiles apportent, et les mutations d'estat en choses de tel poids, et les introduire en son païs propre. » (Livre I, chap. XXII.)

« Je ne suis pas trop facile au change : d'autant que j'apperceois aux opinions contraires une pareille foiblesse, notamment aux affaires politiques, il y a un beau champ ouvert au bransle et à la contestation.... à quelque roole qu'on vous mette, vous avez aussi beau ieu que vostre compaignon, pourveu que vous ne veniez à chocquer les principes trop grossiers et apparents : et pourtant, selon mon humeur en affaires publicques, il n'est aulcun si mauvais train, pourveu qu'il aye de l'aage et de la constance, qui ne valle mieulx que le changement et le remuement. Nos mœurs sont extremement corrompues, et penchent d'une merveilleuse inclination vers l'empirement ; de nos loix et usances, il y en a plusieurs barbares et monstrueuses : toutes fois pour la difficulté de nous mettre en meilleur estat, et le dangier de ce croullement, si ie pouvois planter une cheville à nostre roue et l'arrester en ce poinct, ie le ferois de bon cœur :

« Numquam adeo fœdis, adeoque pudendis
Utimur exemplis, ut non peiora supersint. »

« Le pis que ie treuve en nostre estat, c'est l'instabilité; et que nos loix, non plus que nos vestements, ne peuvent prendre aucune forme arrestee. Il est bien aysé d'accuser d'imperfection une police, car toutes choses mortelles en sont pleines; il est bien aysé d'engendrer à un peuple le mespris de ses anciennes observances; iamais homme n'entreprint cela, qui n'en veinst à bout : mais d'y restablir un meilleur estat en la place de celuy qu'on a ruyné, à cecy plusieurs se sont morfondus de ceulx qui l'avoient entreprins. » (Livre II, chap. XVII.)

« Rien ne presse un estat, que l'innovation. Le changement donne seul forme à l'iniustice et à la tyrannie. Quand quelque piece se desmanche, on peult l'estayer; on peult s'opposer à ce que l'alteration et corruption naturelle à toutes choses ne nous esloigne trop de nos commencements et principes : mais d'entreprendre à refondre une si grande masse, et à changer les fondements d'un si grand bastiment, c'est à faire à ceulx qui, pour descrasser, effacent, qui veulent amender les defaults particuliers par une confusion universelle et guarir les maladies par la mort : *Non tam commutandarum, quàm evertendarum rerum cupidi.* Le monde est inepte à se guarir; il est si impatient de ce qui le presse, qu'il ne vise qu'à s'en desfaire, sans regarder à quel prix. Nous veoyons, par mille exemples, qu'il se guarit ordinairement à ses despens. La descharge du mal present n'est pas garison, s'il n'y a, en general, amendement de condition : la fin du chirurgien n'est pas de faire mourir la mauvaise chair : ce n'est que l'acheminement de sa cure; il regarde au delà, d'y faire renaistre la naturelle, et rendre la partie à son deu estre. Quiconque propose seulement d'emporter ce qui le masche, il demeure court; car le bien ne succede pas necessairement au mal; un aultre mal lui peult succeder et pire : comme il advint aux tueurs de Cesar, qui iecterent la chose publicque à tel poinct, qu'ils eurent à se repentir de s'en estre meslez : à plusieurs depuis, iusques à nos siecles, il est advenu de mesme : les François, mes contemporains, sçavent bien qu'en dire. Toutes grandes mutations esbranlent l'Estat, et le desordonnent. Qui viseroit droict à la guarison, et en consulteroit avant toute œuvre, se refroidiroit volontiers d'y mettre la main. » (Livre III, chap. IX.)

Le déplorable état de la France, et la méchanceté même de ses compatriotes, servent à Montaigne d'argument pour démontrer la solidité des sociétés les plus mal constituées, et la futilité des discussions théoriques sur la meilleure forme de gouvernement : « .... Ie veois, par nostre exemple, que la societé des hommes se tient et se coud, à quelque prix que ce soit; en quelque assiette qu'on les couche, ils s'appilent et se rengent en se remuant et s'entassant : comme des corps mal unis, qu'on empoche sans ordre, treuvent d'eulx mesmes la façon de se ioindre et s'emplacer les uns parmy les aultres, souvent mieulx que l'art ne les eust sceu disposer.... Ie veois, non une action, ou trois, ou cent, mais des mœurs, en usage commun et receu, si farouches, en inhumanité surtout et desloyauté, qui est pour moy la pire espece des vices, que ie n'ay point le courage de les concevoir sans horreur; et les admire, quasi autant que ie les deteste : l'exercice de ces meschancetez insignes porte manque de vigueur et force d'aame autant que d'erreur et desreglement. La necessité compose les hommes et les assemble : cette cousture fortuite se forme aprez en loix; car il en a esté d'aussi sauvages qu'aulcune opinion humaine puisse enfanter, qui toutefois ont maintenu leurs corps avecques autant de santé et longueur de vie que celles de Platon et Aristote sçavoient faire : et certes toutes ces descriptions de police, feinctes par art, se treuvent ridicules, et ineptes à mettre en pratique. » (Livre III, chap. IX.)

« Ces grandes et longues altercations, de la meilleure forme de societé, et des regles plus commodes à nous attacher, sont altercations propres seulement à l'exercice de nostre esprit : comme il se treuve ez arts plusieurs subiects qui ont leur essence en l'agitation et en la dispute, et n'ont aulcune vie hors de là. Telle peincture de police seroit de mise en un nouveau monde ; mais nous prenons un monde desia faict et formé à certaines coustumes ; nous ne l'engendrons pas, comme Pyrrha, ou comme Cadmus. Par quelque moyen que nous ayons loy de le redresser et renger de nouveau, nous ne pouvons gueres le tordre de son accoustumé ply, que nous ne rompions tout.... Non par opinion, mais en verité, l'excellente et meilleure police est, à chascune nation, celle soubs laquelle elle s'est maintenue : sa forme et commodité essentielle despend de l'usage. Nous nous desplaisons volontiers de la condition presente ; mais ie tiens pourtant que d'aller desirant le commandement de peu, en un Estat populaire, ou, en la monarchie, une aultre espece de gouvernement, c'est vice et folie. » (*Eod.*)

Dans l'horreur de Montaigne pour les remuements politiques, il entrait bien quelque chose de son goût pour la vie indépendante, calme et facile, *l'oysifveté* et la liberté étant *ses maistresses qualités*[1] ; il ne voulait pas qu'on lui fît trop d'honneur de la sagesse de ses opinions et de sa vie publique : « Ie fois peu de part à ma prudence de ma conduite : ie me laisse volontiers mener à l'ordre publicque du monde. » (Livre II, chap. XVII.) Mais s'il eût mieux aimé vivre des jours plus tranquilles, jamais, dans aucune situation, il n'acheta son repos au prix d'une conviction. Jamais non plus la vue des choses et des hommes qui lui causaient pitié, horreur ou dégoût, ne le jeta dans le découragement; les maux qui désolaient le pays ne lui paraissaient ni nouveaux, ni mortels, et des ébranlements qui agitaient le

---

1. « Mon Dieu ! que mal pourrois ie sousfrir la condition où ie veois tant de gents, clouez à un quartier de ce royaume, privez de l'entree des villes principales, et des courts, et de l'usage des chemins publicques, pour avoir querellé nos loix ! Si celles que ie sers me menaçoient seulement le bout du doigt, ie m'en irois incontinent en trouver d'aultres, où que ce feust. Toute ma petite prudence, en ces guerres civiles où nous sommes, s'employe à ce qu'elles n'interrompent ma liberté d'aller et venir. » (Livre III, chap. XIII.)

monde il espérait voir sortir un avenir plus sain et plus vigoureux. « Pour nous veoir bien piteusement agitez (car que n'avons nous faict?) ie ne vois pas soubdain me resolvant : nous ne sommes pas, pourtant, à l'adventure, à nostre dernier periode. La conservation des Estats est chose qui vraysemblablement surpasse nostre intelligence : c'est, comme dict Platon, chose puissante, et de difficile dissolution, qu'une civile police ; elle dure souvent contre des maladies mortelles et intestines, contre l'iniure des loix iniustes, contre la tyrannie, contre le desbordement et ignorance des magistrats, licence et sedition des peuples. En toutes nos fortunes, nous nous comparons à ce qui est au dessus de nous, et regardons vers ceulx qui sont mieulx : mesurons nous à ce qui est au dessoubs ; il n'en est point de si miserable qui ne treuve mille exemples à se consoler.... Nostre police se porte mal : il en a esté pourtant de plus malades, sans mourir.... Tout ce qui bransle ne tumbe pas. La contexture d'un si grand corps tient à plus d'un clou ; il tient mesme par son antiquité : comme les vieux bastiments ausquels l'aage a desrobbé le pied, sans crouste et sans ciment, qui pourtant vivent et se soubtiennent en leur propre poids :

« Hæc iam validis radicibus hærens,
Pondere tuta suo est. »

« D'advantage, ce n'est pas bien proceder de recognoistre seulement le flanc et le fossé, pour iuger de la seureté d'une place ; il fault veoir par où on y peult venir, en quel estat est l'assaillant : peu de vaisseaux fondent de leur propre poids, et sans violence estrangiere. Or, tournons les yeux partout. Tout croule autour de nous : en touts les grands Estats, soit de chrestienté, soit d'ailleurs, que nous cognoissons, regardez y, vous y trouverez une evidente menace de changement et de ruyne :

« Et sua sunt illis incommoda, parque per omnes
Tempestas. »

« Les astrologues ont beau ieu à nous advertir, comme ils le font, de grandes altérations et mutations prochaines :

leurs divinations sont presentes et palpables, il ne fault pas aller au ciel pour cela. Nous n'avons pas seulement à tirer consolation de cette société universelle de mal et de menace, mais encore quelque esperance pour la duree de nostre Estat ; d'autant que naturellement rien ne tumbe là où tout tumbe : la maladie universelle est la santé particuliere; la conformité est qualité ennemie à la dissolution! Pour moy, ie n'en entre poinct en desespoir, et me semble y veoir des routes à nous seures :

« Deus hæc fortasse benigna
Adducet in sedem vice. »

« Qui sçait si Dieu vouldra qu'il en advienne comme des corps qui se purgent et remettent en meilleur estat par longues et griefves maladies, lesquelles leur rendent une santé plus entiere et plus nette que celle qu'elles leur avoient osté ? » (Livre III, chap. IX.)

Concluons. A le juger par ses écrits, et il a droit à être jugé ainsi, Montaigne, dans toutes les phases de sa vie publique, magistrat, militaire, administrateur, est demeuré honnête, humain, loyal, intègre, soumis aux lois, ennemi, non du progrès, mais des innovations hasardeuses et des révolutions. Il a pu se rendre lui-même ce glorieux témoignage contre lequel n'ont réclamé ni les contemporains ni la postérité :

« Ce n'est pas un legier plaisir de se sentir preservé d'un siecle si gasté, et de dire en soy : qui me verroit iusques dans l'ame, encore ne me trouveroit il coupable ny de l'affliction et ruyne de personne, ny de vengeance ou d'envie, ny d'offense publicque des loix, ny de nouvelleté et de trouble, ny de faulte à ma parole; et quoyque la licence du temps permist et apprist à chacun, si n'ay ie mis la main ny ez biens, ny en la bourse d'homme françois, et n'ay vescu que sur la mienne, non plus en guerre qu'en paix. » (Livre III, chap. II.)

Serrons les faits de plus près. Plaçons Montaigne au milieu des partis qui divisaient la France ; citoyen, homme public, quelle position a-t-il prise, quelle cause a-t-il défendue? Il ne faut certes pas le confondre avec ces esprits incertains, ces caractères faibles, ces sceptiques avisés, qui se tiennent sur la limite de toutes les opinions, se réservant pour toutes, et n'ayant l'estime et la confiance d'aucune. Ses principes étaient fortement et dès longtemps arrêtés. « En matiere d'opinions, des l'enfance, ie me logeai au poinct où i'avois à me tenir. » (Livre III, chap. ii.)

Entre les partis, il avait choisi sans hésiter celui qui était conforme aux lois du pays : « Autant que l'image des loix receues et anciennes de cette monarchie reluira en quelque coing, m'y voilà planté. » (Livre III, chap. ix.)

Ses convictions résolues n'admettaient ni la tergiversation, ni l'indifférence, ni la neutralité : « De se tenir chancelant et mestis, de tenir son affection immobile et sans inclination, aux troubles de son païs et en une division publicque, ie ne le treuve ny beau ny honneste : *ea non media, sed nulla via est, velut eventum expectantium, quo fortunæ consilia sua applicent*. Cela peult estre permis envers les affaires des voysins...; ce seroit une espece de trahison, de le faire aux propres et domestiques affaires, ausquels necessairement il fault prendre party par application de desseing. » (Livre III, chap. i.)

Montaigne s'attacha, par devoir et par raison, au parti qu'il crut le meilleur; mais il ne fut jamais, ne voulut jamais être ce qu'on appelle un homme de parti. Jamais il n'admit les alliances compromettantes : « Certes, on faict tort aux partys iustes, quand on les veult secourir de fourbes; i'y ay tousiours contredict; ce moyen ne porte qu'envers les testes malades; envers les saines, il y a des voyes plus seures, et non seulement plus honnestes, à maintenir les courages et excuser les accidents contraires. » (Livre III, chap. x.)

Il résista aux entraînements aveugles qui précipitaient les masses, et les livraient à toutes leurs passions, fatalité de la Ligue comme des huguenots : « I'ay veu, de mon temps, merveilles en l'indiscrette et prodigieuse facilité des peuples à se laisser mener et manier la creance et l'esperance, où il a pleu et servy à leurs chefs, par dessus cent mescomptes les uns sur les aultres, par dessus les phantosmes et les songes.... Leur sens et entendement est entierement estouffé en leur passion : leur discretion n'a plus d'aultre chois, que ce qui leur rit, et qui conforte leur cause. I'avois remarqué souverainement cela au premier de nos partys fiebvreux ; cet aultre, qui est nay depuis, en l'imitant, le surmonte : par où ie m'advise que c'est une qualité inseparable des erreurs populaires ; aprez la premiere qui part, les opinions s'entrepoulsent, suyvant le vent, comme les flots ; on n'est pas du corps, si on s'en peult desdire, si on ne vague le train commun. » (*Eod.*)

Montaigne ne prit parti dans les affaires publiques, que par une libre détermination de sa raison, sans engagement envers les personnes, sans haine pour les hommes du parti contraire : « I'aime la vie privee, parce que c'est par mon chois que ie l'aime, non par disconvenance à la vie publicque, qui est à l'adventure autant selon ma complexion : i'en sers plus gaiement mon prince, parce que c'est par libre eslection de mon iugement et de ma raison, sans obligation particuliere ; et que ie n'y suis pas reiecté ny contrainct pour estre irrecevable à tout aultre party, et mal voulu : ainsi du reste. Ie hais les morceaux que la necessité me taille ; toute commodité ne tiendroit à la gorge, de laquelle seule i'aurois à despendre :

« Alter remus aquas, alter mihi radat arenas :

Une seule chorde ne m'arreste iamais assez. » (Livre III, chap. IX.)

Dans la haute indépendance de sa raison, il se réservait l'impartialité, cette justice odieuse à l'esprit de parti, le droit de blâmer les torts de ses amis, de louer les qualités de ses adversaires : « Ie ne sçais pas m'engager si profondement et si entier : quand ma volonté me donne à un party, ce n'est pas d'une si violente obligation, que mon entendement s'en infecte. Aux presents brouillis de cet estat, mon interest ne m'a faict mesconnoistre ny les qualitez louables en nos adversaires, ny celles qui sont reprochables en ceulx que j'ay suyvis. Ils adorent tout ce qui est de leur costé; moy ie n'excuse pas seulement la pluspart des choses qui sont du mien : un bon ouvrage ne perd pas ses graces pour plaider contre moy. Hors le nœud du debat, ie me suis maintenu en equanimité et pure indifference : *neque extra necessitates belli, præcipuum odium gero :* de quoy ie me gratifie d'autant, que je veois communement faillir au contraire : *utatur motu animi, qui uti ratione non potest....* Ie me prends fermement au plus sain des partys, mais ie n'affecte pas qu'on me remarque specialement ennemy des aultres, et oultre la raison generale. J'accuse merveilleusement cette vicieuse forme d'opiner : « Il est de « la Ligue; car il admire la grace de monsieur de Guise. « L'activité du roy de Navarre l'estonne[1] : il est huguenot : « il treuve cecy à dire aux mœurs du roy : il est seditieux « en son cœur. » (Livre III, chap. x.)

Dans une modération si bien d'accord avec la sagesse, entrait, il est vrai, un peu du sentiment égoïste de la conservation personnelle. Montaigne, chez qui cette disposition augmentait naturellement avec l'âge et l'expérience, avoue que pour se sauver il ne serait pas éloigné d'invoquer tous les secours; mais, et c'est en cela que le caractère conserve sa noblesse, s'il désire, s'il cherche le salut, il en subordonne tous les moyens au devoir. Écoutez sa curieuse confession : « La cause generale et iuste ne m'attache que moderement et sans fiebvre : ie ne suis pas subiect à ces hypotheques et engagements penetrants et intimes. La cholere et la hayne sont au delà du debvoir de la iustice; et sont passions servant seulement à ceulx qui ne tiennent pas assez à leur debvoir par la raison simple : *Utatur motu animi, qui uti ratione non potest.* Toutes intentions legitimes et equitables

---

1. L'exemplaire de la bibliothèque de Bordeaux porte : « *Il fait cas du courage et de* la grace de M. de Guise ; l'activité *et la courtoisie* du roi de Navarre *lui plaisent.* » Montaigne a ensuite rayé et changé les mots soulignés. (Communication de M. Gustave Brunet.)

sont d'elles mesmes equables et temperees. Sinon elles s'alterent en seditieuses et illegitimes : c'est ce qui me faict marcher partout la teste haulte, le visage et le cœur ouvert. A la verité, et ne craindspoint de l'advouer, ie porterois facilement au besoing une chandelle à sainct Michel, l'aultre à son serpent; suyvant le dessein de la vieille : ie suyvrai le bon party iusques au feu, mais exclusivement si ie puis : que Montaigne s'engouffre quand et la ruyne publicque; mais s'il n'est pas besoing, ie sçaurai bon gré à la fortune qu'il se sauve; et autant que mon debvoir me donne de chorde, ie l'emploie à sa conservation. Feut ce pas Atticus lequel se tenant au iuste party, et au party qui perdit, se sauva par sa moderation, en cet universel naufrage du monde, parmy tant de mutations et diversités? aux hommes, comme luy, privez, il est plus aysé; et en telle sorte de besogne, je treuve qu'on peult iustement n'estre pas ambitieux à s'ingerer et convier soy mesme. » (Livre III, chap. i.)

La modération de Montaigne lui faisait condamner les excès de zèle qui servent aux partis à masquer leurs intérêts, et il avait horreur de la cruauté des factions : « Il ne fault pas appeler debvoir, comme nous faisons touts les iours, une aigreur et une intestine aspreté qui naist de l'interest et passion privee; ny courage, une conduicte traistresse et malicieuse : ils nomment zele, leur propension vers la malignité et violence : ce n'est pas la cause qui les eschauffe, c'est leur interest[1]; ils attisent la guerre, non parce qu'elle est iuste, mais parce que c'est la guerre. » (Livre III, chap. i.)

« J'abomine les enhortements enragez de cette ame desreglee,

« ...dum tela micant, non vos pietatis imago
Ulla nec adversa conspecti fronte parentes
Commoveant; vultus gladio turbate verendos. »

Ostons aux meschants naturels, et sanguinaires, et traistres, ce

---

[1]. Montaigne avait d'abord écrit : « Ce n'est pas la cause qui les *embesongne*; » il a effacé ces mots sur l'exemplaire de Bordeaux. Aucune édition n'indique ces changements de la main de l'auteur. (Communication de M. Gustave Brunet.)

pretexte de raison; laissons là cette iustice enorme et hors de soy, et nous tenons aux plus humaines imitations. » (*Eod.*)

Il gardait même (chose rare) la compassion pour les ennemis politiques vaincus : « Le party que ie condamneray en nos guerres ie le condamneray plus asprement, fleurissant et prospere : il sera pour me concilier exclusivement à soy, quand ie le verray miserable et accablé. » (Livre III, chap. XIII.)

De telles pensées n'étaient pas comprises par des esprits vulgaires ou prévenus, de telles vertus ne s'exerçaient pas impunément en présence des factions déchaînées. L'impartialité de Montaigne faisait le vide autour de lui : non-seulement il était « privé de grande familiarité avecques gens d'aultres mœurs que les siennes et d'aultres opinions par lesquelles ils tiennent ensemble d'un nœud (la religion) qui commande tout aultre nœud, » mais encore il n'était pas « sans hazard parmy ceulx à qui tout est egualement loisible » (livre III, chap. IX), c'est-à-dire ceux de la Ligue.

Sa modération attira sur lui de cruelles persécutions. La guerre civile, qui entretenait un de ses plus ardents foyers dans la Guyenne, avait dévasté son château, longtemps respecté comme un temple de l'hospitalité ouvert à tous sans distinction. Son habitation était située dans un pays peuplé de huguenots, et il n'avait pas cessé toute relation avec les gentilshommes ses voisins qui avaient embrassé la nouvelle religion; mais sa conduite publique était celle d'un bon catholique, et personne n'osa jamais l'accuser d'avoir manqué aux lois. Précisément parce qu'on ne trouvait rien à lui reprocher, on sema contre lui des soupçons que sa fierté dédaigna, et les partis opposés le traitèrent également en ennemi, malheur qui ne pouvait pas le surprendre, et qui ne parvint pas à l'ébranler : « Oultre cette secousse (le pillage) i'en souffris d'aultres : i'encourus les inconvenients que la moderation apporte en telles maladies : ie feus pelaudé à toutes mains; au gibelin, j'estois guelphe; au guelphe, gibelin : quelqu'un de mes poëtes dict bien cela, mais ie ne sçais où c'est. La situation de ma maison, et l'accointance de mon voysinage, me presentoient d'un visage; ma vie et mes actions, d'un aultre. Il ne s'en faisoit point des accusations formees, car il n'y avoit où mordre; ie ne desempare iamais les loix, et qui m'eust recherché, m'en eust deu de reste : c'estoient suspicions muettes qui couroient soubs main, ausquelles il n'y a iamais faulte d'apparence, en un meslange si confus, non plus que d'esprits ou envieux ou ineptes. l'aide ordinairement aus presumptions iniurieuses que la fortune seme contre moy, par une façon que i'ay, dez tousiours, de fuyr à me iustifier, excuser et interpretter; estimant que c'est mettre ma conscience en compromis, de plaider pour elle.... Tant y a que, de ce qui m'advient lors, un ambitieux s'en feust pendu; si eust faict un avaricieux. » (Livre III, chap. XII.) En effet, avec la raison et la modération de Montaigne, on ne devient pas puissant et on ne fait pas fortune.

Par conviction et en dépit des dangers, il fut et resta toujours du parti *catholique* et *royaliste*.

Si, comme aujourd'hui, la croyance religieuse n'avait appartenu qu'au domaine de la conscience, on pourrait rechercher, par une curiosité purement littéraire et doctrinale, si les hardiesses philosophiques de l'auteur des *Essais* n'excèdent pas les limites d'une rigoureuse orthodoxie. Dans les courses vagabondes que son doute encore instinctif et sans méthode fait à travers toutes les idées, quelques propositions malsonnantes ont pu lui échapper; l'un de ses biographes, effrayé des arguments que la philosophie du XVIIIe siècle empruntait aux *Essais*, dom Devienne, a cru devoir consacrer une dissertation à la preuve du catholicisme de Montaigne. Une bien plus puissante autorité s'attache au témoignage de Pascal, qui n'attaque que la morale de Michel, mais qui le loue d'avoir prouvé, surtout dans son chapitre sur Sebond, que la raison sans la foi est impuissante, donnant ainsi le scepticisme même pour garantie de la religion[1]. Il est vrai que l'interprétation de Pascal a ses

---

1. « Montaigne est incomparable pour confondre l'orgueil de ceux qui, sans

adversaires, et MM. Leclerc, Sainte-Beuve, Havet doutent fort du christianisme de Montaigne, et persistent à voir dans l'apologie de Sebond la négation de toutes les croyances (Havet, *Pensées de Pascal*, p. 43, note). M. Villemain (*Galerie française*, article *Montaigne*), en avouant que dans les *Essais* il y a un peu de tout, reconnaît qu'il s'y trouve des passages très-significatifs sur le catholicisme de l'auteur[1].

Mais, dans la seconde moitié du xvie siècle, les questions religieuses ne donnaient pas lieu seulement à des controverses purement dogmatiques. La religion avait fait alliance avec la loi, la foi se servait de l'épée du pouvoir ; c'était une nécessité : la réforme était devenue un levier politique, une arme d'ambition ; de l'état de secte le calvinisme avait bientôt passé à l'état de faction : ses principes républicains menaçaient la monarchie ; ses chefs pensèrent à briser, à leur profit, l'unité de la France ; et quand leurs prétentions s'élevèrent moins haut, la nouvelle religion ne forma pas moins un parti avec lequel la royauté dut combattre, négocier, transiger, agir tantôt par la force, tantôt par la diplomatie.

Dans une pareille situation, une profession de foi catholique était, en même temps, un acte de croyant, et une manifestation de citoyen. Montaigne resta fidèle au culte de ses aïeux. Il résista à la contagion de l'exemple ; la Guyenne était une des provinces de France où la réforme comptait le plus de partisans, surtout dans les classes éclairées : « Il n'y a ici, écrivait le maréchal de Montluc, enfant de famille

---

la foi, se piquent d'une véritable justice ; pour désabuser ceux qui s'attachent à leur opinion, et qui croient, indépendamment de l'existence et des perfections de Dieu, trouver dans les sciences des vérités inébranlables ; et pour convaincre si bien la raison de son peu de lumière et de ses égarements, qu'il est difficile après cela d'être tenté de rejeter les mystères, parce qu'on croit y trouver des répugnances. L'esprit en est si battu, qu'il est bien éloigné de vouloir juger si les mystères sont possibles ; ce que les hommes du commun n'agitent que trop souvent. » (*Entretien sur Épictète et Montaigne*.)

1. « Il était souvent sceptique en religion et en morale, et cependant il a fait, dans plusieurs endroits de son ouvrage, des professions de foi qui ne semblent pas douteuses. »

qui n'ait voulu taster de cette viande. » La cour de Nérac, depuis la première Marguerite, avait été un foyer de calvinisme ; Jeanne d'Albret avait conservé toute la ferveur de sa foi, et Henri de Navarre, gouverneur de la Guyenne, fut, depuis sa fuite de la cour de France jusqu'à son abjuration définitive, le chef politique des réformés français. La plupart des gentilshommes voisins de Montaigne suivaient la nouvelle religion; les places les plus rapprochées, Castillon, Sainte-Foi, Bergerac, appartenaient à la réforme ; elle avait recruté, dans la famille même de Montaigne, son frère, M. de Beauregard : ce dernier assistait, avec Michel, aux derniers moments de La Boëtie, qui lui adressa de nobles et touchantes recommandations sur sa religion[1].

A plusieurs reprises, Montaigne se déclare catholique : il veut vivre et mourir en la sainte Église où il est né ; les nou-

1. « Et puis, appelant mon frère de Beauregard : « Monsieur de Beauregard, « luy dict-il, je vous mercie bien fort de la peine que vous prenez pour moy. Vous « voulez bien que je vous descouvre quelque chose que j'ay sur le cœur à vous « dire. » De quoy quand mon frère luy eust donné asseurance, il suyvit ainsi : « Ie « vous iure que de tous ceulx qui se sont mis à la reformation de l'Eglise, ie « n'ay iamais pensé qu'il y en ait eu un seul qui s'y soit mis avecques meilleur « zele, plus entiere, sincere et simple affection que vous : et crois certainement « que les seuls vices de nos prelats, qui ont sans doubte besoing d'une grande « correction, et quelques imperfections que le cours du temps a apporté en « nostre Eglise, vous ont incité à cela. Je ne vous en veulx pour cette heure « desmouvoir ; car aussi ne prié ie pas volontiers personne de faire quoy que « ce soit contre sa conscience : mais ie vous veulx bien advertir qu'ayant res- « pect à la bonne reputation qu'a acquis la maison de laquelle vous estes par « une continuelle concorde, maison que j'ai autant chere que maison du monde « (mon Dieu quelle case, de laquelle il n'est iamais sorty acte que d'homme « de bien !) ayant respect à la volonté de vostre pere, ce bon pere à qui vous « debvez tant, de vostre bon oncle, à vos freres, vous fuyiez ces extremitez : « ne soyez point si aspre et si violent ; accommodez vous à eulx : ne faictes « point de bande et de corps à part ; ioignez vous ensemble. Vous veoyez com- « bien de ruynes ces dissensions ont apporté en ce royaume ; et vous responds « qu'elles en apporteront de bien plus grandes. Et, comme vous estes sage et « bon, gardez de mettre ces inconvenients parmy vostre famille, de peur de « luy faire perdre la gloire et le bonheur duquel elle a ioui iusques à cette « heure. Prenez en bonne part, monsieur de Beauregard, ce que ie vous en « dis, et pour un certain tesmoignage de l'amitié que ie vous porte : car, pour « cet effet, me suis ie reservé, iusqu'à cette heure, à vous le dire ; et, à l'ad- « venture, vous le disant en l'estat auquel vous me veoyez, vous donnerez « plus de poids et d'auctorité à mes paroles. » Mon frere le remercia bien fort. » (Lettre de Montaigne à son père sur la mort de La Boëtie.)

veautés, les sectes ne l'ont point ébranlé, et il ne s'est jamais senti le courage ni reconnu le droit de changer, à son gré, les institutions divines : « Me semblant tres inique de vouloir soubmettre les constitutions et observances publicques et immobiles à l'instabilité d'une privee fantaisie (la raison privee n'a qu'une iurisdiction privee) et entreprendre sur les loix divines ce que nulle police ne supporteroit aux civiles. » (Livre I, chap. XXII.)

« .... Les soubmets (ses fantaisies) aux iugements de ceulx ä' qui il touche de regler non seulement mes actions et mes escripts, mais encores mes pensees. Egualement m'en sera acceptable et utile la condamnation comme l'approbation, tenant pour absurde et impie, si rien se rencontre, ignoramment ou inadvertamment couché en cette rapsodie, contraire aux sainctes resolutions et prescriptions de l'Eglise catholique, apostolique et romaine, en laquelle je meurs, et en laquelle je suis nay. » (Livre I, chap. LVI.) Dans ce chapitre, Montaigne combat une des principales innovations de la réforme, la traduction de la Bible en langue vulgaire, ainsi que sa diffusion dans tous les rangs de la société.

« Ainsi me suis ie, par la grace de Dieu, conservé entier, sans agitation et trouble de conscience, aux anciennes creances de nostre religion, au travers de tant de sectes et de divisions que nostre siecle a produictes. » (Livre II, chap. XI.)

La soumission catholique, il la veut absolue, dans les petites choses comme dans les grandes :

« Ou il faut se soubmettre du tout à l'auctorité de nostre police ecclesiastique, ou du tout s'en dispenser : ce n'est pas à nous à establir la part que nous luy debvons d'obeissance. Et davantage, ie le puis dire pour l'avoir essayé, ayant aultrefois usé de cette liberté de mon chois et triage particulier, mettant à non chaloir certains poincts de l'observance de nostre Eglise qui semblent avoir un visage ou plus vain ou plus estrange; venant à en communiquer aux hommes sçavants, i'ay trouvé que ces choses là ont un fondement massif et tres solide, et que ce n'est que bestise et ignorance qui nous faict les recevoir avecques moindre reverence que le reste. » (Livre I, chap. XXVI.)

Dira-t-on que ces déclarations étaient plus explicites que sincères? Personne, sans calomnier, sans ignorer Montaigne, le plus franc, le plus désintéressé des hommes, ne pourra le soupçonner d'avoir parlé ainsi par peur ou par intérêt, lui qui, entouré d'ennemis armés, proclamait son opinion sous leurs poignards, lui qui n'accepta aucune libéralité d'aucun roi, et fit à son indépendance le sacrifice de son ambition !

Les calvinistes accusaient souvent alors les catholiques hommes d'esprit de manquer de sincérité ; Montaigne répond : « Que l'imagination me sembloit fantastique de ceulx qui, ces annees passees, avoient en usage de reprocher à chascun, en qui il reluisoit quelque clarté d'esprit, professant la religion catholique, que c'estoit à feincte : et tenoient mesme, pour luy faire honneur, quoy qu'il dist par apparence, qu'il ne pouvoit faillir, au dedans, d'avoir sa creance reformee à leur pied! Fascheuse maladie, de se croire si fort, qu'on se persuade qu'il ne se puisse croire au contraire! et plus fascheuse encores, qu'on se persuade d'un tel esprit, qu'il prefere je ne sçais quelle disparité de fortune presente, aux esperances et menaces de la vie eternelle! »

Soutiendra-t-on qu'en se disant catholique, Montaigne vouloit seulement se mettre en règle vis-à-vis les convenances sociales, et donner le bon exemple, sans se soucier autrement du fond de ses croyances? Mais ce n'est pas seulement à la ville, à la cour, sous les yeux du public qu'il pratique sa religion ; dans son château, entouré de huguenots, il garde sa chapelle catholique (livre III, chap. IX). Dans le voyage qu'il fait avec quelques parents et quelques amis, et dont il n'écrivait le récit que pour lui seul, il rappelle, comme chose toute simple et allant de soi, qu'il entendit la messe, à Épernay, à Hornes en Autriche, à Vérone (où « il trouvoit la contenance des hommes estrange, à la grand'-messe : ils devisoient au chœur mesme de l'eglise, couverts, debout, le dos tourné vers l'autel, et ne faisant contenance de penser au service que lors de l'elevation »), à Buon Convento, à Notre-Dame de Lorette, où il fit ses pâques, à Florence, à Lucques[1]. Il témoigna une extrême dévotion à Notre-Dame de Lorette; mais le chevalier de l'ordre du roi de France mêla quelque chose de sa vanité à l'hommage de sa piété[2]. Sa foi dans l'intervention miraculeuse de la madone inspire une joie moqueuse à l'auteur du nouveau *Dictionnaire historique*, qui semble heureux de se venger du philosophe sceptique sur le pèlerin crédule.

Enfin n'oublions pas que le dernier acte de Montaigne mourant a été un témoignage solennel de sa religion : « ....Il estoit contraint d'avoir recours à sa plume, pour faire entendre ses volontez, et comme il sentit sa fin approcher, il pria par un petit bulletin sa femme de semondre quelques gentilshommes siens voisins, affin de prendre congé d'eux. Arrivez qu'ils furent, il fit dire la messe en sa chambre; et comme le prestre estoit sur l'eslevation du *corpus Domini*, ce pauvre gentilhomme s'eslance au moins mal qu'il peut, comme à corps perdu, sur son lict, les mains joinctes; et en ce dernier acte, rendit son esprit à Dieu. » (Étienne Pasquier, lettre Iʳᵉ, livre XVIII.)

---

1. Durant son séjour à Rome, il fut, ainsi que ses compagnons, présenté au pape par l'ambassadeur de France; le saint-père, s'adressant à Montaigne nommément, « l'exhorta de continuer à la dévotion qu'il avait toujours portée à l'Église et service du roi très-chrétien. »

2. « Là (dans le sanctuaire de l'église) se voit au haut du mur l'image Notre-Dame, faicte, disent-ils, de bois. Tout le reste est si fort paré de vœux riches de lieus et princes, qu'il n'y a jusques à terre pas un pousse vide, et qui ne soit couvert de quelque lame d'or ou d'arjant. J'y peus trouver à toute peine place, et avec beaucoup de faveur, pour y loger un tableau (cadre) dans lequel il y a quatre figures d'arjant attachees : cele de Notre-Dame, la mienc, cele de ma feme, cele de ma fille. Au pied de la mienc, il a insculpé : *Michael Montanus, gallus vasco, eques regij ordinis* 1581; à cele de ma fame, *Francisca Cassaniana uxor*; à celle de ma fille, *Leonora Montana filia unica*; et sont toutes de ranc à genoux dans ce tableau, et la Notre-Dame au haut au devant. Il y a un' autre antree en cette chapelle que par les deux portes de quoi j'ai parlé, laquelle antree repont au dehors. Entrant donc par là en cette chapelle, mon tableau est logé à mein gauche contre la porte qui est à ce couin, et je l'y ai laissé tres curieusement ataché et cloué. J'y avois faict mettre une chenette et un aneau d'arjant, pour par iceluy le pandre à quelque clou; mais ils aimerent mieulx l'atacher tout à faict.... Ce fut le 25 d'avril que j'offris mon vœu. »

Si Montaigne resta invariablement attaché au culte de ses pères; s'il en fit toujours profession publique, s'il appelait *nos gens* les vainqueurs de Moncontour[1], et le meilleur parti celui qui, comme lui et avec lui, défendait contre les huguenots la religion et les lois du pays, il flétrit avec indignation ceux qui subordonnent la religion aux intérêts mobiles des partis, les catholiques ligueurs devenus séditieux et rebelles au nom de la foi : « Les uns font accroire au munde qu'ils croyent ce qu'ils ne croyent pas; les aultres, en plus grand nombre, se le font accroire à eulx mesmes, ne sçachant pas penetrer que c'est que croire; et nous trouvons estrange si, aux guerres qui pressent à cette heure nostre Estat, nous veoyons flotter les evenements et diversifier d'une maniere commune et ordinaire; c'est que nous n'y apportons rien que le nostre. La iustice, qui est en l'un des partis, elle n'y est que pour ornement et couverture : elle y est bien alleguee; mais elle n'y est ny receue, ny logee, ny espousee : elle y est comme en la bouche de l'advocat, non comme dans le cœur et affection de la partie. Dieu doibt son secours extraordinaire à la foy et à la religion, non pas à nos passions : les hommes y sont conducteurs, et s'y servent de la religion; ce debvroit estre tout le contraire. Sentez si ce n'est par nos mains que nous la menons : à tirer comme de cire, tant de figures contraires d'une regle si droicte et si ferme. Quand s'est il veu mieulx qu'en France en nos jours? Ceulx qui l'ont prinse à gauche, ceulx qui l'ont prinse à droicte, ceulx qui en disent le noir, ceulx qui en disent le blanc, l'employent si pareillement à leurs violentes et ambitieuses entreprises, s'y conduisent d'un progrez si conforme en desbordement et iniustice, qu'ils rendent doubteuse et malaysee à croire la diversité qu'ils pretendent de leurs opinions, la chose de laquelle despend la conduicte et loy de nostre vie : peut on voir partir de mesme eschole et discipline des mœurs plus unies, plus unes ? Voyez l'horrible impudence de quoy nous

1. « Qui vouldra estre de ce party, et faire valoir avecques nos gents la faulte de n'avoir dernierement poursuivy nostre poincte à Moncontour. » (Livre I, chap. XLVII.)

pelotons les raisons divines ; et combien irreligieusement nous les avons et reiectees et reprinses, selon que la fortune nous a changé de place en ces orages publicques. Cette proposition si solenne : « S'il est permis au subiect de se rebel-« ler et armer contre son prince pour la deffense de la reli-« gion : » souvienne vous en quelle bouche cette annee passee l'affirmative d'icelle estoit l'arc boutant d'un party. La negative de quel autre party c'estoit l'arc boutant : et oyez à present de quel quartier vient la voix et instruction de l'une et de l'autre ; et si les armes bruyent moins pour cette cause que pour celle là. Et nous bruslons les gents qui disent qu'il fault faire souffrir à la verité le ioug de nostre besoing : et de combien faict la France pis que de le dire ? Confessons la verité : qui tireroit de l'armee, mesme legitime, ceulx qui y marchent par le seul zele d'une affection religieuse, et encore ceulx qui regardent seulement la protection des loix de leur païs, ou service du prince, il n'en sçauroit bastir une compaignie de gents d'armes complette. » (Livre II, chap. XII.)

Il déplore les excès de son parti, les emportements des catholiques, même de bonne foi : « Il est ordinaire de veoir les bonnes intentions, si elles sont conduictes sans moderation, poulser les hommes à des effects tres vicieux. En ce debat, par lequel la France est à present agitee de guerres civiles, le meilleur et le plus sain party est sans doubte celuy qui maintient et la religion et la police ancienne du païs : entre les gents de bien toutefois qui le suyvent (car ie ne parle point de ceulx qui s'en servent de pretextes pour, ou exercer leurs vengeances particulieres, ou fournir à leur avarice, ou suyvre la faveur des princes ; mais de ceulx qui le font par vray zele envers leur religion, et saincte affection à maintenir la paix et l'estat de leur patrie), de ceulx cy, dis ie, il s'en veoid plusieurs que la passion poulse hors les bornes de la raison, et leur faict parfois prendre des conseils iniustes, violents, et encore temeraires. » (Livre II, chap. XIX.)

Il se méfie surtout de la ferveur des nouveaux convertis,

dont le zèle suspect n'est pas confondu par lui avec le retour à la foi et aux bonnes mœurs, des hommes ramenés par l'étude et la méditation : « En ce reng n'entends ie pas loger ces aultres qui, pour se purger du souspeçon de leur erreur passee, et pour nous asseurer d'eulx, se rendent extremes, indiscrets et iniustes à la conduicte de nostre cause, et la tachent d'infinis reproches de violence. » (Livre I, chap. LIV.)

La tolérance, qui s'allie si bien avec les convictions fortes, était au fond le vœu de Montaigne, comme elle avait été le but et l'effort malheureux de son sage ami L'Hospital; cette grande cause de la liberté de conscience, engagée par les armes du XVIe siècle, ne devait triompher que deux cents ans plus tard, grâce à une glorieuse et féconde révolution.

Il était aussi juste, aussi bienveillant envers les dissidents religieux qu'envers ses adversaires politiques; il nomme Théodore de Bèze parmi les grands poëtes de son siècle (liv. II, chap. XVII), ce qui lui valut des reproches et même des censures, comme on le voit par cette allusion à la discussion qu'il eut à Rome avec le moine chargé d'examiner les *Essais* : « Et ne concedav pas au magistrat mesme qu'il eust raison de condamner un livre pour avoir logé entre les meilleurs poëtes de ce siecle un heretique » (livre III, chap. X); et il honore La Noue comme un des plus beaux caractères de son époque[1].

Montaigne se montra dévoué à la royauté en même temps que fidèle à l'Église catholique. Sa ligne de conduite était droite; il la suivit résolûment, sans jamais dévier. Il s'était planté, comme il dit, là où il trouvait la loi. Ennemi de toute cabale, on ne le vit prendre parti pour aucune des grandes familles à qui l'ambition, ouverte ou masquée de prétextes

---

1. « .... me semble meriter qu'on la loge entre les remarquables evenements de mon temps ; comme aussi, la constante bonté, doulceur de mœurs et facilité consciencieuse de monsieur de La Noue, en une telle iniustice de parts armees (vraye eschole de trahison, d'inhumanité et de brigandage) où tousiours il s'est nourry, grand homme de guerre et tres experimenté. » (Livre II, chap. XVII.)

religieux, mettait les armes à la main; il ne fut ni aux Montmorency, ni aux Guise, ni aux Bourbons, ni à Monsieur, ni au prince de Navarre; il fut toujours au roi, ou plutôt à la royauté [1]. Incapable de dissimuler, il ne cachait pas plus son opinion politique que sa foi religieuse, quoiqu'il fût prudent, par ces temps de confusion, de se tenir sur la réserve dans les rencontres qu'on pouvait faire, comme avait agi un gentilhomme dont parle Montaigne : « Voyageant un jour, mon frere sieur de La Brousse et moi, durant nos guerres civiles, nous rencontrasmes un gentilhomme de bonne façon. Il estoit du party contraire au nostre, mais ie n'en sçavois rien, car il se contrefaisoit aultre : et le pis de ces guerres, c'est que les chartes sont si meslees, vostre ennemy n'estant distingué d'avecques vous d'aulcune marque apparente, ny de langage, ni de port, nourry en mesmes loix, mœurs et mesme air, qu'il est malaysé d'y eviter confusion et desordre.... Cestuy ci en avoit une frayeur si esperdue, et ie le veoyois si mort à chasque rencontre d'hommes à cheval et passage de villes qui tenoient pour le roy, que ie devinay enfin que c'estoient alarmes que sa conscience luy donnoit. » (Livre II, chap. v.)

Le plus pressant danger ne pouvait déterminer Montaigne à renier son parti (car, on l'a vu, s'il tenait à son salut, il tenait encore plus au devoir, à l'honneur); témoin cette attaque dont il fut victime pendant une trêve : entouré tout à coup par quinze à vingt gentilshommes masqués et accompagnés d'une troupe nombreuse, comme il *s'acheminoit à un voyage par païs estrangement chatouilleux*, il fut pris, menacé, mis à rançon. Sa ferme contenance ne se démentit pas un instant, et « d'arrivee, il leur avoit confessé ouverte-

---

[1]. Il aurait pu suivre une conduite différente sans s'éloigner des habitudes de la noblesse de son temps, qui faisait de ses mécontentements et de ses changements de parti une spéculation lucrative. « En ce temps là (1576) les divisions des freres, du roy de Navarre, de ceux de Guise, de ceux de la religion, faisoient suivre une liberté de se mescontenter facilement, ayant facilité un chacun de recouvrer un maistre lorsqu'on en perdoit un ; et aussitost qu'on voyoit quelqu'un mal content, il ne manquoit d'estre recherché d'autre part. » (*Mémoires du duc de Bouillon.*)

ment le party duquel il estoit, et le chemin qu'il tenoit. »
(Livre III, chap. xii.)

Ses relations personnelles avec les personnages principaux de tous les partis ne prenaient rien sur ses convictions; parce qu'il fréquentait le roi de Navarre, il ne devenait point huguenot, et ses rapports avec la famille de Guise ne l'ont jamais rendu ligueur. Il avait trop de bon sens pour ne pas comprendre toute la portée de la Ligue, trop de sagacité pour n'en pas deviner le but réel, trop de patriotisme et de modération pour n'en pas prévoir et déplorer les excès. N'est-ce pas la Ligue qu'il désigne quand il parle de « cet aultre party qui est nay depuis le premier de nos partys fiebvreux, et qui, en l'imitant, le surmonte? » (Liv. III, chap. x.) N'est-ce pas à elle qu'il fait allusion quand il dit : « Je doubte souvent, si entre tant de gents qui se meslent de telle besongne, nul s'est rencontré d'entendement si imbecille, à qui on aye en bon escient persuadé qu'il alloit vers la reformation par la derniere des difformations ; qu'il tiroit vers son salut, par les plus expresses causes que nous ayons de tres certaine damnation; que, renversant la police, le magistrat et les loix, en la tutelle des quelles Dieu l'a colloqué, desmembrant sa mere et en donnant à ronger les pieces à ses anciens ennemis, remplissant des haines parricides les courages fraternelz, appelant à son ayde les diables et les furies, il puisse apporter secours à la sacrosaincte doulceur et iustice de la loy divine. L'ambition, l'avarice, la cruauté, la vengeance, n'ont point assez de propre et naturelle impetuosité; amorçons les et les attisons par le glorieux tiltre de iustice et de devotion. Il ne se peut imaginer un pire estat de choses, qu'où la meschanceté vient à estre legitime, et prendre, avecques le congé du magistrat, le manteau de la vertu : *nihil in speciem fallacius, quam prava religio, ubi deorum numen prætenditur sceleribus* : l'extreme espece d'iniustice, selon Platon, c'est que ce qui est iniuste soit tenu pour iuste. » (Livre II, chap. xii.)

Dans une conversation entre lui et un des hommes les plus distingués de la réforme, Agrippa d'Aubigné, Montaigne s'exprimait avec autant de franchise que de profondeur sur les prétendants à la couronne : « Et comme il n'y eut aucun des princes de la Ligue à qui il ne fust arrivé quelque desfaveur par les combats, le peuple qui n'a rien de mediocre en sa bouche, exaggeroit leurs deffauts. Enfin la pluspart en vindrent là que ceux qu'ils trouvoyent fort beaux pour princes, ne l'estoyent pas assez pour roys : suivant ce que me dit un iour Michel Montagne, assavoir, que les prétendans à la couronne trouvent tous les eschelons iusques au marchepied du throsne, et petits et aisez, mais que le dernier ne se pouvoit franchir, pour sa hauteur. » (*Histoire univers.*, livre III, chap. XXIII.)

Personne n'a pensé à faire de Montaigne un ligueur ; mais des biographes ont imaginé d'ajouter au prix de sa fidélité envers le roi celui d'un sacrifice pris sur sa reconnaissance envers les chefs de la Ligue. Suivant La Dixmerie (*Éloge*, p. 83), Montaigne serait venu à la cour après la mort de Charles IX ; il y aurait été fort recherché du cardinal de Lorraine[1], et traité comme son élève qu'il guidait dans ce monde nouveau pour lui ; mais il « montra (et c'était peut être là l'épreuve la plus difficile dans ces temps de trouble et d'anarchie) comment on peut tenir par la reconnaissance aux ennemis de son prince, et ne cesser jamais de lui être fidèle. »

C'est sans doute à La Dixmerie que l'auteur d'un autre éloge, M. Victorin Fabre, a emprunté cette histoire ; il fait du cardinal de Lorraine, mais à la cour de Charles IX, un protecteur qui reçoit des promesses et donne des confidences ; Montaigne, dit-il, « se prononce en faveur du trône et des lois de son pays ; en d'autres termes, lié par ambition, même par reconnaissance, aux chefs de la Ligue, aux princes de la maison de Lorraine, il fut cependant assez juste et assez éclairé sur les vrais intérêts de son pays pour s'attacher au parti des Valois qui, devenu plus tard celui de Henri IV, finit par déjouer les intrigues des cours étrangères, triompher des ligueurs, » etc.

---

1. M. Villemain indique aussi cette relation dans son article MONTAIGNE de la *Galerie française.*

Montaigne a-t-il jamais été lié aux Guise par des bienfaits reçus? Aucun témoignage contemporain ne l'indique; la vraisemblance en écarte la supposition. Montaigne a voulu, toute sa vie, garder son indépendance vis-à-vis les rois, et n'être tenu envers aucun d'eux par aucune obligation particulière; et il se serait fait l'obligé de la maison de Guise! Ces seigneurs n'étaient pour lui, gentilhomme périgourdin, que des princes étrangers; hors de la cour, il n'avait point de relations avec eux; leurs domaines étaient loin de la Guyenne, où l'on n'avait vu séjourner que l'un d'eux, le duc de Mayenne, qui était venu en 1586 commander sans beaucoup de gloire une armée catholique, et se faire guérir de la peste à Bordeaux.

Quant au cardinal de Lorraine, Montaigne, il est vrai, a parlé de lui avec éloge; mais à quelle occasion et en quels termes? C'était (en répondant à un de ces pamphlets huguenots qui couraient et dont il louait le talent) pour mettre le cardinal au-dessous de Sénèque, auquel on l'avait comparé en comparant Charles IX à Néron[1]; la louange, on en conviendra, est au moins mitigée. D'un autre côté, le rôle respectif que La Dixmerie prête aux deux personnages est impossible et presque ridicule. Montaigne, comme je le montrerai plus tard, était déjà venu à la cour sous Henri II et sous Charles IX; s'il y revint sous Henri III, il n'y entra pas

---

1. « Quant à Seneque, parmy une milliasse de petits livrets, que ceulx de la religion pretendue reformee font courir pour la deffense de leur cause, qui partent parfois de bonne main, et qu'il est grand dommage n'estre embesongnee à meilleur subiect, i'en ai veu aultres fois un qui, pour alonger et remplir la similitude qu'il veult trouver du gouvernement de nostre pauvre feu roy Charles neufviesme avecques celuy de Neron, apparie feu monsieur le cardinal de Lorraine avecques Seneque; leurs fortunes, d'avoir esté touts deux les premiers au gouvernement de leurs princes; et quand et quand leurs mœurs, leurs conditions, et leurs desportements. En quoy, à mon opinion, il faict bien de l'honneur audict seigneur cardinal : car, encores que ie sois de ceulx qui estiment autant son esprit, son eloquence, son zele envers sa religion et service de son roy, et sa bonne fortune d'estre nay en un siecle où il feut si nouveau et si rare, et quand et quand si necessaire pour le bien publicque, d'avoir un personnage ecclesiastique de telle noblesse et dignité, suffisant et capable de sa charge, si est ce qu'à confesser la verité, ie n'estime sa capacité de beaucoup pres telle, ny sa vertu si nette et entiere ny si ferme que celle de Seneque. » (Livre II, chap. xxxii.)

comme dans un monde nouveau pour lui, et n'y fut l'élève de personne ; à la mort de Charles IX, il avait quarante-deux ans, était chevalier de l'ordre du Roi, et n'attendait rien du cardinal.

La Dixmerie, menant à sa suite M. Victorin Fabre, n'aurait-il pas été trompé par une similitude de nom ? N'aurait-il pas, dans le souvenir mal fixé de quelque ancienne lecture, confondu Michel Montaigne avec un nommé La Montagne, qui était un des familiers du cardinal de Lorraine et que celui-ci appelait Montagne ? C'est à ce La Montagne que le prélat faisait une confidence peu flatteuse pour Catherine de Médicis, s'il faut en croire le journal de L'Estoile : « En ce temps (1574), la vie de la reine mere imprimee, qu'on a depuis vulgairement appelee la vie de sainte Catherine, couroit partout. La reine mere se la fit lire, riant à gorge deployee, et disant que si on lui en eust communiqué devant, elle en auroit appris bien d'autres qu'ils ne sçavoient pas, dissimulant à la Florentine le mal talent qu'elle en couvoit contre les huguenots. Le cardinal de Lorraine l'ayant lüe, dit à un sien familier nommé La Montagne, qui disoit que la plus part de ce qui estoit dans ce livre n'estoit que faus-« setés : « Crois-moi, Montagne, les memoires des huguenots « ne sont pas tousiours bien certains; mais de ce costé là ils ont « rencontré : j'en sçai quelque chose. » J'ai ouy dire à des catholiques qu'il n'y avoit pas la moitié de ce qu'elle avoit fait. »

Montaigne laissait voir aux princes lorrains qu'il comprenait leurs vues ambitieuses, et, tout en se posant leur adversaire, il revendiquait l'estime due à celui qui, libre de toute animosité personnelle, ne combat que pour la cause des lois : « On ne prend pas querelle particuliere avecques un prince, pour marcher contre luy ouvertement et courageusement pour son honneur et selon son debvoir ; s'il n'aime un tel personnage, il faict mieulx, il l'estime : et notamment, la cause des loix, et deffense de l'ancien estat, a tousiours cela, que ceulx mesme qui, pour leur desseing particulier, le troublent, en excusent les deffenseurs, s'ils ne les honorent. » (Livre III, chap. I.)

Ce n'est pas du côté de la Ligue et des Guise qu'il faut chercher les sympathies politiques de Montaigne : c'est dans les rangs opposés qu'on le trouve en contact avec un prince auquel il était rattaché par des circonstances de diverses sortes. Le roi de Navarre avait passé une partie de son enfance dans la Guyenne : ses États souverains et ses plus beaux domaines touchaient au séjour habituel de la famille de Montaigne, situé dans une de ses seigneuries, le Périgord[1] ; la reine Marguerite, sa femme, avait reçu pour dot l'apanage de l'Agenois et du Quercy. Montaigne avait rencontré Henri à la cour de Charles IX, et avait travaillé à le réconcilier avec le duc de Guise. Il avait eu, pendant ses quatre années de mairie à Bordeaux, des rapports d'affaires avec ce prince, gouverneur, comme l'avait été son père, de la province de Guyenne. Il intervint, avec le maréchal de Matignon, à un moment critique, dans des négociations délicates. La mort de Monsieur, survenue à une époque où on n'espérait plus de postérité d'Henri III, montrant dans le roi de Navarre l'héritier présomptif de la couronne de France, Montaigne vit en lui le représentant de la légitimité. La guerre que le débile monarque fut obligé de déclarer malgré lui au Béarnais, plaça Montaigne parmi les adversaires de ce dernier, sans rompre entièrement leurs communications personnelles. Quand le roi combattait à regret le chef de la maison de Bourbon, le gentilhomme pouvait bien, tout en faisant son devoir, former des vœux pour son compatriote, pour le gouverneur héréditaire de sa province, pour le futur et légitime souverain de la France[2]. Ajoutons qu'au début des

---

1. « Il estoit heritier presomptif de la couronne de Navarre, prince souverain de Bearn, duc de Vendosme, Beaumont et Alby, comte d'Armagnac, Foix, Bigorre, Rhodez, Perigord, Comersan et Marle, vicomte de Limoges, seigneur de plusieurs belles terres en Picardie et en Flandre. » (Pierre Mathieu, *Histoire*, livre II.)

2. Plus tard, Montaigne rappelait à Henri devenu roi ces vœux qu'il avait risqués pour un prince héritique : « I'ay de tout temps regardé en vous, écrivait-il avec une grâce charmante dans sa lettre du 18 janvier 1590, cette mesme fortune où vous estes, et vous peut souvenir que lors mesme qu'il m'en faloit confesser à mon curé, ie ne laissois de voir aulcunement de bon œil vos succez. »

guerres de la Ligue, le roi de Navarre avait attaché à sa personne un des frères de Montaigne, celui qui l'avait accompagné en Italie, M. de Mattecoulon[1].

La trace des sympathies de Montaigne se trouve dans les *Essais*, mais discrète et voilée, comme il convenait à un écrivain gentilhomme et royaliste parlant d'un prince qui faisait la guerre au roi. On sait avec quelle activité, avec quel courage téméraire le roi de Navarre suppléa, dans ses premières campagnes, à l'exiguïté de ses ressources; Montaigne y fait allusion :

« Les historiens disent que la persuasion estant populairement semee entre les Turcs de la fatale et imployable prescription de leurs iours, ayde apparemment à les asseurer aux dangiers. Et ie cognois un grand prince qui en faict heureusement son proufict, soit qu'il la croye, soit qu'il la prenne pour excuse à se hazarder extraordinairement. Pourveu que fortune ne se lasse trop tost de lui faire espaule ! » (Livre II, chap. XXIX.)

N'y a-t-il pas aussi dans les lignes suivantes une allusion au même prince? « I'en sais un qui aimeroit bien mieulx estre battu que de dormir pendant qu'on se battroit pour luy, et qui ne veit iamais sans ialousie ses gents mesmes faire quelque chose de grand en son absence. » (Livre II, chap. XXI.) Et encore : « I'en sçais un aultre qui a inesperement avancé sa fortune pour avoir pris conseil tout contraire. » (Livre I, chap. XXIII.) Il opposait la confiance d'Henri IV à la méfiance et à l'isolement où les courtisans enfermaient Henri III.

La superstition, la débauche, la dissimulation ayant perverti les brillantes qualités qu'avait semblé annoncer la jeunesse d'Henri III, Montaigne avait placé ailleurs ses espérances; il était impossible de ne pas le comprendre quand

---

1. M. de Mattecoulon est porté comme gentilhomme de la chambre du roi de Navarre, pour servir au quartier d'octobre de l'année 1586, dans « l'estat des gentilhommes, gens de conseil et officiers de la maison du roi de Navarre. » (*Mémoires et correspondance de Duplessis-Mornay*, collection Auguis, t. III, p. 238.)

il disait, dans son troisième livre, publié pour la première fois en 1588 : « Il me plaist de voir combien il y a de lascheté et de pusillanimité en l'ambition ; par combien d'abiection et de servitude il luy fault arriver à son but : mais cecy me desplait il de veoir des natures debonnaires, et capables de iustice, se corrompre touts les iours au maniement et commandement de cette confusion. La longue souffrance engendre la coustume ; la coustume, le consentement et l'imitation. Nous avions assez d'ames mal nees, sans gaster les bonnes et genereuses : si que, si nous continuons, il restera malaysement à qui fier la santé de cet estat, au cas que fortune nous la redonne :

« Hunc saltem everso iuvenem succurrere seclo
Ne prohibete ! »   (Livre III, chap. xiii.)[1]

En résumé, par les témoignages des contemporains, par ses écrits, par les faits de sa vie, on voit que Montaigne a été un homme public honnête, sincère, loyal, modéré ; qu'il a a pris résolûment position dans les dissensions politiques ; qu'il s'est rangé au parti qu'il croyait le meilleur, mais en distinguant toujours de la justice de la cause les torts de ses défenseurs ; qu'il fut hautement catholique, mais qu'il n'eut que du mépris et de l'horreur pour ceux qui abusaient de la

---

1. On trouve, dans le passage suivant, une preuve de relations personnelles fréquentes et expansives entre le roi de Navarre et Montaigne : « Un gentilhomme, tres homme de bien et mon amy, cuida brouiller la santé de sa teste, par une trop passionnée attention et affection aux affaires d'un prince, son maistre : lequel maistre s'est ainsi poinct soy mesme à moy : « Qu'il veoid le « poids des accidents, comme un aultre ; mais qu'à ceulx qui n'ont point de « remede, il se resoult soubdain à la souffrance ; aux aultres, aprez y avoir or- « donné les provisions necessaires, ce qu'il peut faire promptement par la vi- « vacité de son esprit, il attend en repos ce qui s'en peult ensuyvre. » De vray, ie l'ay veu à mesme, maintenant une grande nonchalance et liberté d'action et de visage au travers de bien grands affaires et bien espineux : ie le treuve plus grand et plus capable en une mauvaise qu'en une bonne fortune ; ses pertes luy sont plus glorieuses que ses victoires, et son dueil que son triumphe. » (Livre III, chap. x.)

Enfin, il faut rappeler ici que, dans sa lettre du 2 septembre 1590 (voy. ch. xii), Montaigne écrit à Henri IV qu'il le servira beaucoup plus volontiers qu'il n'a fait ses prédécesseurs ; ce témoignage sympathique ne peut être pris pour une flatterie banale, dans une missive remarquable par l'indépendance et la dignité.

religion dans des intérêts d'ambition ou de faction; qu'il resta invariablement fidèle à la royauté; qu'il sut toujours allier avec la fermeté des convictions la modération dans la conduite, et l'impartialité envers ses adversaires religieux ou politiques; enfin, qu'aucun lien ne l'attacha aux princes lorrains, chefs de la Ligue, et qu'au contraire il garda toujours des sympathies et des relations avec le roi de Navare, même quand il fut obligé de le combattre.

En tout temps, une carrière publique en si parfait accord avec elle-même, tant de constance dans l'honnêteté, tant de fixité dans les opinions, se recommanderaient à l'estime générale; mais ce n'est pas trop de notre admiration quand de telles qualités se rencontrent sous des rois tels que Charles IX et Henri III, à des époques comme celles de la Saint-Barthélemy et de l'assassinat du duc de Guise!

CHAPITRE III.

MONTAIGNE MAGISTRAT.

Montaigne destiné par son père à la magistrature. — A fait probablement ses études de droit à Toulouse. — Établissement d'une cour des aides à Périgueux : Pierre Eyquem en fait partie. Michel Montaigne y entre ensuite ; devient conseiller au parlement de Bordeaux par suite de la fusion de la cour des aides. — Durée de la magistrature de Montaigne ; erreurs des biographes. — Autres Montaigne membres du parlement. — Vrais sentiments de Montaigne sur les lois, la jurisprudence et la justice. — N'a jamais caché sa qualité de conseiller et n'en a point eu honte. — Histoire du parlement de Bordeaux pendant qu'il y a siégé. — Attitude qu'il a dû y tenir. — — Mentions relatives à sa présence et à sa coopération. — Opinion sur sa valeur comme magistrat.

Pierre Eyquem, écuyer, n'avait aucune connaissance des lettres ; mais il les tenait, ainsi que ceux qui les cultivaient, en grande révérence et religion (*Essais*, livre II, chap. XII). Il résolut de les introduire, pour la première fois, dans sa maison, en leur donnant au moins un de ses fils. Les deux premiers, chargés de suivre l'exemple des ancêtres et de soutenir l'honneur du nom, étaient destinés aux armes. Permis au bon gentilhomme de réserver Michel, le troisième, pour les muses et pour l'étude. Il en pouvait faire un homme d'église ou un homme de robe : il choisit la magistrature.

L'éducation tout exceptionnelle qu'il fit donner à son fils prouve que si Pierre Eyquem n'était pas instruit, il avait une intelligence naturelle supérieure, et comprenait d'une façon aussi forte qu'originale les véritables conditions d'une bonne *institution* des enfants. On sait qu'il fit apprendre à Michel le latin avant le français, lui donna pour *précepteurs domestiques* des savants de premier ordre, Nicolas Grouchy,

Guillaume Guérente, Georges Buchanan, Marc-Antoine Muret, et le fit entrer, à l'âge de six ans, au collége de Guyenne à Bordeaux, d'où il sortit à treize ans ayant achevé son cours (*Essais*, livre I, chap. XXV).

La passion littéraire de ce précoce écolier était pour l'histoire et la poésie (*eod.*). Bientôt il lui fallut joindre à ses livres chéris de lourds volumes de jurisprudence ; c'était la volonté de son père, et il eut toujours pour son père une soumission respectueuse et une tendresse mêlée de vénération.

Voilà donc l'étudiant qui prépare le magistrat. Où se fit cette initiation ? Les biographes ne le savent pas : ils n'ont pas cherché à le savoir : « Il acheva son cours d'études à l'âge de treize ans, dit Bouhier, et apparemment il fut envoyé peu après dans quelque école de droit, puisqu'il était destiné à la robe. » — « Il lui fallut fréquenter les écoles de droit, » dit aussi négligemment M. Amaury Duval.

J'ai fait d'inutiles recherches pour connaître avec certitude l'école d'où est sorti l'un des plus illustres membres de la magistrature française. Sans forcer les inductions avec trop de violence, on peut penser que Montaigne a étudié le droit à Toulouse. Vers le milieu du XVIe siècle, et encore plus tard, les écoles de cette ville étaient très-fréquentées[1]. Le célèbre Cujas y commença, en 1547, l'enseignement sur les *Institutes*; Étienne Pasquier assistait à sa première leçon[2]. Ses cours furent également suivis par

---

[1]. « Cette ville est une des plus grandes du royaume après Paris, si l'on considère le nombre et la beauté de ses églises, la dignité de son parlement, qui est le second de la France, le nombre des écoles et des écoliers. » (*Mémoires de de Thou*, livre II, année 1582.)

[2]. « L'un des plus grands heurs que je pense avoir recueillis dans ma jeunesse fut, qu'en l'an 1546, Hotoman et Balduin commencerent leurs premieres lectures de droit aux escoles de cette ville de Paris, en un grand theatre d'auditeurs ; et ce jour mesme, sous ces deux doctes personnages, je commençai à estudier en droit. Et l'an d'apres, dans la ville de Toulouse, je fus à la premiere leçon que Cujas fit en l'escole des *Institutes*, et continual mes leçons sous lui, chascun le trouvant d'un esprit fort clair, et qui ne promettoit pas peu de choses. »

Henri de Mesmes, Antoine Loisel et Pierre Pithou. Il est à remarquer que presque tous ces hommes, devenus plus tard des personnages éminents, ont été les amis de Montaigne, qui est resté avec eux en commerce de lettres et en relations affectueuses. Pourquoi ne ferait-on pas remonter jusqu'aux bancs de l'école les rapports intimes qui ont existé entre Montaigne et Pibrac, Paul de Foix, Henri de Mesmes, Pasquier, Turnèbe, et d'autres qu'il a dû fréquenter à Toulouse ? Ils s'y trouvaient à l'époque où nous devons le supposer étudiant lui-même.

Pierre Eyquem, qui ne négligeait rien pour l'instruction de son fils, a pu désirer qu'il reçût les leçons du maître dont Pasquier disait : « Cujas qui n'eut, selon mon jugement, n'a et n'aura, par adventure, iamais son pareil. » Or, il est certain que Montaigne vint très-jeune à Toulouse; dans plusieurs chapitres des *Essais*, il parle de cette ville et fait entendre qu'il y a été. Je ne cite que deux passages : « Ie veis en mon enfance un procez que Corras, conseiller de Thoulouse, feit imprimer, d'un accident estrange : de deux hommes qui se presentoient l'un pour l'autre[1]. » (Livre III, chap. II.) — « Simon Thomas estoit un grand medecin de son temps; il me souvient que me rencontrant un iour à Thoulouse, chez un riche vieillard pulmonique, et traictant avec luy des moyens de sa guerison, il lui dict que c'en estoit l'un, de me donner occasion de me plaire en sa compagnie; et que, fichant ses yeux sur la frescheur de mon visage, et sa pensee sur cette alaigresse et vigueur qui regorgeoit de mon adolescence, et remplissant touts ses sens de cet estat florissant en quoy i'estoy, son habitude s'en pourroit amender; mais il oublioit à dire que la mienne s'en pourroit empirer aussi. » (Livre I, chap. xx.)

---

1. Ce passage mentionne deux faits, celui du procès dont Montaigne dit avoir été témoin, et celui de l'impression dont la contestation fut l'objet de la part de Corras. Le premier fait se passa du temps de ce que Montaigne appelle son enfance, et qui correspond à son âge d'étudiant; le second eut lieu plus tard; le commentaire de Corras sur la cause dont il s'agit fut imprimé en 1565, à Paris et à Bruges; Michel avait alors trente-deux ans.

Montaigne avait terminé son cours au collége de Guyenne en 1546; son adolescence coïncide parfaitement avec l'âge mûr de Corras, né en 1513, et avec l'enseignement de Cujas, qui professa à Toulouse jusqu'en 1554.

On peut objecter : Si Montaigne avait étudié sous Cujas, il n'aurait pas manqué d'en faire mention, lui qui exalte, et avec raison, le mérite de ses quatre précepteurs, et de Govea, qui avait été principal de son collége. Pourquoi, d'ailleurs, son père l'aurait-il envoyé, encore si jeune, à grands frais, dans une ville éloignée, tandis que Bordeaux, où il avait une maison, des parents, des amis, lui offrait les ressources nécessaires pour apprendre le droit? Ces ressources y existaient. Le vénérable Pierre Berland, qui, de berger, était devenu archevêque, appréciant toute la valeur de l'instruction, obtint du pape Eugène IV, en 1441, la fondation d'une Université à Bordeaux, à l'instar de celle qui florissait à Toulouse. Assisté de quelques dignes et vertueux prélats, il en dressa les premiers statuts[1]. En 1472, le roi Louis XI accorda à l'Université de Bordeaux pareils et semblables priviléges qu'à celle de Toulouse. Le 23 mars 1486, des lettres de Charles VIII, à Bordeaux, nomment les maires et jurats conservateurs des priviléges de l'Université de cette ville, conjointement avec le sénéchal de Guyenne, et rappellent l'origine de l'institution[2]. Les règlements sur le devoir des docteurs régents en droit civil et canon de cette Université sont contenus dans des arrêts des 16 novembre 1527, 15 décembre et 25 mars 1533, 20 octobre 1551 (Statuts anciens et nouveaux de la ville de Bordeaux).

---

1. *Histoire curieuse et remarquable de la ville et province de Bordeaux*, par de La Colonie.

2. « .... Avons reçu l'humble supplication.... contenant que des pieça, du vivant de feu de bonne memoire Pierre Berland, en son vivant arcevesque de Bourdeaulx, lequel, pour les grans vertuz, merites, devocion et bon exemple de vivre qui estoit en sa personne, on croit pieusement estre sainct, et à sa tres grand poursuite et requeste, fut fondee et erigée en ladite ville de Bourdeaulx une Université à l'exemple de celle de nostre ville de Tholose, » etc. (*Ordon. des rois de France*, t. XIX, p. 697.)

Les lecteurs jugeront si les objections fondées sur des suppositions morales ou sur des faits négatifs, détruisent les inductions tirées de la certitude d'un séjour de Montaigne à Toulouse, pendant sa première jeunesse, et de la fréquentation de cette célèbre et ancienne Université par la plupart des jeunes gens distingués qui se destinaient à la magistrature.

Soit sur les bancs de l'école, soit après qu'il eut achevé ses cours, Montaigne s'appliqua très-activement, et avec succès, à toutes les études qui le préparaient à sa charge : « Enfant, dit-il, on m'y plongea jusqu'aux aureilles, et il succedoit. »

Dès que le moment fut venu, et que l'occasion se présenta, son père le fit entrer dans la magistrature. La plupart des biographes racontent qu'il fut pourvu d'une charge au parlement de Bordeaux[1]; dom Devienne, et, d'après lui, M. Droz (Notes de son *Éloge*), disent que son père lui acheta une charge de conseiller à la cour des aides de Périgueux, qui fut réunie plus tard au parlement de Bordeaux. Ces faits veulent être approfondis et peuvent être éclaircis.

Les guerres extérieures de la première moitié du XVIe siècle avaient obéré les finances de l'État; pour faire face aux dettes publiques et à ses propres dépenses, le roi Henri II avait recours à l'impôt et à la création de nouveaux offices qu'il vendait. Dans le double but d'assurer la perception des aides, et de faire de l'argent avec l'institution de nouvelles charges, il avait annoncé l'intention d'établir une cour des aides (comme celle qui existait à Montpellier depuis 1437), pour les trois généralités de Guyenne, Auvergne et Poitou. Les habitants de Périgueux pensèrent aussitôt à faire tourner à leur profit ce projet de démembrement; les notables habitants et bourgeois de la ville s'assemblèrent et députèrent en grande diligence à la cour le maire

---

1. Peut-être, dit Bouhier, celle du sieur de Bussaguet, son oncle, qui mourut jeune. M. de Bussaguet fut remplacé par son fils, et celui-ci également par son fils; Bouhier conjecture donc à faux.

et les consuls pour obtenir que la nouvelle cour des aides fût érigée en leur ville. Les délégués firent si bien que, par un édit du 21 mars 1553, le roi, en son conseil privé, leur accorda leur demande. L'édit fut publié au parlement de Paris, au grand conseil, à la chambre des comptes et à la cour des aides de Paris. Tout paraissait consommé; mais les habitants de Bordeaux avaient agi de leur côté; ils envoyèrent vers le roi maître Jacques Benoist de Largebaton, président du parlement, homme de grand savoir, expérience et autorité, accompagné de plusieurs jurats et bourgeois; ils s'opposaient à l'établissement d'une nouvelle cour souveraine dans la province. Paris demandait aussi que sa cour des aides conservât sa juridiction générale, sur laquelle entreprenait la nouvelle cour de Périgueux; leurs instances furent telles qu'un édit du mois de mai 1554 révoqua le précédent, et que la cour des aides de Paris reprit toute l'étendue de son ressort.

Les Périgourdins ne perdirent pas courage; le maire et les consuls assemblèrent de nouveau les notables, bourgeois et habitants de Périgueux. On nomma des délégués, qui partirent en grande hâte pour la cour; ils furent puissamment aidés par les conseils et le concours intéressé de maître Fronton Beraud, seigneur et baron de Tailhecanat, alors avocat général au parlement de Bordeaux, et Antoine Poyne, lieutenant général au siége de Bergerac, tous deux nés à Périgueux, et qui étaient allés à la cour pour se faire pourvoir des offices de premier et de second présidents à la nouvelle cour des aides.

Les délégués firent entendre au roi, en son conseil privé, que la ville de Périgueux, située au milieu de trois généralités, possédant un grand nombre d'hommes savants, expérimentés, capables de bien exercer les fonctions de présidents, conseillers et autres officiers, était le lieu le plus convenable, en même temps le plus commode dans l'intérêt des contribuables, pour l'établissement d'une cour des aides. Les villes de Paris, Bordeaux et Poitiers combattirent ces raisons, et firent au roi des offres considérables; mais un troisième édit de juin (juillet) 1554 ordonna l'établissement définitif de la cour des aides à Périgueux.

La condition de cette concession fut un contrat passé entre le roi et la ville; le maire et les consuls ayant fait délibérer les bourgeois et habitants réunis dans la maison commune de consulat, et ayant été autorisés par le corps et communauté de la ville, s'obligèrent à payer au roi la somme de 50 000 francs dus pour la finance des nouveaux offices, et à fournir des personnages capables de les remplir; c'étaient les maire et consuls qui devaient nommer et présenter au roi tous les officiers de la cour des aides. L'édit fut publié et enregistré.

Conformément aux motifs qui avaient fondé leur demande, le maire et les consuls ne présentèrent au roi, qui les institua, que des personnes dont ils justifièrent l'extraction périgourdine.

La cour se composa, d'après l'édit d'institution, de MM. de Beraud et Poyne (de Périgueux), premier et second présidents; conseillers maistres, MM. Bertrand de Maccanein, *Pierre-Eyquem de Montaigne*, Bertrand Lambert, Jehan de Saint-Angel, François Bouchier, Étienne d'Aringes, François Fayard, Jacques de Brussac et Jehan Barbarin; avocat général, M. Pierre de Saint-Angel; procureur général, M. François de Merle; greffier, M. François Vigoureux; payeur des gages, Paulichonnet; receveur des amendes, Pouret de Champaignere; huissiers, François Duvivier, François Saunier et Claude Brossay. Tous les conseillers appartenaient au Périgord; MM. de Lambert, Saint-Angel, Bouchier, Fayard, Barbarin étaient de Périgueux; M. de Maccanein était seigneur de Salegourde-lez-Périgueux : *Ledit Eyquem de la maison de Montaigne en Périgord, juridiction de Montravel,* M. d'Aringes, de La Linde du ressort et bailliage de Périgueux; M. de Bruzac, seigneur de Domne, du lieu d'Eigonnac.

Le 16 décembre 1554, la cour fut installée, aux frais de la ville, dans la salle haute de la maison commune de consulat, par M. Pierre de Carle, président en la cour de parlement de Bordeaux, commissaire délégué à cet effet par le roi[1].

Pierre Eyquem recevait, cette année-là, de nombreuses preuves de l'estime dont il jouissait dans la Guyenne. Porté le second (sans doute d'après le nombre des voix qui avaient élu les magistrats à présenter) sur la liste des conseillers, il avait été, entre la date de l'institution et celle de l'installation de la cour des aides, nommé maire de Bordeaux (Darnal). On sait, par le témoignage des *Essais*, qu'il était fort zélé pour l'exercice de ses fonctions municipales, et, par la chronique bordelaise, que, pendant sa mairie, s'accomplirent un grand nombre d'actes administratifs importants pour la ville. On doit penser qu'il ne continua pas de résider à Périgueux; après avoir accepté la haute dignité de maire de Bordeaux, bien supérieure à un siége dans une cour des aides, il vint, sans doute, prendre bientôt possession effective de cette charge[2]. Les Bordelais n'auraient pas tardé à le rappeler, comme ils le firent pour plusieurs maires, et particulièrement pour Michel Montaigne. Il est probable que, quand la cour des aides eut été installée, Pierre Eyquem, nanti de deux fonctions inconciliables, chercha, le plus tôt que cela fut possible, à résigner son office de conseiller en faveur de son fils Michel.

M. Payen mentionne comme certain le fait de la succession de Montaigne à son père; je ne le regarde que comme vraisemblable; car, à la rigueur, et quand il s'agit d'un homme encore aussi jeune, on pourrait supposer que Mon-

---

1. Les détails sur la création de cette cour des aides sont pris dans un *Extrait des registres de l'hôtel de ville*, publié dans un *Mémoire sur la constitution politique et cité de Périgueux* (t. II, *Recueil de pièces justificatives*, p. 545). Cet extrait a pour but de prouver que les édifices et dépendances du prétoire de la cour appartenaient en toute propriété aux citoyens de Périgueux. Quant au récit concernant l'établissement de la cour, il y est rédigé avec une grande confusion, en mauvais style de procès-verbal, et placé sous la fausse date de 1544. Henri II, qui a rendu l'édit dont il s'agit, ne régnait pas alors, François Ier n'étant mort qu'en 1547.

2. Il assistait à Bordeaux, comme maire, le 11 novembre 1554, à l'entrée solennelle de l'archevêque François de Mauny. (Voy. chap. I, p. 5, note.)

taigne aurait, un peu plus tard, remplacé un conseiller autre que Pierre Eyquem, et que celui-ci, comme le dit dom Devienne, lui aurait acheté une charge.

M. Payen ajoute (*Notice sur la Boëtie*, p. 18), « qu'il est probable que ce fut dès qu'il eut atteint ses vingt-deux ans, c'est-à-dire dans le courant de 1555, qu'il succéda à son père. » L'âge de vingt-deux ans est ici complétement indifférent. Il ne répond ni à la majorité civile, ni à l'âge que les ordonnances royales fixaient pour l'admission dans les cours souveraines. Par un édit rendu à Moulins, en 1546, il était défendu que personne fût reçu conseiller aux parlements sans avoir atteint trente ans. Le roi se réservait de donner des dispenses d'âge : par là était atténué un inconvénient signalé par Montaigne : « Ie serois d'avis, dit-il, qu'on estendist nostre vacation et occupation autant qu'on pourroit, pour la commodité publicque ; mais ie trouve la faulte de l'aultre costé, de ne nous y embesogner pas assez tost.... Ie me plains des loix, non pas de quoy elles nous laissent trop tard à la besongne, mais de quoy elles nous y employent trop tard. » (Livre I, chap. LIII.)

Si l'époque de l'entrée de Montaigne à la cour des aides ne peut pas se marquer avec une entière précision, elle se place nécessairement avant la fin de l'année 1557, puisque c'est alors que cette cour cessa d'exister.

Qu'il ait succédé directement ou indirectement à son père, dans l'une ou l'autre des années 1555, 1556 ou 1557, Montaigne a indubitablement fait partie de la cour des aides de Périgueux. On en trouve la preuve dans la quittance (conservée en original à la Bibliothèque impériale de Paris) qu'il donna quelques années plus tard comme conseiller au parlement de Bordeaux, et où il ajoute à sa qualité : « Et auparavant en la cour des generaux. » Les membres des cours des aides s'appelaient *généraux conseillers*, à cause de la division territoriale en généralités, qui correspondait à leur juridiction.

La cour des aides de Périgueux n'eut pas une longue durée. Il s'éleva entre elle et la cour des aides de Montpellier une contestation sur les juridictions respectives. Le 27 novembre 1556, un arrêt du conseil privé, et, le même jour, des lettres du roi, statuèrent que la cour des aides de Montpellier serait remise dans l'état où elle était précédemment, et qu'à elle ressortiraient les sujets des pays de Rouergue, Quercy et Guyenne, qui avaient accoutumé d'y ressortir auparavant. La cour de Périgueux ne conserva sa juridiction dans la Guyenne que sur les parties du pays qui ne relevaient pas du parlement de Toulouse [1].

Diminuée dans ses attributions, la cour fut bientôt attaquée dans son existence même. Les Bordelais députèrent au roi M. le président de Largebaton et M. de La Rivière, maire, pour poursuivre l'incorporation au parlement, de la cour des généraux; ils réussirent. La translation fut ordonnée par un édit du mois de mai 1557 [2]. De Lurbe [3] place à l'année 1560 l'union de la cour des aides avec la chambre des requêtes du parlement. Cette date s'accorde difficilement avec le fait mentionné par Darnal, avec celle de l'édit, et avec celle de la cérémonie de la fusion des deux cours.

Le 3 décembre 1557, les magistrats qui avaient composé l'ancienne cour des aides furent reçus dans le parlement de Bordeaux. J'ai donné les noms de ceux qui la formaient au jour de son installation; les registres du parlement renferment les noms des conseillers qui figuraient au moment de la fusion; celui de Michel Montaigne s'y trouve [4].

---

1. Corbin, *de la Cour des aides* (1623), p. 66 et suiv.; Fontanon, t. II, livre III, p. 750.
2. Corbin et Fontanon, *eod.*
3. Chronique bourdeloise, composée ci-devant en latin par Gabriel de Lurbe, advocat en la cour, procureur et syndic de la ville de Bourdeaux; et par luy de nouveau augmentée et traduite en françois, à Bourdeaux, par Simon Millange, imprimeur ordinaire du roy (1619).
4. La circonstance que Montaigne devint, ce jour-là, le collègue de La Boëtie peut servir à prouver que c'est en 1557 qu'eut lieu la réunion des deux cours. En effet, dit M. Payen (*Notice sur La Boëtie*, p. 18), nous trouvons là les six années pendant lesquelles Montaigne dit qu'a duré leur accointance (avertissement des œuvres de La Boëtie). Son ami mourut en 1563. Il est vrai qu'ailleurs (*Essais*, livre I, chap. XXVII), il parle de quatre années, pendant lesquelles il lui a été donné de jouir de la *douce compagnie et société* de La Boëtie; probablement, il entend par là les quatre années de leur plus complète intimité.

Pour entrer au parlement, il fallait subir un examen solennel devant toutes les chambres assemblées. Les conditions de cette épreuve étaient réglées par l'édit de Moulins, du mois d'août 1546[1]. Montaigne fait de judicieuses réflexions sur ces examens[2]; mais il ne dit pas, et nous ne voyons nulle part qu'il ait passé le sien. La qualité d'ancien *général conseiller* ne l'en aurait pas exempté : « Encore, dit La Rocheflavin, que la cour des aydes soit composée de juges souverains, néanmoins, les parlements de France ne les ont oncques voulu recevoir, sans estre derechef et de nouveau examinez. » Il n'y a pas de motif pour penser que le plus nouveau des parlements[3] ait eu une jurisprudence différente. Mais probablement on n'appliquait pas à la fusion, en masse, d'une cour des aides dans un parlement, les exigences qu'on imposait à un magistrat isolé qui aspirait à entrer dans la magistrature la plus élevée du royaume.

Membre du parlement de Bordeaux depuis la fin de l'année 1557, pendant combien de temps Montaigne y a-t-il siégé? Faute de l'avoir examinée de près, la plupart des biographes ont tranché la question par des conjectures hasardées et contradictoires. Le chanoine Talbert, auteur de l'*Éloge* couronné par l'Académie de Bordeaux elle-même,

---

1. La Rocheflavin, livre VI, chap. xxviii. De Thou, dans ses *Mémoires*, raconte les détails de l'examen auquel il dut se soumettre pour exercer la charge de conseiller clerc au parlement de Paris.

2. « Il y a aulcuns de nos parlements, quand ils ont à recevoir des conseillers, qui les examinent sur la science; les autres adioutent encore l'essay du sens, et leur presentent le iugement de quelque cause.... Pleust à Dieu que, pour le bien de notre iustice, ces compagnies là se trouvassent aussi bien fournies d'entendement et de conscience, comme elles sont encore de science! » (Livre I, chap. xxiv.)

3. En 1451, dans la capitulation de Bordeaux, Charles VII promit d'y établir un parlement pour toute la Guyenne; cette promesse fut réalisée en 1460. Par lettres patentes du 12 juin 1462, Louis XI confirma l'institution et fixa le ressort du parlement. En 1469, par suite de la donation que le roi fit de la Guyenne à son frère Charles, le parlement de Bordeaux fut transféré à Poitiers. Le duc étant mort le 12 mai 1472, la Guyenne fut réunie à la couronne, et le parlement retourna à Bordeaux (La Rocheflavin, livre I, chap. viii). Après l'insurrection de 1548, le parlement fut interdit et remplacé par des conseillers envoyés de Paris, de Toulouse et de Rouen; mais dès 1549, le parlement fut rétabli (de Lurbe).

dit que Montaigne fut *peu de temps* conseiller au parlement, et, voulant le défendre contre l'accusation d'avoir gardé le silence sur sa profession de magistrat, il répond qu'il *exerça si peu de temps la magistrature qu'il pouvoit bien n'y plus penser.* L'*Encyclopédie méthodique*, les Dictionnaires de Chaudon et de Feller affirment qu'il fut *quelque temps* conseiller. Dom Devienne, l'historien de la ville de Bordeaux, donne pour cause et pour date de sa retraite la mort de La Boëtie : « Craignant à la fin de succomber sous le poids de sa tristesse, il se défit de sa charge, et quitta la ville pour se retirer dans une solitude profonde, où il lui fût permis de se nourrir sans distraction de cette même douleur qui déchirait si cruellement son âme. » (*Éloge.*) Malheureusement pour cette élégie, Montaigne était certainement encore magistrat quatre ans au moins après la mort de son ami.

Suivant M. Amaury Duval, il avait quitté depuis quelques années la magistrature, lorsque son père mourut, en 1569. La Dixmerie et M. Villemain lui accordent vaguement plusieurs années de fonctions parlementaires. Le président Bouhier comprenait qu'il eût été intéressant de connaître la durée de la magistrature de Montaigne ; mais il s'exprime à ce sujet avec une naïveté de négligence vraiment curieuse : « Je ne sais ni quand il se défit de cet emploi ni combien de temps il l'exerça ; pour en être instruit au juste, il faudrait recourir aux registres du parlement de Bordeaux. » Qu'est-ce donc qui empêchait le savant président de faire ces recherches ? Elles lui eussent été faciles, et lui auraient donné la solution de la question. Cette solution s'y trouve encore, bien que par l'effet du temps, de l'indifférence des autorités anciennes, de la mauvaise habitude de communiquer les registres à domicile chez les membres du parlement qui, souvent, oubliaient de les rendre ; par suite enfin du désordre momentané que causèrent les événements révolutionnaires, ces précieux documents aient été en partie dispersés ou détruits. M. Bernadau, au commencement de ce siècle, disait (*Antiquités bordelaises*) en avoir consulté chez des particuliers, où ils ne pouvaient exister qu'irrégulièrement.

La bibliothèque publique de la ville de Bordeaux possède une copie d'une partie des registres secrets de l'ancien parlement, copie que l'on dit être une reproduction des registres conservés au château de la Brède par la famille de Montesquieu. C'est dans la collection de Bordeaux que M. Laferrière, aujourd'hui inspecteur général des écoles de droit, a puisé les matériaux des intéressants articles qu'il a publiés dans le *Droit* (1837) et dans la *Revue de Bretagne* (1843), sous le titre de *Fragment d'histoire parlementaire d'après les registres secrets du parlement de Bordeaux*. Cet éminent jurisconsulte a donné un tableau remarquable de la conduite et de l'esprit du parlement de Guyenne, considéré comme corps politique, durant les xve et xvie siècles. Le savant M. Rabanis, auquel l'histoire bordelaise doit déjà beaucoup et devra plus encore, on aime à l'espérer, a relevé sur les registres plusieurs faits et dates qui concernent Montaigne, et dont il a bien voulu me donner connaissance. Les archives du département de la Gironde contiennent un dépôt d'anciens papiers, non encore classés, et provenant du parlement; M. Gras, archiviste, a eu l'obligeance d'y faire, sur ma demande, des recherches réitérées; il y a rencontré le nom de La Boëtie, jamais celui de Montaigne.

Une découverte récente fixe une première date d'où résulte déjà, pour la magistrature de Montaigne à Bordeaux, une durée de dix ans. A la fin de 1849, M. Hauréau, alors conservateur au département des manuscrits de la Bibliothèque impériale, communiqua à M. Jubinal une quittance sur parchemin signée Michel de Montaigne, et où l'on lit :

« Ie Michel Eyquem de Montaigne, conseiller du roy en la Court du Parlement de Bourdeaulx, et auparavant en la Court des generaux, confesse avoir receu comptant.... la somme de quatre-vingt-treize sols tournois.... à moi ordonnee pour le payement de mes gaiges et à cause de mon dict office durant un quartier.... et en ai quitté et quitte.... par ces presentes signees de ma main.... le quatriesme iour d'octobre, l'an mil cinq cent soixante-sept. »

Une note relevée sur les registres du parlement le signale encore comme présent au mois de novembre 1568.

L'événement qui mit fin à la situation parlementaire de Montaigne fut, non pas la mort de son père, en 1569, mais la mort de son frère aîné : *Fratre natu maiore post aliquot annos vita functo, magistratu se sponte abdicavit,* » dit Scevole de Sainte-Marthe, son contemporain. Le même fait est mentionné par un autre auteur du temps, Lacroix du Maine, qui écrivait, en 1584, dans la *Bibliothèque françoise :* « Après la mort de son frère aîné, il se défit de cet estat (de conseiller) pour suivre les armes. » Cette version sûre est reproduite par Bouhier et par MM. Leclerc et Gence.

On voit qu'il n'avait plus qu'un frère aîné immédiatement avant sa démission ; comme il n'était né que le troisième, un des deux frères qui le précédaient était mort auparavant. Ses deux aînés se nommaient de Saint-Martin et de Beauregard ; on ne sait lequel était le plus âgé.

La preuve qu'ils étaient nés avant Michel, c'est que celui-ci, après le décès de Pierre Eyquem, prit le nom et les armes de la famille ; puisque cet honneur n'échût à aucun des trois autres frères, MM. d'Arsac, de Mattecoulon et de La Brousse, ces derniers étaient les plus jeunes ; donc Michel, né le troisième, avait devant lui MM. de Saint-Martin et de Beauregard. A quelle époque moururent ces deux aînés ?

M. de Saint-Martin était mort depuis longtemps quand Montaigne quitta la magistrature.

M. Payen, dont il faut toujours parler quand on s'occupe de Montaigne, m'a signalé le passage suivant de Moreri, à l'article Albert de Luynes (Honoré), mort en 1621 : « Le roi Charles IX, après l'avoir reçu avec nombre de ses gentilshommes servants, lui donna, par lettres datées de Condom du 27 juillet 1565 [1], la charge d'une bande de gens de pied, entretenue à son service sous le nom de régiment de Sarlabous, vacante par la mort du capitaine Saint-Martin ; c'était le frère du philosophe Montaigne. »

[1]. Le journal du voyage de Charles IX, en 1565, par Abel Jouan, un de ses serviteurs, mentionne que ce roi était en effet à Condom le 27 juillet.

Moreri a été trompé par la similitude des noms. Le capitaine Saint-Martin, dont il parle, ne peut pas être le frère de Montaigne. En effet, Michel étant né en 1533, son aîné devait être, au plus tard, de 1532. L'auteur des *Essais* raconte, livre I, chap. xix, que son frère, le capitaine Saint-Martin, était mort par suite d'un accident, à l'âge de vingt-trois ans. Ainsi cet événement ne peut être postérieur à 1555[1], et il peut remonter plus haut; ce n'est donc pas le frère du philosophe dont le décès venait de laisser une compagnie vacante dix ans plus tard, en juillet 1565.

Restait M. de Beauregard; il vivait encore en 1563 puisqu'il assistait, avec son frère Michel, aux derniers moments de La Boëtie (18 août 1563); on ne sait pas la date de sa mort; on ignore s'il mourut avant ou après son père. Celui-ci décéda en 1569; probablement Michel, qu'il avait destiné à la magistrature, respecta jusqu'au bout les intentions paternelles, en conservant sa charge tant que Pierre Eyquem vécut. Il reçut l'ordre de Saint-Michel en 1571, et alors il n'était plus magistrat. On peut donc placer sa retraite vers 1570. Son amitié pour La Boëtie le prouverait encore; il dut profiter de ses premiers loisirs pour mener à fin l'édition qu'il avait préparée des principales œuvres laissées par l'illustre Sarladais, mort depuis près de sept ans, et c'est de 1570 que sont datées les dédicaces des diverses parties de cette publication.

Ces conjectures sont confirmées par la mention suivante, enfermée dans une note généalogique sur la famille Montaigne, adressée à M. le docteur Payen : « Michel Montaigne résigna ses fonctions de conseiller en 1570. »

Enfin, la preuve officielle se trouve dans les registres du parlement; on y lit que, le 24 juillet 1570, le roi accepta la résignation de l'office de conseiller au parlement faite par Michel de Montaigne en faveur de Florimond de Raymond.

---

1. M. Payen me paraît donc s'être trompé quand il donne comme appartenant à Arnaud, sieur de Saint-Martin, une signature A. Montaigne, trouvée sur un acte de 1567, en ajoutant qu'Arnaud était mort depuis 1567, mais avant 1569 (*Nouv. Docum.*, p. 64).

En somme, si on réunit les fonctions remplies à Périgueux avec la charge exercée à Bordeaux, on trouve que la *courte* magistrature de Montaigne s'étend de 1555 ou 1556 à 1570, c'est-à-dire qu'elle a duré quatorze ou quinze ans. Il ne faut donc pas prendre à la lettre ces mots des *Essais* : « Si m'en desprins-je de belle heure, » ni les appliquer exclusivement aux fonctions judiciaires, tandis qu'ils se rapportent aux *occupations publicques*, en général, que Montaigne déclare n'être aucunement *de son gibier* (livre III, chap. 1). Il se déprit de belle heure de la magistrature, non pas qu'il l'ait gardée peu de temps, mais en ce sens qu'il s'en démit aussitôt que sa liberté fut d'accord avec ses convenances de famille.

Sorti du parlement, Montaigne y parut, le 11 mai 1574, porteur de lettres de M. de Montpensier, et fut reçu avec honneur par ses anciens collègues (voy. chap. ix).

Longtemps après cette époque, on trouve au parlement de Bordeaux des conseillers du nom de Montaigne. Ils ne peuvent évidemment pas être confondus avec l'auteur des *Essais*. Le président Bouhier remarque qu'un jurisconsulte bordelais « Automne (*Confér. du Droit français*, ad leg. 15, Cod. *de testam. milit.*) cite un arrêt rendu le 14 juin 1590, au rapport de M. de Montaigne, personnage, dit-il, de grand savoir. Mais, si la date n'est pas fausse, il faut que ce soit un autre conseiller du même nom. » C'était un conseiller du même nom et de la même famille. Un des frères de Pierre Eyquem était Raymond de Bussaguet, mort avant les autres, quoique plus jeune, tué par la médecine, s'il faut en croire les *Essais*. Son fils, Geoffroy de Bussaguet, était conseiller au parlement en 1576, et fut autorisé, en 1595, à porter le nom de Montaigne; c'est de lui, sans aucun doute, que parle Automne; c'est lui aussi qui, après la bataille d'Ivry, fit partie d'une députation envoyée à Henri IV pour le féliciter et le presser de se faire catholique. Il était cousin germain de Michel. Il possédait la seigneurie de Gaujac, soit par héritage de son père, soit de son chef; l'un ou l'autre l'avait dû recevoir par donation ou testament de Pierre Eyquem de

Gaujac, frère du père de Michel, et qui, étant chanoine, n'avait pas laissé d'enfants. Depuis lors, la seigneurie de Gaujac est restée dans la branche des Bussaguet[1].

Le même Automne écrivait, en 1621, une lettre à *Monsieur de Montagne, sieur de Gayac, conseiller à la cour*[2] ; il lui dit : « Je me souviens avoir lu dans les *Essais de Montagne, vostre oncle.* » Ce conseiller était Joseph, fils aîné de Geoffroy, portant les noms de Montagne et de Bussaguet, seigneur de Gaujac, etc. C'est à son domicile que, d'après une transaction passée en 1614, le couvent des Feuillants de Bordeaux devait payer une rente de un sou par an, comme reconnaissance des droits de fondatrice qu'avait acquis la veuve de Montaigne, qui avait fait placer dans leur église la tombe de son mari. Il est mort en 1627. Michel était le cousin de son père. Automne dit *vostre oncle;* oncle à la mode de Bretagne.

On a exagéré de beaucoup quand on a dit que Montaigne avait en dégoût sa profession judiciaire. C'est à ce sentiment que Chaudon et Feller attribuent sa sortie du parlement. Selon MM. Leclerc et Victorin Fabre[3], il n'aurait éprouvé que de l'horreur pour la législation barbare, absurde, ridi-

---

1. C'est à M. Payen que je dois la plus grande partie de ces détails sur la famille de Montaigne.

2. A la suite de son *Commentaire sur les Coutumes générales de la ville de Bourdeaux et pays bourdelois*, il publie sa « responce à une lettre que M. de Montagne, sieur de Gayac, conseiller à la cour, escrit à l'auteur. » Cette réponse est datée de Bordeaux, du 1er janvier 1621. On y lit la phrase suivante : « Je me souviens avoir leu, dans les *Essais* de Montagne, vostre oncle, qui, craignant l'effort de l'envie, proteste qu'il n'a fait son livre que pour ses parens, sçachant qu'ils prendroient plaisir à le lire ; mais moy, je passe plus outre, j'espère que mes parens, amys et plusieurs doctes personnes, qui m'ont fait part des plus célèbres arrests de ce parlement, prendront plaisir à voir ce commentaire. »

3. Est-ce dans l'éloge d'un homme aussi essentiellement modéré que Montaigne, qu'on pouvait s'attendre à trouver un langage comme celui-ci : « Il n'a vu, dans cette justice oppressive et passionnée, dans ses formes ténébreuses, dans ses résultats cruels, que des lois monstrueuses et barbares, et des arrêts insensés et des supplices de cannibales, des gibets, des bûchers, des roues, et, ce qui l'indigne plus encore, ces coins et cette massue de fer, supplice des accusés, qui les contraint de se livrer eux-mêmes aux supplices des criminels. » (Voy. Fabre.)

cule, qu'il avait été forcé d'appliquer. La Dixmerie est plus juste quand il dit que Montaigne avait peu de vocation pour son emploi, et M. Gence résume, en quelques lignes judicieuses, ses principaux griefs ou désirs relativement aux lois et à la justice. En cela, comme en tout, il se tenait dans la mesure de la modération et sur la ligne de la raison[1]. Il écrit : « De nos loix et usances il y en a plusieurs barbares et monstrueuses. » Mais de ce blâme mérité, qui tombait sur des dispositions pénales, à la haine en masse contre toute la législation, il y a loin. Montaigne se serait gardé de cette sorte de blasphème, en présence des efforts multipliés et déjà heureux que la royauté faisait pour arriver à l'unité du droit en France ; il n'aurait pas oublié ou méconnu à ce point les belles ordonnances que son ami le chancelier L'Hospital avait promulguées ou préparées. On n'aurait pas plus le droit de lui supposer, par antipathie contre les lois françaises, du dégoût de sa profession, qu'on n'en pourrait accuser tous les grands magistrats qui ont travaillé à l'amélioration de la législation sous tous les règnes, jusqu'à la grande réforme de 1789 et à la rédaction de nos Codes.

Non, Montaigne n'avait ni horreur ni mépris pour les lois de son pays, qu'il défendait contre les novateurs, ni mauvais sentiments contre la justice. La vérité, c'est, quant à sa profession, qu'il n'aimait pas les procès, pas plus pour lui que pour les autres ; et, quant aux lois et à la jurisprudence, qu'il en apercevait, avec un admirable bon sens, bien supérieur à son siècle, les erreurs et les imperfections. Quelques preuves viendront ici à propos ; je les emprunte à Montaigne lui-même. J'insiste sur les citations, non-seulement afin de faire bien connaître la véritable pensée du philosophe,

---

[1]. Il ne veut pas que les mauvaises lois fassent méconnaître la sainte notion de justice : « Comme nous appelons justice le pastissage des premieres loys qui nous tombent en main, et leur dispensation et pratique, tres inepte souvent et tres inique ; et comme ceulx qui s'en mocquent et qui l'accusent n'entendent pas pourtant iniurier cette noble vertu, ains condamnent seulement l'abus et profanation de ce sacré titre : De mesme et la médecine, » etc. (Livre II, chap. XXXVII.)

mais aussi pour montrer tout ce que sa vive intelligence a dû à la pratique d'une profession qu'il n'aimait pas.

Un esprit formé aux méditations philosophiques, nourri des grands faits et des grandes idées de l'antiquité, ne pouvait se complaire ni même se résigner aux innombrables et minutieuses formalités d'une procédure inutilement compliquée; un homme ami de l'existence paisible et libre ne pouvait se condamner aux ennuis de toute nature, aux discussions, aux démarches que traîne après soi le procès même le mieux fondé. Montaigne n'en aurait rien dit, que son caractère connu aurait fait deviner, à coup sûr, son éloignement de la chicane; mais il en reste des témoignages écrits. « Il n'y avoit, dit son ami Étienne Pasquier, homme moins chicaneur et praticien que lui. » « A combien de fois, s'écrie-t-il lui-même, me suis ie faict une bien evidente iniustice, pour fuyr le hazard de la recevoir encore pire des iuges, apres un siecle d'ennuys et d'ordes et viles praticques plus ennemies de mon naturel que n'est la gehenne et le feu ?... Les faveurs mesme que la fortune pouvoit m'avoir donné, parentez et accointances envers ceulx qui ont souveraine autorité en ces choses là, i'ay beaucoup faict, selon ma conscience, de fuyr instamment de les employer au preiudice d'aultruy, et de ne monter, par dessus leur droicte valeur, mes droicts. Enfin i'ay tant faict par mes iournees, (à la bonne heure le puisse ie dire!) que me voicy encore vierge de procez, qui n'ont pas laissé de se convier plusieurs fois à mon service, par bien juste titre, s'il m'eust pleu d'y entendre.... » (Livre III, chap. x[1].) L'héritage de cet ennemi des procès a donné lieu à des contestations qui ont duré plus d'un siècle !

L'âge avait enfoncé de plus en plus Montaigne dans le scepticisme; ce qu'il dit, à la fin des *Essais*, sur les lois en général et sur la justice humaine[2], ne caractérise pas son

---

1. « Nul iuge n'a encore, Dieu mercy, parlé à moy comme iuge, pour quelque cause que ce soit, ou mienne ou tierce, ou criminelle ou civile. » (Livre III, chap. XIII.)

2. « Les loix se maintiennent en credit, non parce qu'elles sont iustes, mais

opinion sur la législation et la justice en France : ce n'est pas une doctrine morose et stérile qui l'a éclairé sur les vices des lois de son pays; c'est le merveilleux bon sens rayonnant de tous les chapitres de son livre.

La pratique judiciaire et le raisonnement lui avaient montré le mal résultant de la multitude des lois diverses et souvent incohérentes qui, accumulées de siècle en siècle, formaient le corps de notre droit, et embarrassaient plus qu'elles ne pouvaient guider les juges : « L'opinion de celuy là ne me plaist gueres, écrit Montaigne, qui pensoit par la multitude des loix brider l'autorité des iuges, en leur taillant leurs morceaux : il ne sentoit point qu'il y a autant de liberté et d'estendue à l'interpretation des loix qu'à leur façon.... Nous voyons combien il se trompoit, car nous avons en France plus de loix que tout le reste du monde ensemble, et plus qu'il n'en fauldroit à regler tous les mondes d'Epicurus : *Ut olim flagitiis, sic nunc legibus laboramus*, et si avons tant laissé à opiner et decider à nos iuges, qu'il ne feut iamais liberté si puissante et si licencieuse. Qu'ont gaigné nos legislateurs à choisir cent mille especes et faicts particuliers, et y attacher cent mille loix? Ce nombre n'a aulcune proportion avecques l'infinie diversité des actions

parce qu'elles sont loix; c'est le fondement mystique de leur autorité, elles n'en ont point d'aultre, qui bien les sert. » (Livre III, chap. XIII.) — « Considerez la forme de cette iustice qui nous regit; c'est un vray tesmoignage de l'humaine imbecillité, tant il y a de contradiction et d'erreur! Ce que nous trouvons faveur et rigueur en la iustice, et y en trouvons tant, que ie ne sçais si l'entre deux s'y treuve si souvent, ce sont parties maladifves, et membres iniustes du corps mesme et essence de la iustice.... Combien avons nous descouvert d'innocents avoir esté punis, ie dis sans la coulpe des iuges. Et combien y en a il eu que nous n'avons pas descouverts?... Tout cecy me fait souvenir de ces anciennes opinions.... que l'humaine iustice est formée au modele de la medecine, selon laquelle tout ce qui est utile est aussi iuste et honneste.... qu'il n'y a rien iuste de soy.... Il n'y a remede : i'en suis là, comme Alcibiade, que ie ne me representeray iamais, que ie puisse, à un homme qui decide de ma teste; où mon honneur et ma vie despende de l'industrie et soing de mon procureur plus que de mon innocence.... Notre iustice ne nous presente que l'une de ses mains, et encore la gauche; quiconque il soit, il en sort avecques perte. » (*Eod.*) Je ne rappelle ces tristes maximes, contre lesquelles je proteste, que pour empêcher qu'on ne les donne comme l'expression de la mauvaise humeur du sceptique contre son pays et son temps en particulier.

humaines; la multiplication de nos inventions n'arrivera pas à la variation des exemples : adioutez y en cent fois autant; il n'adviendra pas pourtant que, des evenements à venir, il s'en treuve aulcun qui, en tout ce grand nombre de milliers d'evenements choisis et enregistrez, en rencontre un auquel il se puisse ioindre et apparier si exactement, qu'il n'y reste quelque circonstance et diversité qui requiere diverse consideration de iugement. Il y a peu de relation de nos actions, qui sont en perpetuelle mutation, avecques les loix fixes et immobiles : les plus desirables, ce sont les plus rares, plus simples et generales; et encore crois ie qu'il vauldroit mieux n'en avoir point du tout que de les avoir en tel nombre que nous avons. » (Livre III, chap. XIII.)

La confusion provenant de la superfétation des lois s'augmentait de celle que produisait la contradiction des arrêts, la lutte des jurisprudences arbitraires, adoptées par les parlements qui se proclamaient souverains : « I'ai ouï parler d'un iuge, lequel, où il rencontroit un aspre conflict entre Bartolus et Baldus, et quelque matiere agitee de plusieurs contrarietez, mettoit en marge de son livre : « Question pour « l'Amy; » c'est à dire que la verité estoit si embrouillee et desbattue, qu'en pareille cause il pourroit favoriser celle des parties que bon luy sembleroit. Il ne tenoit qu'à faulte d'esprit et de suffisance, qu'il ne peust mettre partout : « Ques- « tion pour l'Amy, » les advocats et les iuges de nostre temps treuvent à toutes causes assez de biais pour les accommoder où bon leur semble. A une science si infinie, despendant de l'auctorité de tant d'opinions, et d'un subiect si arbitraire, il ne peult estre qu'il n'en naisse une confusion extreme de iugements; aussi n'est il gueres si clair procez auquel les advis ne se treuvent divers; ce qu'une compaignie a iugé, l'autre le iuge au contraire, et elle mesme au contraire une aultre fois. De quoy nous voyons des exemples ordinaires, par cette licence qui tache merveilleusement la ceremonieuse auctorité et lustre de nostre iustice de ne s'arrester aux arrests, et courir des uns aux aultres iuges pour decider d'une mesme cause. » (Livre II, chap. XII.)

Ces lois si nombreuses, ces jurisprudences inconciliables s'altéraient encore dans l'anarchie des troubles politiques :
« Les nostres françoises (lois) prestent aulcunement la main, par leur desreglement et deformité, au desordre et corruption qui se voit en leur dispensation et execution : le commandement est si troublé et inconstant, qu'il excyte aulcunement et la desobeissance et le vice de l'interpretation, de l'administration et de l'observation. » (Livre IX, chap. XIII.)

Depuis 1539, François Ier avait ordonné que les actes et jugements fussent rédigés en français ; la Gascogne n'abandonnait pourtant pas l'usage de les écrire en latin ; Montaigne s'en plaint[1]. Ce qui excite surtout, avec raison, ses judicieuses réclamations, c'est le style vicieux des actes civils, l'immense abus des interprétations subtiles qu'on en donnait, la multiplication indéfinie des livres et des gloses, qui faisaient de l'étude du droit un chaos. Le propre des grands esprits est de voir juste dans les choses contemporaines que l'usage consacre, et de signaler l'abus là où la coutume trouve seulement un fait qu'elle continue sans en apercevoir les vices. Lisez les ouvrages de la plupart des jurisconsultes du XVIe siècle, même les plus accrédités dans chaque province, les sentences bordelaises du président Boyer, par exemple, et vous admirerez d'autant plus ces réflexions de Montaigne :

« Pourquoy est ce que nostre langage commun, si aysé à tout aultre usage, devient obscur et non intelligible en contract et testament ; et que celuy qui s'exprime si clairement, quoi qu'il die et escrive, ne treuve en cela aulcune maniere de se declarer qui ne tumbe en doute et contradiction ? Si ce n'est que les princes de cet art, s'appliquants d'une peculiere attention à trier des mots solemnes et former des clauses artistes, ont tant poisé chasque syllabe,

---

[1] « Quelle chose peut estre plus estrange que de veoir un peuple.... attaché, en tous ses affaires domestiques, mariages, donations, testaments, ventes et achapts, à des regles qu'il ne peut sçavoir, n'estants escriptes ny publiees en sa langue, et desquelles, par necessité, il lui faille acheter l'interpretation et l'usage. » (Livre I, chap. XXII.)

espeluché si primement chasque espece de cousture, que les voilà enfrasquez (embarrassés) et embrouillez en l'infinité des figures, et si menues partitions, qu'elles ne peuvent plus tumber soubs aulcun reglement et prescription, ny aulcune certaine intelligence : *Confusum est quidquid usque in pulverem sectum est....* En subdivisant ces subtilitez, on apprend aux hommes d'accroistre les doubtes. On nous met en train d'estendre et diversifier les difficultez ; on les alonge, on les disperse. En semant les questions et les retaillant, on fait fructifier et foisonner le monde en incertitude et en querelle ; comme la terre se rend fertile, plus elle est esmiee et profondement remuee : *Difficultatem facit doctrina*. Nous doubtions sur Ulpian et redoubtons encore sur Bartolus et Baldus. Il falloit effacer la trace de cette diversité innumerale d'opinions, non point s'en parer et en entester la posterité....

« Qui ne diroit que les gloses augmentent les doubtes et l'ignorance, puisqu'il ne se veoit aulcun livre, soit divin, soit humain, sur qui le monde s'embesongne, duquel l'interpretation faict tarir la difficulté ? Le centiesme commentaire renvoye à son suyvant, plus espineux et plus scabreux que le premier ne l'avoit trouvé.... Ceci se veoid mieulx en la chicane ; on donne auctorité des fois à infinis docteurs, infinis arrests, et à autant d'interpretations. Trouvons nous pourtant quelque fin au besoing d'interpreter ? S'y veoit il quelque progrez et advancement ,vers la tranquillité ? Nous fault il moins d'advocats et de iuges que lorsque cette masse de droict estoit encore en sa premiere enfance ? Au contraire, nous obscurcissons et ensevelissons l'intelligence ; nous ne la descouvrons plus qu'à la mercy de tant de closures et barrieres....

« Il y a plus à faire à interpreter les interpretations qu'à interpreter les choses ; et plus de livres sur les livres que sur aultre subiect : nous ne faisons que nous entregloser. Tout fourmille de commentaires : d'aucteurs, il en est grand'-cherté. » (Livre III, chap. XIII.)

La torture dans les supplices, ce legs que l'antiquité avait transmis à la barbarie, et qui n'a pu céder que sous les coups de la Révolution, a eu Montaigne pour adversaire bien avant les attaques des publicistes du xviiie siècle. Que la peine capitale consiste seulement dans la privation de la vie, tel est le vœu qu'il exprime à diverses reprises dans les *Essais*, qu'il soutient à Rome contre les censeurs officiels de son livre[1], qu'il fait partager aux magistrats éminents composant la chambre de justice envoyée dans la Guyenne en 1582[2].

« Quant à moy, en la iustice mesme, tout ce qui est au delà de la mort simple me semble pure cruauté.

« Je conseillerois que ces exemples de rigueur, par le moyen desquels on veult tenir le peuple en office, s'exerceassent contre les corps des criminels : car, de les voir privés de sepulture, de les voir bouillir et mettre à quartiers, cela toucheroit quasi autant le vulgaire, que les peines qu'on faict souffrir aux vivants....

« Il faut exercer ces inhumains excez contre l'escorce, non contre le vif. » (Livre II, chap. II.)

« .... Si les torments sont violents, ils sont courts ; s'ils sont longs, ils ne sont pas douloureux à leur gré (des tyrans): les voilà à dispenser leurs engins. Nous en voyons mille exemples en l'antiquité ; et ie ne sçais si, sans y penser, nous ne retenons pas quelque trace de cette barbarie. Tout ce qui est au delà de la mort simple me semble pure cruauté. Nostre iustice ne peult esperer que celuy que la crainte de mourir, et d'estre descapité, ou pendu ne gardera de faillir,

---

1. Dans son journal de voyage, il raconte son entretien avec ses censeurs, et les réponses qu'il fit à leurs critiques : « Avouant en aulcunes choses, comme.... d'estimer cruauté ce qui est au delà de mort simple.... que c'estoit mon opinion, et que c'estoient choses que i'avois mises, n'estimant que ce fussent erreurs. »

2. Loysel, avocat général, rend compte dans son huitième discours, prononcé à Saintes, de la manière dont la chambre de justice, en Guyenne, a rendu la justice criminelle : « Quand le mal a esté si grand qu'il a semblé insupportable ou incurable sans y appliquer la cautere ou le ciseau, ils n'y ont point esté espargnez. Et neanmoins encore, le plus doucement que l'on a peu : et sans autre tourment que de la mort simple, que les philosophes disent estre le moindre des maux. »

en soit empesché par l'imagination d'un feu languissant, ou des tenailles, ou de la roue. Et ie ne sçais cependant si nous les jectons au desespoir ; car, en quel estat peult estre l'ame d'un homme, attendant vingt quatre heures la mort, brisé sur une roue, ou à la vieille façon, cloué à une croix ? » (Livre II, chap. XXVII.)

Il attaque également, comme inhumaine et comme contraire à son but, l'horrible institution de la question :

« C'est une dangereuse invention que celle des gehennes, et semble que ce soit plus tost un essay de patience que de verité. Et celui qui les peult souffrir ça esté la verité, et celuy qui ne les peult souffrir : Car pourquoi la douleur me fera elle plus tost confesser ce qui en est, qu'elle ne me forcera de dire ce qui n'est pas ? Et, au rebours, si celuy qui n'a pas faict ce de quoi on l'accuse, est assez patient pour supporter ces tourments, pourquoi ne le sera pas celuy qui l'a faict, un si beau guerdon que de la vie luy estant proposé ? Je pense que le fondement de cette invention vient de la consideration de l'effort de la conscience : car, au coupable, il semble qu'elle ayde à la torture pour lui faire confesser sa faulte, et qu'elle l'affoiblisse ; et de l'aultre part, qu'elle fortifie l'innocent contre la torture. Pour dire vray, c'est un moyen plein d'incertitude et de danger : que ne diroit on, que ne feroit on pour fuyr à si griefves douleurs ?

« Etiam innocentes cogit mentiri dolor. »

« D'où il advient que celuy que le iuge a gehenné, pour ne le faire mourir innocent, il le fait mourir et innocent et gehenné. Mille et mille en ont chargé leur teste de fausses confessions.... mais tant y a que c'est, dict on, le moins mal que l'humaine foiblesse aye peu inventer, bien inhumainement pourtant et bien inutilement à mon advis.

« Plusieurs nations, moins barbares en cela que la grecque et la romaine qui les appellent ainsi, estiment horrible et cruel de tourmenter et de rompre un homme, de la faulte duquel vous estes encore en doubte. Que peut il mais de votre ignorance ? Estes vous pas iniuste, qui, pour ne le tuer sans occasion luy faictes pis que le tuer ? qu'il soit ainsi, voyez combien de fois il aime mieulx mourir sans raison que de passer cette information plus penible que le supplice, et qui souvent par son aspreté devance le supplice et l'execute. » (Livre II, chap. v.)

La raison et la conscience de Montaigne se révoltaient contre les condamnations que les tribunaux appliquaient avec la dernière rigueur et sans scrupule contre de prétendus sorciers : « .... En conscience, ie leur eusse plus tost donné de l'ellebore que de la ciguë : *Captisque res magis mentibus, quam consceleratis, similis visa;* la iustice a ses propres corrections pour telles maladies.... Aprez tout, c'est mettre ses coniectures à bien hault prix, que d'en faire cuire un homme tout vif. » (Livre III, chap. ii.)

Ancien membre d'un parlement dont les charges s'achetaient et se vendaient, il s'élève avec une éloquente énergie contre la vénalité des offices de judicature, et contre la distinction (dont il avait eu à souffrir) entre la robe et l'épée :

« Qu'est-il de plus farouche que de veoir une nation où, par legitime coustume, la charge de iuger se vende, et les iugements soyent payez à purs deniers comptants, et où legitimement la iustice soit refusée à qui n'a de quoy la payer, et ayt cette marchandise si grand credit, qu'il se face en une police un quatriesme estat de gens maniants les procez, pour le ioindre aux trois anciens, de l'esglise, de la noblesse et du peuple; lequel estat, ayant la charge des loix et souveraine autorité des biens et des vies, face un corps à part de celuy de la noblesse; d'où il advienne que de ces deux pieces si diverses, se rapportants toutes fois à un seul chef, ceulx là ayent la paix, ceulx cy la guerre, en charge; ceulx là ayent le gain, ceulx cy l'honneur; ceulx là le sçavoir, ceulx cy la vertu; ceulx là la parole, ceulx cy l'action; ceulx là la iustice, ceulx cy la vaillance; ceulx là la raison, ceulx cy la force; ceulx là la robbe longue, ceulx cy la courte, en partage ? » (Livre I, chap. xxii[1].)

---

1. Cette opposition ressort d'un fait curieux signalé par d'Aubigné, *Histoire*

J'ai dû préciser et limiter les reproches que Montaigne adresse aux lois et aux institutions judiciaires de son temps, afin qu'il demeure bien établi que ses blâmes n'étaient pas de nature à lui inspirer le dégoût de sa profession, et se pouvaient concilier avec un long et profitable exercice de la magistrature. Il est aisé de voir aussi que ce n'est pas le mépris de la science du droit qui lui fait dire qu'il sait *seulement qu'il y a une jurisprudence*. Le passage où il s'exprime ainsi concerne toutes les sciences en général, particulièrement la philosophie scolastique[1]; et puis, dans sa juste aversion pour les commentaires et les gloses, il pouvait ne pas se considérer comme un savant jurisconsulte, dans le sens où on l'entendait généralement alors.

« Qui sera en cherche de science, dit-il ailleurs, si la pesche où elle se loge; il n'est rien de quoy je fasse moins de profession. » (Livre II, chap. x.)

N'oublions pas non plus que Montaigne se complaît à grossir, par l'exagération de l'expression, sa prétendue ignorance. On en voit un exemple dans ce commencement du chapitre XLVIII du Ier livre : « Me voicy devenu grammairien, moy qui n'appris iamais langue que par routine et qui ne sais encore que c'est d'adiectif, coniunctif et d'ablatif. »

Il me faut maintenant le défendre contre une singulière accusation. Il avait beaucoup de vanité, et en fait de bonne grâce l'aveu. Un homme qui en avait bien autant que lui,

---

universelle, tome II, livre V, chap. I. Il remonte à l'année 1580 : Les réformés du Dauphiné s'assemblent, « refusant d'obeyr à Lesdiguieres sur des causes legeres, desquelles la plus forte estoit de son peu de moyens, car personne ne touchoit ni au merite ni à l'extraction. Il y en eut de si brutaux qu'ils le vouloyent rendre desdaignable pour estre sçavant et iurisconsulte, comme choses incompatibles avec un vaillant. »

1. « Ce ne sont icy que resveries d'homme qui n'a gousté des sciences que la crouste premiere en son enfance, et n'en a retenu qu'un general et informe visage; un peu de chasque chose, et rien du tout, à la françoise. Car, en somme, ie sçay qu'il y a une medecine, une iurisprudence, quatre parties en la mathematique, et grossierement ce à quoy elles visent; et à l'adventure encore sçay ie la pretention des sciences en general au service de nostre vie; mais d'y enfoncer plus avant, de m'estre rongé les ongles à l'estude d'Aristote, monarque de la doctrine moderne, ou opiniastré aprez quelque science, ie ne l'ay iamais faict. » (Livre I, chap. xxv.)

Balzac, laisse malicieusement entendre, sans oser l'affirmer, que c'est par vanité qu'il a, dans ses ouvrages, gardé le silence sur la charge qu'il avait eue jadis de conseiller au parlement. Le xviii° chapitre des *Entretiens de feu M. de Balzac* est consacré à Montaigne. On y lit :

« Mais vous souvient-il, monsieur, du manquement qu'y trouva ce galant homme qui estoit de nostre conversation, et qui eust bien voulu que Montaigne, estant luy mesme son historien, n'eust pas oublié qu'il avoit été conseiller au parlement de Bordeaux ? Il nous disoit, ce galant homme, qu'il soupçonnoit quelque dessein en cette omission, et que Montaigne avoit peut estre apprehendé que cet article de robe longue fist tort à l'espee de ses predecesseurs et à la noblesse de sa maison. Nous ne fusmes pas de ce sentiment, ni vous ni moy, et soustinsmes que cette pensee ne pouvoit estre venue à monsieur de Montaigne, qui voyoit de ses propres yeux que monsieur de Foix, nommé à l'archevesché de Thoulouse, estoit conseiller au parlement de Paris.... »

« .... Soit dessein, soit oubli, qui nous prive de cette partie de sa vie, i'ay tousiours bien de la peine à m'en consoler. Il nous eust dit mille choses plaisantes de ce qu'il avoit remarqué au Palais ; de l'humeur des iuges ; de la misere des plaideurs ; des artifices et des stratagemes de la chicane ; » regrets que n'éprouvent pas ceux qui connaissent et croient bien comprendre Montaigne : l'homme de génie n'aurait pas rempli l'attente de l'homme d'esprit ; il n'aurait pas plus fait le plaisant aux dépens des gens de palais qu'il ne l'a fait aux dépens des gens de cour, bien qu'il dise et qu'on sache qu'il a beaucoup fréquenté la cour.

Le président Bouhier, pour l'honneur de la robe, prend la défense de Montaigne. Sa meilleure raison, c'est qu'il n'était pas possible de dissimuler un fait aussi notoire que celui d'une charge au parlement.

Messieurs de Port-Royal, dialecticiens formidables beaucoup plus que chrétiens charitables, reproduisent et enveniment l'épigramme de Balzac : « Un auteur célèbre, lit-on dans l'*Art de penser*, remarque agréablement que Montaigne ayant eu soin fort inutilement de nous avertir en des endroits de son livre qu'il avait un page, il n'avait pas eu le même soin de nous dire qu'il avait eu aussi un clerc, ayant été conseiller au parlement de Bordeaux. Cette charge, quoique très-honorable en soi, ne satisfaisait pas assez la vanité qu'il avait de faire paraître partout une humeur de gentilhomme et de cavalier et un éloignement de la robe et des procès. Il y a néanmoins de l'apparence qu'il ne nous eût pas celé cette circonstance de sa vie s'il eût pu trouver quelque maréchal de France qui eût été conseiller de Bordeaux. » « Voilà, répond un éditeur de Montaigne (in-4°, 1725), de *pieux solitaires qui ne font pas conscience d'accuser Montaigne de vanité sur une omission qui n'a pu fournir à Balzac qu'un léger prétexte de l'en soupçonner, prétexte pourtant assez mal fondé de son propre aveu, puisqu'il reconnaît que cette omission pourrait bien n'avoir pas été faite à dessein.* »

Ceux des biographes modernes qui ont rappelé la petite attaque de Balzac y ont répondu faiblement, croyant sans doute qu'il était inutile d'insister. Je pense devoir à la mémoire de Montaigne de repousser péremptoirement ce reproche de sotte vanité.

Le silence dont on argumente eût-il existé, l'interprétation serait d'une invraisemblance voisine de l'absurdité. Montaigne rougir d'avoir été magistrat, lui dont la parenté, les alliances, les amitiés étaient parlementaires ! Son oncle paternel, M. de Bussaguet, avait au parlement de Bordeaux un siége qui s'est transmis à ses descendants. Sa sœur, Léonor de Montaigne, a épousé M. de Camein, conseiller au même parlement. Lui-même a épousé Françoise de La Chassaigne, fille de Joseph de La Chassaigne, un des plus célèbres conseillers bordelais, et descendant d'une famille parlementaire. L'ami incomparable qu'il a immortalisé, La Boëtie, était son collègue de magistrature. Le chancelier L'Hospital, de Thou, Loisel, Pasquier, ses deux compatriotes et amis Pibrac et Paul de Foix, dont il fait un si brillant éloge (livre III, chap. IX), ne sortaient-ils pas tous de la vie parlementaire ? Et il aurait eu honte d'avouer une carrière où il avait rencontré de tels hommes, à laquelle il devait de pareilles affections !

Mais il a parlé de sa mairie, de son cordon de Saint-Michel ; pourquoi n'a-t-il pas dit un mot de sa magistrature ? Sa mairie, il avait à la défendre contre de vives attaques. Son cordon, il était intéressé, à une époque où l'ordre était avili, à ce qu'on sût bien qu'il ne l'avait souhaité et demandé que lorsque c'était encore un grand honneur de le recevoir. Dira-t-on aussi qu'il se cachait d'être gentilhomme ordinaire de la chambre du roi, parce qu'il ne mentionne ce titre qu'en transcrivant son diplôme, en latin, de citoyen romain ? Prétendra-t-on que c'est par vanité qu'il dissimule son rôle d'intermédiaire politique parce qu'il se borne à rappeler qu'il a négocié peu entre les princes[1] ? Et ses relations politiques, familières, avec le roi de Navarre, auxquelles il fait des allusions détournées, en aurait-il rougi, par hasard ?

Au surplus, les interprétations malveillantes manquent de base ; Montaigne n'a pas gardé le silence qu'on lui reproche. N'y a-t-il pas une allusion aux fonctions judiciaires dans ce passage : « Certes, i'ay eu souvent despit de voir des iuges attirer par fraude et fausses esperances de faveur ou pardon, le criminel à descouvrir son faict, et y employer la piperie et l'impudence. Il serviroit bien à la iustice, et à Platon mesme qui favorise cet usage, de me fournir d'aultres moyens plus selon moy ; c'est une iustice malicieuse, et ne l'estime pas moins blecee par soy mesme que par aultruy. » (Livre III, chap. I.)

Les lignes suivantes contiennent assurément, non pas une simple allusion, mais un souvenir bien précis : « Aussi ne hais ie personne ; et suis si lasche à offenser que, pour le service de la raison mesme, ie ne le puis faire ; et *lorsque*

---

[1]. Tant de réserve ne lui était pas ordinaire, dit M. Amaury Duval, qui s'en étonne au point de paraître révoquer en doute le récit de de Thou sur les négociations de Montaigne entre le roi de Navarre et le duc de Guise.

l'occasion m'a convié aux condemnations criminelles, i'ay plus tost manqué à la iustice : *Ut magis peccari nolim, quam satis animi ad vindicanda peccata habeam*.... Les iugements ordinaires s'exasperent à la punition, par l'horreur du mesfaict : cela mesme refroidit le mien ; l'horreur du premier meurtre m'en faict craindre un second ; et la laideur de la premiere cruauté m'en faict abhorrer toute imitation. » (Livre III, chap. XII.)

Enfin Montaigne a publié la lettre à son père, où, rendant compte de la mort de La Boëtie, il dit qu'il apprit, *comme il revenoit du Palais*, la maladie de son ami. Il y a plus ; cette lettre, imprimée en 1570 avec la traduction de la *Mesnagerie de Xénophon*, est intitulée : « *Extrait d'une Lettre* que M. le conseiller de Montaigne escrit à Mgr de Montaigne, son père, contenant quelques particularitez qu'il remarqua en la maladie et mort de feu M. de La Boëtie. »

Laissons donc pour ce qu'elles valent et la malice de Balzac et la rancune de Port-Royal ; regardons comme certain que Montaigne se tenait pour honoré d'avoir siégé au parlement avec ses parents, ses alliés et son ami La Boëtie.

Qu'il se soit plu à cette *vacation*, c'est une autre chose. J'ai rappelé ce qui, dans les lois, la jurisprudence, l'administration de la justice en France, choquait sa raison. Par d'autres motifs, sa situation, dans sa compagnie, devait souvent être, pour lui, désagréable et difficile. Outre l'esprit de domination qui signalait la marche de tous les parlements, la majorité de celui de Bordeaux manifestait des idées et tenait une conduite antipathiques aux principes et à la manière d'être de Montaigne ; elle avait pris dans les querelles religieuses l'intolérance et le goût de la persécution ; dans le mouvement des partis, la résistance à l'autorité légitime ; dans les agitations politiques, l'éloignement des affaires purement judiciaires et l'habitude de l'indiscipline intérieure ; dans les guerres civiles, une attitude militaire ; dans le désordre général, la disposition aux entreprises violentes et aux spéculations d'une honteuse cupidité.

L'histoire des treize ans que Montaigne passa dans la

compagnie accuse trop fréquemment des actes inspirés par ces tristes tendances : elle enregistre aussi des faits étrangers aux malheurs du temps. Je ne puis que résumer rapidement les uns et les autres. Je dois le faire, sans craindre qu'on m'accuse de donner trop de développement à cette esquisse historique, et de détourner l'attention de mon sujet principal ; le rôle de Montaigne dans sa compagnie n'étant pas marqué par des faits nombreux, et sa position de simple conseiller ne l'obligeant à aucune initiative, il faut faire connaître au moins le théâtre sur lequel il agissait, le milieu dans lequel il vivait. L'histoire du parlement est l'histoire de chacun de ses membres.

Lorsque Montaigne entra au parlement, en 1557, l'hérésie était, en vertu des édits de 1551 et 1555, un crime atteint par les peines les plus sévères. Le parlement de Bordeaux appliquait ces lois dans toute leur rigueur, son zèle catholique étant animé par l'antagonisme de la religion réformée qui, antipathique aux masses dans la plus grande partie de la France, ne cessait depuis vingt ans de faire des progrès dans la Guyenne. En 1554, il avait envoyé au supplice le prédicateur Bernard de Borda ; il avait fait brûler vifs, en 1556, deux jeunes gens accusés d'hérésie, Arnaud Monnier, de Saint-Émilion, et Jean de Caze, de Libourne. Montaigne n'appartenait pas encore à la compagnie quand elle ordonnait ces exécutions.

Le 24 mai 1559, le doyen de Saint-Seurin vint déclarer au parlement que, dans la nuit précédente, on avait coupé la tête à des représentations de Jésus-Christ, de la Vierge, de saint Paul et de saint Jean, attachées à une croix dans le faubourg Saint-Seurin. Le parlement ordonna qu'il y aurait une procession expiatoire où il assisterait, et qu'il serait fait des informations. Les informations chargèrent un riche marchand bordelais, Pierre Feugère, qui fut condamné et brûlé vif[1].

---

1. La plupart des faits que je rappelle ici sont empruntés à l'histoire de dom Devienne, qui avait à sa disposition et a largement utilisé les registres du parlement.

Au mois de septembre 1559, le roi de Navarre, venu pour recevoir Élisabeth de France, qui avait épousé Philippe II, roi d'Espagne, annonça que le roi voulait que l'on rendît à la princesse les mêmes honneurs qu'à lui-même; qu'ainsi le parlement se mît à genoux devant elle; le parlement fit en vain observer qu'on n'avait pas fait cela, même pour l'Empereur.

Un édit du roi, exécuté par une chambre désignée sous le nom de Chambre Ardente, ayant défendu aux huguenots de s'assembler, de nombreuses condamnations semèrent l'épouvante parmi les réformés; mais l'exaspération s'ensuivit : les écoliers s'armèrent, le sang coula. L'émeute promptement réprimée, le parlement admonesta les régents, et défendit aux clercs de la bazoche d'élire un roi sans avoir l'autorisation de la cour et des jurats (1560).

Bordeaux renfermait, en 1561, sept mille réformés, avec deux ministres, Philibert Grenet et Neufchâtel. Ils se réunissaient du côté de Saint-Michel; leur première assemblée se fit sans trouble; il n'en fut pas de même des autres. « Les registres du parlement, dit dom Devienne, de cette année et des suivantes, sont remplis des disputes qui arrivoient journellement entre les catholiques et les religionnaires. »

Le 26 juin, on découvrit une conspiration de huguenots, tendant à la prise du château Trompette : plusieurs de ceux qu'on accusait furent mis à mort (de Lurbe). Mais Burie usa de modération (de Thou, livre XXXIII).

Ce lieutenant du roi défendit toute assemblée; malgré ses ordres, les réformés firent la cène aux Chartrons. Le parlement arrêta qu'il serait informé sur cette réunion et sur les propos séditieux que l'on disait y avoir été tenus, et qu'on avertirait le roi. Six réformés furent arrêtés et mis en jugement; le procureur général Lescure fut député au roi.

Quelque temps après, un arrêt défendit d'enterrer dans les cimetières les gens de la religion.

La violence des catholiques ardents du parlement s'exaltait de plus en plus. Sous le prétexte des réunions persistantes des huguenots, l'avocat Lange et le président Rossignac proposèrent de former un syndicat pour défendre la cause catholique.

M. de Burie s'y opposa ; le parlement en délibéra ; il rencontra aussi l'opposition des jurats, tandis que d'un autre côté il recevait les plaintes du clergé et de plusieurs de la ville contre les réformés. La séance fut levée sur cette déclaration de M. de Burie qu'il pourvoirait, conjointement avec M. de Noailles, maire, à tout ce qui était nécessaire pour le service du roi. Mais les catholiques zélés reprirent l'affaire. Dans l'après-dînée du même jour, le parlement rendit un arrêt qui portait que le roi serait averti des remontrances faites le matin à la cour, et qui, après avoir prescrit quelques mesures de police sur le port d'armes et contre les vagabonds, ordonnait « que toutes défenses seraient faites à toutes personnes, de quelque état, qualité et condition qu'elles soient, sous peine de dix mille livres et autres peines, d'assister à aucune cène, se trouver en consistoire, colloque et synode fait sans l'exprès commandement du roi ; que le sieur de Burie serait averti de faire sortir les ministres de la ville et du ressort, » etc.

Le 13 décembre, les jurats présentaient une requête au parlement contre les syndics catholiques, autorité irrégulière, usurpatrice, turbulente.

Le bruit de ces agitations fut porté à la cour. Le roi, voyant les divisions qui existaient dans la ville, la jurade, le parlement de Bordeaux, envoya deux commissaires en Guyenne pour y faire le procès aux religionnaires. Le parlement adressa des remontrances au roi pour qu'il renvoyât ces causes à leurs juges naturels.

Cette situation violente fut détendue par l'édit de pacification du 16 janvier 1562, œuvre du chancelier L'Hospital, qui laissa respirer les huguenots et leur permit l'exercice de leur culte hors des villes et moyennant de nombreuses conditions (de Thou, *Hist.*, livre XXIX). L'édit fut confirmé et même très-étendu par celui d'avril, qui permettait aux protestants de s'assembler et de prêcher publiquement en tous lieux, excepté à Paris. Cette sage mesure dut avoir l'approbation du conseiller Montaigne; elle fut commentée par La Boëtie dans « quelques mémoires sur cet edict de janvier, fameux par nos guerres civiles. » (*Essais*, livre I, chap. xxvii.) Montaigne avait eu l'intention de publier ces mémoires « qui, dit-il, trouveront encore ailleurs peut estre leur place. » Mais il jugea prudent de les passer sous silence; de même pour le *Traité de la servitude volontaire;* il le défendit bien et le loua, mais il ne l'édita point[1].

L'édit de 1562 devait être vérifié par tous les parlements; cela fut long et difficile : « Entre ceux qui estoient plus poussez du zele de religion, les parlements de Paris, Rouen, Toulouse, Bordeaux et Provence tenoient les premiers rangs, qui firent plusieurs remonstrances avant que de le verifier. » (Castelneau, *Mémoir.*, livre IV, chap. xii.)

Le parlement de Bordeaux ne se borna pas à contester l'édit de janvier; quand il l'eut accepté, il y opposa des mesures qui montrent comment il entendait et pratiquait la liberté de conscience. L'arrêt d'enregistrement porta, comme celui du parlement de Paris, que le parlement n'approuvait pas la nouvelle religion; il disait, de plus, qu'à la publication de l'édit, il serait déclaré qu'il ne serait permis à aucun officier du roi, soit de la cour ou autre, dans tout le ressort, d'assister aux prêches des ministres. Plusieurs membres du parlement passant pour donner dans les nouvelles opinions, les chambres s'assemblèrent, et, sur la réquisition du procureur général, on rendit un arrêt portant qu'au premier jour tous les présidents, conseillers, procureur et avocats généraux, greffiers, huissiers et autres officiers quelconques, ainsi que les avocats et procureurs, feraient leur profession de foi, en présence de l'archevêque ou de ses vicaires, qui seraient, à cet effet, créés du corps de la cour. L'acte de

---

1. Il s'abstenait, par respect pour la mémoire de son ami, les passions politiques ayant reproduit son ouvrage à mauvaise intention (livre I, chap. xxvii). Montaigne ne s'est-il pas abstenu aussi par prudence personnelle? Il allait à la cour, il était gentilhomme de la chambre du roi; n'aurait-on pas vu de mauvais œil qu'il se fit l'éditeur du *Contre Un*?

profession de foi, textuellement recueilli par dom Devienne, est daté du 25 juillet 1562. Il porte qu'il a été signé par l'archevêque, comme conseiller, et par soixante-deux conseillers ; treize conseillers s'étant trouvés absents, il fut ordonné qu'ils ne feraient aucune fonction de leur charge sans avoir au préalable fait la même profession[1]. Montaigne, en se soumettant, dut faire, à part lui, de pénibles réflexions, bien que ce qu'on exigeait de lui fût conforme à sa croyance catholique.

Le serment fut prêté, et la profession de foi faite, le 1er août, par les officiers du roi et des sénéchaussées du ressort, ainsi que par les avocats et procureurs de la cour. Enfin, le 4 novembre, le parlement ordonna d'assigner à la cour, après avoir appelé les curés et vicaires, les habitants qui n'auraient pas fait la profession de foi ordonnée, ou qui n'auraient pas continué d'aller à l'église et ouïr le service divin.

Les calvinistes, excités et commandés par le prince de Condé, avaient pris les armes successivement dans tout le royaume. Ceux de la Guyenne, agités par les violences du parti qui avait formé le syndicat catholique, montrèrent bientôt les passions les plus ardentes ; leurs excès redoublèrent les colères de la répression, et furent un prétexte aux férocités de Blaise de Montluc. Les réformés d'Agen s'étaient emparés dans cette ville du couvent des dominicains. Sur la sollicitation d'un grand nombre de seigneurs des environs, le parlement envoya, avec M. de Burie, le conseiller La Boëtie, qui avait été demandé nominativement à la cour par le lieutenant du roi, pour faire rendre le couvent aux religieux.

La guerre civile s'étendant sur toute la province, les troupes huguenotes opéraient de tous côtés, et s'appro-

---

1. Le parlement de Bordeaux suivait l'exemple, et peut-être les ordres du triumvirat, alors tout-puissant, où dominait l'influence des Guises. Le prince de Condé, qui venait de prendre les armes contre les exigences du triumvirat, publia un mémoire où il niait qu'on eût le droit d'exiger une profession de foi de ceux qui entrent en charge.

chaient parfois assez près de Bordeaux pour faire craindre quelque entreprise sur la ville; il fallait constamment surveiller leurs mouvements. Le parlement, qui excitait les plaintes de Montluc parce qu'il se mêlait de tout (*Mém.*, livre V), usurpait sur les attributions municipales comme sur l'autorité du roi et des commandants militaires; il arrêta que, pendant les vendanges de cette année, il y aurait à chacune des portes de la ville qui resterait ouverte, outre la garde ordinaire, un président ou conseiller, un chanoine de Saint-André et un officier de la chancellerie, avec dix bourgeois et deux des trente soldats ordonnés pour la garde de la ville par Noailles. Jean d'Alesme, doyen des conseillers, fut chargé de dresser les rôles des membres de sa compagnie. Montaigne fut donc obligé de faire, pendant deux mois, un service de garde national.

« On trouve dans les registres du parlement que Prevost de Sansac, archevêque de Bordeaux, entroit presque tous les jours au palais pour seconder, autant qu'il étoit en lui, les bonnes intentions et les démarches de cette compagnie dans des temps si critiques. Le 11 décembre, le comte de Foix étant entré au parlement pour lui faire offre de ses services, on lui dit qu'on venoit de délibérer que douze conseillers auroient à leurs ordres chacun cent hommes, qui seroient distribués dans les douze quartiers de la ville. » (Dom Devienne.)

Les populations étaient fatiguées d'une guerre où l'ambition de quelques familles puissantes avait autant de part que la passion religieuse; elles accueillirent avec joie l'édit de pacification dit d'Amboise, du 19 mars 1563. Il était moins favorable aux protestants que celui de janvier 1562. Il rencontra peu d'opposition, excepté à Toulouse, dans les cours souveraines. Montluc le fit enregistrer au parlement de Bordeaux. Cette compagnie, toujours intolérante et peu soumise aux ordonnances, exécuta si mal le nouvel édit, que les protestants s'en plaignirent au roi. Charles IX envoya Antoine Fumée et Jérôme Angenoust, conseillers au parlement de Paris, pour faire des informations, et, en cas de contravention, faire exécuter l'édit. Le parlement de Bordeaux s'opposa à cette commission, la déclarant exorbitante et inutile, et députa au roi; la réponse, sévère et méritée, fut que, sans écouter les remontrances, le roi voulait que la commission eût son effet, sinon qu'on lèverait sur les juges du parlement la somme nécessaire pour les dépenses des commissaires. Le parlement leva ses défenses. « On peut juger par ce trait, remarque dom Devienne, et par plusieurs autres, que le parlement de Bordeaux se prêtoit à regret aux vues qui déterminoient quelquefois le prince à accorder des grâces aux coreligionnaires; du moins la cour en étoit-elle persuadée, puisqu'outre la commission accordée à Antoine Fumée et à Jérôme Angenoust, elle envoya deux autres conseillers pour faire observer l'édit dans le ressort du parlement de Guyenne. »

Le premier président de ce parlement était, comme Montaigne, bon catholique, bon royaliste, mais tolérant; c'en fut assez pour le faire accuser d'hérésie. Les ardents de la compagnie résolurent de se défaire de leur chef. Le conseiller Malvin, organe de leurs haines, osa lire au parlement une requête contre lui. Des pourparlers eurent lieu, des explications furent échangées; une seconde requête fut présentée; on parvint à assoupir l'affaire qui, plus tard, fut reprise avec un nouvel acharnement. Suivant Montluc, (*Mémoir.*, livre V), il existait aussi, en 1563, un différend si grave entre le premier président et M. de Noailles, gouverneur, que la guerre civile paraissait imminente. On fit appel à Montluc, qui arriva aussitôt et pacifia la querelle au lieu de recourir aux armes. Le parlement le remercia et le pria d'accepter la charge de lieutenant du roi pour moitié dans le gouvernement de Guyenne.

La reine de Navarre était particulièrement haïe des catholiques *zélés*, à cause de sa fidélité au culte réformé; le pape avait, cette année même, fulminé contre elle une bulle, que Charles IX avait fait révoquer (de Thou, *Hist.*, livre XXXV). Les parlements de Bordeaux et de Toulouse avaient empiété sur ses droits souverains dans le Béarn, en formant opposition aux lois qu'elle établissait pour introduire dans ses États la nouvelle religion, prétendant qu'elle ne le pouvait pas sans la permission du roi de France ; elle avait dû, dans cette circonstance encore, recourir au roi.... « Estant pressée tant par les cours de parlement de Bordeaux que de Tholose, qui usurpoient les droits souverains de Bearn, et ravaloyent son absolue authorité, elle print la route de la cour de France, et ayant parlé au roy et aux plus grands iurisconsultes, on cassa et reforma les arrests qu'on avoit prononcés à son grand preiudice et interest. » (Olhagaray, *Histoire de Foix, Bearn et Navarre*, p. 559.)

Au commencement de l'année judiciaire 1563, éclata un incident violent et scandaleux, mentionné aux registres secrets, et dans lequel figure le nom de Montaigne. Le 12 novembre, jour de la rentrée, M. d'Escars, grand sénéchal de Guyenne, ayant mis ses hallebardiers en haie jusque dans la salle d'audience, le premier président descend de son siège et déclare qu'il n'y remontera pas si l'on n'exécute les arrêts rendus sur ce sujet, ce qu'il ordonne de faire. M. d'Escars cède, et autorise les huissiers à faire retirer ses hallebardiers. Mais, le 10 décembre, il vient au parlement proposer une récusation générale contre le premier président ; il la fonde sur ce que lui, M. d'Escars, avait été chargé autrefois par le roi de Navarre de demander au roi l'éloignement du sieur Largebaton. Celui-ci répond, et ajoute qu'au moins les conseillers qui servent de conseil à d'Escars dans ses propres affaires, ne devraient pas siéger non plus ; ils vont, dit-il, boire et manger chez lui et faire autres actes de familiarité jusqu'à se rendre contemptibles. La cour décide que le président nommera ces conseillers. Largebaton, obéissant à l'injonction de la cour, désigne Lachassaigne, Rouffignac, Fauguerolles, Antoine Prévost, archevêque de Bordeaux, Charles de Malvin, Gautier, Bellot, La Guyonie, d'Eymar, Lecomte et Montaigne. La cour décide que la chose se traitera en mercuriale, et qu'en attendant, le sieur président n'assistera pas aux procès où le sieur d'Escars est partie. Le 23, M. d'Escars arrive avec une lettre de la reine, qui autorise sa conduite pour les archers et hallebardiers. Le 8 janvier la cour se résigne, et, eu égard aux nécessités du temps et aux qualités du sieur d'Escars, lui permet de mener ses archers comme bon lui semblera.

Dans cette curieuse affaire, on voit que le parlement ne fut pas très-touché de l'accusation lancée contre quelques-uns de ses membres par le premier président; car, en réservant l'examen de la question sous simple forme de mercuriale, il n'empêcha pas les conseillers désignés de siéger, comme il le fit pour M. de Largebaton. Les récriminations de ce magistrat, qui avait des opinions modérées, mais un caractère irascible et brusque, n'étaient pas de nature à entacher une vie aussi honorable que celle de Montaigne. Comme gentilhomme, Michel de Montaigne avait des relations avec M. d'Escars, de même qu'avec toutes les personnes importantes de sa province; mais on peut être certain, quoi qu'ait pu dire son chef dans un moment de dépit, que ces relations n'ont jamais rien coûté à sa dignité de magistrat; l'homme qui est resté pur, indépendant, désintéressé à la cour, avec les princes et vis-à-vis des rois, ne s'est assurément pas rendu *contemptible* par ses rapports avec qui que ce fût.

En 1564, les catholiques égorgèrent, dans la nuit, un grand nombre de calvinistes bordelais sans défense. Le parlement laissa ce crime impuni. (Ducourneau.)

L'année 1565 fut marquée à Bordeaux par un grand événement : le voyage du roi Charles IX; le mauvais esprit du parlement fut pour quelque chose dans les motifs qui décidèrent cette solennelle excursion, et il détermina le lit de justice où le roi et son chancelier firent entendre des paroles sévères.

La disposition de l'itinéraire de Catherine de Médicis et de son fils cachait des vues politiques : on voulait, sans donner l'éveil aux huguenots, négocier, par le duc de Lorraine, des traités qui détacheraient les princes allemands des calvinistes de France, s'aboucher, en Dauphiné, avec le duc de Savoie, à Avignon avec les ministres du pape, aux Pyrénées avec l'Espagne. On espérait, en apaisant les troubles, et en faisant droit aux plaintes des populations, augmenter l'autorité du roi, et l'on couvrait tous ces projets sous le voile des fêtes et des réjouissances. (Davila.) Le sage et rigide L'Hospital avait d'autres pensées; il voulait porter remède à de grands abus : « Les parlements, surtout celui de Bordeaux, s'occupaient plus de politique que d'affaires judiciaires; la reine mère et ses conseils voulaient faire cesser cela. » (Jean Deserre, *Inventaire*, 1564.) « Et d'autant que le roy et ses commissaires n'estoient entierement obeys, comme il estoit necessaire pour le bien de la paix; cela fit continuer la deliberation que leurs maiestez avoient prise d'avancer leur visite par toutes les provinces du royaume, afin d'autoriser les officiers de la iustice et entendre les doleances d'un chacun; faire executer les edicts et connoitre la volonté de leurs peuples.» (Castelnau, *Memoires*, livre V, chap. IX.)

Le chancelier connaissait l'insubordination du parlement de Bordeaux, les excès qu'il commettait ou tolérait sous prétexte de religion, l'impunité qu'il accordait aux bandes armées de gentilshommes catholiques qui dévastaient et épouvantaient le pays, sa négligence des devoirs judiciaires, sa facilité à céder aux suggestions de l'esprit de parti. Le roi lui-même savait tous ces abus : le premier président les lui avait dénoncés par une lettre du 20 août 1564[1], et il avait écrit sur le même sujet, huit jours après, à la reine mère; acte de dévouement et de courage qui ne lui fut point pardonné.

Le roi s'avançait vers la Guyenne; la ville de Bordeaux s'apprêtait à le recevoir avec magnificence; le parlement, de son côté, se donnait beaucoup de mouvement : il avait pris ses mesures longtemps à l'avance. Dès le 2 janvier 1565[2], il

---

1. *OEuvres de L'Hospital*, édit. Dufey, tome II, p. 99.
2. Godefroy, *Cérémonial françois*, constate que les registres du parlement de Bordeaux mentionnent l'arrivée du roi à l'année 1564, et il fait remarquer, par la date du départ de la cour et de son passage dans d'autres villes, que cette entrée a eu lieu en 1565. Baurein, *Variétés bordelaises*, donne l'explication qui paraît avoir échappé à Godefroy. Le parlement de Bordeaux, comme

s'assemble pour délibérer sur la réception du roi; il décide que, pour cette circonstance seulement, on nommera un roi de basoche, vieil usage que les troubles lui avaient fait abolir peu d'années auparavant. Les hommes de parti veulent profiter de la présence du roi pour lui faire des remontrances; on en délibère le 17 janvier; le 24, plusieurs de messieurs proposent diverses choses, les autres déclarent ne vouloir rien dire, et de ce nombre sont le premier président et les gens du roi; on prépare un projet; le 21 mars, la cour nomme seulement une commission pour arrêter ce qu'il faudra dire au roi.

Le 8 mars, les chambres assemblées décident qu'une députation ira saluer le roi à Agen et recevoir ses commandements; les commissaires nommés rapportent, le 31 mars, avoir rencontré le roi à la Réole, lui avoir été présentés par le prince de Navarre, gouverneur de la province, et, étant à genoux, s'être acquittés de la charge qu'ils avaient reçue.

Le 9 mars, la cour mande plusieurs fonctionnaires pour savoir ce qu'ils ont fait pour la venue du roi : « Il fut enjoint aux presidiaux de faire la meilleure iustice qu'ils pourroient, et purger la ville de tous vagabonds et mal vivants. Fut aussi ordonné à tous de faire venir des vivres de toutes parts, foins, pailles, avoines, bleds, bois; et particulierement dit aux jurats de pourvoir aux pavez des rues, et les faire bien couvrir de sable aux endroits où le roy passeroit, et donner tel ordre que les vivres fussent à prix raisonnable, sans attendre la police du prevost de l'hostel.

« Le mercredy quatorzieme mars, les chambres assemblees, a esté enioint à ceux du corps de la cour qui n'avoient robbes d'ecarlate d'en achepter promptement; et au surplus

---

celui de Paris, ne se conformait pas encore à l'édit de Roussillon de 1561, sur la réforme du calendrier; il commençait donc l'année à Pâques et non au 1ᵉʳ janvier. Le roi ayant fait son entrée à Bordeaux le 9 avril et Pâques n'étant tombé que le 22, le parlement a dû dater, sur ses registres, du 9 avril 1564.

Les détails relatifs à ce qui s'est passé au parlement pour la réception du roi, et lors du lit de justice, sont tirés des extraits des registres, qui ont été publiés par Godefroy, dans son *Cérémonial françois*, t. I, p. 910; t. II, p. 257.

qu'à l'entrée du roy en cette ville, la cour ira saluer Sa Maiesté aprez tous les autres ordres.

« A esté aussi arresté que, pendant le seiour du roy en la presente ville, les presidents et conseillers entrant au palais porteront grandes robbes de palais coupees au colet, et à grandes manches et chaperons fourrez les iours d'audience ; et allant par la ville auront robbes decentes avec cornettes, et non robbes de chambres, ne grosses chausses et iarretieres, petits chapeaux pointus, souliers decoupés, ny mules et souliers de veloux. »

Le 28 mars, le parlement ordonne qu'une députation ira recevoir le connétable, et lui demander de n'amener avec lui en la cour que les personnes qui ont droit d'y entrer. Le connétable est reçu au parlement, il y présente un édit du roi ; le premier président lui répond au nom de la compagnie.

Le roi, après avoir attendu sept jours à Thouars la fin des beaux préparatifs de son entrée, part pour Bordeaux le 9 avril. La cour s'assemble et dîne au palais. L'ordre de sa marche a été réglé ainsi qu'il suit, d'accord avec M. le connétable et M. le chancelier :

« Pour la cour, des quinze huissiers, les dix premiers marcheront à cheval avec housse et chaperons à bourlet, et leurs verges à la main ; apres eux les notaires et secretaires du roy, puis le greffier des presentations, avec mesmes robbe et chaperon ; apres, le greffier civil et criminel avec sa robbe d'ecarlate et son epitoge fourré d'hermine, et le chaperon rouge autour du col ; apres, le premier huissier avec son bonnet de drap d'or, sa robbe d'ecarlate et la verge à la main ; puis apres, les quatre presidents de deux en deux avec leurs robbes d'ecarlate, et manteaux fourrez d'hermines et leurs mortiers de velours en teste, et le premier president ayant sur l'epaule droite sur son manteau, trois petites bandes de drap d'or, et trois autres d'hermines blanches ; et apres, les conseillers, avec leurs robbes rouges et leurs chaperons fourrez : apres eux les advocats et procureurs generaux habillés de mesme que les conseillers ; et apres eux les quatre huissiers : et apres les dits huissiers, trente advocats des plus anciens avec chaperons fourrez, et vingt procureurs avec chaperons à bourlet.... Ira la cour en cet ordre.... droit aux Chartreux saluer le roy, où l'on luy a dressé un echaffaut de bois pour recevoir les harangues qui luy seront faites.... Et estant arrivez devant l'echaffaut, les quatre presidents, les greffier civil et premier huissier descendront pour monter et saluer le roy, et tous les autres demeureront testes nues tant que le premier president parlera à Sa Majesté.... ce qui a esté executé, ayans les iurats, les premiers fait leur salutation, puis le recteur de l'Université, puis apres le lieutenant general, et en dernier lieu ledit sieur premier president, accompagné des trois autres et dudit greffier et premier huissier, ayant tous un genouil en terre; le roy estant assis en une chaire de velours rouge, ayant autour de luy monsieur son frere, messieurs les princes de Navarre, cardinal de Bourbon, prince de la Roche-sur-Yon, les ambassadeurs estrangers, tous debout. Le roy s'est ennuyé de la longue harangue de maistre Jacques Benoist, premier president, et luy a coupé propos, et sans attendre qu'il eust achevé luy a dit : « Ie loue ma iustice du bon devoir qu'elle « a faict, et, s'il y a quelqu'un qui tienne encore les armes « en la main, i'en feray telle iustice qu'elle sera exemplaire « aux autres. » Et apres s'est levé de sa chaire, ensemble lesdits presidents, greffier et huissier, et se sont rangez tous six sur l'echaffaut, attendant y passer les compagnies de la ville; cependant les conseillers du parlement et autres de leur suite se sont rangez contre les Chartreux.

« Les compagnies de la ville, en nombre de douze cents bien armez, ont pris le chemin devers la ville, passans pardevant l'echaffaut, ayant pour colonel Martin Malus, maistre de la monnoye. Aprez eux ont marché les fourniers et boulangers de la ville, armez et habillez de blanc avec l'enseigne deployée; puis venoit le roy de la bazoche monté sur un beau cheval, accompagné de douze à quinze de ses supposts aussi bien montez, lequel a mis pied à terre et est allé faire sa harangue sur ledit echaffaut au roy; puis le suivoient beaucoup de bazochiens à pied bien armez, apres eux douze de chaque nation estrange (voy. chap. IV); apres marchoient les mandians, les prestres des paroisses, et les croix passant devant ledit echaffaut le roy osta son chapeau de la teste.

« Aprez marcha une compagnie de petits enfans à cheval habillez de blanc, ayant devant eux un trompette, portant en leurs mains de petits estendards bleus, où estoient les armoiries du roy, et criant : Vive le roy! Puis revenoit l'Université, le senechal, le parlement, en l'ordre en dessus décrit. Puis la garde et maison du roy. Et le tout entra environ les quatre heures par la porte du Chapeau Rouge, où on avoit fait un portail peint avec force vers latins et françois. Sous ladite porte estoient les six jurats avec leurs robbes et chaperons de satin cramoisy et blancs, tenant les six bastons du poisle du roy, qui estoit de drap d'or....

« Et le roy s'est rendu à l'eglise Sainct André, où la cour estoit entrée, et placee dedans le chœur au haut siege des deux costez. A la porte de ladite eglise pres les fonts baptismaux, estoient l'archevesque de Bourdeaux *in pontificalibus*, et le sieur de La Rivière, maire de la ville, ayant robbe et chaperon de velours cramoisy rouge et blanc; ledit archevesque assis, ayant devant luy une croix pour faire faire le serment à Sa Maiesté et luy faire sa harangue. Ce fait, le roy est entré dans l'eglise, et audevant du grand autel a esté dit un *Te Deum laudamus* en musique et orgues, puis ledit archevesque a dit une oraison. Et ce fait, le roy s'en est allé souper et chacun s'est retiré; estant lors six heures du soir, ledit jour de lundi neuvieme avril, qu'il estoit encore grand jour. »

Montaigne, connu à la cour, ami de L'Hospital, et lié avec plusieurs des seigneurs qui accompagnaient le roi, se trouva, on peut l'affirmer, à l'entrée du jeune souverain et à toutes les cérémonies dont elle fut l'occasion. Les conseillers, comme on vient de le voir, se tenaient à cheval dans le cortége; jusqu'au moment où ils entrèrent dans l'église de Saint-André, il s'écoula assez de temps pour fatiguer les magistrats peu habitués à l'équitation. Quant à Montaigne, on doit se rassurer; il était jeune, bien portant, et pouvait rester fort longtemps en selle. « Ie ne desmonte pas volontiers quand ie suis à cheval; car c'est l'assiette en laquelle ie me trouve le mieulx, et sain et malade. » (Livre I, chap. XLVIII.) Cela continua plus tard, même quand sa santé s'altéra : « Ie me tiens à cheval sans desmonter, tout choliqueux que ie suis, sans m'y ennuyer, huict et dix heures. » (Livre III, chap. IX.)

Le 10 avril, les princes de la maison de Bourbon sont reçus par le parlement; ils font leur entrée dans la grand'-chambre; une cause est plaidée; le premier président se disposant à prendre l'avis des autres présidents, les princes le font appeler et disent qu'ils doivent opiner les premiers; sur quoi toute la cour délibère, et il est arrêté que, sans tirer à conséquence, le premier président, après avoir demandé l'avis des autres présidents, ira prendre celui des princes et recueillera ensuite les opinions des conseillers.

Le 11 avril, la salle d'audience était disposée pour la séance royale. A l'angle, près du lieu où siége le premier président, on avait posé un fauteuil de velours cramoisi avec un oreiller de même; au-dessous un tapis de même étoffe, sur lequel on avait placé deux coussins, l'un de velours cramoisi, l'autre de velours violet; au-dessus un dais de drap d'or, à bandes de satin cramoisi. Plus bas, près des siéges des gens du roi était, pour le chancelier, un fauteuil de velours noir et deux coussins en tapisserie de Turquie velue, pour mettre sous les pieds.

Les présidents et les conseillers, avec leurs robes d'écarlate et les chaperons fourrés, prennent leurs places, qui sont changées à raison des personnes admises par extraordinaire à siéger sur les bancs de la cour. Les anciens conseillers s'assoient au banc des gentilshommes; les autres plus anciens au banc des ecclésiastiques, le surplus de la cour, où devait se trouver Montaigne, aux siéges des avocats. Sur les dix heures du matin entre M. le chancelier, vêtu d'une robe de velours cramoisi, doublée de soie cramoisie, avec sa cornette ; puis des conseillers du conseil privé, des maîtres de requêtes, des conseillers du grand conseil. Peu après vient le roi, avec la reine mère, accompagnés des princes et d'une foule de seigneurs. Les clairons et trompettes du roi sonnent en passant par la salle des Procureurs ; deux huissiers le précèdent, tenant chacun à la main une masse dorée. Lorsque la reine mère est assise à la place qui lui avait été préparée, le roi la salue, se découvrant et faisant une grande révérence, puis il monte à son fauteuil. Le chancelier quitte le banc des gens du roi où il était assis, et s'assied dans le fauteuil disposé pour lui.

Le roi dit qu'ayant fait son entrée en cette ville, il a bien voulu venir voir sa cour, pour entendre comment sa justice s'administre ; il déclare que dorénavant il veut être mieux obéi qu'il n'a été, et ne veut qu'aucun de ses sujets ne prenne les armes sans son congé ; qu'il entend aussi que ses édits soient gardés, et pour le surplus il a donné charge à son chancelier de le dire. Pendant que le roi parle, toute l'assistance se tient debout et découverte. Ensuite le chancelier salue le roi, se place dans son fauteuil et prononce sa harangue, transcrite sur les registres.

Ce discours, empreint de l'honnêteté comme de la rudesse de langage du vertueux L'Hospital, sévère surtout envers les magistrats dont il était le chef[1], est une véhémente mercuriale. Il dut blesser profondément ceux qui recevaient de pareils reproches à bout portant, devant un si auguste auditoire. En le lisant, on demeure convaincu que Montaigne n'était coupable d'aucun des méfaits articulés contre une partie notable de ses collègues, et on comprend qu'il devait éprouver de la répugnance à rester dans une compagnie dont l'esprit dominant et les habitudes étaient si peu en

---

1. « Tous les estats, dit Brantôme, le craignoient, mais surtout messieurs de la justice, desquels il estoit le chef ; et mesmes quand il les examinoit sur leurs vies, sur leurs charges, sur leurs capacités, sur leur sçavoir, que tous le redoutoient, comme font des escoliers le principal de leur college, et principalement ceux qui vouloient estre pourveus d'estats ; asseurez vous qu'il les remuoit bien s'ils n'estoient point capables. »

harmonie avec son caractère à lui, avec ses principes et sa manière de vivre [1].

[1]. Voici les passages les plus vifs, les griefs les plus directs de la harangue du chancelier :

« Le roy est venu en ce pays, non pas pour voir le monde, comme aucuns disent, mais faire comme un bon pere de famille, pour sçavoir comme l'on vit chez soy, et s'informer avec ses serviteurs comme tout se porte. Il s'est enquis de son peuple et de sa justice ; ce ne sont pas contes ce que je vous dis ; je vous dirai ce qui sera profitable. Il a trouvé beaucoup de fautes en ce parlement, lequel, comme estant fraischement et dernierement institué (car il y a cent et deux ans), vous avez moindre excuse de vous departir et avoir oublié sitost les anciennes ordonnances, ce qui seroit excusable aux autres parlements qui sont venus en leur vieillesse, et toutes fois vous estes aussi debauchez ou plus que les vieux, par aventure pis. Il y a ici beaucoup de gens de bien, desquels les opinions ne sont suivies ; elles ne se pesent point, mais se comptent. J'ay ouy parler de beaucoup de meurtres, pilleries et forces publiques commises en ce ressort. J'ay receu beaucoup de plaintes de vos dissensions qui sont entre vous. Voicy une maison mal reglee, c'est vous autres qui en devez rendre compte.

« La premiere faute, c'est la desobeissance que vous portez à vostre roy ; car encore que ses ordonnances vous soient presentees, vous les gardez s'il vous plaist, et si vous avez des remonstrances à luy faire, faites les y au plus tost, et il vous oira. Vous luy ostez sa puissance royale quand vous ne voulez obeyr à ses ordonnances royales, qui est pis que de luy oster son domaine. Ie suis adverti que l'ordonnance faite à la requeste des estats n'est point encore publiee ceans. Ie suis pareillement adverti que l'ordonnance de la justice n'est pas aussi publiee. J'ai aussy memoire de quelques autres, desquelles ie ne parleray, pour n'estre si long. Ie pense que vous croyez estre plus sages que le roy, mais vostre prudence est limitee pour iuger les procez ; ne vous estimez pas plus sages que le roy, la reyne et son conseil. Il a acquis la paix, et à present il a la guerre entre lui et sa cour de parlement.... Horace fait une comparaison qu'il faut manier un cheval doucement, et qu'il ne faut point apprendre à ruer, car, quand on le frappe, il rue par trop. Aussi vous autres ne faites point que le roy rue contre vous. Ie sçay bien qu'il y en a d'entre vous qui disent : Ce n'est pas le roy qui fait cela ; et parlent assez librement de moy et d'autres. Et encore qu'il soit defendu de reveler les secrets, si ce n'est pas pourtant trop mal fait de rapporter cela : Vous meprisez la reyne et le conseil du roy. Je vois que vous estimez tant vos arrests que vous les mettez par dessus les ordonnances, lesquelles, apres que vous les avez reçues, vous les interpretez comme il vous plaist ; ce n'est pas à vous d'interpreter l'ordonnance, c'est au roy seul, mesme les ordonnances qui concernent le bien public.

« Voila ce que je vous dis pour le peu d'obeyssance que vous rendez à vostre roy ; et le mal vient que vous estes partagez entre vous en diverses factions. J'ai veu vos registres, et trouvé que quelques fois vous venez aux iniures et presque à vous battre ; ie garde aussi que vous ne taschez pas à garder vostre authorité, que vous devez garder pour estre reverez et non point craints ; vous menassez les gens de vos iugements, et c'est un mal commun en tous estats. Il y a des gouverneurs qui se font craindre avec des archers, d'autres qui menassent de tuer les iuges et de leur faire faire leurs procez s'ils ne font ce qu'ils veulent. Il y en a de la cour, lesquels quand ils ont des procez, usent de grandes forces ; il y en a aussi qui sont grandement scandalisez de faire des ma-

L'émotion avait été grande parmi les membres de la cour, si rudement admonestés : on avait député tous les

riages par force, et quand on sait quelque heritiere, quant et quant, c'est pour monsieur le conseiller, on passe outre nonobstant les inhibitions. Je ne nommeray pas ceux qui en sont chargez à présent, mais si vous voulez communiquer avec moy, ie vous les nommeray. Il y en a aussi d'entre vous, lesquels, pendant les troubles, se sont faits capitaines, les autres commissaires des vivres; ce sont gens qui ne sçavent faire leurs estats et se mettent à faire ceux des autres. Ie vois aussy que de plusieurs forces et meurtres qui se commettent en ce ressort, il y en a quant et quant qui les veulent excuser, disant c'estoit un mechant homme; or, il n'appartient à aucun de tuer, encore qu'il tue un mechant, mais il en faut laisser faire à la justice.

« .... Je crains qu'il n'y ait ceans de l'avarice, car on dit qu'il y en a qui prennent pour faire bailler des audiences et autrement; par quoy ayez les mains nettes. Mais l'on dit que l'on prend bien des gros presents à la cour, et que les gros larons sont *in aula*. Il n'est pas bien fait de prendre, là ni icy; nous nous en devons tous garder, et ceux qui sont auprès du roy et ceux qui sont icy. L'on voit un petit larron puny, celui qui n'a fait qu'un meurtre pendu, et à celui qui en a fait plusieurs en assemblees et congregations illicites, il est pardonné, voire il est estimé avoir bien fait. Prenez exemple à vostre roy, lui a-t-on ouy dire jamais, je ferai mourir cettui-ci, je ferai pendre cettui-là sans qu'il l'eust merité? Dieu lui fasse la grace que lui qui est est ieune, puisse subvenir à toutes ces fautes. Nous sommes depravez, nous ne craignons plus, voire l'on craint plus les gouverneurs que le roy. Il n'est pas un seigneur de ce ressort qui n'ait son chancelier en cette cour, contre les ordonnances du roy. Vous faites des procez de commissaires tels que vous voulez; vous vous en estiez pendant un temps abstenus; mais aprez vous les repristes de plus grand appetit qu'auparavant, qui est la cause que vous n'avez pas voulu recevoir les ordonnances de la iustice, et si au bout de l'an vous n'en estes gueres plus riches. Il y a une autre chose que l'on m'a dit, qu'il y en a de ceans qui baillent leur argent à interest aux marchands, et ceux-là devroient laisser leurs robbes et se faire marchands; par avanture ils feroient mieux, car aulourd'hui il n'y a chose qui gaste tant la marchandise que la trop grande communication de gens de robbe longue; car des lors qu'un marchand a de quoy, il faut qu'il fasse son fils avocat ou conseiller; d'ambition vous en estes garnis : soyez ambitieux de la grace du roy et non des autres.

« L'on dit que ceux de Thoulouse sont trop graves, ceux de Bordeaux trop familiers, et encore qu'il y ait vice en l'un et en l'autre, toutefois je louerois plustot la trop grande gravité de ceux de Thoulouse que la trop grande familiarité de ceux de Bordeaux.... Gardez ce que vous dit votre iurisconsulte d'avoir *faciles aditus*; mais gardez vous d'admettre les parties et les autres de vostre ressort à familiarité trop grande, et n'en usez point comme vous en avez mauvais bruit.

« Vous estes aussi timides et craintifs; et m'estant informé pourquoy telles choses, et telles n'estoient faites, l'on m'a respondu, non pas un d'entre vous, mais cinq ou six : Nous n'oserions le faire. Et qui est ce qui vous puisse faire force dont le roy ne vous puisse garder? Pourquoy craint on les lieutenants du roy et les seigneurs forts du royaume[*]? Le roy leur baille leur garde pour

---

[*] L'impunité laissée par le parlement de Bordeaux aux crimes des nobles est attestée

présidents et huit conseillers pour faire des remontrances au chancelier. Le 16 avril, le premier président rend compte aux chambres assemblées de ce qu'il a dit au chancelier et des réponses qu'il a reçues :

« Comme aussi ledit sieur chancelier leur avoit dit qu'il avoit parlé généralement, soit de mariages faits par force et de la vente des placets d'audience, et que c'estoit par affection paternelle, et qu'il n'avoit rien dit qu'on ne luy eust rapporté, sans nommer personne. Sur quoy fust arresté que ledit sieur premier president, estant appelé au conseil du roy, supplieroit Sa Maiesté et lesdits sieurs de son conseil, vouloir tenir la compagnie en telle et si bonne opinion que ledit sieur chancelier l'a tenue, apres les avoir ouys, sur tout ce qui s'est passé sur le faict des edicts. »

Pendant le séjour du roi à Bordeaux, le mauvais esprit du parlement eut plusieurs occasions de se manifester. L'année précédente, les réformés bordelais avaient obtenu de Charles IX des lettres patentes qui leur étaient favorables;

n'en abuser; et, à vous dire, cette façon de garder est une mauvaise chose et commencement de tyrannie.

« L'on a veu cy devant aller un simple sergent avec sa gaule blanche par tout le ressort, et à present ce ne sont que forces. Ie croy que lesdits lieutenants n'abusent pas de leurs gardes. Mais vous qui vous excusez sur cela, le devez vous dire? Vous n'avez plus d'excuses sur cela; aussi n'entreprenez pas sur eux. I'ay vu vos registres, et trouve que tantost vient un advocat d'un costé et tantost un jurat d'aultre costé : c'est leur charge de se mesler de la police et non point des affaires d'Estat.

« Il y en a aussi ceans qui sont joueurs, et qui ne servent d'un demy an, aucunes fois d'un an, et toutes fois signent leurs *debentur*, et certifient avoir servy. Un conseiller de Paris ayant assuré d'avoir servy trois jours qu'il n'avoit pas servy, a esté cy devant condamné à de grosses amendes et suspendu de son estat. »

Quand le chancelier a terminé sa péroraison, le premier président prononce, sur l'autorité de la justice, une longue harangue à laquelle ses collègues n'ont pas fait l'honneur de la mettre sur les registres. Une cause est appelée et jugée, après quoi la séance est levée.

par de Thou, qui dit, en parlant des membres de la chambre de justice dont il faisait partie en 1582: « Peu après leur retour à Bordeaux, on jugea Rostaing qui fut condamné avec rigueur (il avait livré Melun aux ligueurs), ce qui fit dire par toute la ville que, depuis plus de trente ans, on n'avait point vu un si grand exemple de sévérité contre un gentilhomme. L'impunité qui régnait dans toute la Guyenne était cause qu'il n'y en avait pas un ou qui ne se vengeât lui-même, ou qui ne commît quelque violence, sans avoir recours à la justice. »

le parlement avait refusé l'enregistrement ; deux fois des lettres de jussion lui avaient été inutilement adressées ; c'est seulement après la troisième, et pour pouvoir prouver au roi, présent dans la ville, la soumission à ses ordres, que le parlement ordonna que les lettres seraient vérifiées, non par lui, mais par le sénéchal de Guyenne, formalité nouvelle qui tendait à en affaiblir l'autorité et à réserver un moyen de revenir sur plusieurs articles.

Les ennemis du premier président renouvelèrent leurs attaques : ils présentèrent au roi une requête contre lui au nom de la noblesse et du clergé. Charles IX éluda, en répondant, le 27 avril, qu'il ne reconnaissait à aucuns particuliers le droit de se porter comme représentants de la noblesse et du clergé.

Le discours du chancelier avait encouragé les calvinistes à porter plainte au roi contre Frédéric de Foix, comte de Candalle, contre le marquis de Trans et d'autres seigneurs. Dom Devienne dit *qu'ils n'observaient pas fort exactement les édits de pacification.* Voici comme le parlement permettait qu'ils les observassent. L'année d'auparavant, le comte de Candalle, le marquis de Trans, le comte de Caumont et quelques autres, qui avaient pris les avis de l'évêque d'Aire et de Blaise de Montluc, s'étaient associés ; ils avaient fait un traité écrit, levé des troupes, et déclaré une espèce de guerre aux protestants, sous prétexte qu'ils faisaient bien des choses contraires aux édits, et qu'ils avaient tué par trahison plusieurs personnes (de Thou, *Hist.*, livre XXXVI). Le roi prit connaissance de l'affaire ; le grand nombre de familles puissantes qui s'y trouvaient compromises fit reculer devant la répression. Il fut décidé que tout serait enseveli dans l'oubli (de Thou, livre XXXVII).

Le 18 mai, le chancelier, étant sur le point de partir, vint au parlement sans avoir averti ; il entretint de nouveau la cour des abus qu'il avait reconnus, et prit congé d'elle. Le même jour, une députation alla le complimenter à son logis.

Le lieutenant général Blaise de Montluc commit, en 1567, une violation des priviléges municipaux, qui agita vivement et longtemps la ville, et embarrassa beaucoup le parlement. Il ordonna que Tilladet aurait seul le titre et les pouvoirs de gouverneur ; c'était une atteinte aux prérogatives du maire et des jurats, qui en appelèrent au parlement. Celui-ci n'osa pas se prononcer. Le maire, M. de Lansac, ayant annoncé qu'il voulait se retirer parce qu'on lui enlevait tout commandement et toute autorité sérieuse, le président Belcier lui dit qu'il devait obéir au gouverneur établi par le roi, et que le parlement lui enjoignait de remplir ses fonctions de maire. La discussion se termina par une transaction avec Tilladet.

Les princes avaient repris les armes ; la guerre recommença en Guyenne. Les réformés s'étant emparés de Blaye, l'alarme fut grande à Bordeaux : on pria Montluc de venir défendre la ville ; on enferma les calvinistes dans des couvents. Montluc appela des troupes, et se rendit au parlement où il avait convoqué les autorités ; il fit un discours concluant à ce que les membres de la cour fournissent de l'argent pour faire la guerre. Le président Belcier répondit que la compagnie serait toujours obéissante au service du roi, et qu'elle continuerait de pourvoir aux dépenses qu'exigeraient les circonstances, autant que ses membres pourraient le faire. Le parlement, qui s'occupait de toutes les parties de l'administration, remit à Montluc un mémoire où il se plaignait de la tolérance du gouverneur Tilladet envers les réformés, demandait l'augmentation de la garnison des places suspectes, voisines de la ville, et accusait de négligence M. d'Usa, commandant les navires destinés à empêcher la descente de l'ennemi.

En 1568, les jurats écrivirent au conseil du roi pour se plaindre de Tilladet et demander les secours nécessaires à la ville. Montluc reçut ordre de déposséder Tilladet et de le remplacer par M. de Montferrand. Il fut enjoint au parlement d'obéir à celui-ci. Le parlement enregistra ses lettres de provision, « mais en modifiant la clause qui le soumettait à ce nouveau gouverneur, et en lui ordonnant de solliciter au plus tôt d'autres lettres où cette clause qui lui était injurieuse fût retranchée. »

Le 11 mars le parlement reçut une lettre du frère de Charles IX, qui lui ordonnait de veiller à la sûreté de la ville, de chasser au plus vite ceux qui étaient soupçonnés d'être de la nouvelle religion, et de prendre avec le gouverneur les mesures convenables.

Les princes envoyèrent le capitaine Piles pour faire le siége de Bourg ; la terreur fut telle à Bordeaux, que le parlement faillit abandonner la ville ; il écrivit des lettres fort vives à Montluc ; celui-ci ne tarda pas à venir ; il se rendit au parlement et se plaignit de la manière dont on lui avait écrit. Cela ne l'empêcha pas de prendre toutes les mesures qui dépendaient de lui pour diminuer la frayeur inspirée par l'approche de l'ennemi. « Il demanda que les membres du parlement prissent tous les armes pour le service du roi et la défense de la ville. Cela fut accueilli avec empressement. » (Montluc, *Mém.*, livre VI.)

Obligé de partir peu après, il laissa au parlement le soin de veiller à la garde de la ville. En son absence, le parlement imposa les réformés pour mettre les fortifications en état ; il envoya une députation au roi pour lui faire connaître la situation de la ville ; les députés furent pris et déportés au château de Blaye. Le parlement ordonna qu'on mît en prison tous les religionnaires du ressort, même ceux qui avaient été conseillers ; qu'on saisît leurs biens et qu'on les vendît, avec ordre à M. de Lansac, maire, d'exécuter l'arrêt. Il ordonna aussi aux jurats de faire, dans le jour, la visite de la ville, et d'en chasser les gens sans aveu.

Pendant toutes ces émotions de guerre civile, les devoirs de chaque profession devaient être négligés, les règles de hiérarchie peu observées. Il paraît que des abus s'étaient introduits dans la direction du collége de Guyenne ; les écoliers et pédagogues portèrent plainte directement au parlement contre le principal et les régents. Un arrêt du 8 avril 1568 repousse ce mode de plainte, ordonne aux demandeurs de s'adresser, s'il y a lieu, à l'avenir, aux maires et jurats, et, après, au procureur général, pour faire avec lui telle requête qu'il appartiendra ; fait des injonctions aux régents et aux écoliers pour l'observation de leurs devoirs respectifs (*Statuts anciens et nouveaux*, p. 59).

Vers la fin de l'année, le parlement prit encore, à raison de la guerre et de l'effervescence des esprits, de nouvelles mesures de sûreté. Il ordonna que, toutes les nuits, chaque jurat serait accompagné d'un membre du parlement lorsqu'il ferait sa ronde dans sa jurade. Le 14 décembre, M. de Montferrand annonça au parlement que les troupes du comte de Montgommery avaient pris Langon et faisaient des excursions jusqu'à Barsac; il se plaignit de la négligence des jurats à faire la garde. Le parlement rendit un arrêt qui leur enjoignit de faire mieux leur devoir.

La guerre que Jeanne d'Albret et son fils soutenaient dans les rangs des protestants avait ravivé les prétextes des réclamations du roi de France sur les domaines du roi de Navarre. Charles IX avait ordonné, en 1568, la saisie des terres de la reine et du prince, même dans le pays de Béarn. Des commissaires du parlement de Bordeaux avaient été désignés pour procéder à cette saisie; l'opération ayant subi des retards, les commissaires écrivirent au gouverneur catholique Terride, la lettre suivante :

« Monsieur, le mois d'octobre dernier, la cour de parlement resçut lettres du roy pour la saisie des terres de la royne de Navarre et de monsieur le prince son fils, et principalement du pays de Bearn, pour l'execution desquelles saisies, et pour assister à ceux que Sa Maiesté commettoit pour la reduction dudit pays en son obeissance, nous fusmes des lors deputés, suivant la volonté et intention dudit sieur, portee par lesdites lettres patentes. Mais au moyen que l'execution de ceste entreprise a demeuré longuement en surseance, nous avons pour ceste occasion retardé nostre voyage jusques à ce que ladite cour de parlement a resçu un second commandement de Sa Maiesté, par ses lettres closes du 21 de mars, la copie desquelles nous vous envoyons par le present porteur expres, pour entendre de vous le lieu auquel nous nous devons rendre pour faire en cest endroit le service que nous devons et desirons faire au roy. Cependant nous nous acheminerons et approcherons de vous le plus qu'il nous sera possible, vous priant nous faire entendre sur ce bien au long vostre avis.

« De Bordeaux, ce 26 d'avril 1569.

« Vos bien affectionnés amys à vous faire service.

« Anthoine DE BELCIER, président ; BAULON DU PEYNET, MABRUN, J. DE LA HET. »

« Ceste nouvelle chanson, dit Olhagaray, escorcha les oreilles du Bearnois, car l'on avoit tousiours reservé la souveraineté, conservation des privileges, iustice, que le Bearn a eu de tout temps. Maintenant oyant parler du contraire, le syndic pour ledit pays allegue les causes d'opposition. » Elles sont développées dans une remontrance au roi, et terminées par des conclusions tendant à ce que les gens des parlements de Bordeaux et de Toulouse soient déboutés de toutes leurs prétentions à la juridiction sur le pays de Béarn (*Histoire de Foix, de Béarn et Navarre*, p. 699.) La paix empêcha de donner suite à cette tentative de spoliation.

Les passions religieuses et politiques eurent, à Bordeaux, en 1569, un organe si violent, que le parlement lui-même, malgré son zèle catholique, fut obligé de sévir. Un arrêt défendit à La Godine, prédicateur fanatique de l'église de Saint-Michel, de tenir aucun propos tendant à sédition, sous peine de la corde. Ces injonctions furent bravées, et le parlement se vit réduit à transiger. Il fallut que le roi intervînt. Les arrêts du parlement furent confirmés, et on chassa La Godine.

C'est vers ce temps que les mauvaises passions obtinrent contre la modération et la sagesse du premier président Largebaton un triomphe momentané. Les intrigues de ses ennemis redoublèrent après la retraite de L'Hospital, et elles réussirent à faire déposséder de sa charge le vénérable magistrat, par un arrêt du privé conseil ; il fut remplacé par le président Laferrière. Mais cette iniquité ne tarda pas à être réparée ; M. de Largebaton fut rétabli, et fit sa rentrée le 12 novembre 1571.

M. Ducourneau rapporte, à 1569 ou 1570, un trait caractéristique, par lequel je terminerai l'histoire du parlement pendant que Montaigne en fit partie. « Monluc s'offrit à emporter Blaye d'assaut, mais il lui fallait trente mille livres pour les dépenses de l'expédition ; il en fit la demande au parlement, qui les refusa. Alors, abandonnant avec colère et mépris ces hommes de robe, qui possédaient à eux seuls, écrit-il dans ses Mémoires, plus de revenus que la moitié de tous les bourgeois, il alla continuer la guerre en Agenais. »

On doit, sans doute, regretter la perte d'une grande partie des registres du parlement de Bordeaux ; mais on peut croire que, si on les possédait tous, on n'y verrait pas souvent Montaigne jouer un rôle personnel et en dehors, dans les actes politiques ou judiciaires de sa compagnie. Tel qu'on le connaît, dépeint par lui-même, il ne devait pas chercher les occasions de se produire, acceptant, sans les avoir demandés, les rapports qu'on lui distribuait, les préparant avec conscience, et sans beaucoup se presser. Dans les questions religieuses, on peut l'assurer comme si son opinion avait été notée et conservée, il était pour la fermeté contre l'hérésie en révolte, mais pour la modération et contre les vengeances fanatiques. Dans les questions politiques il votait pour l'obéissance aux lois et au roi, contre l'insubordination de l'esprit de corps et de l'esprit de parti. Dans les questions pénales il opinait dans le sens non de l'impunité, mais de la douceur et de l'humanité. Calme au milieu des passions de la plupart de ses collègues, il gardait fréquemment le silence, peu porté à se jeter dans les luttes ardentes, et convaincu que le langage de la raison se ferait difficilement entendre.

C'est ainsi que je me figure Montaigne, un peu dépaysé dans sa compagnie, presque isolé, mêlé au petit groupe d'hommes qui y représentaient le patriotisme et la légalité[1].

---

1. Le sentiment de la légalité, si rare, si effacé dans ces temps de violence

De preuves matérielles à l'appui de ces conjectures, il n'y en a pas.

Les recherches, faites dans ce qui reste des registres du parlement, et dont M. Payen a eu l'obligeance de me communiquer les résultats, signalent quelques-unes des absences ou des présences de Montaigne. On le voit mentionné comme présent en novembre 1561, en février et en novembre 1562, en novembre 1563, en novembre 1568 ; il est marqué comme absent en mars et en décembre 1561, en novembre 1564, en novembre 1565 ; il s'excuse de cette dernière absence.

La chronique bordelaise cite une seule fois Montaigne comme magistrat, et c'est dans une circonstance peu importante. Henri II avait établi, en 1549, le *taillon*, c'est-à-dire une nouvelle taille ou une augmentation de taille pour l'entretien, les vivres et les munitions des gendarmes (Ferrière, *Dictionn. de Droit*). Pour aider à payer cette contribution, le parlement autorisa à affermer le pied fourché (ou pied fourchu); on appelait ainsi un droit d'octroi que Bordeaux et certaines autres grandes villes levaient sur les bœufs, vaches, moutons et autres bêtes qui ont le pied fourchu. La décision du parlement reçut sa première exécution en 1561, en présence de deux de ses membres. Mon-

---

brutale, n'a jamais été mieux exprimé que dans ce beau passage des *Essais*, où Montaigne se plaint de n'avoir échappé aux dangers des troubles que par sa prudence, par l'estime et la bienveillance des gens du pays, non par le droit, par l'autorité des lois. « l'eschappe; mais il me desplaist que ce soit plus par fortune, voire et par ma prudence, que par justice; et me desplaist d'estre hors la protection des loix et soubs autre sauvegarde que la leur. Comme les choses sont, je vis plus qu'à demy de la faveur d'autruy, qui est une rude obligation. Je ne veulx devoir ma seureté ny à la bonté et benignité des grands, qui s'agreent de ma legalité et liberté, ny à la facilité des mœurs de mes predecesseurs et miennes; car quoy, si j'estois aultre? si mes deportemens et la franchise de ma conversation obligent mes voysins ou la parenté, c'est cruauté qu'ils s'en puissent acquitter en me laissant vivre, et qu'ils puissent dire : « Nous lui con-
« donnons la libre continuation du service divin en la chapelle de sa maison,
« toutes les esglises d'autour estants par nous desertees; et lui condonnons
« l'usage de ses biens et de sa vie, comme il conserve nos femmes et nos bœufs,
« au besoing. » De longue main, chez moy, nous avons part à la louange de Lycurgue, Athenien, qui estoit général dépositaire et gardien des bourses de ses concitoyens. Or, ie tiens qu'il fault vivre par droict et par auctorité, non par recompense, ny par grace. » (Livre III, chap. ix.)

taigne était un de ces délégués. « Première afferme du pied fourchu pour le payement du taillon. M. le premier président Largebaton et M. de Montaigne y assistent. » (Darnal.)

On n'a besoin d'aucun détail pour demeurer convaincu qu'un homme du caractère et de l'intelligence de Montaigne fut un magistrat distingué. Deux de ses plus éminents contemporains lui rendent cet hommage. De Thou, dans la notice nécrologique qu'il lui consacre (*Hist.*, livre CIV, année 1592), rappelle ainsi sa magistrature : *Olim in Burdigalensi senatu assessor dignissimus*. Antoine Loisel, prononçant, le 22 août 1582, le discours de clôture de la session de la chambre de justice, à Bordeaux, nomme Montaigne parmi ceux qu'il appelle les lumières de ce ressort.

La Dixmerie dit qu'il existait encore de son temps, dans le parlement de Bordeaux, une tradition honorable de la manière dont le magistrat philosophe se conduisit, et de l'équité lumineuse qu'il déploya dans tous les rapports dont il fut chargé. Il est devenu impossible de découvrir l'origine et de suivre la trace de cette tradition perdue. Peut-être La Dixmerie, comme les biographes en donnent trop souvent l'exemple, aura mis une conjecture à la place d'un fait, et aura conclu que ce qui devait être a été. Après tout, on ne risque pas de se tromper en supposant que Montaigne, sur son siége, agissait loyalement, et qu'il portait dans tous ses travaux deux précieuses qualités de son âme et de son esprit, l'équité et la clarté.

CHAPITRE IV.

RELATIONS DE MONTAIGNE AVEC LA COUR.

La cour depuis François Ier. — Montaigne y vint parce que c'était l'usage. — N'a jamais flatté les princes. — Blâme, par allusion, la conduite d'Henri III. — Critique les profusions, les faveurs, les violations de promesses. — Conseille aux princes la bonté et la justice. — N'a point été ébloui ni asservi par la grandeur des rois. — N'a jamais reçu de bienfaits de la royauté, l'a servie sans intérêt. — Se souciait peu de la faveur, ne parlait aux princes ni pour les flatter, ni pour les amuser, ni pour se faire remarquer. — Est venu souvent à la cour, sans y rester longtemps. — Explication ou excuse de sa présence dans des cours corrompues. — Se plaisait au mouvement. — Erreurs des biographes sur ses apparitions à la cour et sur sa retraite; inscription de son château. — Est venu à la cour d'Henri II. — A suivi en Lorraine la cour de François II. — S'est trouvé à Rouen avec Charles IX; est-ce en 1562? — Sauvages brésiliens à Rouen et à Bordeaux. — Vint à la cour en 1570. — Ne s'est pas enfermé depuis 1571 dans la solitude. — Dut venir à la cour en 1572 comme chevalier de Saint-Michel. — Servit d'intermédiaire au roi de Navarre et au duc de Guise quand ils étaient à la cour, de 1572 à 1576. — Se trouvait à la cour d'Henri III au commencement de son règne. — Vint à la cour comme maire de Bordeaux en 1582. — Y parut en 1588, et la suivit à Chartres, à Rouen et à Blois. — Il eut de fréquents rapports avec la cour de Navarre. — Probablement vit le roi de Navarre après 1576, visita la cour de Nérac en 1578. — Y retourna en 1584. — Reçut plusieurs fois dans son château *la royauté;* c'était la cour de Navarre, et la personne d'Henri IV.

Les rois, au moyen âge, avaient autour d'eux des officiers attachés au service de leur personne; ils emmenaient ou gardaient aussi, dans leurs palais ou leurs voyages, les hauts fonctionnaires chargés des soins du gouvernement. Les nobles des provinces n'approchaient guère du roi que quand ils combattaient avec lui, ou qu'ils étaient appelés par son ordre; la plupart restaient dans leurs châteaux, administraient leurs domaines, exerçaient leurs droits féodaux, guerroyaient avec leurs voisins, parfois avec leurs vassaux. Le déclin de la féodalité fit abandonner peu à peu ce genre de vie. François Ier provoqua et développa de nouvelles habitudes, où la noblesse provinciale acheva de perdre, avec la rudesse des mœurs, l'honorable énergie des caractères. Le roi aimait le faste, les arts, les somptueuses demeures; il voulut s'entourer d'une cour brillante; les gentilshommes accoururent; le luxe les ruinant, ils durent recourir aux emplois de cour, aux largesses du trésor royal : les charges publiques s'accrurent; les abus, entretenus, comme toujours, par ceux qui en profitaient, grandirent encore sous les règnes suivants, et résistèrent à toutes les réclamations; on se plaignait vivement sous Henri III, on se plaignait encore sous Louis XVI : la révolution de 1789 a seule mis un terme à la plaie des voyages à la cour[1].

Montaigne trouva tout établi l'usage des gentilshommes français de se présenter à la cour sans y être amené d'abord par aucun office à remplir auprès du roi ou des princes; il fit comme tout le monde; il vint à la cour, sous plusieurs règnes; il y eut même un titre honorifique. Est-ce à dire que le philosophe fut courtisan? En suivant l'usage, a-t-il

---

1. On lit dans Cherin, généalogiste du roi Louis XVI : « Au reste, ce que je me suis permis de dire ici sur la trop grande affluence des gentilshommes à la cour n'est pas particulier à notre siècle; on s'en est plaint dans tous les temps, et je vais rapporter un extrait des cahiers du tiers état, de l'assemblée de 1576, qui contient une peinture de la cour de Henri III :

« Quand à vostre court et suite, au lieu de ce que antiennement et iusques
« au regne du roi François Ier vostre ayeul, les seigneurs du royaume n'avoient
« accoustumé de vous suivre qu'à la guerre, ou s'ilz n'estoient mandez par
« vous, auquel cas ilz ne seiournoient que tant que vous aviez affaire d'eulx,
« et n'y venoient iamais les grandes dames de France, sinon quant elles
« estoient mandees à quelque entree ou acte solemnel; par le moyen de
« quoy il y avoit en chascune province de grands seigneurs residents qui con-
« servoient le pays, et empeschoient les esmotions et conspirations, vous don-
« noient advis de ce qui se faisoit en leur province, et suivant ce qu'ilz avoient
« commandement de vous ilz le faisoient, cependant conservoient toute la no-
« blesse du pays en repos et tranquillitez, et quant aux dites dames elles
« avoient leurs maisonsr eiglées en toute discipline, où les filles de la no-

tiré parti des abus? La fréquentation de la cour a-t-elle coûté quelque chose à son indépendance?

Interrogeons le livre immortel où il s'est peint lui-même avec autant de franchise que de génie. Montaigne vint à la cour pendant qu'il écrivait les deux premiers livres des *Essais*; il y parut après avoir composé le troisième: sa parole et sa conduite, aux différentes époques, se peuvent servir mutuellement de commentaire et de contrôle.

Le premier soin, la principale affaire du courtisan, c'était la flatterie. Écoutez Montaigne, et jugez du cas qu'il fait des flatteries adressées aux princes:

« Leurs bonnes qualitez (il parle des rois) sont mortes et perdues; car elles ne se sentent que par comparaison, et on les en met hors: ils ont peu de cognoissance de la vraye louange, estants battus d'une si continuelle approbation et uniforme. Ont ils affaire au plus sot de leurs subiects? ils n'ont aulcun moyen de prendre avantage sur luy: en disant, « c'est pour ce qu'il est mon roy, » il luy semble avoir assez dict qu'il a presté la main à se laisser vaincre. » (Livre III, chap. VII.)

« Brisson, courant contre Alexandre, se feignit en la course: Alexandre l'en tansa; mais il luy en debvoit faire

« blesse du pays estoient nourriez en toute vertu; à present la noblesse
« tant grande que petite veult estre à vostre suite, et à la suite des grands
« seigneurs qui sont autour de vous, par le moyen de quoy vostre court
« est sy grande, sy remplie de gens qu'elle est insupportable, et n'y a pays
« qui ne soit opprimé quand elle seiourne, aussi qu'il y a une infinité de
« courtisans qui ne sont à vostre suite que pour practiquer des dons, con-
« fiscations, nominations de benefices et offices, ce qui vient finalement à
« la foulle de vostre Estat, et retombe sur vostre pauvre peuple; pour ce les
« dits du tiers estat voz supplient d'adviser tous moyens pour oster ce grand
« nombre de vostre suite, specialement les femmes qui y sont en sy grand
« nombre, que cella importe d'une despense incroyable; et, pour ce faire
« de leur donner aulcune chose, parce que, à present les choses sont ve-
« nues à une telle licence qu'il n'y a si petits courtisans, jusques à ung simple
« archer de la garde, qui n'ait sa femme avec luy, et qu'il ne s'assure et face
« estat que pendant son quartier il n'aye quelque don de vous. » (*La Noblesse, considérée sous ses divers rapports, dans les assemblées générales et particulières de la nation*, p. 69.)

donner le fouet. Pour cette considération, Carneades disoit : « Que les enfants des princes n'apprennent rien à droict, « qu'à manier des chevaulx ; d'autant qu'en tout aultre exer- « cice, chascun fleschit soubs eulx, et leur donne gaigné : « mais un cheval, qui n'est ny flateur ny courtisan, voye le « fils du roy par terre, comme il feroit le fils d'un croche- teur. » (*Eod.*)

« Comme on leur cede touts advantages d'honneur, aussi conforte l'on et auctorise les defaults et vices qu'ils ont, non seulement par approbation, mais aussi par imitation. Chas- cun des suyvants d'Alexandre portoit, comme luy, la teste à costé ; et les flatteurs de Dionysius s'entreheurtoient en sa presence, poulsoient et versoient ce qui se rencontroit à leurs pieds, pour dire qu'ils avoient la veue aussi courte que luy. Les greveures ont aussi par fois servy de recomman- dation et faveur : i'en ai veu la surdité en affectation ; et parce que le maistre haïssoit sa femme, Plutarque a veu les courtisans repudier les leurs qu'ils aimoient : qui plus est, la paillardise s'en est veue en credit, et toute dissolution, comme aussi la deloyauté, les blasphemes, la cruauté, comme l'heresie, comme la superstition, l'irreligion, la mollesse, et pis, si pis il y a ; par un exemple encore plus dangereux que celuy des flateurs de Mithridate, qui, d'autant que leur maistre pretendoit à l'honneur de bon medecin, luy por- toient à inciser et cauteriser leurs membres ; car ces aultres souffrent cauteriser leur ame, partie plus delicate et plus noble[1]. » (*Eod.*)

Ces idées touchent au pessimisme ; elles ont été inspirées à Montaigne par le spectacle qu'il avait sous les yeux, et sem-

---

1. La cour d'Henri III est traitée aussi avec une juste sévérité, sous le rapport de l'adulation, par l'Espagnol Herrera :

« .... Ni los grandes del reyno le estimaban, ni el pueblo le amava : y todo « esto se pudiera remediar, si quando comenzó a reynar, conociera que estava « su corte tan perdida que no avia en ella quien le dixesse la verdad, ni de « quien pudiesse confiar los negocios mas importantes, sino llena de infinitos « lisongeros, de los quales debe huir todo principe sabio, porque privan de la « honra, y del juyzio, y a todos son perjudiciales, siendo el adulacion especie « de obsequio, y de humildad, y medio para engrandecerse. » (Herrera, *De los sucessos de Francia*, lib. I., cap. I.)

blent lui faire comprendre toutes les royautés dans sa juste sévérité envers les cours du xvi° siècle[1]. Mais il ne se borne pas à la condamnation des flatteurs; il prend le rôle scabreux de conseiller, et, si on pense à quel prince ses avis s'adressent, on honore autant son courage qu'on prise sa sagesse. Le duc d'Anjou s'était fait remarquer par une brillante valeur; devenu roi de France, il ne s'était plus montré à la tête du parti qui combattait pour lui. Il avait déserté les fatigues des camps pour les délices de la cour, et si, en 1587, il prit le commandement d'une armée dirigée contre les reîtres allemands, ce fut pour effacer, ou au moins partager la gloire du duc de Guise. Sous le règne de ce prince efféminé Montaigne écrit :

« Cette grande charge qu'on leur donne du commandement de tant d'hommes n'est pas une charge oisifve; et qu'il n'est rien qui puisse si iustement desgoutter un subiect de se mettre en peine et en hazard, pour le service de son prince, que de le veoir apoltrony ce pendant luy mesme à des occupations lasches et vaines, et d'avoir soing de sa conservation, le veoyant si nonchalant de la nostre.

« Quand quelqu'un vouldra maintenir qu'il vault mieulx que le prince conduise ses guerres par aultre que par soy, la fortune lui fournira assez d'exemples de ceulx à qui leurs lieutenants ont mis à chef des grandes entreprinses; et de ceulx encores desquels la presence y eust esté plus nuisible qu'utile : mais nul prince vertueux et courageux ne pourra souffrir qu'on l'entretienne de si honteuses instructions. Sous couleur de conserver sa teste, comme la statue d'un sainct, à la bonne fortune de son Estat, ils le degradent de son office, qui est iustement tout en action militaire, et l'en declarent incapable. » (Livre II, chap. xxi.)

Déjà une autre allusion au même tort avait été faite, et elle avait été d'autant plus poignante qu'elle était encore

---

[1]. Voyez encore le chapitre xlii, livre I, où Montaigne dit que les rois ne doivent pas regarder comme spontanées, ni rapporter à leur personne, les démonstrations d'affection.

plus claire, et qu'elle avait opposé la conduite d'Henri III à celle du roi de Navarre : « Ceux qui preschent aux princes la desfiance si attentifve, soubs couleur de leur prescher leur seureté, leur preschent leur ruyne et leur honte : rien de noble ne se faict sans hazard. J'en sais un de courage tres martial de complexion, et entreprenant, de qui tous les iours on corrompt la bonne fortune par telles persuasions : qu'il se resserre entre les siens; qu'il n'entende à aulcune reconciliation de ses anciens ennemis. Se tienne à part, et ne se commette entre mains plus fortes, quelque promesse qu'on luy face, quelque utilité qu'il y veoye. J'en sçais un aultre qui a inesperement advancé sa fortune pour avoir pris conseil tout contraire. » (Livre I, chap. XXIII.)

Tandis que les guerres civiles ruinaient la France, et que le gaspillage des finances épuisait ses ressources au profit de la cour, tandis que le roi se livrait à de folles prodigalités, et qu'il insultait la misère publique par ses largesses envers ses favoris, on lisait dans les *Essais* :

« .... C'est une espece de pusillanimité aux monarques et un tesmoignage de ne sentir point assez ce qu'ils sont, de travailler à se faire valoir, et paroistre, par despenses excessifves : ce seroit chose excusable en païs estranger; mais parmy ses suiects, où il peult tout, il tire de sa dignité le plus extreme degré d'honneur où il puisse arriver.... Oultre ce, il semble aux subiects, spectateurs de ces triumphes, qu'on leur faict montre de leurs propres richesses, et qu'on les festoye à leurs despens. » (Livre IX, chap. VI.)

« La liberalité mesme n'est pas bien en son lustre en main souveraine; les privez y ont plus de droict : car, à le prendre exactement, un roy n'a rien proprement sien, il se doibt soy mesme à aultruy :... parquoy les gouverneurs de l'enfance des princes, qui se picquent à leur imprimer cette vertu de largesse, et les preschent de ne sçavoir rien refuser et n'estimer rien si bien employé que ce qu'ils donneront (instruction que i'ay veue en mon temps fort en credit), ou ils regardent plus à leur proufit qu'à celuy de leur maistre, ou ils entendent mal à qui ils parlent. Il est trop aysé d'imprimer la liberalité en celuy qui a de quoy y fournir autant qu'il veult, aux despens d'aultruy : et son estimation, se reglant, non à la mesure du present, mais à la mesure des moyens de celuy qui l'exerce, elle vient à estre vaine en mains si puissantes : ils se treuvent prodigues, avant qu'ils soient liberaux : pourtant elle est peu de recommendation, au prix d'aultres vertus royales, et la seule, comme disoit le tyran Dionysius, qui se comporte bien avec la tyrannie mesme. Je luy apprendrois plus tost ce verset du laboureur ancien : « Qu'il fault, à qui en veult retirer fruict, semer de « la main, non pas verser du sac. » Il fault espandre le grain, non pas le respandre ; et qu'ayant à donner, ou, pour mieulx dire, à payer et rendre à tant de gens selon qu'ils ont deservi, il en doibt estre loyal et advisé dispensateur. Si la liberalité d'un prince est sans discretion et sans mesure, ie l'ayme mieulx avare.

« La vertu royale semble consister le plus en la iustice ; et de toutes les parties de la iustice, celle là remarque mieulx les roys, qui accompaigne la liberalité : car ils l'ont particulierement reservee à leur charge. Là où toute aultre iustice, ils l'exercent volontiers par l'entremise d'aultruy. L'immoderee largesse est un moyen foible à leur acquerir bienveillance ; car elle rebute plus de gents qu'elle n'en practique ; et, si elle est employee sans respect du merite, faict vergongne à qui la receoit, et se receoit sans grace. Des tyrans ont esté sacrifiez à la haine du peuple par les mains de ceulx mesmes qu'ils avoient iniquement advancez : telle maniere d'hommes estimants assurer la possession des biens indueement receus, s'ils montrent avoir à mespris et haine celuy duquel ils les tenoient, et se rallient au iugement et opinion commune en cela.

« Les suiects d'un prince excessif en dons se rendent excessifs en demandes ; ils se taillent non à la raison, mais à l'exemple. Il y a certes souvent de quoy rougir de nostre impudence ; nous sommes surpayez selon iustice, quand la recompense eguale nostre service ; car, n'en debvons nous rien à nos princes, d'obligation naturelle. S'il porte nostre despense, il fait trop; c'est assez qu'il l'ayde : le surplus s'appelle bienfaict, lequel ne se peult exiger; car le nom mesme de la liberalité sonne liberté. A nostre mode, ce n'est iamais faict; le receu ne se met plus en compte; on n'aime la liberalité que future : par quoy plus un prince s'espuise en donnant, plus il s'appauvrit d'amis. Comment assouviroit il les envies qui croissent à mesure qu'elles se remplissent ? Qui a sa pensee à prendre, ne l'a plus à ce qu'il a pris : la convoitise n'a rien si propre que d'estre ingrate.

« L'exemple de Cyrus ne duira pas mal en ce lieu, pour servir, aux roys de ce temps, de touche à recognoistre leurs dons bien ou mal employez, et leur faire veoir combien cet empereur les assenoit plus heureusement qu'ils ne font, par où ils sont reduicts à faire leurs emprunts, aprez, sur les subiects incogneus, et plus tost sur ceulx à qui ils ont faict du mal que sur ceulx à qui ils ont faict du bien, et n'en receoivent aydes où il y aye rien de gratuit que le nom. » (*Eod.*)

Les emplois livrés à la faveur inspirent à Montaigne un souhait qui pouvait bien passer pour un avertissement :

« Les dignitez, les charges, se donnent necessairement plus par fortune que par merite; et a lon tort souvent de s'en prendre aux roys : au rebours; c'est merveille qu'ils y ayent tant d'heur, y ayants si peu d'addresse :

« *Principis est virtus maxima nosse suos.* »

Car la nature ne lui a pas donné la veue qui se puisse estendre à tant de peuples, pour en discerner la precellence, et percer nos poictrines où loge la cognoissance de nostre volonté et de nostre meilleure valeur : il fault qu'ils nous trient par coniecture et à tastons; par la race, les richesses, la doctrine, la voix du peuple; tres faibles arguments. Qui pourroit trouver moyen qu'on en peust iuger par iustice, et choisir les hommes par raison, esta-

bliroit, de ce seul traict, une parfaicte forme de police. »
(Livre III, chap. VIII.)

Depuis Charles IX, la foi jurée n'était plus qu'un jeu, et les traités de pacification, offerts ou consentis pour les intérêts ou les nécessités du moment, marquaient autant de trahisons, et enlevaient à la parole royale toute confiance; Montaigne le dit tout haut :

« Ceulx qui, de nostre temps, ont consideré en l'establissement du debvoir d'un prince, le bien de ses affaires seulement, et l'ont preferé au soing de sa foy et conscience, diroient quelque chose (donneroient quelque conseil) à un prince de qui la fortune auroit rengé à un tel poinct les affaires, que pour tout iamais il les peust establir par un seul manquement et faulte à sa parole : mais il n'en va pas ainsin; on recheoit souvent en pareil marché; on faict plus d'une paix, plus d'un traicté en sa vie. Le gaing qui les convie à la premiere desloyauté, et quasi tousiours il s'en presente, comme à toutes aultres meschancetez; les sacrileges, les meurtres, les rebellions, les trahisons s'entreprennent pour quelque espece de faict : mais ce premier gaing apporte infinis dommages suyvants, iectant ce prince hors de tout commerce et de tout moyen de negociation, par l'exemple de cette infidelité. » (Livre II, chap. XVII.)

A des princes qui gouvernaient par la violence, la guerre civile, l'assassinat, Montaigne ose conseiller la bonté et la justice :

« Ne feut iamais temps et lieu où il y eust, pour les princes, loyer plus certain et plus grand proposé à la bonté et à la iustice. Le premier qui s'advisera de se poulser en faveur et en credit par cette voye là, ie suis bien deceu si à bon compte il ne devance ses compaignons : la force, la violence, peuvent quelque chose, mais non pas tousiours tout. Les marchands, les iuges de village, les artisans, nous les veoyons aller à pair de vaillance et science militaire avecques la noblesse; ils rendent des combats honorables et publicques et privez : ils battent, ils deffendent villes en nos guerres presentes; un prince estouffe sa recommandation emmy cette presse; qu'il reluise d'humanité, de verité, de loyauté, de temperance, et surtout de iustice; marques rares, incogneues et exilees : c'est la seule volonté des peuples de quoy il peult faire ses affaires; et nulles aultres qualitez ne peuvent attirer leur volonté comme celles là, leur estants les plus utiles : *nihil est tam populare quam bonitas.* » (Livre II, chap. xvii.)

Et ce n'est pas seulement par l'organe de son livre que Montaigne adresse des avis si généreux et si nouveaux; c'est de vive voix qu'il ose essayer d'enlever du cœur d'un prince des sentiments de vengeance :

« C'est une doulce passion que la vengeance, de grande impression et naturelle : ie le veois bien, encores que ie n'en aye aulcune experience. Pour en distraire dernierement un ieune prince, ie ne luy allois pas disant qu'il falloist prester la ioue à celuy qui vous avoit frappé l'aultre, pour le debvoir de charité; ny ne luy allois representer les tragiques evenements que la poësie attribue à cette passion; ie la laissay là; et m'amusay à lui faire gouster la beauté d'une image contraire, l'honneur, la faveur, la bienveillance qu'il acquerroit par clemence et bonté : ie le destournay à l'ambition. Voylà comme lon en faict. » (Livre III, chap. iv.)

Il serait curieux de connaître l'époque où ces lignes ont été écrites; on saurait à quel voyage de Montaigne, à quel prince elles s'appliquent; Henri III, le roi de Navarre, le duc de Guise, avaient réciproquement des motifs pour se garder rancune; Montaigne avait des relations et son franc parler avec tous les trois; si c'est d'Henri de Valois qu'il s'agit, le philosophe s'était fait une étrange illusion en pensant l'avoir détourné à l'ambition; le château de Blois a montré comment il renonçait à sa vengeance.

On vient de voir les pensées de Montaigne sur les flatteurs et sur les rois de son siècle. Son attitude à la cour ne démentait pas le fier langage de son livre : c'est encore ce livre *de bonne foi* qui en porte le témoignage. Montaigne avait observé de près la grandeur, et n'en avait jamais été ébloui :

« Ie hais toute sorte de tyrannie, et la parliere et l'effectuelle : ie me bande volontiers contre ces vaines circonstances qui pipent nostre iugement par les sens; et, me tenant au guet de ces grandeurs extraordinaires, i'ay trouvé que ce sont, pour le plus, des hommes comme les aultres. » (Livre III, chap. VIII.)

L'hommage qu'il rend aux rois est tout extérieur : il n'affecte point l'indépendance de sa raison :

« Ce que i'adore moy mesme aux roys, c'est la foule de leurs adorateurs : toute inclination et soubmission leur est deue, sauf celle de l'entendement; ma raison n'est pas duicte à se courber et flechir, ce sont mes genoux. » (*Eod.*)

Montaigne a servi loyalement plusieurs rois; il a reçu les émoluments attachés à ses emplois; mais jamais il n'a voulu enchaîner son indépendance en acceptant de la personne du roi aucune libéralité; il a tenu à honneur et à grand bonheur de n'avoir pas imité les courtisans de son temps, et d'avoir toujours porté à la royauté un dévouement désintéressé. C'est un des beaux traits de sa vie; il s'en félicite, et on aime à lui en entendre rappeler le glorieux souvenir :

« Si son gouverneur[1] tient de mon humeur, il luy formera la volonté à estre tres loyal serviteur de son prince, et tres affectionné et tres courageux; mais il luy refroidira l'envie de s'y attacher aultrement que par un debvoir publicque. Oultre plusieurs aultres inconvenients qui blecent nostre liberté par ces obligations particulieres, le iugement d'un homme gagé et achetté, ou il est moins entier et moins libre, ou il est taché et d'imprudence et d'ingratitude. Un pur courtisan ne peuct avoir ny loy ny volonté de dire et penser que favorablement d'un maistre qui, parmi tant de milliers d'aultres suiects, l'a choisi pour le nourrir et esleve de sa main; cette faveur et utilité corrompent, non sans quelque raison, sa franchise et l'esblouïssent : pourtant veoid on

---

[1]. Montaigne parle de l'enfant à naître de Diane de Foix, comtesse de Gurson, à laquelle il a dédié l'admirable chapitre *De l'institution des enfants*.

coustumierement le langage de ces gents là divers à tout aultre langage en un estat, et de peu de foy en cette matiere. » (Livre I, chap. xxv.)

« Au demourant, ie ne suis pressé de passion, ou hayneuse, ou amoureuse, envers les grands ; ny n'ay ma volonté garrotee d'offense ou d'obligation particuliere. Ie regarde nos roys d'une affection simplement legitime et civile, ny esmue ny desmue par interest privé, de quoy ie me sçais bon gré. » (Livre III, chap. i.)

« Ce que ie doibs, ie le doibs simplement aux obligations communes et naturelles : il n'en est point qui soit plus nettement quite d'ailleurs[1] ;

« Nec sunt mihi nota potentum
Munera. »

« Les princes me donnent prou, s'ils ne m'ostent rien ; et me font assez de bien quand ils ne me font point de mal : c'est tout ce que i'en demande : oh ! combien ie suis tenu à Dieu de ce qu'il lui a pleu que i'aye receu immediatement de sa grace tout ce que i'ay ! qu'il a retenu particulierement à soy toute ma debte ! Combien ie supplie instamment sa saincte misericorde, que iamais ie ne doibve un essentiel grammercy à personne ! Bien heureuse franchise qui m'a conduict si loing ! qu'elle acheve ! I'essaye à n'avoir exprez besoing de nul ; *in me omnis spes est mihi :* c'est chose que chascun peult en soy, mais plus facilement ceulx que Dieu a mis à l'abry des necessitez naturelles et urgentes. » (Livre III, chap. ix.)

« Si ie cherchois à m'enrichir.... i'eusse servy les roys, traficque plus fertile que toute aultre. » (*Eod.*)

---

1. Je dois à l'obligeance du savant M. Gustave Brunet la communication d'additions que Montaigne avait faites à ce passage et qu'il a rayées ; ces additions n'ont été données par aucun éditeur, et se trouvent sur le précieux exemplaire annoté que possède la Bibliothèque de la ville de Bordeaux. L'édition de 1588 portait : « quitte (*de toute part*, addition manuscrite rayée) d'obliga« tions et bienfaicts estrangers. » Montaigne avait ajouté en marge cette phrase, qu'il a ensuite effacée : « *Jamais roy ne me dona un double en paiement ni en don.* »

Si Montaigne avait tant d'éloignement pour les bienfaits personnels des princes, c'est que dans la corruption générale de son époque, il voyait à quels services ils obligeaient; il savait que c'était peu d'être discret, si on n'était menteur encore (livre III, chap. v). Aussi, en se montrant sujet fidèle, entendait-il rester maître de lui-même, et poser l'observation des lois pour limite à son dévouement : il n'était pas et ne voulait pas être l'homme dont un prince pouvait tout exiger :

« Si ie doibs servir d'instrument de tromperie, que ce soit au moins saufve ma conscience; ie ne veulx estre tenu serviteur ny si affectionné, ny si loyal, qu'on me treuve bon à trahir personne : qui est infidele à soy mesme, l'est excusablement à son maistre. Mais ce sont princes, qui n'acceptent pas les hommes à moitié, et mesprisent les serviteurs limitez et conditionnez; il n'y a remede : ie leur dis franchement mes bornes; car esclave ie ne le doibs estre que de la raison, encore n'en puis ie bien venir à bout. Et eulx aussi ont tort d'exiger d'un homme libre telle subiection à leur service et telle obligation, que de celui qu'ils ont faict et acheté, ou duquel la fortune tient particulierement et expressement à la leur. Les loix m'ont osté de grand'peine; elles m'ont choisi party, et donné un maistre : toute aultre superiorité et obligation doibt estre relative à celle là, et retrenchée. »
(Livre III, chap. I.)

A la cour, non plus qu'ailleurs, Montaigne ne savait pas flatter :

« Ie hais à mort de sentir le flatteur; qui faict que ie me iecte naturellement à un parler sec, rond et crud, qui tire, à qui ne me cognoist d'ailleurs, un peu vers le desdaigneux. »
(Livre I, chap. XXXIX.)

Il ne voulait pas, lui, esprit si vif, si pétillant, tenir aux princes des conversations futiles :

« Ie ne sçais parler qu'en bon escient : et suis du tout desnué de cette facilité, que ie veois en plusieurs de mes compaignons,... d'amuser, sans se lasser, l'aureille d'un prince de toute sorte de propos.... Les princes n'ayment

gueres les discours fermes, ny moy à faire des contes. »
(Livre II, chap. xvii[1].)

Il méprisait aussi l'étalage de paroles que certains affectent pour se faire remarquer des grands. « J'aime à contester et à discourir, mais c'est avecques peu d'hommes, et pour moy : car de servir de spectacle aux grands, et faire à l'envi parade de son esprit et de son caquet, ie trouve que c'est un mestier tres messeant à un homme d'honneur. » (Livre IX, chap. viii.)

Le ton dédaigneux qui remplaçait à la cour la franchise du bon vieux langage ne lui plaisait guère, mais il conseille de s'y résigner. Je ne sais si, dans ce conseil, il n'y a pas un peu d'épigramme : « Toute affectation, nommeement en la gayeté et liberté françoise, est mesadvenante au courtisan ; et en une monarchie, tout gentilhomme doibt estre dressé au port d'un courtisan : parquoy nous faisons bien de gauchir un peu sur le naïf et mesprisant. » (Livre I, chap. II.)

Sévère de principes, indépendant de position, réservé de paroles, tel fut donc Montaigne à la cour. On l'y trouve à différentes époques, dans des circonstances très-diverses. Il ne s'y fixa jamais, et il y vint souvent. Après avoir lu son livre, on conçoit qu'il n'ait pas voulu se consacrer à la vie de courtisan : cela n'eût été possible ni à son caractère, ni à la modicité de son revenu[2]. Il aurait fallu se condamner à de trop tristes spectacles, et se résigner à de trop fortes dépenses dans cette cour de France si dépravée et si fastueuse[3].

---

1. L'exemplaire de la Bibliothèque de Bordeaux porte cette addition, qui, rayée par Montaigne, ne se trouve dans aucune édition : « Ce que i'ay à dire, ie le dis tousiours de toute ma force.» (Communiqué par M. Gustave Brunet.)

2. « Le seiour de la cour traisne apres soy une si grande despence qu'on n'y peut durer sans la liberalité du roy, qui a grand interest que sa noblesse ne s'y appauvrisse : car des grandes profusions elle passe promptement aux necessitez, qui la disposent à recevoir plus facilement les mauvais desseins, et approuver les changemens. » (Hist. de Henri II, livre II, Pierre Mathieu.)

3. C'est précisément parce qu'il aimait un certain luxe dans les équipages, que Montaigne était obligé de rendre ses voyages moins fréquents et moins longs : « Les voyages ne me blecent que par la despence, qui est grande et oultre mes forces, ayant accoustumé d'y estre avecques esquipage non necessaire seulement, mais encore honneste : il me les en fault faire d'autant plus

Il ne faut donc ni défendre Montaigne, comme fait La Dixmerie, d'avoir tenté de devenir courtisan, ni le louer, comme plusieurs autres biographes, d'avoir fui la cour de Charles IX et celle d'Henri III.

Si des voix rigoristes s'élevaient pour lui reprocher ses apparitions et son titre honorifique à la cour, il ne faudrait voir dans cette accusation qu'un anachronisme. Nous jugeons la cour des Valois avec toute la sévérité de la morale et de l'histoire; à distance, nous serions disposés à blâmer la vertu qui s'égarait au milieu de tant de vices, et nous demanderions compte volontiers aux honnêtes gens de leur présence dans des lieux si décriés. Mais ce serait une injustice : les mœurs du temps amenaient tous les gentilshommes de quelque importance à la cour; il y fallait venir pour tenir son rang et satisfaire à une convenance; ceux qui ne venaient pas pour solliciter des faveurs venaient pour rendre hommage au roi et contribuer aux splendeurs de la royauté. C'était la place de la noblesse française d'entourer le roi au Louvre, comme autrefois de l'environner sur le champ de bataille. A qui, dans cette atmosphère impure, ne contractait les souillures ni de la cupidité, ni de la fausseté, ni de la trahison, à qui savait y conserver son intégrité, on n'est en droit d'adresser aucun reproche.

Montaigne a-t-il figuré à la cour plus fréquemment que ne l'exigeaient les convenances? C'est possible; mais y a-t-il lieu de s'en étonner? La cour offrait un vaste champ d'observations au moraliste; un esprit actif et curieux y trouvait un aliment continuel; et puis c'est là que se rencontrait l'élite de la France, les grands capitaines, les seigneurs puissants, les savants magistrats, les modèles de l'élégance, les étrangers de la plus haute distinction, et, ce qui n'était pas sans influence sur Montaigne, une foule des plus jolies femmes, attirées comme un moyen politique par l'astucieuse Catherine de Médicis. Ajoutons à ces explications, à ces

courts et moins fréquents, et n'y employe que l'escume et ma reserve, temporisant et differant, selon qu'elle vient. » (Livre III, chap. IX.)

excuses si l'on veut, que la cour, à cette époque, se tenait habituellement à Paris, la ville des lettres, des érudits, des artistes, et Montaigne aimait par-dessus tous les autres le séjour de Paris[1].

Le mouvement des cours lui plaisait, et il ne faut pas oublier ce passage des *Essais*, que plusieurs biographes ont perdu de vue : « De ma complexion, ie ne suis pas ennemy de l'agitation des courts; *i'y ay passé partie de la vie*, et suis faict à me porter alaigrement aux grandes compaignies. » (Livre III, chap. III[1].)

On ne s'est pas assez souvenu de ces paroles. Suivant M. Leclerc (*Discours*, p. 31 et 70), Montaigne, à cause de la

---

1. « Ie ne veulx pas oublier cecy, que ie ne me mutine iamais tant contre la France que ie ne regarde Paris de bon œil : elle a mon cœur dez mon enfance : et m'en est advenu, comme des choses excellentes; plus i'ay veu, depuis, d'aultres villes belles, plus la beauté de cette cy poult et gaigne sur mon affection : ie l'aime par elle mesme, et plus en son estre seul, que rechargee de pompe estrangiere : ie l'aime tendrement, iusques à ses verrues et à ses taches; ie ne suis François que par cette grande cité, grande en peuples, grande en felicité de son assiette; mais surtout grande et incomparable en varieté et diversité de commoditez; la gloire de la France, et l'un des plus nobles ornements du monde. Dieu en chasse loing nos divisions! Entiere et unie, ie la treuve deffendue de toute aultre violence : ie l'advise, que de touts les partis, le pire sera celuy qui la mettra en discorde; et ne craindz pour elle qu'elle mesme; et craindz pour elle, autant certes que pour aultre piece de cet Estat. Tant qu'elle durera, ie n'auray faulte de retraicte où rendre mes abbois; suffisante à me faire perdre le regret de tout aultre retraicte. » (Livre III, chap. IX.)

Dans ce fragment, si remarquable à tant d'égards, on voit que Montaigne serait venu très-jeune à Paris; je ne sais rien sur l'époque de ce premier voyage. Son père a été député, comme maire de Bordeaux, à la cour, en 1554 ou 1555; Michel a pu l'y accompagner : mais alors il avait vingt et un ou vingt-deux ans; l'expression d'*enfance* s'appliquerait difficilement à cet âge, si, chez Montaigne, elle n'était souvent synonyme de *jeunesse*. Voici des preuves de ce que j'allègue quant au sens du mot enfance; rappelant qu'il est entré de bonne heure dans les fonctions publiques, il dit : « Enfant, on m'y plongea iusqu'aux aureilles. » Évidemment, il n'était plus enfant quand il avait terminé son cours de droit et avait pris rang à la cour des aides de Périgueux, première charge publique qu'il ait exercée. Parlant de son amour pour les femmes, il dit : « Ie m'y eschaulday en mon enfance; » ici enfance signifie si bien jeunesse, que, dans le même chapitre (le troisième du troisième livre), continuant le même sujet, il ajoute : « Ie diray ceci des erreurs de ma jeunesse. »

1. L'habitude de la cour est aussi clairement indiquée par ces mots, qui précèdent le passage que je viens de citer : « Ie me iecte aux affaires d'Estat et à l'univers plus volontiers quand ie suis seul : au Louvre et en la presse, ie me resserre et contrains en ma peau; la foule me repousse à moy. »

pureté de ses principes, « ne pouvait figurer alors dans les cours, et sa naïveté n'était plus de mise au temps de Charles IX ;... il s'éloigne de cette cour, tantôt barbare, tantôt scandaleuse, et va chercher dans la demeure de ses pères le calme et la vertu. » Si l'on en croit M. Amaury Duval, dans la notice biographique qu'il a mise en tête des *Essais*, Montaigne se rendit à la cour de Charles IX, vers 1571, 1572 ou peu auparavant ; mais le spectacle des attentats les plus criminels l'éloigna de cette cour perfide. M. Victorin Fabre fait paraître Montaigne à la cour pour la première fois, *lorsque le jour de la Saint-Barthélemy approche*; il le met en scène d'une manière tout à fait dramatique : Le philosophe devint courtisan, il obtint des honneurs, il apporta de brillantes espérances, des illusions, l'ambition d'un grand rôle; mais il ne savait pas ployer sa conscience. Ce ne fut pas le compte du cardinal de Lorraine, qui se donnait pour son protecteur, et qui peut-être, méditant de faire de lui un complice et un instrument, passait des grâces et des promesses aux confidences ou aux révélations; la franchise de Montaigne dut le détromper. Des scrupules d'honnête homme à la cour de Médicis ! Montaigne s'aperçoit de la vérité ; il ne veut être ni dupe, ni esclave; il ne peut faire pour les grands ce qu'ils attendraient de lui : « Sans bruit, seul avec son cordon, ses espérances trompées, et des pressentiments sinistres qui devaient être sitôt et si cruellement justifiés, il sortit ou plutôt s'échappa de cette cour dangereuse.... Ce courtisan ne parut au pied du trône de Charles IX que pour renoncer aux espérances qui l'y avaient amené. » La Dixmerie n'a pas fait d'aussi grands frais d'invention ; son roman est plus court, la scène se passe plus tard, et Montaigne ne se sauve pas du tout : « Charles IX mourut, et Montaigne (j'ignore par quel motif) parut à la cour de Henri III. » Il fut accueilli par la reine mère, et encore plus recherché par le cardinal de Lorraine : « Un tel maître eût facilement séduit tout autre élève que Montaigne ; j'appelle celui-ci l'élève du premier, puisque Montaigne entrait dans le monde.... » Il avait alors plus de quarante-deux ans!... Va-t-il devenir courtisan, et jouer le rôle double de Sénèque? Non, « il va plutôt vous montrer comment on peut rester incorruptible au sein même de la corruption, comment on peut être en faveur et ne rien obtenir, parce qu'on s'est prescrit la loi de ne rien demander. » On voit que le Montaigne de La Dixmerie diffère beaucoup de celui de M. Victorin Fabre.

L'époque à laquelle Montaigne se serait retiré de la cour semblerait indiquée par une inscription que rapporte M. Payen, inscription trouvée au château de Montaigne et relevée d'abord par M. le baron du Caila, qui la communiquait dans un mémoire lu à l'académie de Bordeaux le 20 avril 1801, ensuite par M. l'abbé Audierne, qui l'a donnée telle qu'elle existait en 1807, avec les dates que M. du Caila n'avait pas prises; elle se trouvait dans le cabinet qui fait suite à la librairie : « Anno Christ.... (M.D.L.XXI?) æt. 38, pridiè calend. marti., die suo natali, Mich.... Mont.... servitii aulici et munerum publicorum jamdudum pertæsus, se integ.... in doctarum virginum sinu recessit ubi quietus et omnium securus quantillum id tandem superabit decursi multa jam plus parte spatii, si modo iam fata ducant, exiguas istas sedes et dulces latebras avitas (?) que libertati suæ tranquillitatique et otio consecravit. » (*Nouv. docum.*, p. 34[1].)

Est-il certain que ce soit Montaigne qui ait écrit cela? Le rapprochement de cette espèce de déclaration avec son âge et le jour de sa naissance n'a-t-il pas quelque chose de puérilement sentimental qui contraste avec ses habitudes? Si,

---

1. M. le docteur Bertrand de Saint-Germain, qui a visité le château de Montaigne, le 6 septembre 1848, a vu l'inscription. « On n'en saisit point, dit-il, le sens à la première lecture, à cause des nombreuses lacunes qu'elle présente; mais avec de bons yeux et un peu de patience, on en retrouve assez de fragments pour la reconstituer, du moins dans sa signification générale. Voici ce que nous avons pu y reconnaître :

« .... 38, pridiè calend. mart. die suo natali, Michael Montanus servitii aulici
« et munerum publicorum.... se integ.... In doctarum virginum,.... quietus et
« omnium securus........... exiguas istas sedes et dulces latebras libertati suæ
« tranquillitatique.... »

après de longues années de magistrature, il pouvait se dire dégoûté des emplois publics, était-il en droit de parler de son éloignement déjà ancien pour le servage de la cour? Il y allait volontairement, et, en admettant qu'il fût alors déjà gentilhomme ordinaire de la chambre du roi, il n'y avait pas longtemps qu'il possédait cette charge. En supposant, enfin, l'inscription plus authentique et plus significative qu'elle ne me paraît, que prouverait-elle? Ceci seulement, que Montaigne y aurait pris avec lui-même un engagement qu'il n'a pas tenu. L'inscription dirait qu'à partir de 1571, Montaigne ne parut plus à la cour; les *Essais*, publiés longtemps après, rappellent qu'il y a passé une partie de sa vie, et c'est ce que confirment, pour des années postérieures à 1571, d'autres documents, ainsi que les conjectures les plus vraisemblables là où les preuves manquent.

Depuis Henri II jusque vers la fin du règne d'Henri III, Montaigne est venu à la cour, ou a voyagé avec elle, ou l'a reçue dans son château.

« Pendant que Montaigne fut revêtu de sa charge (de conseiller au parlement de Bordeaux), dit dom Devienne dans son *Éloge*, il eut occasion de faire plusieurs voyages à la cour. » Il exerça la magistrature sous les règnes d'Henri II, de François II et de Charles IX; on le voit à la cour de chacun de ces rois. Qu'il soit venu à celle d'Henri II, on n'en saurait douter en présence de ce passage des *Essais* : « l'ay veu le roy Henry second ne pouvoir nommer à droict un gentilhomme de ce quartier de Gascoigne; et à une fille de la royne il feut luy mesme d'advis de donner le nom general de la race, parce que celuy de la maison paternelle lui sembla trop divers. » (Livre I, chap. XLVI.) Ce qu'il dit de M. de Carnavalet suppose aussi la présence à la cour du même roi : « Le plus sçavant, le plus seur, le mieulx advenant à mener un cheval à raison que j'aye cogneu, feut à mon gré monsieur de Carnavalet, qui en servoit nostre roy Henry second. » (Livre I, chap. XLIX.)

Quand on l'entend blâmer les jeux dangereux et funestes auxquels il a vu des princes se livrer et succomber, on est porté à le compter parmi les spectateurs du fatal tournoi où Henri II fut blessé à mort[1]. S'il n'était pas à la cour à ce moment, il y vint bientôt après ; le drap noir y étoit de requeste, comme dit à cette occasion d'Aubigné (*Hist. univ.*, livre I, chap. XIII) ; Montaigne le porta : « A peine feusmes nous un an, pour le deuil du feu roy Henri second, à porter du drap à la court, il est certain que desia à l'opinion de chascun les soies estoient venues à telle vilité, que, » etc. Faut-il conclure de ces lignes que Montaigne est resté à la cour pendant toute l'année du deuil? Cela prouverait, ou que le parlement de Bordeaux se montrait facile sur la durée des congés qu'il accordait à ses membres, ou que le conseiller Montaigne ne se faisait pas scrupule de prolonger celui qui lui avait été donné.

Quoi qu'il en soit, peu de temps après la mort d'Henri II, il suivit la cour en Lorraine, au mois de septembre 1559 ; il accompagnait le roi François II, qui reconduisait sa sœur Claude, mariée à Charles III, duc de Lorraine ; c'est pendant ce voyage qu' « il vit un jour à Bar-le-Duc qu'on presentoit au roy François second, pour la recommandation de la memoire de René, roy de Sicile, un pourtraict qu'il avoit luy mesme faict de soy. » (Livre II, chap. XVII.) Le souvenir de ce voyage lui revint quand il repassa dans les mêmes lieux en 1580 ; il écrit dans son journal, à l'article Bar, « qu'il y avoit esté aultrefois. »

François II mourut le 5 décembre 1560 ; en rappelant, dans son résumé *des époques de la vie de Montaigne*, que Charles IX commença son règne ce jour-là, M. Leclerc dit que Montaigne *suit la cour à Rouen*. Or, si on consulte l'histoire générale, ou l'itinéraire des rois de France que le marquis d'Aubais a placé parmi *les Pièces fugitives pour servir à l'histoire de France*, on voit que, ni dans les vingt-cinq derniers jours de 1560 (époque où Charles IX se trouvait à

---

[1]. « Il y a d'aultres ieux de main, indiscrets et aspres, à la françoise, que je hais mortellement ; i'ai la peau tendre et sensible : i'en ay veu, en ma vie, enterrer deux princes de nostre sang royal. Il fait laid de se battre en s'esbattant. » (Livre III, chap. VIII.)

Orléans), ni dans l'année 1561, la cour ne s'est transportée à Rouen.

C'est en 1562, au mois d'octobre, que le roi se rendit au camp devant Rouen, dont son armée faisait le siége ; il entra dans la ville, le 28, par la brèche, suivi du parlement, venu de Louviers où ses séances s'étaient tenues depuis que Rouen était au pouvoir des huguenots[1]. L'année suivante, la cour y retourna pour la cérémonie de la déclaration de majorité du roi, et on ne voit pas qu'elle y ait séjourné une autre fois pendant le règne de Charles IX.

J'ignore si Montaigne est venu à la cour à Paris durant la minorité de ce prince[2] ; mais il nous apprend lui-même qu'il était à Rouen avec Charles IX : ce qui semblerait préciser l'époque où eut lieu cette rencontre, c'est la circonstance qui la lui rappelle, je veux dire la présence des sauvages brésiliens : « Trois d'entre eulx.... feurent à Rouan du temps que le feu roy Charles neufviesme y estoit : le roy parla à eulx longtemps.... Ie parlay à l'un d'eulx fort longtemps. » (Livre I, chap. xxx.) Et nous devons à cette conversation le chapitre des *Cannibales*. Au milieu du xvie siècle, la conquête de l'Amérique était un événement récent ; tout ce qui venait de ce nouveau monde excitait vivement la curiosité. On avait amené en Europe des sauvages (c'était leur nom) de différentes contrées ; on les présentait aux souverains, et on les faisait figurer dans les fêtes qu'on leur offrait. La ville de Rouen n'avait pas manqué de se procurer des Brésiliens pour les belles réjouissances qu'elle avait célébrées, dans l'année 1550, en l'honneur du roi Henri II[3]. Il paraît qu'elle

---

1. Floquet, *Histoire du parlement de Normandie*, t. II, p. 445.
2. M. de Peyronnet l'affirme (article MONTAIGNE, du *Plutarque français*), et il dit que quelques affaires de sa province l'avaient fait envoyer à la cour. L'auteur confond ce voyage avec celui que Montaigne fit, vingt ans plus tard, en qualité de maire de Bordeaux. Les erreurs du travail de M. de Peyronnet n'ont pas de quoi surprendre ; il écrivait pour remplir les loisirs de sa captivité politique, et on n'a pas dans une prison les livres et les documents qui garantissent l'exactitude des souvenirs.
3. Voy. le curieux article de M. Ferdinand Denis, inséré dans le *Bulletin du Bibliophile* n°s 10, 11, 12, de 1849. M. Denis fait remarquer que les auteurs du *Cérémonial de France*, tout en s'étendant minutieusement sur les autres

en avait trouvé d'autres pour Charles IX, au dire de Montaigne. Dans le grand voyage que Catherine fit faire à son fils, en 1564 et 1565, à travers tout le royaume, les villes n'oublièrent pas qu'il fallait avoir des sauvages : quand elles n'en avaient pas de véritables, elles organisaient des imitations avec des ornements très-agréables[1]. A Bordeaux, le 9 avril 1565, la dépense et les inventions surpassaient toutes les autres (d'Aubigné, *Hist.*, livre IV, chap. v); il y eut une infinité de magnificences faites par les Bourdelois en cette réception, pour témoigner et de leur dévotieuse affection au service du roy et des richesses de leur ville (de La Popinière, vol. I, livre X). On vit défiler devant le roi douze nations étrangères captives, dont plusieurs étaient des sauvages : « et alla le roy descendre à un beau theatre que la dicte ville avoit fait faire pour voir passer les compagnies d'icelle, entre lesquelles y avoit grand nombre de sauvages de toutes sortes. » (*Voyage de Charles IX en France*, par Abel Jouan, l'un des serviteurs de Sa Majesté.) « Puis, dit le récit du

---

détails de l'*Entrée* d'Henri II, ont omis les renseignements sur les Brésiliens. « Cependant, ajoute-t-il, ils n'ignoraient pas qu'au temps de la Renaissance, l'usage d'introduire des Américains dans toutes les fêtes solennelles était devenu presque général. »

1. « *Ordre du marcher tenu et observé à l'entrée faicte par le roy Charles neufieme en la ville de Troyes, le jeudy vingt troisieme jour de mars* 1564.

« .... Firent (quatre compagnies d'infanterie de la ville) un bataillon quarré, en attendant les autres compagnies qui suivoient. Entre lesquelles marchoient un grand nombre de sauvages proprement accoustrez, le capitaine des quels estoit monté sur une licorne bardee tout à l'entour de lierre, avec une housse de mesme, et son armure faite en ecaille, le tout fort bien approprié; les tambours sonnoient, et les dits sauvages estoient en bon ordre, les uns montez sur asnes, les autres sur chevres et boucs, chose fort plaisante à voir. Devant l'enseigne deux des dits sauvages portoient un escusson haut eslevé en un rond de lierre, dans lequel estoient escrits ces mots :

> Non seulement la France en paix tiendras,
> Mais accroistras aussi bien qu'Alexandre,
> Tant que sauvages, ains que mourir verras,
> O puissant Roy, sous ton pouvoir se rendre.

Suivoient deux sauvages portans l'enseigne de taffetas bleu, tenans chascun un baston où elle estoit attachee, au milieu de laquelle estoit un soleil fait d'or; apres laquelle suivoit encore quelque bon nombre de sauvages bravement accoustrez, avec leurs arcs et flesches, et masses fort bien faites. » (Godefroy, *Cérémonial de France*, t. I, p. 894.)

greffier du parlement, lequel figurait lui-même dans la cérémonie, douze de chacune nation estrange, comme Grecs, Turcs, Egyptiens, Mores, Tartares, Indois, Sauvages, habillez selon les dites nations; et le capitaine des Grecs est aussi monté à l'échaffaut du roy, et lui a fait sa harangue; lesquelles nations marchant de rang, il faisoit beau voir. » (Godefroy, *Cérémonial de France*, t. I, p. 909.) D'Aubigné mentionne parmi ces nations les Cannibales; La Popelinière, les Canariens, Sauvages, Américains et Brésiliens. Un tableau fut exécuté pour perpétuer le souvenir de cette scène; et les Bordelais paraissent en avoir parlé comme s'ils avaient eu de vrais échantillons des nations représentées : « i'ai veu, dit Favin (*Hist. de Navarre*, sur l'année 1565), estant à Bourdeaux, ce tableau et la disposition de ceste entree en cela particulierement remarquable qu'il y avoit douze nations estranges representees au naturel, Grecs, Turcs, Arabes, Egyptiens, Taprobaniens, Indiens, Canariens, Mores, OEthiopiens, Sauvages, Bresiliens et Americains, chacun ayant son capitaine qui harangua en langue maternelle du pays qu'il representoit, interpretee au roy par un truchement[1]. »

Ce n'est pas sans motifs que je me suis arrêté à ces détails; j'ai voulu montrer que l'on amenait au roi des indigènes de l'Amérique, et que, parmi de faux sauvages, il s'en trouvait de vrais, surtout dans les villes considérables habituées au commerce maritime. Avec ces données, je trouve de la difficulté à préciser le temps et le lieu où Charles IX et Montaigne auraient interrogé les sauvages du Brésil. En 1562, le roi, entré à Rouen comme on entre dans une ville prise d'assaut, et après d'indignes violences commises par les vainqueurs, y fit un séjour d'assez courte durée signalé par des rigueurs et des exécutions politiques. Le sage L'Hospital, chancelier, navré des horreurs dont il était té-

---

1. De Thou, livre XXXVII, dit aussi que chaque chef fit un compliment qui fut interprété par des truchements. Sur quoi, une note fait observer qu'il n'est pas probable qu'il y eût à Bordeaux des gens connaissant toutes ces langues.

moin, avait obtenu de Charles IX un édit destiné à y mettre un terme ou au moins à y apporter un adoucissement. La volonté royale, exprimée peut-être sans sincérité, fut reçue sans soumission; au bout de peu de jours les poursuites et les supplices recommencèrent[1]. En supposant que Montaigne fût du voyage accompli dans de telles circonstances, assurément il n'y vit point de fêtes, et il trouva la cour occupée de toute autre chose que de réjouissances.

Il dut en être autrement lorsque, l'année suivante, Catherine, accompagnée de la cour, amena son fils à Rouen pour le faire déclarer majeur devant le parlement. Des fêtes ont dû marquer cette grande solennité, qui retint la cour pendant dix jours dans la capitale de la Normandie. Le président Bouhier pense que c'est probablement[2] à ce moment que Montaigne se trouva à Rouen avec le roi Charles IX; M. Gence adopte cette opinion, et y ajoute que ce fut par l'entremise de Montaigne que les sauvages américains, dont parlent les *Essais*, furent présentés au roi. Mais ici s'élève une objection insurmontable : la cour demeura à Rouen du 16 au 26 août 1563, la cérémonie de la déclaration de majorité eut lieu le 16. Or, le 9 du même mois, Montaigne, comme il revenait du palais, où il avait siégé dans le parlement de Bordeaux, apprenait la maladie de son ami La Boëtie; il l'avait rejoint à la campagne, et, depuis plusieurs jours, ne le quittait plus, lorsqu'il mourut, le mercredi 18 août. Montaigne, au lit de mort de son ami, n'était donc pas à Rouen avec la cour, et la probabilité alléguée par le président Bouhier est sapée par une certitude contraire[3].

Ainsi en 1562, il est douteux que Montaigne fût à Rouen, et il est certain qu'il n'y donna point de fêtes; en 1563, il est sûr qu'il y eut des fêtes, mais il est certain que Mon-

---

1. Floquet, t. II, p. 458.
2. M. Charles Louandre, dans la notice qu'il a placée en tête de son édition des *Essais*, ne conjecture pas, il affirme, que Montaigne « assista, à Rouen, à la déclaration de majorité de Charles IX. » Il place en 1560 cet événement, qui n'eut lieu qu'en 1563.
3. Voy. la célèbre lettre de Montaigne à son père.

taigne n'y assista point; enfin la cour de Charles IX ne retourna plus à Rouen. Maintenant, comment expliquer le passage des *Essais*, la présence simultanée à Rouen de Charles IX, de Montaigne et des sauvages? Je ne sais; dans l'impossibilité de concilier les faits, je ne puis que risquer des conjectures. Soit sincèrement, soit par coquetterie, Montaigne s'accuse, ou si on l'aime mieux, se flatte de manquer de mémoire; il avait un peu raison : quelques erreurs l'attestent, mais plus encore quelques particularités de sa vie : par exemple, et c'est lui qui nous l'apprend, il avait oublié le nombre d'enfants qui lui étaient morts en nourrice[1], ailleurs (livre II, chap. XII), il dit que c'est *quelques jours* avant la mort de son père qu'il entreprit la traduction de Sébond, et son père vivait encore lorsque, l'année suivante, cette traduction fut terminée. Quand on se trompe sur les plus intimes événements de sa famille, on peut bien se tromper sur un nom de roi ou de ville. Il n'est pas vraisemblable que l'erreur porte sur le nom du roi; si le fait s'était passé à Rouen, ce serait sous Henri II, en 1550 : Montaigne avait alors dix-sept ans; est-ce l'âge où l'on interroge philosophiquement des sauvages, et à la cour? On pourrait penser qu'il s'agissait bien de Charles IX, mais que la conversation avec les Brésiliens aurait eu lieu en 1565, aux fêtes de Bordeaux, quelqu'un des jours où le jeune roi aurait voulu voir de près et faire parler trois de ces sauvages qui avaient défilé devant lui lors de son entrée. Montaigne avait alors trente-deux ans, âge des pensées mûres, et il était connu à la cour.

Une autre explication serait possible et elle me paraît préférable. Montaigne aurait séjourné à Rouen avec Charles IX (ce qui ne saurait se rapporter qu'à 1562), et aurait causé avec des Brésiliens qu'on aurait présentés au roi sans qu'il y eût de fêtes : il arrivait assez souvent que, dans les villes maritimes, on amenait des sauvages, non pas pour les montrer en spectacle, mais pour les convertir à la foi chrétienne, et les renvoyer ensuite comme propagateurs de la religion

---

1. « J'en ai perdu en nourrice deux ou trois. » (Livre I, chap. LX.)

catholique dans leur pays. Ce qui confirmerait cette interprétation, c'est que, quand l'entrevue eut lieu, Charles IX était encore enfant : « Ils dirent qu'ils trouvoient fort estrange que tant de grands hommes forts et armez, qui estoient autour du roi (il est vraysemblable qu'ils parloient des Souisses de la garde) se soubmissent à obeir à un enfant. » Le contraste remarqué par ces sauvages en présence de Montaigne était plus frappant en 1562 qu'en 1565. D'un autre côté, les *Essais* ne disent rien qui fasse penser que les cannibales aient assisté à une grande fête, et qu'il y ait eu pendant leur séjour rien d'extraordinaire, sinon la présence du roi et de la cour : « On leur fit veoir nostre façon, nostre pompe, la forme d'une belle ville. » Montaigne ne se serait pas exprimé si simplement s'il y avait eu des réjouissances exceptionnelles. Tout cela s'accorde avec un voyage qu'il aurait fait à Rouen en 1562 après le siége; voyage qui ne se prolongea guère, car les registres du parlement constatent la présence du conseiller Montaigne en novembre de cette année (voy. chap. III).

Durant le règne de Charles IX, Montaigne vit la cour pendant le voyage de 1565. Il paraît s'être écoulé quelques années avant qu'il y retournât. Ses fonctions au parlement le retenaient, et il pouvait juger sa présence utile pour corroborer l'autorité des conseillers qui, comme lui, cherchaient à tempérer, par leur modération, l'ardeur catholique de la magistrature bordelaise ; d'un autre côté, le voyage de Paris était long, et les guerres civiles, séparées à peine par des trèves mal gardées, rendaient les routes peu sûres.

En 1570, la résignation de sa charge avait donné à Montaigne la libre disposition de son temps ; il s'était hâté d'en profiter pour préparer l'édition, retardée depuis sept ans, des principales œuvres laissées par son ami La Boëtie. Une nouvelle paix allait suspendre les hostilités entre les calvinistes et les catholiques. Le moment semblait donc venu d'un nouveau voyage. Montaigne l'entreprit. Après avoir écrit et daté de son château, le 30 avril 1570, les dédicaces partielles à M. de Mesmes et à M. de L'Hospital, chancelier de France, et, laissant en blanc la date, sans doute la même, de la dédicace à M. de Lansac, il rédigea à Paris, le 10 août, l'avertissement au lecteur, et traita avec le libraire Frédéric Morel; « celui imprima » immédiatement, car l'impression était achevée le 24 novembre; il publia d'abord, en 1571, un petit volume de trente et un feuillets, annonçant des vers français qui ne s'y trouvent pas; puis il ajouta à ce volume, avec la date de 1572, les vers français. Ensuite, il fit paraître le tout ensemble, en 1572. Le recueil des vers français avait été retardé par Montaigne, comme il le dit dans la dédicace à M. de Foix, laquelle il avait signée comme les autres, dans son château, et datée, sans doute après coup, du 1er septembre (voy. sur les détails de l'édition originale de La Boëtie, l'introduction de celle qu'a donnée M. Léon Feugère, en 1846, et la Notice sur La Boëtie, par M. Payen, p. 41). Les dates devaient ici être constatées pour marquer l'époque de ce séjour à Paris.

Montaigne, on n'en saurait douter, se présenta à la cour; mais il le fit comme précédemment, et il n'y a rien, dans cette circonstance, qui ait offert un caractère de nouveauté, ni déterminé je ne sais quel empressement de fuite, quelle résolution d'éloignement définitif qu'ont imaginé les biographes. Montaigne n'eut pas cette fois, plus que les autres, l'intention de se fixer à la cour. On pourrait penser qu'il profita du temps qu'il y a passé pour solliciter le cordon de l'ordre de Saint-Michel, qui lui fut donné l'année suivante, s'il n'en parlait pas en des termes indiquant qu'il n'avait pas demandé cette faveur quand elle lui fut accordée (voy. chap. v).

Probablement Montaigne revint chez lui vers le commencement de l'année 1571. Il n'avait plus d'emploi public qui l'appelât hors de son château; l'état des affaires politiques devait l'attrister; il avait vu son ami L'Hospital découragé, vaincu dans la patriotique tentative de désarmer les partis religieux par la tolérance légale, et de soumettre à la royauté forte et impartiale les rivalités turbulentes des grandes familles. Il avait pu s'assurer à la cour que la paix de 1570, qui avait emprunté de ses négociateurs les noms de *boiteuse* et *mal assise*, ne valait pas mieux que les autres, et cachait un piége, où les religionnaires devaient tomber d'une manière si horrible. Il n'y a donc pas lieu de s'étonner que Montaigne, désœuvré, rapportant de Paris de pénibles souvenirs et de sombres pressentiments, se soit renfermé, isolé dans sa maison, et qu'il ait cherché à soulager ses humeurs noires en mettant par écrit ses fantaisies[1]. C'est vers la fin de 1571 qu'il a dû commencer les *Essais ;* en effet, il dit dans le dernier chapitre du second livre, imprimé en 1580, et rédigé quelques mois auparavant : « Ie me suis enviellly de sept ou huict ans depuis que ie commenceai ; » et, au milieu du mois de mars 1572, il écrivait le chapitre xix du I*er* livre : « Il n'y a iustement que quinze jours que i'ay franchi trente neuf ans. » (On se rappelle qu'il était né le dernier jour de février 1533.)

Dom Devienne dit que Montaigne passa huit ans en Périgord. Sans s'expliquer aussi catégoriquement, les autres biographes paraissent croire que le philosophe est resté fort longtemps solitaire dans son château. Un long confinement était pourtant trop contraire à sa *complexion* pour qu'on en puisse admettre la durée soutenue. Montaigne lui-même va nous apprendre ce qu'il en advint.

Dans les premiers temps il goûta le charme de sa nouvelle vie, et se sentit heureux de n'avoir plus à supporter l'ennui des audiences, le tracas des querelles parlementaires, l'entourage des intrigues politiques : il se promit bien de ne se mêler que le moins qu'il pourrait des affaires publiques : « Dernierement que ie me retiray chez moy, deliberé, autant que ie pourroys, ne me mesler d'aultre chose que de passer en repos et à part le peu qui me reste de vie. » (Livre I, chap. viii.) « Mon desseing, écrivait-il encore plus tard, est de passer doulcement, et non laborieusement, ce qui me reste de vie. » (Livre II, chap. ix.) Mais un esprit aussi

---

1. « .... Et m'enfante (mon esprit) tant de chimeres et monstres fantasques les uns sur les aultres, sans ordre et sans propos, que, pour en contempler à mon ayse l'ineptie et l'estrangeté, i'ay commencé de les mettre en roolle, esperant avecques le temps luy en faire honte à luy mesme. »(Livre I, chap. viii.)

actif, aussi éminemment sociable, ne pouvait se complaire longtemps dans une existence privée de mouvement, de relations [1]; sa famille, sa librairie, le soin de ses biens, ne suffisaient pas aux besoins de son intelligence et de son tempéramment [2]. Sa solitude avait déjà cessé lorsqu'il écrivait le second livre des *Essais*, et il faisait des absences de plusieurs mois, pendant lesquelles il suspendait ses travaux littéraires : « C'est une humeur melancolique, et une humeur par consequent tres ennemie de ma complexion naturelle, produicte par le chagrin de la solitude en laquelle il y a quelques annees que ie m'estois iecté, qui m'a mis premierement en teste cette resverie de me mesler d'escrire. » (Livre II, chap. viii [3].) « Ce fagotage de tant de diverses pieces se faict en cette condition, que ie n'y mets la main que lorsqu'une trop lasche oysifveté me presse, et non ailleurs que chez moy : ainsin il s'est basty à diverses poses et intervalles,

---

[1]. Son aversion des affaires lui avait fait illusion à cet égard : « Il y a des complexions plus propres à ces préceptes de la retraicte les unes que les aultres. Celles qui ont l'apprehension molle et lasche, et une affection et volonté delicate, et qui ne s'asservit ny s'employe pas ayseement, desquelles ie suis et par naturelle condition et par discours, ils se plieront mieulx à ce conseil que les ames actives et occupees qui embrassent tout, et s'engagent partout, qui se passionnent de toutes choses, qui s'offrent, qui se presentent et qui se donnent à toutes occasions. » (Livre I, chap. xxxviii.)

[2]. La meilleure preuve que, dans la note qui précède, il s'agissait seulement de la retraite préférée par Montaigne aux affaires publiques, et non de la solitude éloignant du commerce du monde, est dans ce passage du troisième livre, qui peut servir de commentaire, et, s'il le fallait, de correctif à celui du premier :

« Il y a des naturels particuliers, retirez et internes : ma forme essentielle est propre à la *communication* et à la *production* : ie suis tout audehors et en evidence, nay à la société et à l'amitié. La solitude que i'aime et que je presche, ce n'est principalement que ramener à moy mes affections et mes pensees; restreindre et resserrer, non mes pas, ains mes desirs et mon soulcy, resignant la solitude estrangere, et fuyant mortellement la servitude et l'obligation, et non tant la foule des hommes que la foule des affaires. »

[3]. Il est probable que ce passage est une des nombreuses additions faites par Montaigne à ses premières éditions : en effet, il a évidemment été écrit plusieurs années après le commencement des *Essais* : cependant, dans un autre chapitre du même second livre, le dix-septième, Montaigne dit qu'il a « pieça franchy les quarante ans. » Or, c'est en 1573 qu'il avait eu sa quarantaine, c'est-à-dire seulement un an après qu'il écrivait le dix-neuvième chapitre du premier livre.

comme les occasions me detiennent ailleurs par fois plusieurs mois. » (Livre II, chap. xxxvii.)

De ces voyages de plusieurs mois ne peut-on pas supposer qu'il y en eut quelques-uns consacrés à la cour? Rien, dans les *Essais*, ne repousse cette supposition ; des faits historiques la confirment.

Montaigne fut créé chevalier de l'ordre de Saint-Michel, en 1571 (voy. chap. v). L'année suivante, le roi, cherchant de tous côtés des sanctions au coup d'État de la Saint-Barthélemy, voulut donner un éclat extraordinaire à la fête annuelle de son ordre : « On fit trouver à la cérémonie des chevaliers de Saint-Michel tous les chevaliers tels quels, tant pour monstrer leur nombre que pour presenter à leur veue une requeste, par laquelle la noblesse demandoit l'extirpation de la nouvelle religion, avec obligation d'y employer la vie et les moyens. » (D'Aubigné, t. II, livre I, chap. vi [1].) Tout récemment promu, Montaigne ne dut point manquer à la convocation.

Un autre fait prouve sa présence à la cour dans les derniers temps du règne de Charles IX. Montaigne étant à Blois, lors des états de 1588, raconta à de Thou (*Mém.*, livre III), qu'il s'était interposé entre le roi de Navarre et le duc de Guise, lorsque ces deux grands personnages se trouvaient ensemble à la cour. J'insiste ailleurs sur cette négociation (voy. chap. ix), et j'établis que la présence simultanée d'Henri de Navarre et d'Henri de Guise à la cour de France ne peut se rapporter qu'à l'intervalle qui s'étend entre le mariage du roi de Navarre avec la princesse Marguerite, en août 1572, et sa fuite de la cour, le 3 février 1576. Il faut donc, de toute nécessité, admettre la présence de Montaigne durant cette période [2].

---

1. Voy. les détails de la fête du 29 septembre 1572 dans l'*Estat de France sous Charles IX*, t. I, p. 376.

2. Un voyage en 1572 semble résulter des détails, dont j'ai parlé déjà, sur l'édition des œuvres de La Boétie. Montaigne, dans la dédicace à M. de Foy, explique pourquoi il a retardé la publication des vers français. Ce retard fut cause que le volume, approuvé et achevé d'imprimer en 1570, ne parut qu'en 1572, avec une pagination séparée et la même indication de 1572, en un cahier

Il sortit de sa retraite pour venir s'acquitter, au mois de mai 1574, de la commission qu'il avait reçue du duc de Montpensier pour le parlement de Bordeaux (voy. chap ix).

Il n'est pas exorbitant de supposer qu'il soit venu pour assister, en juillet 1574, aux obsèques de Charles IX ; une place spéciale y était occupée par les chevaliers de l'ordre[1].

Voici, ce me semble, un indice de la présence de Montaigne à la cour dans les commencements du règne de Henri III. Les *Essais* contiennent des plaintes sur des innovations d'étiquette qui choquaient la susceptibilité de la noblesse française ; par exemple : « Contre la forme de nos peres et la particuliere liberté de la noblesse de ce royaume, nous nous tenons descouverts bien loing autour d'eulx (des rois) en quelque lieu qu'ils soyent ; et, comme autour d'eulx, autour de cent aultres, tant nous avons de tiercelets et de quartelets de roys.... et ainsi d'aultres pareilles introductions nouvelles et vicieuses.... » (Livre I, chap. xliii.) Or les changements dont on murmurait ainsi à la cour avaient marqué les débuts du règne d'Henri III ; le mécontentement avait été remarqué par les ambassadeurs vénitiens venus à Paris pour féliciter le nouveau roi sur son couronnement et son mariage : « Dès son avénement, S. M. causa un mécontentement extrême par certaines manières étranges et inusitées chez cette nation, notamment parmi la noblesse. Celle-ci, comme chacun sait, vit très-familièrement avec le roi. Et lui, non content de la faire assister à son dîner la tête découverte (ainsi que la convenance l'exige et que cela se pratiquait sous les autres rois), fit entourer sa table d'une barrière pour empêcher qui que ce fût de lui parler, ainsi qu'on le pouvait auparavant en toute liberté. Mais comme il s'est aperçu, et a même été averti que cela blessait beau-

---

de vingt feuillets pour les vers ajournés depuis deux ans. Cette addition fut imprimée après le reste par le même éditeur, devenu, dans l'intervalle, *imprimeur du Roy;* probablement Montaigne apporta le manuscrit dans son état définitif, en 1572.

1. *Estat de France sous Charles IX*, t. III, p. 374.

coup, il est revenu à l'ancien usage de ses devanciers. » (Jean-Michel, *Relat. des ambassadeurs vénitiens*, t. II, p. 237 [1].)

Le témoignage des envoyés étrangers est confirmé par le récit de de Thou, qui prouve que c'est dès son arrivée en France, et avant même d'être revenu à Paris, que Henri III mécontenta la noblesse par ses nouvelles manières : « L'entrée du roi en France causa une étrange révolution dans tous les esprits.... Il contribua lui-même à la mauvaise opinion qu'on eut de lui.... il ne se montrait plus à ses peuples comme faisaient ses prédécesseurs.... il ne mangeait plus qu'avec une balustrade qui ne permettait pas de l'approcher, et si on avait quelques placets à lui présenter, il fallait se trouver à l'issue de son dîner, où il les recevait en courant.... Ces commencements dégoûtèrent bien des seigneurs, et on les vit insensiblement abandonner la cour, les uns par mécontentement, les autres par indignation, quelques-uns entraînés par le plus grand nombre. » (*Hist.*, livre LVIII.)

Voici qui précise également la date des innovations dont Montaigne se plaignait avec toute la noblesse :

« La coutume de se tenir teste nue devant les roys ne s'est introduite que depuis Henri II, du temps duquel en sa propre chambre nul ne se tenoit descouvert, et s'il eust vu quelqu'un descouvert, il luy eust envoyé demander ce qu'il vouloit, ainsi que je l'ai appris de feu monsieur le connestable de Montmorency, mais à présent la coutume est autre....

---

1. Montaigne avait été frappé de ce que cet usage avait de fatigant pour le prince : « De vray, à veoir les nostres (nos roys) tout seuls à table, assiegez de tant de parleurs et regardants incogneus, j'en ay eu souvent plus de pitié que d'envie. » (Livre I, chap. XLII).

Dans le règlement de 1585, le roi « desirant manger en repos et se garder de l'importunité que S. M. reçoit durant ses repas, » défendit qu'on lui parlât bas et voulut qu'on ne l'entretint point d'affaires particulières; « et se tiendra chacun qui y assistera assez loing de sa table, et s'il y a des barrieres au lieu où S. M. mangera, n'entrera dans icelles, outre sadite Majesté, que ceux qui mangeront avec elle.... et y pourront entrer aussi iusques à trois ou quatre personnes de qualité et d'honneur, d'eglise ou d'espee, au plus, s'il y en a pour lors à ses repas.... » (L'ordre que le roy veult estre tenu en sa cour, tant au departement des heures que de la façon qu'il veult estre honoré, accompagné et servi. *Collect. de Brienne*, t. CCLVI, fol. 169.)

anciennement, nos rois estoient servis à table par les gentilshommes estant couverts et ne permettoient pas qu'en leur chambre les princes, seigneurs ni gentilshommes demeurassent nue teste s'ils ne parloient au roy ; mais quand le feu Henry III revint de Pologne, il permit que ceste liberté fust changée en l'imitation des princes estrangers qu'il avoit visités en son voyage. » (*Recueil des ordonnances et règlem. des conseils du roi* (manuscrit), Monteil, XVIe siècle, station 66, note 88.)

Lorsque Montaigne, en 1580, se rendit du Périgord à la Fère, il est probable qu'il vint à la cour; on peut croire qu'admis auprès de la reine mère, il eut occasion de lui parler du grand voyage qu'il allait entreprendre en Italie, et on dit que Catherine écrivit, pour le recommander, à d'Elbène, ambassadeur de France à Rome.

En 1582, il parut à la cour, en qualité de maire de Bordeaux (voy. chap. VIII). Ses fonctions municipales, les affaires politiques, les guerres civiles, les pertes qu'elles lui causèrent, la peste qui atteignit sa maison, le retinrent ensuite pendant plusieurs années dans la Guyenne.

Pendant le voyage qu'il fit à Paris pour l'impression d'une nouvelle édition des *Essais*, augmentée du troisième livre, l'insurrection des Barricades éclata dans la capitale (mai 1588); avant cet événement, il s'était montré à la cour[1]. Indépendamment du témoignage de de Thou, que je rappellerai tout à l'heure, il y a une preuve positive dans les paroles de Mlle de Gournay. Cette demoiselle, qui s'était éprise, comme on sait, de passion pour les *Essais* et pour leur auteur,

---

1. Pour prouver que Montaigne se serait proposé de venir à la cour aussitôt après son arrivée à Paris, on pourrait citer ces derniers mots d'une lettre de lui : « Le roy a despesché messieurs de Bellievre et de La Guiche vers mosieur de Guise pour le semondre de venir à la cour, nous y serons ieudi. » Cette lettre, dont M. Payen possède le manuscrit, et qu'il a publiée dans ses premiers documents, p. 16, en la rapportant au commencement de 1588, ne porte ni la date de l'année, ni le nom de la personne à qui elle était adressée. Son interprétation historique a donné lieu à trop de discussions, et permet trop de doutes pour qu'il soit prudent d'invoquer ce document ; d'ailleurs, la lettre est étrangère à l'objet qui m'occupe ici.

avait été consternée par la fausse nouvelle de la mort du philosophe gentilhomme : « Soudain ayant un contraire advis, suivy de l'heureuse arrivee de luy-mesme *à la cour* et à Paris, où pour lors suyvant sa mere elle estoit venue passer quelque temps, elle l'envoya saluer et luy declarer l'estime qu'elle faisoit de sa personne et de son livre. Il la vint voir et remercier des le lendemain, luy presentant l'affection et l'alliance de pere à fille. » (*Copie de la vie de la damoiselle de Gournay.*)

Après les Barricades, Montaigne n'hésita pas entre la rébellion victorieuse et la royauté fugitive : il accompagna la cour à Chartres, à Rouen, puis à Blois, où il resta pendant la tenue des états : « Antè tumultum parisiensem, et posteà, « Autrici et Rotomagi fuerat, in aula et tunc Blesis erat Mi- « chael Montanus. » (De Thou, *Mém.*, livre III, IX.)

Jusqu'ici j'ai suivi Montaigne à la cour de France ; il la quitta à la fin de 1588 ou au commencement de 1589. Après l'assassinat d'Henri III, le nouveau roi l'engagea à venir le joindre. Montaigne n'aurait pas manqué d'aller saluer Henri IV à Paris ; mais quand la mort le frappa, la victoire n'avait pas encore ouvert au Béarnais les portes du Louvre (voy. chap. xii).

Ses fonctions de magistrat, puis de maire, ses domaines, sa famille, ses amitiés avaient mis Montaigne, dès sa jeunesse, en rapport avec une autre cour, celle de Navarre. Il avait pu être en relation avec la reine Jeanne d'Albret et son fils, lors du grand voyage de Charles IX en 1565, et dans les visites qu'ils firent de leurs domaines en 1566, 1567, 1568. Pendant l'année 1567, le jeune prince cut à Bordeaux un séjour qui le fit beaucoup aimer. Le tact de sa conduite, son esprit, sa familiarité plaisaient infiniment ; on en trouve la preuve dans les lettres d'un des principaux membres de la magistrature à laquelle appartenait Montaigne[1].

---

1. « Nous avons ici le prince de Béarn ; il faut avouer que c'est une jolie créature. A l'âge de treize ans, il a toutes les qualités d'une personne de dix-huit et dix-neuf. Il est agréable, il est civil, il est obligeant. Un autre dirait qu'il ne connait pas encore ce qu'il est ; mais pour moi, qui l'étudie fort sou-

Comme gentilhomme périgourdin, Montaigne n'eut toute
son importance qu'après la mort de son père et de son frère
aîné. Il était devenu chef de famille en 1569 ou 1570; mais
lorsque le jeune roi de Navarre, après la paix de 1570, vint
visiter ses États et son gouvernement de Guyenne, Montaigne, comme on l'a vu, se trouvait à Paris; il l'aurait sans
doute dédommagé, par sa respectueuse courtoisie, du mauvais accueil de la province : « Bordeaux lui avoit fermé ses
portes, et le marquis de Villars qui y commandoit l'armée
royale n'avoit voulu ni retirer ses troupes, ni leur laisser
recevoir l'ordre du prince. » (*Mémoires* de Sully.)

Quand le roi de Navarre, qui avait vu et pratiqué Montaigne à la cour de France, se fut échappé, au commencement de 1576, il tira le plus promptement qu'il put vers la
Guyenne. Durant cette année et la suivante, il séjourna très-
souvent à peu de distance du château de Montaigne, à Périgueux, à Bergerac, à Sainte-Foix. Ses affaires étaient en
triste situation; sa cour ne se composait guère que des gentilshommes huguenots et des officiers catholiques, en petit
nombre, qui faisaient la guerre avec lui. Montaigne, fidèle
à la cause catholique, dut se tenir, vis-à-vis du prince héré-

---

vent, je vous puis assurer qu'il le sait parfaitement bien. Il vit avec tout le
monde d'un air si aisé qu'on fait toujours la presse où il est, et agit si noblement en toutes choses qu'on voit bien qu'il est un grand prince. »

Autre. « Le prince de Béarn acquiert tous les jours de nouveaux serviteurs.
Il s'insinue dans les cœurs avec une adresse incroyable. Si les hommes l'honorent
et l'estiment beaucoup, les dames ne l'aiment pas moins. Quoiqu'il ait le poil
un peu ardent, elles ne l'en trouvent pas moins agréable. Il a le visage bien fait, le
nez ni trop grand ni trop petit, les yeux fort doux, le teint brun mais fort uni,
et tout cela est animé d'une vivacité si peu commune, que s'il n'est bien avec
les dames, il y aura bien du malheur. »

Autre. « Nous faisons le plus plaisant carnaval du monde. Le prince de Béarn
a prié nos dames de se masquer et de donner le bal tour à tour. Il aime le jeu
et la bonne chère. Quand l'argent lui manque, il a l'adresse d'en trouver, et
d'une manière toute nouvelle et toute obligeante pour les autres aussi bien que
pour lui; c'est-à-dire qu'il envoie à ceux ou à celles qu'il croit de ses amis une
promesse écrite et signée de lui, et prie qu'on lui envoie le billet de la somme
qu'elle porte. Jugez s'il y a maison où il soit refusé. On tient à beaucoup
d'honneur d'avoir un billet de ce prince. Tout chacun le fait avec joie, pour ce
qu'il y a deux astrologues ici qui assurent que leur art est faux ou que ce prince
sera l'un des plus grands rois de l'Europe. » (*Mémoires de Nevers*, t. II,
p. 585, 586.)

tique, dans une grande réserve, du moins avant la paix de 1576, et lors de la reprise des hostilités. Le roi fut fort visité pendant la courte suspension de la guerre : « Le roy de Navarre, dit le duc de Bouillon (*Mémoires*), la paix faicte, s'en vint en Xaintonge et Perigueux, où ie l'allai trouver avec un bon nombre de noblesse. »

Les événements de 1578 mirent Montaigne plus à l'aise, et le rapprochèrent d'une partie de la cour de France. Catherine de Médicis, sous prétexte de reconduire la reine Marguerite à son mari qui l'avait laissée, sans regret, en s'évadant de l'espèce de captivité où le tenait Henri III, résolut d'entreprendre un voyage politique en Guyenne et en Languedoc. Elle fit savoir aux villes, notamment à Bordeaux, qu'elle verrait avec plaisir qu'on rendît de grands honneurs à sa fille; c'était une manière de se faire bien venir du roi, son gendre[1], qu'on n'avait pas accoutumé aux égards dus à son rang. Ses intentions furent remplies : « Dans peu de temps nous fusmes en Guyenne, dit Marguerite dans ses *Mémoires*, où, dès que nous entrasmes dans le gouvernement du roy mon mary, l'on me fit entree partout. »

La reine mère partit accompagnée d'un nombreux cortége des plus grands seigneurs (Davila, livre VI). Le départ eut lieu, selon Pierre de l'Estoile, le samedi 2 août. Catherine quitta Paris avec toute sa cour (*Mém.* de Sully, livre I), avec le cardinal de Bourbon et le duc de Montpensier, mena sa fille au château d'Olinville, où elle fit ses adieux au roi Henri III, et fit le tour des provinces pour se rendre à Bordeaux. Le roi de Navarre, qui était alors en conférence avec les députés des huguenots, vint au-devant des reines à la Réolle : « Il y estoit tres bien accompagné de tous les seigneurs et gentilshommes de la religion de Gascogne, et de quelques catholiques. » (*Mém.* de Marguerite de Valois.)

Le séjour de Catherine auprès de son gendre devait être court; les intrigues politiques le firent durer dix-huit mois;

---

1. De Thou, *Hist.*, livre LXVI.

pendant ce temps, la reine mère avec sa cour visita Libourne, Coutras, Monpont, le Fleix, Bergerac, Sainte-Foix, Auch, Nérac[1]. Elle s'était fait accompagner de plusieurs esprits habiles, et surtout de Pibrac[2], ami de Montaigne.

Henri conduisit les deux reines à Nérac, résidence ordinaire de la cour de Navarre. Leur arrivée fut célébrée par de grandes fêtes ; le sieur du Bartas avait composé exprès de belles poésies, qui furent récitées par trois demoiselles du pays, représentant la muse gasconne, la muse française et la muse latine[3]. On ne cessa dès lors de faire marcher de front les plaisirs et les affaires : « Le mélange de deux cours qui ne cédoient en rien l'une à l'autre du côté de la galanterie produisit l'effet qu'on devoit en attendre. On se livra aux plaisirs, aux festins, ballets et fêtes galantes ; mais pendant que l'amour étoit devenu l'affaire la plus sérieuse de tous les courtisans, Catherine ne s'occupoit que de sa politique. Pour cette fois, elle ne réussit point. »(Sully, *Mém.*, livre I.) Ces perpétuelles réjouissances des deux cours avaient besoin de sécurité ; on aurait pu, en attendant la paix, convenir d'une trêve qui aurait eu lieu par tout le royaume, jusqu'au départ de la reine mère. Mais cette princesse « n'étoit pas fâchée qu'on oubliât de part et d'autre qu'on étoit en paix, et qu'on traitât ensemble sur le pied de guerre. On étoit seulement demeuré d'accord qu'il y auroit trêve partout où seroit la cour, et les limites ne s'étendoient pas plus loin ordinairement qu'à une lieue et demie ou deux lieues de l'endroit où la reine et les princes faisoient leur résidence ; ce qui causoit un contraste tout à fait nouveau. Ici on se combloit de politesses, et on se parloit avec la dernière familiarité ; se rencontroit-on hors de là, on se battoit à outrance. » (Sully, *eod.*) Cette étrange convention donnait lieu à des surprises, à des trahisons, à des brouilleries, à des sépara-

---

1. Souffrain, *Essais et variét. historiq. sur la ville de Libourne*, t. I, p. 231.
2. D'Aubigné, *Hist. univ.*, t. II, livre IV, chap. III.
3. *Notice historique sur la ville de Nérac*, par M. de Villeneuve-Bargemont, p. 67 et suiv.

tions momentanées. « Mais on se rapprochoit bientôt, dit Sully, par l'intérêt des plaisirs qui sans cela auroient langui. »

Les deux cours se rendirent ensemble à Foix; puis Catherine traversa le Languedoc, la Provence, le Dauphiné et revint à Paris. Après son départ, la cour de Navarre vint à Montauban, et de là à Nérac : « Cette cour n'étant pas moins voluptueuse que celle de France, il ne fut encore question que de plaisir et de galanterie. » (Sully, *eod.*) « Félicité qui me dura, écrit Marguerite, l'espace de quatre ou cinq ans que je fus en Gascogne avec lui (le roi de Navarre), faisant la plus part de ce temps-là nostre séjour à Nerac, où nostre cour estoit si belle et si plaisante que nous n'envions point celle de France. »

Je ne saurais croire que Montaigne se soit senti, à plusieurs reprises, très-voisin de ces cours durant leurs voyages, sans déserter sa librairie et suspendre sa plume, peut-être plus d'une fois, pour venir dans ces brillantes réunions. Tout l'y appelait : sa qualité de gentilhomme, son titre de chevalier de Saint-Michel, la présence de la reine mère qui le connaissait et l'estimait, celle de la reine Marguerite, femme d'esprit et de conversation charmante, celle aussi des hommes distingués qui accompagnaient les princesses, enfin le mouvement des fêtes et la société des belles femmes. Ou je me trompe fort, ou il y avait là une de ces occasions qui détenaient parfois Montaigne ailleurs que chez lui.

Après la paix de Fleix en 1580 et 1581, il y eut à Bordeaux et à Nérac de splendides réunions de princes et de hauts personnages; mais, à cette époque, Montaigne voyageait. Après son retour, la reine Marguerite était retournée à Paris; sa conduite, ses démêlés avec son mari et les événements politiques détruisirent l'agrément et l'éclat de la cour de Nérac. Montaigne y fit une visite en 1584, après le rapprochement momentané qui eut lieu entre les deux royaux époux, à la suite de négociations auxquelles il avait pris part (voy. chap. IX).

Il reste un dernier point à éclaircir. Montaigne dit que sa maison était assez grande pour que la cour y ait logé.

On a remarqué le tour ingénieux que sa vanité a imaginé pour amener ce souvenir sous sa plume; dans le chapitre où il se justifie d'aimer les voyages, il se fait adresser par ses amis cette observation : « Vostre maison est elle pas en bel air et sain, suffisamment fournie, et capable plus que suffisamment? La majesté royale y a logé plus d'une fois en sa pompe. » (Livre III, chap. IX.) A quels événements fait-il allusion? de quelle cour entend-il parler?

Il faut observer d'abord que Montaigne ne dit pas avoir personnellement reçu la royauté ; il rappelle le fait du séjour sans indiquer aucune date. Je ne pense pas qu'on puisse reculer l'époque d'une visite royale au delà de Pierre Eyquem; car c'est celui-ci qui, ayant le goût de bâtir, avait fait la maison telle que son fils la dépeint : « Mon pere aimoit à bastir Montaigne où il estoit nay. » (Livre III, chap. IX.) Il n'eut même pas le temps d'achever ce qu'il avait projeté. Michel ne termina pas, et il ne fit que quelques constructions insignifiantes : « Ce que ie me suis meslé d'achever quelque vieux pan de mur, et de ranger quelque piece de bastiment mal dolé (mal poli), ç'a esté certes regardant plus à son intention qu'à mon contentement; et accuse ma faineance de n'avoir passé oultre à parfaire les beaux commencements qu'il a laissez en sa maison. » (*Eod.*)

Cette maison, *capable plus que suffisamment*, est donc celle que Pierre Eyquem a laissée non achevée à son fils Michel[1]. Elle existe encore dans ses anciennes proportions; la dernière description qui en a été donnée est celle de M. le docteur Bertrand de Saint-Germain; le récit de la visite intéressante qu'il y a faite le 6 septembre 1848 se lit dans le *Bulletin du bibliophile*, 1849, n°s 8 et 9. « Pour pénétrer dans la cour d'honneur, dit le voyageur, il faut franchir le portail dont les doubles arceaux laissent entre eux un espace triangulaire protégé par une tour (celle où était la librairie),

---

1. Voy. la description partielle contenue dans les *Essais*, livre III, chap. III.

et par d'autres constructions adhérentes qui forment là une espèce de bastion. La cour est presque quadrilatère. Le château en occupe un des côtés regardant au sud-est et trois bâtiments adossés aux murs d'enceinte forment les trois autres côtés : ces bâtiments dont toutes les ouvertures donnent sur la cour renferment les écuries en face du château, et latéralement, les greniers, le cellier et des logements pour les gens de service. Ces constructions ont le même caractère d'ancienneté que le château.

« ....La principale façade du château est du côté de la cour, à l'aspect du midi. Il n'a rien de grandiose, mais il est d'un effet assez pittoresque et sent le gentilhomme. Comme presque tous les anciens châteaux, il a été bâti à plusieurs reprises, augmenté ou modifié sans préoccupation de la régularité ou de la symétrie ; ainsi les croisées ne sont pas sur le même plan, et des deux pavillons à toiture aiguë qui le terminent, l'un, celui du midi, est beaucoup plus élevé que l'autre, et présente à l'angle extérieur une tourelle qui n'est pas reproduite du côté opposé. Ces deux pavillons sont séparés du corps central de l'habitation par deux tours d'inégale hauteur et de forme différente, l'une ronde, l'autre octogone. Les pavillons et les tours ont trois étages, en y comprenant le rez-de-chaussée, selon la manière de compter de Montaigne, et la partie centrale n'en a que deux; encore ces étages sont-ils peu élevés et seulement à deux fenêtres.

« On le voit, ce n'était pas là une grande habitation ; mais l'espace n'y manquait pas, non plus que l'originalité et l'élégance.... On y montrait encore, il y a quelques années, la chambre royale; depuis, elle a été divisée en plusieurs pièces ; et l'intérieur du château a subi de si nombreuses transformations qu'il ne nous offre plus rien aujourd'hui d'intéressant. »

Une habitation telle qu'on vient de la voir décrite était-elle bien *capable suffisamment* pour loger la royauté *en sa pompe?* Il est permis de soupçonner quelque exagération de la part du gentilhomme fier d'avoir abrité des rois dans le manoir de ses pères. Après tout, la pompe royale varie suivant l'importance des royautés, et Montaigne ne dit pas quelle royauté a logé chez lui ; il y avait loin de la cour de France à la cour de Navarre, de Catherine de Médicis à Jeanne d'Albret, de la suite d'Henri III à celle d'Henri le Béarnais. Je ne vois pas quel roi de France avant Charles IX aurait traversé le Périgord depuis le retour de Pierre Eyquem revenu des guerres d'Italie en 1528. Pendant le grand voyage de 1564, 1565, le seigneur de Montaigne aurait pu faire les honneurs de son château, non pas à *la royauté en sa pompe*[1], mais à une partie de la cour qui serait venue à la suite de Charles IX, comme cela avait eu lieu quelques mois auparavant au château de Thouars, où le roi avait attendu que les préparatifs de son entrée fussent terminés à Bordeaux. Mais l'itinéraire d'Abel Jouan, écrit jour par jour, lors du retour du roi de Bayonne à Paris, montre que la cour ne s'est pas arrêtée à Montaigne, n'a pas même passé dans les environs assez près pour qu'il y ait place à la supposition d'un séjour[2].

Il n'est pas impossible que dans les excursions qu'elles firent en 1578 et 1579, les deux cours de Catherine et du roi de Navarre aient honoré d'une visite le manoir du seigneur de Montaigne. Il est plus vraisemblable qu'Henri, soit avant

1. S'il faut en croire les ambassadeurs vénitiens envoyés à Henri III en 1577, les voyages de la cour de France mettaient en mouvement une véritable armée : « Les princes, les ducs, les barons, les prélats qui suivent la cour, les uns par devoir, les autres par ambition, sont si nombreux, qu'à chaque grand voyage le cortége est de huit mille chevaux et d'autant de personnes. Pour trouver ses logements, il faut qu'un prince se tienne à trois ou quatre lieues de distance de l'autre ; les villes même ne peuvent pas toujours loger la cour tout entière, qui s'arrange dans les villes environnantes. Quand même il y aurait assez de place pour la cour, il n'y en aurait pas assez pour les bêtes. C'est en cela plus qu'en toute autre chose que je trouve la ville de Paris étonnante. Une cour, si nombreuse qu'elle puisse être, n'y cause pas de changement apparent. Elle est semblable à la mer, qui n'augmente jamais quoiqu'elle reçoive toutes les rivières dans son sein. » (Jérôme Lippomano, *Relat. des ambassad. vénitiens*, t. II, p. 529.)

2. En quittant Nérac, où il séjourna quatre jours, Charles IX passa à Buzet, Tonneins, Verteuil, Lozun, Bergerac, Langat, Mussidan, Ribera, Rochebeaucourt, Tourquenier (près Angoulême), etc. ; je suis ici l'orthographe d'Abel Jouan.

son départ pour aller se marier à Paris en 1572, soit lorsqu'il parcourait dans tous les sens la Guyenne avec sa petite armée qu'il multipliait par son infatigable activité, aura demandé l'hospitalité au château de Montaigne; cette hospitalité était plus honorable qu'onéreuse, le Béarnais n'ayant pas, durant les années qui ont précédé la paix de Fleix, un brillant entourage, et sa cour se composant de quelques gentilshommes toujours à cheval avec lui. M. Leclerc (*Notes et preuves*, p. 129) adopte cette conjecture : « Sans doute Henri IV, qui, lorsqu'il était roi de Navarre, fit longtemps la guerre dans ces contrées, a pu loger chez lui. »

Pour une époque postérieure, il y a mieux qu'une simple supposition. Il existe à Pau un journal de la dépense du roi de Navarre, embrassant, entre autres, les années écoulées de 1576 à 1589; à l'aide de ce journal, dont une grande partie a été conservée, et avec les lettres et documents présentant une date certaine, M. Berger de Xivrey a constitué un itinéraire, beaucoup plus complet et mieux justifié que celui des rois de France publié par le marquis d'Aubais, et qui permet de suivre Henri de Navarre dans ses voyages en Guyenne[1].

On voit, dans ces comptes manuscrits, à la date du 19 décembre 1584, que le roi dîne à Gurson, soupe et couche à Montaigne[2].

Aussitôt après la bataille de Coutras, Henri quitta son armée victorieuse. Montaigne était sur son chemin ; il s'y arrêta, bien que le seigneur de ce manoir fût resté fidèle à la cause du roi de France, dont les troupes venaient de perdre la bataille et leur chef. D'après les comptes manuscrits des dépenses, Henri, le 23 octobre 1587, dîne à Puynormand, soupe et couche à Montaigne; le 24, il dîne à Montaigne, soupe et couche à Sainte-Foy[3].

---

1. Préface du *Recueil des lettres d'Henri IV*, p. 27.
2. Henri honorait ainsi de sa visite les personnes qui avaient son estime ou son amitié. Au mois de juillet 1585, lorsque se conclut l'union du roi de France avec la Ligue, « le roi de Navarre apprit cette nouvelle au château de la Force, où il était pour lors... Il fit en ce temps-là l'honneur à M. de La Force de passer quelque temps chez lui. » (*Mémoires du duc de La Force*, t. I, p. 50.)
3. A ces dates précises il convient d'ajouter le renseignement traditionnel

Henri alla mettre les trophées de sa victoire aux pieds de la belle Corisande, duchesse de Gramont; il passa le reste de l'année dans ses États. Montaigne partit pour Paris au commencement de 1588; quand il revint dans la Guyenne, en 1589, le roi de Navarre n'y était plus, et il ne le revit pas avant de mourir (voy. chap. XII).

suivant, que M. Payen (*Note supplémentaire aux premiers documents*) dit tenir de M. de Kercado, dont la femme, née de Levis Mirepoix, descend à la dixième génération du grand-père de Michel Montaigne : « En 1778, le curé de la paroisse de Saint-Michel disait qu'il avait vu au château, une trentaine d'années auparavant, un calendrier sur lequel Montaigne avait noté que, cette année, et tel jour, Henri IV lui avait fait l'honneur de le visiter, et qu'il lui avait donné le plaisir de la chasse dans son bois du Cours, qui est au nord, vers le château de Guiron. »

CHAPITRE V.

MONTAIGNE CHEVALIER DE L'ORDRE DE SAINT-MICHEL.

Origine de l'ordre. — Sa splendeur, son discrédit, surtout depuis Charles IX. — Dates diverses attribuées à la promotion de Montaigne. — Lettre de Charles IX, de 1571, qui le nomme; détails sur cette lettre, observations. — Critique de Brantôme sur la promotion de Montaigne. — Déclin de l'ordre; création de l'ordre du Saint-Esprit; opinion de Montaigne. — Destinée du nouvel ordre.

La chevalerie était tombée avec la puissance féodale qui avait été sa raison d'exister. Les rois voulurent, dans leur intérêt, en perpétuer le souvenir, et en garder une image, en créant les ordres de chevalerie. Le roi Jean avait institué celui de l'Étoile, et l'avait trop répandu pour lui laisser sa valeur primitive [1]. Louis XI le remplaça par celui de Saint-Michel, fondé le 1ᵉʳ août 1469. Le premier article des statuts porte : « En l'ordre de Saint-Michel y aura trente-six chevaliers gentils hommes de nom et d'armes, sans reproche, dont le roy sera le chef. » Sous François Iᵉʳ et sous Henri II, l'ordre conserva toute son importance : il la perdit sous les trois derniers Valois. Ce sont les Guise qui profitèrent de leur ascendant sur le jeune François II pour prodiguer l'ordre avec excès. La reine Catherine suivit leur exemple, et l'abus ne fit que s'aggraver. Charles IX fut obligé de renoncer à la pompe des chapitres où le roi assistait avec les confrères, et de permettre que la cérémonie des réceptions se fît dans les provinces par commission.

On voit par ce que dit Montluc (*Comment.*, livre III) le prix

---

[1] « Il ordonna lui-même, pour le faire mépriser, que les archers du guet de la ville de Paris le porteroient sur leurs casques, ce qui fut cause que les gentilshommes le laissèrent, et que cet ordre fut supprimé peu de temps après son institution. » (*L'état de la France, comme elle étoit gouvernée en l'an 1648.*)

que sous Henri II on attachait encore à l'ordre de Saint-Michel : « Le jour apres (en 1555), qui fut le mercredy au soir, M. de Guyse me dit que le roy s'estoit resolu de me bailler le lendemain l'ordre, qui estoit en ce temps là chose si digne et recherchee, que le plus grand prince de France ne se fust tenu pour content s'il ne l'eust eu, et eust mieux aymé que le roy ne luy fist jamais aucun bien, parce que c'estoit une marque d'honneur qui n'estoit pas profanee comme il est à present. »

Dès 1560, les Guise avaient ouvert la mauvaise voie : ils n'avaient d'autre désir que de « s'acquerir des amis et serviteurs, en leur faisant avoir les charges et les honneurs, comme, un peu auparavant la mort du feu roy François second, ils firent donner l'ordre de Saint-Michel à dix-huit chevaliers, qui estoit pour lors une grande et honorable dignité, et, en cinquante ans, il ne s'en estoit tant fait que cette annee là.... Depuis il s'en est tant fait du temps du roy Charles neufviesme, que l'ordre en a esté mesprisé et delaissé » (Castelnau, livre I, chap. VI.)

Au dire du savant auteur des additions aux mémoires de Castelnau, Jean Le Laboureur (*Commentaire sur le chapitre* VI), le connétable Anne de Montmorency blâma publiquement cette promotion des dix-huit, et le duc de Guise et le cardinal de Lorraine en furent mal voulus; cependant on n'avait à reprocher que le nombre, la plupart des élus ayant des qualités qui ne laissaient rien à désirer. En 1561, quinze chevaliers furent faits, le 7 décembre, par Charles IX à Saint-Germain. Au mois de janvier 1562 (ou plutôt 1563, l'année ne commençant alors qu'à Pâques et non au 1ᵉʳ janvier), on comprit dans une seule promotion trente-trois chevaliers, comme cela résulte d'une lettre écrite de Chartres, le 12 janvier, par Catherine de Médicis à Artus de Cossé, sieur de Gonnor, depuis maréchal de France, alors surintendant des finances[1].

---

1. Voici cette lettre, telle que la donne Le Laboureur :

« Monsieur de Gonnor, nous n'avons faict à ce matin que trente-deux (Ro-

Le grand voyage de 1564, 1565, fut, pour la reine mère, une occasion de nouvelles prodigalités : « En ce voyage elle fit infinis nobles et force chevaliers [1]. »

On continua de faire incessamment des chevaliers ; à cause des troubles de l'État, les malcontents continuèrent aussi leurs pasquils, par exemple pour la promotion de 1567. (Le Laboureur, *eod.*)

« .... A cause de l'effréné nombre de chevaliers de l'ordre de Saint Michel, qui estoit tellement avili qu'on n'en faisoit non plus de compte que de simples auberaux ou gentillatres ; et appelloit on des pieça le collier de cet ordre, le collier à toutes bestes. » (*Journal* de Pierre de l'Estoile, année 1579.) De Thou (*Hist.*, livre XXIII) attribue le mot à Charles Tiercelin de La Roche-du-Maine, gentilhomme, dit-il, d'une vertu digne des premiers temps.

On va voir que ces détails ne sont pas indifférents pour l'histoire de Montaigne.

Plusieurs écrivains, afin d'honorer la mémoire de l'auteur des *Essais*, ont reporté son entrée dans l'ordre à une époque où l'institution n'était pas encore discréditée. « Il se fit tellement estimer à la cour, dit dom Devienne (*Eloge*) que Henri II lui donna le cordon de Saint-Michel, distinction qu'on n'accordoit alors qu'au plus grand mérite ou à la plus haute naissance. » D'autres pensent qu'il fut nommé par Charles IX, mais avant que l'ordre eût perdu sa valeur :

---

bertet, secrétaire d'État, ajouta en marge : « Monsieur, il y en a trente trois ») chevaliers de l'ordre, parcequ'il n'y en avoit (c'est qu'elle raille), et vingt cinq capitaines de gens d'armes ; trouvez de l'argent pour les payer, et aussi vostre crue de dix afin que vous courrouciez s'il faut de l'argent. Et dites apres que nous ne faisons rien icy....

« Bruslez cette lettre.   CATHERINE. »

Ce texte diffère un peu de celui qui se lit dans les *Mémoires de Condé*. L'original de la lettre n'a pas pu être retrouvé par M. Busoni pour la collection des lettres de Catherine, qui s'imprime dans les *Documents inédits pour servir à l'histoire de France*. Le ton caustique de la lettre de la reine, et la recommandation de brûler ce qu'elle écrivait, font penser que ses railleries contenaient un blâme, et qu'elle déplorait ce qu'on exigeait d'elle.

1. Discours merveilleux de la vie, actions et deportemens de Catherine de Medicis, reine mere. *Estat de France sous Charles IX*, t. III, p. 422.

« Ce fut sans doute pendant quelqu'un de ses voyages à la cour que le roi Charles IX l'honora du collier de l'ordre de Saint-Michel.... Il se plaint de ce qu'on avoit, depuis, avili cet honneur.... »(Bouhier, *Mém. sur Montaigne;* Moréri, article Montaigne, qui déclare avoir suivi Bouhier.) « Charles IX, dit le chanoine Talbert (p. 134 des notes de son *Éloge*), l'avoit décoré de l'ordre de Saint-Michel *avant* qu'il fût en discrédit; il est vrai que, quelque temps après cet ordre fut prodigué, et Montaigne s'en plaint. » C'est aussi le sentiment de M. de Peyronnet (*Plutarque français*).

M. Vatout fait honneur de la nomination de Montaigne à Catherine de Médicis, sous la minorité de Charles IX : « Les lettres ne furent pas non plus oubliées par la reine mère; elle décora Montaigne du cordon de Saint-Michel.» (*Souvenirs historiques du palais de Fontainebleau.*)

M. Gence s'en rapporte au témoignage d'un contemporain et d'un ami, Étienne Pasquier, qui dit seulement que Montaigne fut fait chevalier de Saint-Michel par Charles IX.

C'est sous ce dernier règne, on n'en saurait douter, que la nomination eut lieu; les paroles de Montaigne lui-même forcent de reconnaître que ce fut après que l'ordre eut perdu sa valeur. On en peut juger par le regret qu'il exprime du déclin d'une institution dont il approuvait le principe, et par le soin qu'il met à déclarer, d'un ton dédaigneux, que si, dans sa jeunesse, il a désiré s'élever à cet honneur, la fortune l'a favorisé en le faisant descendre jusqu'à ses épaules et au-dessous. On s'étonne de trouver cette espèce de rodomontade qui couvre mal le dépit d'une trop longue attente, au milieu du long chapitre philosophique consacré à Raymond Sebond, circonstance qui a été relevée par Pasquier, dans sa lettre à M. de Pelgé : « La moindre partie est de cest Espagnol; tout le demeurant est de nostre Montaigne : car mesme, comme il ne s'oublie jamais, il nous a fait expresse mention de l'ordre de Saint-Michel, dont il avoist esté honnoré. »

Quoi qu'il en soit, voici ce qu'on lit dans les *Essais :*

« L'ordre de Sainct Michel, qui a esté si longtemps en

credit parmy nous, n'avoit point de plus grande commodité que celle là, de n'avoir communication d'aulcune autre commodité : cela faisoit qu'aultrefois il n'y avoit ny charge, ny estat, quel qu'il feust, auquel la noblesse pretendist avecques tant de desir et d'affection qu'elle faisoit à l'ordre, ny qualité qui apportast plus de respect et de grandeur; la vertu embrassant et aspirant plus volontiers une recompense purement sienne, plustost glorieuse qu'utile....

« Puis donc que ces loyers d'honneur n'ont aultre prix et estimation, que cette là, que peu de gens en iouïssent, il n'est, pour les aneantir, que d'en faire largesse. Quand il se trouveroit plus d'hommes qu'au temps passé qui meritassent notre ordre, il n'en falloit pas pourtant corrompre l'estimation : et peult ayseement advenir que plus le meritent; car il n'est aulcune des vertus qui s'espande si ayseement que la vaillance militaire.... Mais ie dis, quand plus de gents en seroient dignes qu'il ne s'en trouvoit aultre fois, qu'il ne falloit pas pourtant s'en rendre plus liberal; et eust mieulx vallu faillir à n'en estrener pas touts ceulx à qui il estoit deu, que de perdre pour iamais, comme nous venons de faire, l'usage d'une invention si utile (livre II, chap. VII).

« Disons de moi mesme : ie demandois à la fortune, aultant qu'aultre chose, l'ordre de Sainct Michel, estant ieune ; car c'estoit lors l'extreme marque d'honneur de la noblesse françoise[1], et tres rare. Elle me l'a plaisamment accordé : au lieu de me monter et haulser de ma place pour y aveindre, elle m'a bien plus gracieusement traicté, elle l'a ravallé et rabaissé iusques à mes espaules et au dessoubs. » (Livre II, chap. XII[2].)

On doit conclure du langage même de Montaigne que sa nomination ne remontait pas aux premières années du règne

---

1. M. Charles Louandre cite cette phrase, tout en rappelant que c'est sous Charles IX que Montaigne fut promu, et il semble croire, malgré Montaigne lui-même, que l'ordre était encore en grand crédit.

2. M. Villemain avait oublié ce passage lorsqu'il écrivait dans la *Galerie française* : « Il revint dans son château, fort satisfait d'avoir obtenu le collier de l'ordre de Saint-Michel. »

de Charles IX ; on ne trouve pas son nom dans les listes que donne Le Laboureur, et dont une est de 1567. Scévole de Sainte-Marthe place sa nomination après sa sortie de la magistrature : « Magistratu se sponte abdicavit, regiique or- « dinis insignibus à principe cohonestatus, aliud plane vitæ « genus instituit. » La Dixmerie dit aussi, mais sans citer aucune autorité, qu'on le voit décoré par Charles IX presque en même temps qu'il quitta la robe pour l'épée, ce qui reporterait à 1570 ou 1571. M. Leclerc (*Notes et preuves*, p. 126) pense que Montaigne était déjà chevalier de Saint-Michel en 1569 : « A la tête de la traduction de la *Théologie naturelle* de Sebond, publiée en 1569, il prend les titres de chevalier de l'ordre du roi, et de gentilhomme ordinaire de sa chambre. » Le savant professeur se trompe ; il confond la première édition, donnée à Paris, chez Buon et Gourbin, en 1569, avec la seconde, publiée par les mêmes éditeurs en 1581. Celle-ci contient en effet, sur le titre, les deux qualités de Montaigne : la première ne les porte pas[1].

La date précise de la promotion de Montaigne a été mise en lumière par M. le docteur Payen. Parmi les nombreux manuscrits du chanoine Prunis que possède la Bibliothèque impériale, il en a trouvé un, non classé, qui était une préface ; cet ecclésiastique, plus ardent chercheur qu'habile écrivain, l'avait préparée pour mettre en tête du *Voyage de Montaigne en Italie*, dont on sait qu'il a découvert le manuscrit ; il avait utilisé, pour son travail resté inédit, et heureusement remplacé par l'introduction due à Meunier de Querlon, les papiers qu'on lui avait remis au château de Montaigne ; il est très-probable que c'est au nombre de ces pièces que se trouva une lettre du roi, sans signature, mais datée du 18 octobre 1571 ; il l'inséra à la fin de sa préface. Il l'attribue à Henri III, erreur évidente, puisque Charles IX régna jusqu'en 1574. L'absence de la signature provient ou

---

1. La première de ces deux éditions est assez rare pour qu'elle manque dans de grandes bibliothèques publiques, et que M. Brunet, dans son *Manuel*, déclare ne l'avoir pas vue. M. le docteur Payen a eu l'obligeance de m'en communiquer deux exemplaires.

d'un oubli du copiste, ou de la circonstance que la pièce reproduite n'était elle-même qu'une copie. La lettre est ainsi conçue :

« Monsieur de Montaigne, pour vos vertus et mérites je vous ai choisi et élu au nombre des chevaliers de mon ordre, afin d'être associé avec eux ; pour laquelle élection vous notifier et vous bailler le cordon dudit ordre, j'en écris présentement à mon cousin le marquis de Trans, auprès duquel vous vous rendrez afin de recevoir de lui le collier dudit ordre qu'il vous baillera de ma part, et ce pour augmenter de plus en plus l'affection et bonne volonté que je vous porte et vous donner occasion de persévérer en la dévotion que vous avez de me faire service. Priant Dieu, monsieur de Montaigne, etc. »

Écrit à Blois, le 18 octobre 1571.

M. Payen a publié cette pièce dans ses *Nouv. docum.*, p. 46 et suiv. J'ai vu entre ses mains la transcription de toute la préface de Prunis; on y trouve des déclamations de mauvais goût, des erreurs, des suppositions toutes gratuites; mais elles n'atténuent point la confiance que mérite un document qu'il s'est borné à copier; si on peut douter des talents du chanoine, personne ne suspecte sa bonne foi. On a reconnu l'authenticité du manuscrit du journal de voyage trouvé dans le château de Montaigne ; pourquoi ne pas attribuer la même valeur aux autres pièces découvertes en même temps dans les mêmes archives? Il n'y a point de raison de supposer que la date ait été inexactement copiée. M. Payen fait cette observation, et y ajoute que d'après l'itinéraire des rois de France, rédigé par le marquis d'Aubais, la cour se trouvait alors à Blois; je dois faire remarquer, à mon tour, que cet itinéraire constate la présence de la cour à Blois, le 5 septembre et le 5 novembre, mais non vers le milieu d'octobre. Il n'en résulte pourtant pas d'objection sérieuse : car le marquis d'Aubais, dont le travail présente d'ailleurs de nombreuses lacunes, relève seulement les dates certaines : quand elles sont rapprochées, elles n'excluent nullement un séjour intermédiaire, surtout lorsque, comme ici, elles se rapportent à une saison de l'année où les princes habitent volontiers leurs résidences de province.

En admettant, ce qui me paraît incontestable, la bonne foi éclairée de Prunis, je trouve une confirmation de l'authenticité de la lettre dans l'indication du marquis de Trans pour la remise du collier de l'ordre : on verra bientôt, d'après le témoignage de Brantôme, que ce seigneur était intervenu dans l'affaire.

Je ne puis souscrire entièrement à ce que dit ici M. Payen : « Surabondamment nous ferons remarquer que la missive de Charles IX est de l'année même où Montaigne a quitté la cour ; d'après l'inscription que nous avons rapportée, il y avait à peine sept mois qu'il s'était voué à la retraite : le souvenir de ses services devait être encore assez présent pour qu'il ne soit nullement surprenant que le roi récompensât, d'une manière purement honorifique, un homme chez lequel le désintéressement n'était qu'une des formes de la noblesse et de l'indépendance du caractère. » Montaigne, j'ai déjà eu occasion de le dire, n'a point quitté la cour en 1571; il est revenu d'un voyage qu'il y fit cette année-là, sans annoncer, plus que précédemment, qu'il prenait un congé définitif; si, n'ayant plus de fonctions publiques à remplir, il a commencé à vivre dans la retraite, il ne s'y est pas tenu enfermé longtemps, puisque l'année suivante il a dû reparaître à la cour, et y est revenu plusieurs fois (voy. chap. IV). En 1571, Montaigne avait quitté depuis peu son siège au parlement de Bordeaux qu'il avait occupé pendant près de treize ans, et il était naturel que le roi pensât à récompenser honorifiquement ses longs services[1] ; il savait que Montaigne n'accepterait aucune rémunération d'une autre nature, et ne voulait entrer dans aucune charge. Mais, au point de discrédit où était tombé l'ordre de Saint-Michel, que Montaigne

---

1. La Dixmerie, partageant l'erreur de ceux qui pensent que Montaigne resta peu de temps conseiller au parlement, dit que « cette faveur faite à Montaigne ne pouvait être qu'une récompense de la manière dont il venait d'exercer sa *courte magistrature.* »

ne sollicitait plus, la récompense restait bien au-dessous de l'homme et de ce qu'il valait. Aussi, ne serais-je pas éloigné de croire que l'appoint fut fait au moyen du titre de gentilhomme ordinaire de la chambre du roi ; j'avoue, toutefois, que rien n'indique si Montaigne en fut gratifié à cette époque, ou plus tard, par Charles IX ou par son successeur (voy. chap. VI).

La date de la promotion de Montaigne semble confirmée par les critiques mêmes dont elle a été l'objet de la part d'un contemporain ; Brantôme le prend en preuve (quel coup pour sa vanité s'il avait connu cet écrit !) du dépérissement de l'ordre ; il se moque de la gaucherie avec laquelle Montaigne portait l'épée, et du collier qui lui fut conféré dès qu'il eut déposé la robe, *sans autre forme d'avoir fait guerre*; en effet, en 1571, on était en pleine paix, et ce n'est que plusieurs années après que Montaigne a pu faire un service militaire.

Pourquoi Brantôme, ayant à choisir parmi les exemples nombreux d'avilissement de l'ordre qui avaient eu lieu depuis plus de dix ans, a-t-il pris celui d'un homme aussi distingué que Montaigne ? On pourrait répondre qu'il tenait beaucoup aux traditions de la haute noblesse, à laquelle il appartenait ; il était ennemi des gens de robe ; d'un autre côté, Montaigne n'avait jamais bronché dans sa fidélité envers le roi, et n'avait servi ni la Ligue ni l'étranger ; le sieur de Bourdeilles n'était pas sans reproche à cet égard ; enfin il avait pour la reine Marguerite un attachement qui allait jusqu'à l'idolâtrie[1], et il ne fut sans doute pas fâché de rencontrer une occasion d'épigramme contre un gentilhomme périgourdin comme lui, qui avait toujours gardé ses sympathies et s'était promptement rallié au roi de Navarre,

---

1. Le maréchal de Matignon fut frappé d'apoplexie foudroyante, le 25 juillet 1597, pendant qu'il était à table ; Brantôme regarde cette mort comme une punition du ciel pour la rigueur avec laquelle le maréchal avait traité la reine Marguerite. Matignon avait si vivement conduit la répression du mouvement soulevé à Agen par Marguerite, que cette princesse avait dû fuir précipitamment à califourchon sur un cheval, derrière un gentilhomme son amant. C'est ce que racontent tous les mémoires du temps.

fort mal avec sa femme, et contre un grand seigneur parent et partisan de ce prince [1]. Ces raisons ne sont peut-être pas nécessaires pour expliquer la maligne citation du nom et de la promotion de Montaigne. Le mécontentement du gentilhomme de grande maison à l'aspect de l'ordre conféré à des gens de *robe*, contre l'esprit de l'institution, motiverait suffisamment sa mauvaise humeur. Ce qui serait absurde aujourd'hui était alors tout naturel; à chaque siècle ses idées, ses mœurs, ses préjugés.

Brantôme, donc, attribue la nomination de Montaigne, non à son mérite, mais aux seules démarches de son voisin et ami, le marquis de Trans [2] : « Nous avons veu des conseillers sortis des cours de parlement, quitter la robe et le bonnet quarré, et se mettre à traisner l'espee, et les charger aussitost de ce collier, sans autre forme d'avoir fait guerre; comme fit le sieur de Montaigne, duquel le mestier estoit meilleur de continuer sa plume à escrire ses *Essays*, que de la changer avec une espee qui ne lui seyoit si bien. Le marquis de Tran (*sic*) impetra du roy aysement un ordre à un de ses voisins, pensez qu'en se mocquant, car il estoit un grand mocqueur. » (*Discours sur les capitaines illustres*, article Tavanne [3].)

---

1. Gaston de Foix, marquis de Trans, chez qui fut tenue la conférence de Fleix, pour la paix de 1580, eut trois fils tués au combat de Moncrabeau, près de Nérac, livré par le roi de Navarre contre les troupes du maréchal de Biron, le 26 juillet 1580 : « Comme ils étaient tous proches parents du roi de Navarre, ils suivaient son parti, quoiqu'ils fussent catholiques. » (De Thou.)

2. Montaigne avait des relations intimes avec la famille de Foix, dont le marquis de Trans était membre. Il avait eu une grande part à la conduite du mariage de Diane de Foix, comtesse de Gurson, comme il le rappelle dans le beau chapitre, qu'il lui a dédié, de l'*Institution des enfants*. C'est à M. le comte de Foix, ambassadeur du roi à Venise, qu'il avait dédié les vers français de La Boëtie; et il fait de lui un grand et juste éloge, livre III, chap. IX des *Essais*.

3. J'avais cru devoir terminer avant ces mots : « Pensez qu'en se mocquant, » etc. la citation de Brantôme, par le motif qu'ils ne m'avaient point, d'abord, paru s'appliquer à Montaigne. Mon opinion reposait sur la manière dont la phrase est ponctuée dans les additions que Jean Le Laboureur a écrites sur le chapitre VI des *Mémoires de Castelnau* : « Le marquis de Tran impetra du roy aysement un ordre à un de ses voisins. Pensez qu'en se mocquant, car il estoit un grand mocqueur, il fit aussi son maistre d'hôtel dit Paumier de mesme chevalier, si qu'une fois estant venu à la cour pour les affaires de son

Quoi qu'en dise le malicieux seigneur de Bourdeilles, l'ordre de Saint-Michel n'aurait pas perdu son crédit, s'il n'avait recruté que des gentilshommes d'aussi bonne maison et d'aussi grande valeur que Michel de Montaigne. La déconsidération ne s'arrêta pas après 1571; elle ne fit que s'augmenter. Des raisons de politique et de circonstances firent conférer l'ordre au roi de Navarre et au prince de Condé, dans la grande solennité qui eut lieu à Notre-Dame, le 29 septembre 1572 (voy. les détails donnés par Favin, *Histoire de Navarre*); cette cérémonie, suivant de près la Saint-Barthélemy et l'abjuration forcée des deux princes calvinistes, avait un sens tout exceptionnel. Plus tard, et dans les cas ordinaires, on fuyait la fête de l'ordre : « Le jour de la fête de Saint-Michel, qui est aussi la fête de l'ordre, les princes

maistre, on le montroit au doigt, et se mocquoit on fort de luy. » Ici, on le voit, la moquerie du marquis ne tombait plus sur Montaigne. Cette leçon me semblait mériter confiance. Jean Le Laboureur, savant consciencieux, avait, dans son commentaire de Castelnau, donné, le premier, en 1659, de nombreux fragments des discours de Brantôme sur les capitaines illustres. Les œuvres diverses restèrent longtemps inédites, Mme la comtesse de Duretal, nièce de l'auteur, qu'il avait chargée de les faire imprimer, n'ayant pas osé hasarder une publication aussi scabreuse. Le discours sur Tavanne n'a paru, parmi les ouvrages de Brantôme, que dans l'édition de la Haye, 1740, 15 vol. petit in-12. On pouvait croire que cette édition, faite si tard et à l'étranger, n'était pas aussi correcte que les fragments de Le Laboureur, qui avait écrit à une époque plus rapprochée des sources primitives. Toutes les suppositions tombent devant l'examen des manuscrits; la Bibliothèque impériale de Paris en possède plusieurs : le plus important est celui qui est indiqué BR, supplément françois 120; il a été donné, le 7 novembre 1745, à la Bibliothèque, par M. Bignon, maître des requêtes et bibliothécaire du roi. C'est un in-folio qui n'est pas écrit de la main de Brantôme, mais qu'il a couvert de corrections et additions placées entre les lignes ou sur les marges, ou dans des feuillets intercalés, le tout de son écriture. L'intention d'être très-malveillant envers Montaigne en ressort de la manière la plus évidente. Ainsi, dans son premier état, le manuscrit portait : « Duquel ce mestier estoit meilleur de continuer sa plume à bien escrire. » Brantôme efface le mot *bien*, et, après le mot *escrire*, met, entre les lignes, *ses Essays*. La phrase suivante était ainsi conçue : « Le marquis de Tran l'impetra du roy aysement et luy donna pensez qu'en se mocquant car il estoit un grand mocqueur car c'estoit son voisin. » A la suite de cette phrase si négligée se trouve une croix qui renvoie à la marge, et la Brantôme ajoute l'histoire du maître d'hôtel, dont il n'avait point parlé d'abord.

De toute cette dépense de malice que reste-t-il en définitive? Le marquis de Trans avait été désigné par le roi pour remettre le collier de l'ordre à M. de Montaigne, son ami et celui de sa famille : voilà le fait constant; que le roi

se sauvent pour ne pas paraître à la cour. J'ai vu trois années de suite cette cérémonie, qui est la même que celle de l'ordre du Saint-Esprit : la première année, la cour était à Poitiers, et plusieurs princes, ne pouvant pas échapper, y assistèrent avec le duc d'Alençon. En 1578, il n'y avait de prince que le duc de Mercœur; et en 1579, il s'y trouva le duc de Guise, que le roi y avait expressément invité. » (Jérôme Lippomano, ambassadeur vénitien en France, en 1577; *Relat.*, t. II, p. 547.) Brantôme parle d'un grand prince qui avait pris fantaisie de se faire donner l'ordre dans ces derniers temps, parce que cela faisait bien dans ses armoiries, sur sa vaisselle et sur les housses de ses mulets[1].

Comme Louis XI, Henri III voulut remédier au mépris où était tombé l'ordre ancien par la création d'un ordre nou-

n'ait récompensé Montaigne qu'à la demande de ce seigneur, cela peut rester douteux. Quant à l'intention railleuse du marquis, elle pourrait bien n'avoir existé que dans la pensée caustique et hostile du narrateur. Si l'anecdote du maître d'hôtel est vraie, elle semblerait ôter quelque chose à la considération de M. de Trans pour Montaigne; mais il serait naturel de penser que la promotion de ce serviteur domestique n'aura été obtenue que longtemps après, et lorsque le discrédit de l'ordre s'était de plus en plus aggravé.

1. « .... Si qu'on n'en vouloit plus (de l'ordre), fors un grand prince qui vit encore aujourd'hui, qui le voulut prendre sur le plus grand declin; et qu'ainsi un jour M. de Strozze et moy luy en faisions la guerre, il nous dit : « Il me « faschoit de voir mes armoiries sur ma vaisselle d'argent et sur les couvertes « de mes mulets toutes plaines et sans estre entournees, qui n'avoient nulle « grace; au lieu qu'à cette heure, il les fera plus beau voir avec ce bel ordre « et sa bordure. » (Brantôme, article TAVANNE.)

En publiant, le premier, cet article, Le Laboureur ajouta, après les mots : *fors un grand prince*, une parenthèse indiquant qu'il s'agissait du duc de Guise. L'indication est contestable; comment croire qu'un seigneur aussi puissant, et qui occupait une si haute position dans l'État, grand maître de France depuis 1563, n'ait pas été, dès sa première jeunesse, et sans l'avoir demandé, chevalier de l'ordre? L'anecdote contée par Brantôme se rapporte au temps du *plus grand déclin*, c'est-à-dire à l'époque voisine de la création de l'ordre du Saint-Esprit, destiné à compenser l'avilissement de celui de Saint-Michel; or, le duc de Guise était alors chevalier depuis plusieurs années. La date précise de sa promotion ne m'est pas connue, mais elle est antérieure à 1572 : car on le voit figurer dans le chapitre solennel tenu cette année-là à Notre-Dame, pour la réception du roi de Navarre et du prince de Condé : « Au costé droit du chœur où se met le doien estoit la chaire du roy, soubz un grand daiz de drap d'or; plus bas au mesme costé estoient les places de monsieur le duc d'Anjou frere du roy, des ducs de Montpensier, de *Nevers et de Guise*, du mareschal de Tavannes, » etc. (Favin, *Histoire de Navarre*, p. 871.)

veau ; à la fin de 1578, il institua celui du Saint-Esprit. « Au mois de decembre, audit an de 1578, le roy, considerant combien l'ordre de Sainct Michel estoit mesprisé pour la multitude de gens de peu d'estime et de valeur qui y avoient esté receus, se delibera de faire et establir en son royaume un nouvel ordre plus magnifique et plus relevé, sous le nom du Sainct Esprit, en souvenance de ce que le jour de Pentecoste il avoit esté esleu roy de Pologne, et puis en mesme jour succeda à ceste couronne (de France) voulant pour marque perpetuelle de cela que la ceremonie dudit ordre se fist le jour de la Pentecoste et le premier jour de l'an, auquel seul en fin elle fut reduite ; et ordonna Sa Maiesté en l'establissement dudit ordre qu'aucun n'y peust estre receu qu'il n'eust fait preuve suffisante de sa noblesse, de trois races du moins, sans aucuns excepter, pour en oster toutes confusions et consequences, et n'eust rendu preuve manifeste de service rendu à cet estat. » Ainsi s'exprime, dans ses *Mémoires*, M. de Chiverny, chancelier de l'ordre au moment de sa création.

Montaigne n'avait pas de motif pour se faire illusion sur l'avenir de l'ordre nouveau ; aussi lui adressa-t-il des prédictions assez moroses : « Or, de s'attendre, en effaceant et abolissant cette-cy, de poubvoir soudain remettre en credit et renoubveller une semblable coustume, ce n'est pas entreprinse propre à une saison si licencieuse et malade qu'est celle où nous nous trouvons à present : et en adviendra que la derniere encourra, dez la naissance, les incommoditez qui viennent de ruyner l'aultre. Les regles de la dispensation de ce nouvel ordre auroient besoing d'estre extremement tendues et contraintes, pour luy donner autorité ; et cette saison tumultuaire n'est pas capable d'une bride courte et reglée : oultre ce qu'avant qu'on luy puisse donner credit, il est besoing qu'on ayt perdu la memoire du premier, et du mespris auquel il est cheu. » (Livre II, chap. VII.)

Ce que Montaigne avait prévu arriva, et Brantôme eut bientôt à signaler des abus dans la distribution des colliers de l'ordre du Saint-Esprit. Avec l'abaissement successif de la noblesse et l'introduction de plus en plus marquée de la bourgeoisie dans toutes les affaires d'État, une distinction aristocratique pouvait difficilement se maintenir dans ses étroites limites. Louis XIV lui conserva le plus qu'il put son éclat, en lui faisant sa part; toute la noblesse de France était à sa cour ou dans ses armées : développant, plus que personne avant lui, l'esprit militaire, pour pouvoir soutenir ses longues guerres, il créa, en faveur de l'armée, l'ordre militaire de Saint-Louis, et le soumit à des conditions de religion et de durée de service ; il réserva, pour les grands de sa cour et pour les hautes fonctions, le cordon bleu de l'ordre du Saint-Esprit ; le cordon de Saint-Michel devint une récompense décernée surtout aux services rendus dans les arts et les lettres. La révolution de 1792 supprima tous les ordres de chevalerie avec toutes les distinctions nobiliaires ; les ordres anciens reparurent avec la Restauration ; la révolution de 1830 les abolit. Au-dessus des ruines de ces institutions, fondées sur les inspirations du passé, est demeurée l'institution nationale due au génie du premier consul de la république française : la Légion d'honneur, qui confond dans une même rémunération toutes les classes de citoyens, toutes les religions, tous les services rendus au pays.

CHAPITRE VI.

MONTAIGNE GENTILHOMME ORDINAIRE DE LA CHAMBRE DU ROI. — SUPPOSÉ A TORT SECRÉTAIRE DE CATHERINE DE MÉDICIS.

Origine des charges de gentilshommes de la chambre du roi. — Quand Montaigne a-t-il été nommé? — En quoi consistaient ces fonctions? — Quand elles donnaient droit à des gages. — Elles exigeaient la noblesse. — Avis de Catherine de Médicis à son fils. Montaigne ne les a pas écrits. — N'a point été secrétaire de Catherine. — Ces avis ne sont point adressés à Charles IX, mais à Henri III. — Ont été écrits par Jacques de Montagne.

Lorsque les ambassadeurs vénitiens vinrent à la cour d'Henri III en 1577, ils furent frappés du nombre immense de personnes et de fonctions qui servaient à entourer le trône de splendeur; ils remarquèrent la multitude des gentilshommes de la chambre du roi, office très-recherché de la noblesse depuis que François Ier l'avait distingué de l'emploi des valets de chambre : « Les gentilshommes de la chambre sont sans nombre, et il y en a d'autant plus aujourd'hui que cette charge est devenue très-estimée, ceux qui en sont pourvus portant tous une clef d'or attachée à la ceinture, tandis qu'autrefois ils étaient tous désignés sous le nom de valets. Mais François Ier fit entre les valets de chambre et les gentilshommes une distinction qui s'est maintenue depuis lors. » (Jérôme Lippomano, *Relat. des ambassad. vénit.*, t. II, p. 525[1].)

---

1. « Entre les serviteurs ou officiers domestiques des princes et seigneurs, la qualité de valet estoit jadis honorable : ainsi dans Froissart, Guy de Lusignan se dit valet du comte de Poitou.... ainsi les chambellans du roy, qui à present sont nommés gentils hommes de la chambre, s'appeloient jadis valets de chambre; mais le roy Françoys, voyant que ces offices n'estoient plus exercés que par les roturiers, ainsi que sont à present quasi tous les menus offices de la maison du roy, dont jadis les gentils hommes se tenoient bien honorés, institua par dessus eux des gentils hommes de la chambre. » De Vrevin, *Code des privilégiés*, p. 178. (1646.)

Montaigne eut une de ces charges alors si fort en honneur ; la lui a-t-on offerte ou l'a-t-il sollicitée? je l'ignore. Il y a autant de certitude sur le fait de la possession du titre que de doute sur l'époque où Montaigne a commencé à en jouir. En tête de la première édition des *Essais* (Bordeaux, 1580), il prend la qualité de chevalier de l'ordre de Saint-Michel et de gentilhomme de la chambre du roi ; la même mention se trouve sur son diplôme de citoyen romain, et sur la seconde édition, publiée en 1581, de la traduction de Raymond Sebond. Le président Bouhier ne distingue pas entre la première et la seconde édition de cet ouvrage ; c'est probablement ce qui a causé l'erreur de M. Leclerc. Le savant professeur dit, à tort, que la première édition mentionnait déjà les deux titres de chevalier de Saint-Michel et de gentilhomme de la chambre (voy. p. 169); l'absence de cette indication est importante : elle prouve qu'en 1569, date de la première édition, Montaigne n'avait point encore l'ordre et n'exerçait pas encore de charge à la cour. On sait qu'il ne reçut le cordon de l'ordre qu'en 1571 (voy. p. 169); quant à la charge de gentilhomme de la chambre, le silence de la publication de 1569 s'accorde avec la situation où Montaigne se trouvait à cette époque ; il siégeait encore au parlement de Bordeaux, sa retraite se rapportant à l'année 1570 ; or, soit sous le rapport de la résidence[1], soit sous celui du cumul, l'office de conseiller au parlement ne pouvait se concilier avec la charge dont il s'agit. L'article 267 de l'ordonnance de 1579 défend « qu'aulcun, de quelque qualité ou condition qu'il soit, puisse estre pourveu de deux estats, charges et offices[2]. Quoi qu'il en soit, c'est entre les années

---

1. Les conseillers, d'après les anciennes ordonnances confirmées par Henri III, aux états de Blois, 1579, art. 137, doivent faire résidence continuellement pour faire leurs offices, et n'en peuvent partir durant le parlement, si ce n'est par congé du parlement ; ils ne peuvent aller en lointain voyage ni pour leurs affaires, sans congé de la cour et de leur chambre ; ils ne peuvent s'absenter pour maladie de père, mère, successions échues et autres causes touchant leurs affaires particulières (La Rocheflavin, livre VIII. chap. iv).

2. Il y avait incompatibilité entre deux offices royaux quelconques ; mais le titre de gentilhomme de la chambre, qui était bien un état, dans le sens de

1570 et 1580 que Montaigne commença d'être attaché à la cour par une charge officielle.

Les fonctions des gentilshommes de la chambre du roi ne consistaient guère qu'à introduire dans les appartements du prince, à s'y tenir à sa disposition pour recevoir et exécuter ses ordres, ou assister à certains actes de la vie intérieure, ce qui a varié suivant les règnes. Les fonctions et obligations des gentilshommes de la chambre sont déterminées en détail par les règlements d'août 1578 et janvier 1585 (voy. *Collect. de Brienne*, t. CCLVI, fol. 35, 112 et 169). Il est probable que le service n'avait pas une périodicité obligatoire; le grand nombre de ces gentilshommes dispensait d'appeler souvent les mêmes, et les voyages, pour ceux qui, comme Montaigne, demeuraient dans les provinces, n'étaient pas fréquemment exigés. Mais le droit de paraître à la cour avec un titre et de s'approcher constamment de la personne du monarque, devait garantir l'empressement de chacun à venir s'acquitter de ses fonctions le plus souvent qu'il le pouvait.

Montaigne se vante de n'avoir jamais rien reçu de la libéralité des rois. Il entend par là de purs bienfaits, et non la rémunération d'un service. Au début du règne de Charles IX, tous les gentilshommes de la chambre étaient payés comme les autres officiers de la maison du roi; la preuve, c'est

l'ordonnance, n'était pas un véritable office. Les grands officiers de la maison du roi étaient de vrais officiers, pourvus par lettres patentes, reçus à serment par le roi, et perpétuels. Quant aux petits offices, appelés ainsi, non qu'ils fussent petits en soi, mais par comparaison aux grands officiers, qui étaient leurs chefs, ils n'étaient pas de vrais offices fondés en lettres de provision. Ils n'avaient que de simples retenues et ne jouissaient de leurs gages qu'en vertu de l'état auquel ils étaient couchés. Il y avait, dit Loyseau, deux sorte de ces offices inférieurs : les uns affectés aux gentilshommes, tels que les *gentils hommes de la chambre...*, les autres aux roturiers (Loyseau, *Des offices*, livre IV, chap. III; Guyot, *Traité des droits, franchises*, etc., *annexés en France à chaque dignité, office*, etc., t. I, p. 388-389).

On lit aussi dans de Vrevin, *Code des privilégiés*, p. 274 :

« Il y a deux sortes d'estats de la maison du roy, les uns sont affectez aux gentilz hommes, et les autres laissez aux roturiers. Ceux qui sont affectez aux gentils hommes sont les places des gentils hommes de la chambre, des deux compagnies des cent gentils hommes et des escuyers d'escurie (art. 259 de l'ordonnance de Blois), à quoy l'on peut adiouster les gentils hommes de la venerie. »

qu'un des premiers actes du règne qui s'ouvrait fut de réduire leur traitement : « Au commencement de cette année (1561), on arrêta dans le conseil du roi que, pour mettre Sa Majesté en état de diminuer ses subsides, on retrancherait une partie des dépenses de sa maison ; que les gages des gentilshommes de la chambre et des autres officiers seraient réduits à la moitié. » (De Thou, livre XXVII.) Sans doute, lorsque le nombre de ces gentilshommes s'éleva au point où il se trouvait sous le règne d'Henri III, ils ne furent plus payés tous[1].

Déjà depuis longtemps il avait été nécessaire d'établir une distinction, et de fixer des règles pour déterminer la situation des nombreux officiers et serviteurs de la maison du roi. Les officiers, parmi lesquels figuraient les *chambellans*, plus tard devenus les gentilshomme de la chambre, jouissaient de priviléges nombreux, soit à la cour, soit quant à des exemptions de charges publiques. Charles VI, par une ordonnance de 1386, posa le principe qui a toujours été suivi : « Ordonnons que quelconques officiers que nous ayons, soit conseiller, *chambellan*, maistre des requestes.... ou autre officier, de quelque estat qu'il soit, s'il n'est du vray nombre et ordonnance de ceux retenus à gages ordinaires et extraordinaires, pour nous servir, ne iouyra d'aucun privilege, liberté ou franchise qui appartienne à son office. »

---

1. Il en fut des gentilshommes de la chambre comme des aumôniers d'Henri II ; leur nombre était très-considérable : « Il y a des états de la maison de ce prince où l'on compte près de cent cinquante aumôniers ; mais il y a lieu de croire que la plupart n'étoient obligés à aucun service et ne percevoient point de gages. Il n'y avoit que seize aumôniers qualifiés de servants ; lesquels, « dit du Peyrat, j'estime vraisemblablement avoir été ainsi appelés parce qu'ils « avoient quartier tous les ans chez le roi, auquel ils servoient actuellement « Sa Majesté, à la différence des aumôniers honoraires, qui furent seulement « depuis appelés ordinaires, n'ayant aucun quartier. » Henri III réduisit cette multitude d'aumôniers à deux par quartier, à chacun desquels il attribua trois cents livres de gages. » (Guyot, t. I, p. 442.) Les gentilshommes de la chambre qui n'avaient pas de quartier obligé reçurent, de même, le titre d'ordinaires. Montaigne était de ce nombre. Pouvaient-ils, quand ils étaient requis ou qu'ils le demandaient, prendre le service, et alors toucher des gages et jouir des priviléges des officiers de la maison du roi? Je pense que oui, sans en avoir la preuve certaine.

Depuis lors, il a toujours fallu, pour que les officiers de la maison du roi jouissent de leurs priviléges et immunités, qu'ils fussent couchés sur les états pour un service actuel et effectif, avec payement de gages, dont le minimum a varié, de cent vingt à dix livres[1] ; les certificats constatant le payement des gages étaient délivrés d'abord par les trésoriers de la maison du roi ; depuis Henri IV (janvier 1598 et mars 1605) ils durent l'être par la cour des aides (voy. de Vrevin, *Code des privilégiés*).

D'après le règlement de 1585, il y avait pour le service du roi neuf gentilshommes de la chambre par quartier, et cinq des quinze gentilshommes ordinaires qui servaient par semaine. Pour prendre le service effectif de gentilhomme de la chambre, il fallait y avoir été appelé et avoir reçu la clef qui était un insigne de la fonction. Aucun ne devait faire faute de se trouver où était le roi le premier jour du quartier ordonné par l'état. Les gentilshommes de quartier avaient, outre leurs gages, six chevaux que le premier gentilhomme faisait tenir à leur disposition. Les gentilshommes de quartier ne pouvaient avoir de congé si ce n'était pour maladie ou pour décès de personnes très-proches (voy., dans le règlement d'août 1578, le chapitre intitulé : L'ordre que le roi veut estre tenu pour les gentils hommes de sa chambre. *Collection de Brienne*, t. CCLVI, fol. 35[2]).

Il fallait être noble pour pouvoir occuper la charge de gen-

---

1. « Gages sont plustost marques d'honneur que de profit : ce qui a donné sujet à la remarque de du Tillet, que les gages de ces offices estoient anciennement fort petits ; pourceque la noblesse de France, qui les tenoit presque tous, estant jalouse que les roturiers approchassent de la personne du roy, estoit assez contente d'avoir l'honneur de servir son prince. Ce qu'elle ne faisoit pas pour l'argent, comme les mercenaires, ains par affection : de sorte que les gages qu'ils recevoient n'estoient que pour leur menu entretien pendant leur quartier et non pas pour porter par apres chez eux. » (De Vrevin, *Code des privilégiés*, p. 32.)

2. Dans les derniers temps de l'ancienne monarchie, on comptait deux cent quatre-vingt-onze gentilshommes de la chambre, dont trente-deux seulement étaient payés : ils avaient un traitement annuel de six mille francs (*Des charges de la maison civile des rois de France*, par A. L. Lhote de Selancy, 1847).
Il y avait des gentilshommes ordinaires du roi, qui existaient déjà sous

tilhomme de la chambre du roi. Des gens sans naissance parvenaient néanmoins à s'en faire pourvoir. Des réclamations s'élevèrent aux premiers états de Blois : en conséquence, il fut statué par l'article 259 de l'ordonnance de 1579 : « Aucun ne sera receu aux estats de gentilshommes de nostre chambre qu'il ne soye noble de race; et si aucuns s'en trouvent qui soient de ladite qualité, y sera par Sa Majesté pourvu d'autres en leur place. » Aux états de 1588, la noblesse se plaignit de l'inobservation de cette ordonnance [1].

Les fonctions de gentilhomme ordinaire de la chambre du roi sont les seules que Montaigne ait exercées à la cour. On a prétendu qu'il avait eu, auprès de Catherine de Médicis, un emploi de secrétaire. Voici sur quoi on s'est fondé :

Dans un « recueil de plusieurs reglements faicts en divers temps et par divers roys pour establir un bon ordre en leur maison, affaires de leur estat et conseil, » le tome CCXVIII de la collection Dupuy, à la Bibliothèque impériale de Paris, contient une pièce intitulée : « Lettre écrite par la feue reine mère au feu roy Charles IXe peu après sa majorité. » C'est une copie; il en existe plusieurs autres, mais l'original ne paraît pas encore avoir été trouvé.

Jean Le Laboureur, dans ses additions aux Mémoires de Castelnau, l'a imprimée et donnée comme une des pièces les plus rares et les plus curieuses qu'il ait recueillies. Suivant lui, la lettre est l'œuvre personnelle de la reine adressée à Charles IX en 1563, et écrite de Gaillon [2]. Sans dire à

Henri III : Racine et Voltaire ont eu ce titre; ils étaient au nombre de vingt-six et servaient par semestre (voy. Guyot, *Traité des droits, etc., annexés à chaque dignité, etc.*, t. I, p. 611). Des gages ont toujours été attribués aux *premiers gentilshommes de la chambre du roi*, qui avaient une supériorité et des prérogatives tout à fait exceptionnelles. Il y en eut d'abord un, puis deux et trois, sous Henri IV, quatre depuis Louis XIII jusqu'à la fin de la monarchie.

1. Chérin, *Sur la noblesse*, p. 72.
2. « Dans la même année 1563, que la reine Catherine pressoit le mariage de Charles IX, elle le fit déclarer majeur au parlement de Rouen, et pour le rendre capable de la conduite qu'il devoit tenir, tant dans le gouvernement de son royaume que dans son domestique, elle lui dressa à Gaillon une manière d'instruction digne de l'esprit et des belles connoissances de cette princesse.

quelle source ils ont puisé, M. Jay (notes de l'*Eloge de Montaigne*), de Meyer (*Galerie philosophique du* XVIe *siècle*), M. Amaury-Duval, à la suite de son édition de Montaigne, reproduisent ce document; mais, au lieu de l'attribuer à Catherine de Médicis, ils veulent que Montaigne en soit le rédacteur; M. Payen, qui déclare ne connaître que la publication faite par Jay et de Meyer (*Documents inédits*, p. 42) et l'*Encyclopédie des gens du monde*, rangent les *Avis* parmi les œuvres de l'auteur des *Essais;* je sais que, depuis, M. Payen est revenu à une autre opinion, fondée sur un document dont je parlerai dans ce chapitre. M. Charles Louandre dit que Montaigne écrivit les *Instructions* sous la dictée de Catherine de Médicis pour le roi Charles IX.

L'on ne s'est pas borné à supposer que Montaigne ait rédigé un morceau utile à l'éducation royale; on est allé jusqu'à affirmer qu'il occupait un poste permanent de secrétaire auprès de la reine mère. M. Victorin Fabre (*Éloge*) veut que ce soit le cardinal de Lorraine qui l'ait fait entrer comme secrétaire intime dans le cabinet de Médicis. M. Jay (notes de l'*Éloge*) croit avoir découvert un fait qu'il s'étonne de ne pas voir plus connu : « On ignore assez généralement, dit-il, que Montaigne fut quelque temps placé en qualité de secrétaire dans le cabinet de la reine Catherine de Médicis[1]. C'est sans doute à cette époque qu'il fut décoré du cordon de l'ordre de Saint-Michel, faveur très-recherchée avant l'institution de l'ordre du Saint-Esprit par Henri III[2]. Il nous reste un monument authentique de l'emploi que Montaigne exerçait à la cour : ce sont des avis donnés par Catherine de Médicis à Charles IX, peu de temps après sa majorité, et qui furent écrits par Montaigne lui-même. (M. Jay en insère le

(Ici un éloge de Catherine.).... Elle travailla à cette instruction, qui est une pièce de très-bon sens et toute basée sur ses propres expériences. »

1. M. Gence prête au chanoine Talbert, et trouve hasardée, l'assertion que Montaigne avait servi de secrétaire à Catherine. Je n'ai pas trouvé trace de cette allégation dans l'ouvrage du chanoine.

2. M. Jay se trompe doublement : Montaigne ne reçut l'ordre qu'en 1571, et déjà, en 1563, époque de la déclaration de majorité de Charles IX, c'était une faveur que l'on commençait à déprécier en la prodiguant (voy. chap. v).

texte et ajoute :) Ceux qui ont étudié dans l'histoire le caractère et les mœurs de Catherine de Médicis, et qui ont lu avec quelque attention les réflexions que Montaigne a répandues dans son livre sur les droits des souverains, reconnaîtront sans peine que les *Avis* sont l'ouvrage de Montaigne lui-même. »

Ainsi, c'est la rédaction des *Avis* qui en révélerait l'auteur. Et la prétendue qualité de secrétaire, sur quoi repose-t-elle? uniquement sur ce que le nom de Montaigne se lit dans le post-scriptum qui est de la main de la reine :

« Monsieur mon fils, vous en prendrez la franchise de quoi ie ce vous envoye, et le bon chemin; ne trouvez mauvais que ie l'aie fait escrire à Montagne, car c'est afin que le puissiez mieux lire. C'est comment vos predecesseurs faisoient.   « CATHERINE. »

La reine fait écrire ses instructions par un nommé Montagne; et les biographes de conclure que ce Montagne c'est l'auteur des *Essais*, qu'il a rédigé les *Avis*, et qu'il était le secrétaire de la reine! Je m'inscris en faux contre toutes ces imaginations.

Pourquoi Catherine aurait-elle eu recours à la plume de Montaigne? En 1563, le conseiller bordelais était complétement inconnu comme écrivain, et, quoiqu'il fût déjà venu à la cour, il n'était pas assez informé de tous les usages, du détail de la vie intime des trois ou quatre derniers rois, pour qu'on le chargeât de donner sur ce sujet des leçons au jeune prince. M. Amaury-Duval échappe à une partie de cette difficulté en soutenant que Montaigne rédigea les *Instructions* lorsqu'il vint à la cour en 1572, après avoir fait imprimer les œuvres de son ami La Boëtie, c'est-à-dire quand *il avait déjà une réputation littéraire*. S'il en était ainsi, il faut avouer que Catherine s'y serait prise un peu tard pour instruire son fils, monté sur le trône depuis douze ans, majeur depuis neuf années.

A ne considérer que le style, et sans s'arrêter au fond qui, je le répète, n'appartient qu'à une personne initiée à toutes les plus minutieuses habitudes des cours, et j'ajoute, à une personne qui avait foi dans les pratiques et les expédients d'une habileté cauteleuse, il me paraît impossible de reconnaître la forme nette, dégagée, la franche et vive allure de Montaigne dans la dictée de Catherine. Le post-scriptum qu'on invoque dépose lui-même contre l'interprétation qu'on lui donne. Catherine explique à son fils pourquoi ce n'est pas elle-même qui a tracé de sa main son instruction : « Je l'ai fait écrire à Montagne, *afin que le puissiez mieux lire.* » Elle se méfie de son écriture : elle ne veut pas que la pensée du roi soit arrêtée par l'embarras de ses yeux ; en effet, son écriture est difficile à déchiffrer : on peut s'en assurer par ses autographes. Est-ce Montaigne qu'elle aurait choisi pour mieux peindre ? Lui-même se serait récusé : « l'escris si precipiteusement, que, *quoyque ie peigne insupportablement mal,* i'aime mieulx escrire de ma main que d'y en employer une aultre. » (Livre I, chap. XXXIX.)

Quant au titre de secrétaire de la reine, dont on le gratifie, remarquez que ni lui ni aucun de ses contemporains n'en font mention ; et ils parlent de toutes ses autres fonctions ou dignités, magistrat, militaire, maire de Bordeaux, négociateur, chevalier de Saint-Michel, gentilhomme de la chambre du roi. Tant qu'il siégea au parlement, il ne pouvait être conseiller, tenu à résidence à Bordeaux, et secrétaire constamment à la disposition de la reine partout où elle se trouvait.

Quel est donc le Montagne nommé dans le post-scriptum ?

Pour répondre, j'ai besoin de m'expliquer à fond sur les avis en eux-mêmes.

Jusqu'à présent, tout le monde y a vu des conseils donnés par Catherine à Charles IX. Cette opinion, quoique universellement reçue, me paraît inadmissible. Ce n'est pas à Charles IX que la reine s'adresse : cela ne peut pas être.

En effet, elle écrit (on suppose que la date est de 1563) : « Il m'a semblé qu'il restoit ce que i'estime aussi necessaire pour vous faire obeir à tout votre royaume, et reconnoître combien desirez le revoir en l'estat auquel il a esté par le passé durant les regnes des rois, mes seigneurs vos pere et grand pere. Pour y parvenir, j'ai pensé qu'il n'y a rien qui vous y serve tant que de voir qu'aimiez les choses reglees et ordonnees, et tellement policees que l'on connoisse les desordres qui ont esté iusques ici *par la minorité du roi votre frere*, qui empeschoit que l'on ne pouvoit faire ce que l'on desiroit. Cela vous a tant deplu qu'incontinent que vous avez eu le moyen d'y remedier, et le tout regler par la paix que Dieu vous a donnee, que n'avez perdu une seule heure de temps à retablir toutes choses selon leur ordre et la raison ; surtout aux choses de l'Eglise et qui concernent notre religion ; laquelle pour conserver, et par bonne vie et exemple, tacher de remettre tout à icelle, comme par la iustice conserver les bons, et nettoyer le royaume des mauvais, et recouvrer par là votre autorité et obeissance entiere. »

Ces mots : *la minorité du roi votre frere* ne peuvent s'appliquer à Charles IX. Ce prince avait eu pour prédécesseur son frère François II qui, lorsqu'il monta sur le trône, avait l'âge légal de la majorité des rois ; aussi à son avénement n'y eut-il aucune régence comme celle que Catherine venait d'abandonner. Est-ce à un enfant de treize ans, mis en possession du gouvernement par la fiction de la loi, que la reine aurait dit qu'il avait un vif désir de revoir les choses telles qu'elles étaient sous Henri II et François Ier ? Et cet enfant, qu'avait-il donc fait, depuis quelques mois qu'il tenait le sceptre, pour tout rétablir ? En quoi avait-il travaillé aux choses de la religion ? A ce moment, Catherine n'était-elle pas encore favorable aux protestants, qui avaient obtenu les édits de 1562, sous sa régence ? N'est-ce pas beaucoup plus tard qu'a régné la politique qui voulait *nettoyer le royaume des mauvais*, c'est-à-dire exterminer les huguenots ?

« Il faut souvent, écrit Catherine, combattre à cheval, à la lance. » Ces jeux-là conviennent-ils à un enfant ? « Venir chez moi ou chez la reine ; » il n'y avait point de reine alors ; Charles IX a épousé Élisabeth d'Autriche le 26 novembre

1570, et la jeune reine a fait son entrée à Paris le 5 mars 1571. « Voyez toutes les depeches, de quelque part qu'elles viennent.... Si ce sont choses de quoi le conseil puisse vous soulager, les y envoyer.... Les autres choses qui ne dependent que de votre volonté, commander les depeches et reponses aux secrétaires. Le lendemain, avant que rien voir de nouveau, vous les faire lire, et commander qu'elles soient envoyées sans delai. » Est-ce possible pour un roi de treize ans ?

Enfin, on n'avait pas besoin de donner à un enfant ces indications et plusieurs autres qui ne conviennent qu'à un homme fait, en lui remettant sous les yeux des traditions qui, en 1569, quatre ans après la mort d'Henri II, n'avaient pas encore eu le temps de se perdre, et que Catherine avait sans doute conservées en tout ce qui dépendait d'elle.

Les impossibilités, les invraisemblances disparaissent si on admet que c'est à un autre de ses fils, à Henri III, que la reine mère adressait ses avis. Aucune des copies consultées n'indique la date de 1563. On n'y voit pas non plus que le document ait été écrit à Gaillon : « Monsieur mon fils, vous ayant deja envoyé ce que j'ai pensé vous satisfaire à ce que me distes *avant que d'aller à Gaillon.* » Que résulte-t-il de ces lignes ? uniquement que le roi avait eu un entretien avec sa mère au moment où allait avoir lieu un voyage à Gaillon, et qu'à ce sujet il avait déjà reçu une première lettre de Catherine; les avis formaient le complément de ce qu'elle avait encore à lui dire. D'ailleurs la cour était-elle allée à Gaillon en 1563? Je n'en ai pas la preuve; probablement Catherine, si le roi y était allé, n'aurait pas eu besoin de lui écrire, car elle l'aurait accompagné afin de ne pas livrer son extrême jeunesse aux influences des grands qui se disputaient le pouvoir; c'est ce qu'elle fit en 1566 : au mois de septembre de cette année, le cardinal de Bourbon recevait le roi Charles et sa mère dans son château de Gaillon, et leur donnait de superbes fêtes, faisant représenter devant ses nobles hôtes des pièces ou scènes allégoriques en vers, composées par le poëte Nicolas Filleul, de Rouen, et ensuite imprimées avec dédicace à Catherine de Médicis, sous ce titre : *Les theatres de Gaillon à la royne*[1].

Henri III fit plusieurs voyages à Gaillon. En consultant le journal de l'Estoile, on voit qu'il s'y rendit avec sa mère le 27 février 1576. Il partit aussi le 22 juin 1576; mais, cette fois, seul « avec la royne son espouse, s'en alla à Gaillon, et de là à Rouen, Dieppe et Havre de Grace, pour forme de pourmenade et pour se donner du plaisir. » Je ne pense pas que ce fut pendant ce voyage d'agrément que Catherine tâcha d'attirer l'attention de son fils sur les graves sujets dont elle avait à l'entretenir.

En juin 1578, Catherine, Henri et la reine vont à Écouen, à Chantilly, puis passent à Trie, à Charleval, à Gaillon, à Rouen et à Dieppe ; le roi ne revient de son voyage de Normandie que le 3 juillet (journal de l'Estoile). « Dans ce même temps, dit également Jérôme Lippomano, ambassadeur vénitien, le roi, pour éviter les grandes chaleurs et pour son amusement, était allé à Chantilly et à Gaillon, lieux de plaisance du duc de Montmorency et du cardinal de Bourbon. De là il passa à Dieppe. » (*Relat.*, t. II, p. 490.)

Le 2 août suivant, Catherine partait pour aller conduire sa fille Marguerite au roi de Navarre, son époux. Je crois que c'est pendant cette longue excursion, qui dura dix-huit mois, qu'elle adressa les *Avis* à son fils. Précisément parce que son absence se prolongeait, elle devait tenir à faire entendre sa voix de loin, à se rendre comme présente par ses conseils politiques, elle qui, toute sa vie, a travaillé avec activité aux affaires de l'État.

Du commencement des *Avis*, il résulte qu'Henri avait dit *avant d'aller à Gaillon* des choses qui exigeaient réflexion et réponse ; ces mots n'empêchent pas de penser que lorsque le roi allait à Gaillon, sa mère y allait avec lui : en effet, elle l'accompagnait dans le voyage de juin 1578. Au retour, elle avait à préparer son départ pour la Guyenne ; ce n'était pas

---

1. *Comptes de dépenses de la construction du château de Gaillon*, par M. Deville. Introduction. Cet ouvrage fait partie de la collection des documents pour servir à l'histoire de France.

une excursion ordinaire ; la reine mère fut fort accompagnée : toute sa cour partit avec elle. Probablement c'est pendant la route ou quand elle fut arrivée à Nérac qu'elle écrivit à son fils, sur ce qu'il lui avait dit *avant d'aller à Gaillon*, les instructions qui nous ont été conservées[1].

Ce qu'il faut démontrer maintenant, c'est que les avis écrits par Catherine conviennent à l'histoire et à la situation d'Henri III en 1578.

Catherine avait toujours eu pour son fils Henri une préférence qui excitait la jalousie de ses autres enfants. Mais, chez cette femme supérieure, la tendresse maternelle n'obscurcissait point la sagacité politique : plus elle aimait Henri, plus elle s'affligeait des torts de sa conduite, et de la mauvaise opinion qui s'exprimait hautement sur lui parmi la noblesse et dans le peuple. Sa manière de vivre lui attirait le dédain de quelques-uns, la haine du plus grand nombre, le mépris de tous. Il avait rapporté de Pologne des façons hautaines tout opposées à la franchise respectueuse des habitudes de la cour de France. Il se montrait peu aux gentilshommes de grande maison qui l'entouraient et s'enfermait presque constamment avec quelques favoris, qu'il comblait d'honneurs et de richesses. Sa vie de débauches avec ses mignons l'éloignait de la compagnie des dames. D'indignes recherches de toilette ou des amusements ridiculement puérils remplaçaient les nobles exercices des rois ses prédécesseurs, et lui faisaient négliger les occupations sérieuses, repousser l'examen des affaires de l'État; enfin, soit superstition, soit hypocrisie, il joignait à ses déréglements les pratiques d'une dévotion outrée.

Ces faits se passaient au grand jour, et les murmures du

---

1. La première lettre qu'elle lui envoya de Nérac est du 16 octobre, comme on le voit par cette mention du journal de l'Estoile : « Le jeudi 16 octobre, le roi va à Olinville, où il chasse et passe son temps, et là reçoit nouvelles de la royne sa mere, du bon et gracieux accueil et magnifique reception que le roy de Navarre avoit faite, à Nerac, à elle et à la royne de Navarre, sa fille, et comme elle s'en alloit en Languedoc, pour tascher à y composer les affaires de l'Estat, et les troubles recommençants entre ceux de la religion et les catholique ; lesquelles nouvelles le roy eust pour fort agreables. »

mécontentement public arrivaient aisément à Catherine. Reine et mère, elle tenta de réformer, par des observations douces, par les conseils de son expérience, ce que la conduite de son fils avait de plus blessant ; elle paraît lui avoir écrit une première fois, et sur les sujets les plus importants. Ses seconds avis sont un complément des premiers : la reine pense que ce qui lui reste à dire est aussi nécessaire pour assurer l'obéissance de tout le royaume.

Il faut admirer l'habileté insinuante de Catherine, le soin avec lequel elle évite tout ce qui pourrait irriter, le choix ingénieux des moyens qu'elle propose, la profonde connaissance qu'elle possédait des mœurs de la cour et de l'efficacité de certaines petites ressources d'où les princes peuvent tirer de grands avantages.

Elle se garde de jamais rappeler le souvenir de rien de ce qui s'est fait sous Charles IX. Les deux frères ne s'aimaient pas ; on l'avait vu surtout par l'empressement que Charles avait mis à faire partir Henri pour la Pologne aussitôt après l'élection. Catherine flatte l'aversion de son fils, et peut-être son propre ressentiment (Charles, dans ses dernières années, subissait impatiemment et pensait à secouer le joug de sa mère[1]), en rattachant les désordres de l'État à la minorité du précédent roi ; elle caresse son amour-propre en lui disant que, dès qu'il a eu le moyen d'y remédier et de tout régler

---

[1]. S'il faut en croire le récit confidentiel attribué à Henri III, cette disposition du roi aurait été entretenue par Coligny, et l'aveu qu'il aurait fait de sa dernière conversation avec l'amiral, blessé, aurait déterminé Catherine et Henri à pousser Charles à l'assassinat du chef calviniste : « Nous dict brusquement, porte ce récit qui aurait été arraché au roi par les importunités de sa mère et de son frère, et avec desplaisir jurant par la mort Dieu, que ce que luy disoit l'admiral estoit vray, et que les roys ne se recognoissoient en France qu'autant qu'ils avoient de puissance de bien ou mal faire à leurs suiets ou serviteurs, et que ceste puissance et maniement d'affaires de tout l'Estat s'estoit finement escoulee entre vos mains ; mais que ceste superintendance et authorité me pouvoit estre quelque iour grandement preiudiciable et à tout mon royaume, et que ie la devois tenir pour suspecte et y prendre garde : dont il m'avoit bien voulu advertir, comme l'un de mes meilleurs suiets et serviteurs, avant que mourir. » (« Discours du roy Henri III à un personnage d'honneur et de qualité estant pres de Sa Majesté à Cracovie, des causes et motifs de la Sainct Barthelemy, » à la suite des *Mémoires de Villeroy*).

par la paix que Dieu lui a donnée, il n'a pas perdu une heure à rétablir toutes choses selon l'ordre, surtout les choses de la religion. En effet, à peine arrivé en France, dans un conseil tenu à Lyon en 1574, Henri avait décidé la guerre contre les calvinistes, et avait de sa personne assisté au siége de Livron (de Thou, livre LIX). L'année suivante, il avait accordé une trêve et la paix dite de *Monsieur*. La guerre ayant ensuite recommencé, à la suite des exigences intolérantes des états de Blois et de la Ligue, à la tête de laquelle le roi s'était placé, Henri avait donné l'édit de pacification de Poitiers, en septembre 1577, édit qui fut reçu avec un applaudissement général, dit de Thou, et que le roi appelait ordinairement son édit.

Après l'avoir ainsi disposé favorablement à l'écouter, la reine lui donne des conseils de conduite domestique propres à faire cesser les justes reproches qu'on lui adressait et que je résumais tout à l'heure. « Ie pense, lui dit-elle, que vous voyant reglé en votre personne et façon de vivre, et votre cour remise avec l'honneur et police que i'y ai vues autrefois, cela sera un exemple pour tout votre royaume, et une connoissance à un chacun du desir et volonté qu'avez de remettre toutes choses selon Dieu et la raison. » Elle désire que, pour contenter la noblesse, il fasse comme le feu roi son père : lorsqu'il s'habillait, « tous les princes, seigneurs, capitaines, chevaliers de l'ordre, gentils hommes de la chambre, maistres d'hotel, gentils hommes servants, entroient, et il parloit à eux, et le voyoient, ce qui les contentoit beaucoup. »

Au prince ennemi des affaires, éloigné de sa noblesse, des dames et des exercices élégants ou militaires, Catherine fait ces recommandations : « Que donnassiez une heure ou deux à ouïr les depesches et affaires qui, sans votre presence, ne se peuvent depecher, et ne passer les dix heures sans aller à la messe ; que tous les princes et seigneurs vous accompagnassent, et non comme ie vous vois aller, que n'avez que vos archers.... Apres diner, pour le moins deux fois la semaine, donner audience, qui est une chose qui contente infiniment vos suiets.... et venir chez moi ou chez la reine[1], afin que l'on connoisse une façon de cour, qui est chose qui plaist infiniment aux François.... Sur les trois heures après midi, que vous alliez vous promener à pied ou à cheval, afin de vous montrer et contenter la noblesse; et passer votre temps avec cette ieunesse à quelque exercice honnête, sinon tous les jours, au moins deux ou trois fois la semaine : cela les contentera tous beaucoup, l'ayant ainsi accoustumé du temps du roi votre père, qui les aimoit infiniment.... L'apres soupee, deux fois la semaine, tenir la salle du bal; car i'ai ouï dire au roi votre grand pere « qu'il falloit, pour vivre « en repos avec les François et qu'ils aimassent leur roi, les « tenir joyeux et occuper à quelque exercice. » Pour cet effet, il faut souvent combattre à cheval, à pied, avec la lance. »

On sait que jamais la fureur des duels ne fut portée plus loin que sous Henri III, et que les gentilshommes se battaient jusque dans les salles du Louvre[2]; on sait aussi que le palais du roi abritait toutes sortes de désordres. Catherine expose en détail les mesures de police de la cour, qui, du temps de François Ier et d'Henri II, garantissaient la tranquillité et la décence intérieures; elle comprenait qu'il fallait rappeler ces règles à un prince qui s'en était tant écarté : « Ie vous ai

---

1. Henri III avait épousé, le 16 février 1575, Louise de Lorraine, fille du comte de Vaudémont.
2. C'est en janvier 1578 qu'avaient eu lieu les scandaleuses et violentes querelles de Bussi et de Grammont, à l'occasion desquelles le roi avait témoigné son mécontement et ordonné des mesures de répression. « Ce mesme iour (10 janvier), le roy estant en sa chambre, et autour de luy grand nombre de princes, seingneurs et gentils hommes, leur fit de sa bouche une belle et grave remonstrance touchant les querelles qui iournellement se prenoient entre eux, mesme en son chasteau et pres de sa personne (chose capitale par les lois du royaume), et encores pour des occasions legeres et de neant, ce qui lui desplaisoit grandement : et pour y obvier par l'advis des princes et seingneurs de son conseil, il avoit arresté certaines ordonnances contre tels quereleurs, et pour la punition et iustice exemplaire d'iceux, qu'il entendoit faire publier et strictement garder. Et de fait, elles furent peu de iours apres publiees, et imprimees, et neantmoins, tres mal gardees, comme sont ordinairement en France toutes les ordonnances. » (L'Estoile.) L'inobservation des ordonnances récentes était une occasion pour Catherine de rappeler à son fils les règlements des rois ses prédécesseurs. L'année 1578 est aussi l'époque des attaques qui firent périr Quélus, Maugiron, Schomberg, Saint-Mégrin.

bien voulu mettre tout ceci de la façon que ie l'ai vu tenir aux rois vos pere et grand pere, pour les avoir vus tous aimés et honorés de leurs suiets ; et en estoient si contents que, pour le desir que i'ai de vous voir de mesme, i'ai pensé que ie ne vous pouvois donner meilleur conseil que de vous regler comme eux. »

La reine ne veut pas borner ses avis à ce qui concerne la police de la cour ; elle sait combien la réputation d'Henri a souffert de son insouciance pour les personnes et pour les affaires, et de l'empire absolu qu'il a laissé prendre à ses favoris : « Il me semble, écrit-elle avec infiniment d'adresse, qu'une des choses la plus necessaire pour vous faire aimer de vos sujets, c'est qu'ils connoissent qu'en toutes choses avez soin d'eux, autant de ceux qui sont pres de votre personne que de ceux qui en sont loin. Je dis ceci, parce que vous avez vu comme les malins, avec leur mechanceté, ont fait entendre partout que vous ne vous souciez de leur consideration, aussi que n'aviez agreable de les voir ; et cela est procedé des mauvais offices et menteries dont se sont aidés ceux qui, pour vous faire haïr, ont pensé s'etablir et s'accroitre. » Sachant que souvent les dépêches nécessaires sont restées un mois ou six semaines sans réponse, ce qui a fait penser que *ces malins disoient vrai*, elle supplie le roi, dans les termes que j'ai transcrits, de ne pas omettre un seul jour de voir toutes les dépêches et de s'assurer ensuite qu'il y a été répondu.

Les personnes venues de province étaient souvent reçues avec insolence par les favoris. Catherine recommande à Henri de parler lui-même à tous ceux ayant charge en province qui viendraient pour le voir, de leur parler de leur charge ou de leurs affaires, de les bien accueillir, de les entretenir au besoin de leur ménage, afin de leur montrer du plaisir à les voir : « En ce faisant, les menteuses inventions qu'on a trouvees pour vous deguiser à vos suiets seront connues de tous. »

Les favoris, abusant de leur crédit, disposaient scandaleusement des places et des honneurs. Ils étaient trop puissants pour que Catherine les attaquât ouvertement; elle prend un détour plein de discrétion et d'esprit : « Aussi ie vous dirai que, du temps du roi Louis douzieme, votre aïeul, qu'il avoit une façon que je desirerois infiniment que vous voulussiez prendre pour vous oster toutes les importunités et presses de la cour, et pour faire connoître à tous qu'il n'y a que vous qui donne les biens et honneurs; vous en serez mieux servi et avec plus de faveur. » Le bon roi Louis XII portait dans sa poche une liste de tous ceux qui avaient charge de lui, et une liste des offices, bénéfices et autres choses qu'il pouvait donner. Il avait enjoint à quelques personnes dans chaque province de l'avertir immédiatement, et lui seul, de tout ce qui viendrait à vaquer; il consultait ses listes et donnait à qui bon lui semblait; il refusait toujours à ceux qui demandaient : « Aussi, ajoute Catherine, estoit-il le roi le mieux servi, à ce que i'ai ouï dire, qui fut iamais, car ils ne reconnoissoient que lui, et ne faisoit on la cour à personne, estant le plus aimé qui fut iamais, et prie Dieu qu'en fassiez de mesme; car tant qu'en ferez autrement, aux places ou autres inventions, croyez qu'on ne tiendra pas le don de vous seul, car i'en ai ouï parler où ie suis[1]. » Elle lui conseille aussi de suivre l'exemple de François Iᵉʳ, qui, dans chaque province, *mettoit peine de contenter* une douzaine de personnes qui avaient *plus de moyen dans le pays*, afin de se faire avertir de tout ce qui se passait; de sorte que rien ne pouvait bouger qu'il ne le sût, et qu'il avait le temps de parer ou de remédier à tout : « Ie pense que c'est le remede dont vous pourrez user pour vous faire aisement et promptement bien obeir, et oster et rompre toutes autres ligues, accointances et menees, et remettre toutes choses sous votre autorité et puissance seule[2]. »

---

1. La reine Marguerite, qui n'aimait pas la cour ni la personne de son frère, avait bien pu parler en ce sens à Catherine, qui, en 1578, se trouvait, avec sa fille, à la cour de Navarre.

2. Cette dernière phrase peut être considérée comme une adroite allusion aux Guise, que, dès l'année précédente, Henri avait commencé à craindre sérieusement (de Thou, livre LXIII).

Le long et curieux règlement qu'Henri III fit, en 1588, sur les secrétaires d'É-

Évidemment les extraits qu'on vient de lire s'accordent avec l'âge, les habitudes d'Henri III et les faits de son règne; ils ne se concilient point avec l'âge, la conduite et l'histoire de Charles IX.

Enfin, une dernière preuve, et ce n'est pas la moins forte, se trouve dans les actes émanés d'Henri III. Au mois d'août 1578, c'est-à-dire quelque temps après les sérieuses conversations qu'il avait eues avec sa mère, et peut-être après la première lettre qu'elle dit, dans ses *Avis*, lui avoir déjà écrite (elle était partie le 2 août), le roi publia des règlements généraux contenant des dispositions répressives de plusieurs graves abus, et un long règlement sur le service de la maison du roi. Or, c'est aux conseils de sa mère, qu'Henri reporte l'honneur de l'initiative : « Le roy n'ayant rien plus à cœur ni plus recommandé par la royne sa mère que de remettre le royaume en son ancienne forme, dignité et splendeur pour le repos et soulagement de ses subiects, et n'ayant pu jusques icy sa bonne et droicte intention et celle de la dicte dame estre effectuee à cause des troubles qui ont quasi tousiours agité le royaume depuis son retour en iceluy, lesquels ont introduit tel desordre et confusion qu'à grand peine s'y recongnoit il un seul trait de ceste ancienne probité, dignité et splendeur qui reluisoit du temps de ses predecesseurs, Sad. Maiesté ayant par la grace de Dieu pacifié les dits troubles, a bien voulu attendant d'y

---

tat montre que ce prince suivait le conseil de tout voir par lui-même et de vouloir que tout fût rapporté à lui seul, affaires, décisions, bienfaits. La même main qui a signé le renvoi des secrétaires d'État de Bellièvre, Villeroy, Brulart et Pinart, écrivait, sous la dictée de l'esprit de méfiance et de dissimulation, les dispositions nouvelles concernant le secrétariat. Voy. le texte de ce règlement très-remarquable dans le *Traité des droits, etc., annexés, en France, à chaque dignité, office, etc.*, par Guyot, tome II, p. 216, et dans l'*Histoire du conseil du roi*, par Guillart, p. 126. Ces deux ouvrages donnent le règlement comme fait à Blois au mois de mai 1588. Évidemment, c'est une erreur. Henri III, au commencement de mai, se trouvait à Paris ; quand il en fut chassé par les ligueurs des barricades, il se rendit à Chartres, qu'il ne quitta qu'en juin, pour se transporter à Rouen. Il est probable que si le règlement a été réellement rédigé à Blois, sa date est voisine de celle du renvoi des quatre secrétaires d'État, lequel eut lieu le 8 septembre (*Mémoires de Villeroy*). Le roi était arrivé à Blois le 1ᵉʳ septembre (*Journal* de l'Estoile).

pourvoir plus amplement quand la paix sera mieux establie qu'elle n'est, faire les reglements qui s'ensuivent. » (Collect. de Brienne, t. CCLVI, fol. 35.)

Le complément annoncé se fit longtemps attendre ; Henri était livré à ses vices et fuyait les affaires sérieuses : il ne prit à cœur son rôle de roi que quand la Ligue redevint menaçante ; c'est à cette époque, en janvier 1585, qu'il fit de nouveaux règlements généraux[1] qui reproduisent, en y ajoutant beaucoup, ceux de 1578 ; il déclare, à peu près dans les mêmes termes, qu'il agit conformément aux conseils de sa mère, formule que, d'ailleurs, il emploie encore dans d'autres actes de son règne : « Le roy n'ayant rien plus affecté ny plus recommandé de la reine sa mere que de restablir son royaume en son ancienne forme, dignité et splendeur pour le repos et soulagement de ses subiects, ce qu'il embrassera tousiours de toute affection, ainsy que depuis peu les effets se sont ensuivis en ce que les affaires l'ont pu permettre, considerant aussy le dict seigneur que les troubles ont apporté une telle licence, desordre et confusion en toutes sortes d'estats et fonctions qu'à grand peine se recognoit il plus un seul trait de ceste ancienne probité, dignité et splendeur qui luisoit du temps de ses predecesseurs à quoy il est tres desireux de remedier ainsy qu'il a commencé ; ce qu'attendant de pouvoir plus generallement et amplement où il ne veult perdre une occasion il a fait dresser les reglements qui suivent. »

On reconnaît dans ces préambules l'influence et les idées de Catherine ; on les trouve dans plusieurs dispositions du règlement, par exemple, celles qui concernent les querelles dans les logis du roi ; l'article suivant n'est que la sanction des recommandations qu'on a vues dans les *Avis* : « Sa Majesté voulant, comme il est raisonnable, que chacun recognoisse les honneurs et bienfaicts proceder de sa liberalité

---

1. « Reiglements generaux faicts par le roy le premier jour de janvier 1585, les quelz il est tres resolu de garder, et veut desormais estre observez de chascun pour son regard, deffendant tres expressement à tous de n'y contrevenir en aucune sorte. » Voy. Collection de Brienne, tome CCLVI, fol. 157.

et non d'aultres, a voulu doresenavant Sadite Maiesté pour estre d'assez facile accez à estre bien honorez ses dicts subiects de la requerir eux mesmes luy estre faict demande par aucun mediateur soit de bouche ou par escript en placet ou aultrement que par les personnes propres qui les vouldront impetrer d'elle.... affin que les dicts honneurs, graces et bienfaits ne soient attribués à la dicte recommandation, ains à la pleine liberalité de Sadicte Maiesté, de la quelle seule desormais elle veut qu'on la tienne et recognoisse, n'entendant neantmoins y comprendre la royne sa mere, pour l'honneur, tendresse et singuliere amitié que Sa Maiesté luy porte, et aussy la royne sa femme, pour n'estre tous trois qu'une mesme chose. »

En rétablissant la véritable date des avis de Catherine à son fils, on arrive à connaître quel est le Montagne qui tenait la plume. Il y avait à Paris et à Montpellier des familles du nom de Montaigne (*Essais*, livre II, chap. XVI); ailleurs des Lamontaigne, le journal de l'Estoile parle d'un Lamontagne, ou Montagne, qui était un familier de la maison de Guise (voy. p. 58). Selon Moreri, Jacques de Montagne, né à Montpellier, y était avocat général en 1560; il vint à la cour en 1562, pour défendre la conduite des religionnaires; cela porte à penser qu'il était calviniste, et il n'est pas probable que Catherine l'ait immédiatement pris à son service en qualité de secrétaire, comme il faudrait l'admettre si les *Avis* étaient de 1563. Ce Jacques de Montagne paraît s'être fait remarquer, soit dans sa mission, soit lorsque la cour traversa le midi en 1565; Charles IX le plaça auprès de sa mère, et ensuite le nomma maître des requêtes. C'est lui, on n'en saurait douter, qui a contre-signé, en qualité de secrétaire, un acte, de 1570, signé de Catherine, et dont M. Payen possède, en manuscrit original, les dernières lignes et les signatures; celle du secrétaire Montagne est complètement différente de l'écriture bien connue de Michel Montaigne. Henri III fit donner à Jacques de Montagne des lettres de noblesse en 1575 ou 1576; il est probable qu'il continua de rester au service de la reine mère.

Ce serait lui qui aurait accompagné Catherine dans le long voyage de 1578. Qui sait si Montaigne, l'ayant rencontré dans une visite à la cour de Nérac, n'en aurait pas pris occasion pour noter qu'il y avait des Montaigne à Montpellier ?

CHAPITRE VII.

MONTAIGNE CITOYEN ROMAIN.

Amour de Montaigne pour l'ancienne Rome. — Ambitionne le titre de citoyen romain. — Passage des *Essais* et diplôme. — Biographes ont foi à la spontanéité de l'honneur décerné. — Montaigne avoue qu'il l'obtint avec beaucoup de peine.

Montaigne avait parlé le latin avant le français ; enfant, il avait vécu avec les livres et les souvenirs des Romains : « Le soing des morts nous est en recommandation : or, i'ay esté nourry, dez mon enfance, avec ceux icy : i'ay eu cognoissance des affaires de Rome, longtemps avant que ie l'aye eue de ceulx de ma maison : ie sçavois le Capitole et son plan, avant que ie sceusse le Louvre ; et le Tibre avant la Seine. I'ay eu plus en tete les conditions et fortunes de Lucullus, Metellus et Scipion, que ie n'ay d'aucuns hommes des nostres.... I'ay attaqué cent querelles pour la deffense de Pompeius, et pour la cause de Brutus : cette accointance dure encores entre nous.... me trouvant inutile à ce siecle, ie me reiecte à cet aultre ; et en suis si embabouïné, que l'estat de cette vieille Rome, libre, iuste et florissante (car ie n'en ayme ny la naissance, ny la vieillesse) m'interesse et me passionne. » (Livre IX, chap. IX.)

La Rome moderne lui paraît aussi mériter qu'on l'aime ; ce qui lui plaît en elle, c'est qu'elle est « seulle ville commune et universelle : le magistrat souverain qui y commande est recognu pareillement ailleurs : c'est la ville metropolitaine de toutes les nations chrestiennes. L'Espaignol et le François, chascun y est chez soy ; pour estre des princes de cet Estat, il ne fault qu'estre de chrestienté, où qu'elle soit. » (*Eod.*)

Avec quel intérêt Montaigne visita Rome, dans son

voyage de 1580, il est inutile de le dire ; avec quelle magnifique éloquence il en fit la description, on peut le voir dans quelques pages de son récit. Vue de près, la Rome moderne eut beaucoup à souffrir des souvenirs de l'ancienne ; son état politique et moral inspirait peu d'estime au moraliste, et fournissait matière à des réflexions dédaigneuses ou à des observations caustiques. Mais n'importe, c'était toujours la patrie des grandes ombres, le théâtre du glorieux passé ; Montaigne y tenait par les pensées de toute sa vie : il voulut y tenir, de plus, par un lien officiel, public ; il ambitionna le titre de citoyen romain, par *religieuse memoire de son authorité ;* ce grand nom flattait les préoccupations de son esprit et les faiblesses de sa vanité.

Il regarde comme un des bonheurs de sa vie d'avoir obtenu *sa bulle de bourgeoisie romaine;* il s'empresse de le constater dans ses *Essais* ; il mentionne avec complaisance les circonstances qui peuvent rehausser l'honneur qu'on lui a décerné ; il prévient les railleurs en se mettant avec eux, et en faisant une spirituelle confession, qu'il a la malice et le droit de prêter à tout le monde :

« .... Elle (la fortune) m'a faict quelques faveurs venteuses, honnoraires et titulaires, sans substances, et me les a aussi, à la verité, non pas accordees, mais offertes.... Parmy ses faveurs vaines, ie n'en ay point qui plaise tant à cette niaise humeur qui s'en prist chez moy, qu'une bulle authentique de bourgeoisie romaine, qui me feut octroyee dernierement que i'y estois, pompeuse en sceaux et lettres dorees, et octroyee avecques toute gracieuse liberalité. Et parce qu'elles se donnent en divers style, plus ou moins favorable; et qu'avant que i'en eusse veu, i'eusse esté bien ayse qu'on m'en eust montré un formulaire, ie veulx, pour satisfaire à quelqu'un, s'il s'en treuve malade de pareille curiosité à la mienne, la transcrire icy en sa forme :

« Quod Horatius Maximus, Martius, Cecius, Alexander Mutus, almæ urbis conservatores, de illustrissimo viro Michaele Montano, equite sancti Michaelis, et a cubiculo regis christianissimi, Romana civitate donando, ad senatum retulerunt. S. P. Q. R. de ea re ita fieri censuit.

« Quum, veteri more et instituto, cupide illi semper studioseque suscepti sint, qui virtute ac nobilitate præstantes, magno Reipublicæ nostræ usui atque ornamento fuissent, vel esse aliquando possent : Nos, majorum nostrorum exemplo atque auctoritate permoti, præclaram hanc consuetudinem nobis imitandam ac servandum fore censemus. Quamobrem quum illustrissimus Michael Montanus, eques sancti Michaelis, et a cubiculo regis christianissimi, Romani nominis studiosissimus, et familiæ laude atque splendore, et propriis virtutum meritis dignissimus sit, qui summo senatus populique Romani iudicio ac studio in Romanam civitatem adsciscatur; placere senatui P. Q. R. illustrissimum Michaelem Montanum, rebus omnibus ornatissimum, atque huic inclyto populo carissimum, ipsum posterosque in Romanam civitatem adscribi, ornarique omnibus et præmiis et honoribus, quibus illi fruuntur, qui cives patriciique Romani nati, aut iure optimo facti sunt. In quo censere senatum P. Q. R. se non tam illi ius civitatis largiri, quam debitum tribuere, neque magis beneficium dare, quam ab ipso accipere, qui, hoc civitatis munere accipiendo, singulari civitatem ipsam ornamento atque honore affecerit. Quam quidem S. C. auctoritatem iidem conservatores per senatus P. Q. R. scribas in acta referri, atque in Capitolii curia servari, privilegiumque huius modi fieri, solitoque urbis sigillo communiri curarunt. Anno ab urbe condita CXD CCC XXXI, post Christum natum M. D. LXXXI. III idus martiis.

« Horatius Fuscus, sacri S. P. Q. R. scriba.

« Vincent. Martholus, sacri S. P. Q. R. scriba. »

« N'estant bourgeois d'aulcune ville[1], ie suis bien ayse de l'estre de la plus noble qui feut et qui sera oncques. Si les aultres se regardoient attentifvement, comme ie fais, ils se

---

[1]. Pourtant il fut nommé maire de Bordeaux la même année, élection qui supposait nécessairement le droit de bourgeoisie.

trouveroient, comme ie fais, pleins d'inanité et de fadeze. De m'en desfaire, ie ne puis sans me desfaire moy mesme. Nous en sommes tous confits, tant les uns que les aultres : mais ceulx qui ne le sentent en ont un peu meilleur compte, encores ne sçais ie. » (Livre III, chap. ix.)

Les contemporains ont rappelé cet acte de la vie publique de Montaigne : « Estant à Rome, dit Estienne Pasquier, il fut fait, par honneur, bourgeois de la ville. » (Lettre I, livre XVIII.)

Scevole de Sainte-Marthe voit dans le titre de citoyen romain offert à Montaigne, un hommage spontané à la science et au talent; il ne peut s'empêcher, en même temps, de noter le mouvement de vanité qui a porté Montaigne à consigner son diplôme dans ses écrits :

« Quantam porro sibi peperit ex illius pulcherrimi operis editione vel apud externas nationes eruditionis et sapientiæ opinionem tum patuit, cum ipsa illa Roma, quæ inter omnes totius orbis terræ civitates principem sibi locum vendicat, eum ultro in civium suorum numerum allegit, atque cooptavit. Nec potuit sibi temperare vir ceteroque ab inani gloriæ cupiditate remotissimus quominus hunc honorem sibi habitum posteris prædicaret, ipsumque Romanorum diploma scriptis suis intersereret. »

Plus tard, on continua de croire à la spontanéité de l'honneur fait à Montaigne; La Dixmerie dit, dans son *Éloge* : « Grégoire XIII voulut que Rome le comptât parmi ses citoyens. Le diplôme lui en fut expédié. C'était rappeler cette ville fameuse à ses anciens principes. Grégoire ne fit dans cette circonstance que ce qu'Auguste aurait fait bien des siècles avant lui. » « Ce fut pendant le séjour qu'il y fit (à Rome), que son mérite lui fit donner des lettres de bourgeoisie romaine ; » écrit le président Bouhier. Moreri copie littéralement cette phrase.

Que tout le monde en France s'y soit trompé, cela n'a rien d'étonnant : Montaigne n'avait rien fait pour dissiper l'erreur causée par le chapitre des *Essais*; sans la publication de son journal de voyage, la postérité aurait recueilli, avec tant d'autres, ce petit mensonge historique. Heureusement Montaigne, qui savait à quoi s'en tenir, a écrit le souvenir de ce qui s'était passé : cette faveur que la fortune lui avait non accordée mais offerte, c'était, il faut bien le reconnaître, une concession obtenue avec peine ; Montaigne avait dû mettre en mouvement l'intervention du majordome du pape, dont il s'était fait un ami, et qui employa l'autorité du pontife auprès des représentants du sénat et du peuple romain :

« Ie recherchai et amploïai tous mes cinq sans de nature pour obtenir le titre de citoyen romein, ne fut ce que pour l'antien honur et religieuse memoire de son authorité. I'y trouvai de la difficulté ; toutefois, je la surmontai, ny ayant amploïé nulle faveur, voire ny la science seulemant d'aucun François. L'authorité du pape y fut amploïée, par le moïen de Philippo Musotti, son maggiordomo, qui m'avoit pris en singuliere amitié, et s'y pena fort ; et m'en fut despeché lettres 30 Id. martii 1581, qui me furent randues le 5 d'avril tres autantiques, en la mesme forme et faveur de paroles que les avoit eues le seigneur Iacomo Buon Compagnon, duc de Sero, fils du pape. C'est un titre vein ; tant y a que i'ai receu beaucoup de plesir de l'avoir obtenu. »

Cette version est moins flatteuse que celle des *Essais*, et elle met aux prises la vanité de Montaigne avec sa véracité. Par bonheur, il s'agit de peu de chose ; après tout, quelles que soient notre admiration et notre sympathie, le vrai est ce qu'il peut.

CHAPITRE VIII.

MONTAIGNE MAIRE DE BORDEAUX.

Montaigne part pour les eaux thermales ; — passe à la Fère ; — aux bains della Villa reçoit la nouvelle de son élection ; reçoit à Rome la lettre des jurats ; refuse. — Lettre d'Henri III qui lui ordonne d'accepter. — Revient dans son château. — S'applaudit d'avoir accepté. — Importance de la municipalité de Bordeaux, noblesse exigée du maire. — Priviléges des bourgeois ; habile politique des Anglais ; infraction par les Français, et troubles qui en résultent. — Villes filleules. — Composition du corps de ville ; — jurats, prud'hommes, conseil des Trois-Cents ; élections des jurats et prud'hommes. — Prérogatives du maire ; nomination sous les rois anglais, puis sous les rois de France ; élection rétablie en 1550 ; serment. — Fonctions et attributions des maires et jurats ; officiers de la commune. — Origine et texte de l'édit de 1550. — Droits successivement rendus à la commune. — Après son acceptation, Montaigne écrit pour se dépeindre tel qu'il est. — Ses titres à être élu. — Présente la défense de sa mairie. — Épigramme de Balzac. — Biographes louent son administration. — L'histoire de son exercice est peu connue. — Se divise en deux époques. — M. le maréchal de Matignon lieutenant général ; époque de sa nomination, son caractère, ses rapports avec Montaigne. — Le maire de Bordeaux entrait en fonction immédiatement, et non pas un an seulement après son élection ; discussion ; preuves spéciales pour Montaigne. — Assiste à l'ouverture des séances de la chambre de justice ; Antoine Loisel, avocat général, lui dédie sa remontrance. — Extinction de la traite foraine. — Montaigne va à la cour pour une affaire de la ville ; ordonnance favorable rendue par Henri III. — Synode provincial assemblé à Bordeaux. — Montaigne est réélu en 1583 ; sa réélection et le choix des trois nouveaux jurats sont attaqués ; arrêt du conseil d'État et lettres patentes du roi maintenant sa continuation et annulant la nomination des jurats ; requête contre cette décision. — Fin de cette affaire. — Pétition au roi de Navarre pour la liberté des communications sur la Garonne. — Différents actes de la jurade relatifs à des statuts ou règlements de plusieurs corps de métiers. — Bordeaux maintenu tranquille malgré les premières agitations de la Ligue. — Montaigne s'absente pendant l'hiver ; réclamé par les jurats. — Progrès de la Ligue, situation difficile vis-à-vis le roi de Navarre ; lettre de ce prince aux maire et jurats de Bordeaux. — Il n'y a pas émeute à ce moment ; prévenue par Matignon. — Maire, jurats et autres convoqués chez le maréchal ; Vaillac sommé de remettre le château Trompette, soumission, prise de possession, procès-verbal. — Montaigne porte ces nouvelles au roi de Navarre. — Henri III ordonne à Matignon de se rendre à Agen. — Revue des compagnies armées des habitants de Bordeaux. — Ordre maintenu pendant l'absence de Matignon ; lettre que lui écrit Montaigne sur ce qui se passe dans la ville et le pays ; — nouveau voyage auprès du roi de Navarre. — Maladie contagieuse, ordinaire à Bordeaux, éclate en juin 1585, avec une extrême violence. — Montaigne se retire ; va protéger sa famille ; pillage de son château. — Refuse aux jurats d'aller aux élections ; sa lettre. — M. de Moncuq, jurat, écrit au maréchal, sur l'état de la ville et les élections prochaines.

Montaigne venait de terminer la première édition des *Essais*; il en avait signé, chez lui, la préface le 1er mars 1580[1]. Trois mois après, il se préparait à un long voyage. Les premiers feuillets de son journal de route, retrouvé dans son château, cent quatre-vingts ans après sa mort, manquaient au manuscrit; on n'y voit donc pas quels motifs déterminèrent son départ, et on ne connaît pas les premières étapes de son itinéraire. Les *Essais* nous apprennent les raisons qui lui faisaient aimer les voyages en général : celui-ci eut probablement pour but principal la visite et l'usage des eaux minérales les plus renommées; Montaigne *pratiquoit la cholique par la liberalité des ans*, et il avait la pierre; il se résignait à ses souffrances : « En dix huict mois ou environ qu'il y a que ie suis en ce mal plaisant estat, i'ay desia appris à m'y accommoder. » (Livre II, chap. XXXVII.) Toute-

---

[1]. Et non le 12 juin, comme le portent des éditions modernes. Cette date du 12 juin est celle de la préface de l'édition de 1588. Est-ce Montaigne, est-ce son imprimeur, qui, en changeant le chiffre du mois et de l'année, a laissé, comme à la première édition, l'indication du lieu, *Montaigne?* Quelle que soit l'explication de cette erreur, il n'en reste pas moins certain que Montaigne ne résidait pas dans son château le 12 juin 1588; il en était parti au commencement de l'année ; il a ensuite séjourné à Paris, à Gournay, à Rouen, à Chartres et à Blois, où il assistait aux états, ouverts en octobre. Le témoignage de Pasquier, de de Thou, de Mlle de Gournay, des *Essais*, ne permet aucun doute sur ces faits.

fois il voulut essayer si le mouvement, la distraction et les bains lui feraient du bien.

Il partit donc « le 22 de juin 1580, pour aller à la Fere » (en Picardie). Pourquoi se dirigeait-il d'abord de ce côté? On l'ignore; le prince de Condé s'était emparé, par ruse, de la place : le roi tenait beaucoup à la reprendre : il en fit faire le siége par le maréchal de Matignon, qui le commença à la fin de juin : les opérations durèrent jusqu'au 12 septembre. On ne sait ni quand Montaigne arriva, ni ce qu'il fit pendant le siége; on sait seulement que M. de Gramont, le mari de la belle Corisande, lequel servait dans l'armée royale, fut blessé grièvement, dans les premiers jours d'août, qu'il succomba à sa blessure, et que Montaigne, ami de sa famille, fut un de ceux qui lui rendirent les derniers honneurs [1].

Le journal du voyage commence, peu après, à Beaumont-sur-Oise; il nous conduit successivement en Lorraine, en Allemagne, en Suisse, en Italie; les bains *della Villa*, près de Lucques, obtiennent de Montaigne une préférence marquée : il y revient, au mois d'août 1581, après un séjour de cinq mois à Rome, d'où il avait rapporté son diplôme de citoyen romain.

Le jeudi, 7 septembre, au matin, il était resté au bain pendant une heure; dans la même matinée on lui remit une lettre venue de Rome : c'était M. du Tausin qui lui écrivait de Bordeaux, le 2 août (dès le lendemain des élections municipales), qu'il avait été nommé maire à l'unanimité des suffrages, et le priait d'accepter cette charge :

« Al giovedì, 7 settembre la mattina, fui un' ora al bagno grande.

« Quella istessa mattina mi diedero nelle mani per la via di Roma lettere del signor du Tausin, scritte a Bordea al 2 d'agosto, per le quali m'avvisa, ch' il giorno innanzi

---

[1] « Ie feus, entre plusieurs aultres de ses amis, conduire à Soissons le corps de monsieur de Gramnont, du siege de la Fere, où il fut tué. » (Livre III, chap. IV.)

d'un publico consentimento io era stato creato governatore di quella città : e mi confortava d'accettare questo carico per l'amor di quella patria[1]. »

Ce n'était qu'une communication personnelle et privée; elle ne suffisait pas pour déterminer Montaigne à accepter, et à reprendre tout de suite le chemin de France. Quelques jours après, le 12 septembre, il part de nouveau pour Rome, et y arrive le 1ᵉʳ octobre. Il y trouve une lettre des jurats de Bordeaux qui lui annoncent officiellement sa nomination, et le prient instamment de venir les trouver :

« Il dì ch' io giunsi a Roma recevetti le lettere delli giurati di Bourdeaux, i quali mi scrivevano molto cortesemente della elezione ch' avevano fatta di me per governatore della lor città : e mi pregavano molto d'andarli a trovare. »

Montaigne fut sensible à l'honneur qu'on lui faisait : mais il tenait beaucoup moins aux dignités qu'à son repos et à sa liberté; il s'excusa donc[2] : « Messieurs de Bordeaux m'esleurent maire de leur ville, estant eloigné de France, et encore plus esloigné d'un tel pensement. Je m'en excusay : mais on m'apprint que i'avois tort, le commandemant du roy s'y interposant aussy. » (Livre III, chap. x.) En effet, les Bordelais, affligés du refus de Montaigne, avaient insisté auprès du roi et obtenu de lui un ordre d'acceptation. Le roi écrivit une lettre conçue dans les termes à la fois les plus flatteurs et les plus impératifs. Après une démarche aussi honorable pour lui, et en présence d'une volonté royale aussi précise, Montaigne ne pouvait plus refuser. On peut croire, toutefois, que son acceptation précéda la ré-

---

1. Le journal du voyage n'ayant été publié qu'en 1774, il n'est pas étonnant qu'auparavant les biographes se soient trompés sur le lieu où Montaigne se trouvait quand il reçut la nouvelle de son élection; de Thou (*Hist.*, livre CIV) et dom Devienne disent que ce fut à Venise. « Lorsque M. de Montaigne fut esleu maire de la dicte année (1581), il estoit à Rome » dit Darnal (M. Gence émet la même opinion). Le récit daté *della Villa* prouve la double erreur. Les contemporains, amis ou compatriotes de Montaigne, ainsi que la cour, pensaient qu'il avait prolongé son séjour à Rome : c'est là que lui écrivent, à l'occasion de l'élection, M. du Tausin, les jurats de Bordeaux et le roi Henri III.

2. Il ne refusa qu'une fois, et non pas deux, comme le dit La Dixmerie.

ception de la lettre du roi : car on lui apprit qu'il avait tort de s'excuser, et c'est la seconde raison que le commandement du roi s'interposa aussi ; il n'attendit pas l'ordre royal pour se mettre en route, puisque cet ordre est daté du 25 novembre, et que Montaigne, parti de Rome le 15 d'octobre arrivait dans son château le 30 novembre, traçant ces derniers mots de son journal : « Par ainsin avoit duré mon voyage dix sept mois huict iours. » Si quelque hésitation avait pu rester encore, le commandement du roi l'aurait certainement dissipée, et c'est ce qu'avec un sentiment délicat des convenances indique le passage des *Essais*.

Soit que les jurats aient revendiqué la lettre du roi comme un titre d'honneur pour la ville autant que pour le maire, soit que Montaigne leur en ait fait hommage, elle fut déposée aux archives de la mairie. Elle y a été découverte par le savant M. Buchon, qui l'a publiée en 1838 dans les Notices littéraires, Chronique des seigneurs de Foix et de Béarn [1].

« Monsieur de Montaigne, pour ce que i'ay en estime grande vostre fidellité et zellée devotion à mon service ce m'a esté plaisir d'entendre que vous ayez esté esleu maior de ma ville de Bourdeaulx, ayant eu tres agreable et confirmé ladicte eslection et d'autant plus vollontiez qu'elle a esté sans brigue et en vostre lointaine absence. A l'occasion de quoy mon intention est, et vous ordonne et enjoincts bien expressement que sans delay ne excuse reveniez au plus tost que la presente vous sera rendue, faire le deu et service de la charge où vous avez esté si legitimement appellé. Et vous ferez chose qui me sera tres agreable, et le contraire me desplairoit grandement, priant Dieu, monsieur de Montaigne, qu'il vous ayt en sa saincte garde.

« Escript de Paris le xxve jour de novembre mil cinq cens quatre vingt ung.   *Signé* HENRY. »

Et plus bas : « de NEUFVILLE. »

---

1. Insérée, par M. Champollion-Figeac, dans le tome II des *Documents historiques inédits*, imprimés par ordre du gouvernement, elle l'a été aussi par M. Payen, dans ses *Documents inédits*, p. 27.

Au-dessous : « A monsieur de Montaigne, chevalier de mon ordre, gentilhomme ordinaire de ma chambre estant de present à Rome. »

Montaigne semble reconnaître qu'il n'eut qu'à s'applaudir d'avoir déféré aux représentations de ses amis et d'avoir obéi aux ordres du roi ; sa vanité y trouva son compte : « C'est, dit-il en parlant de la mairie, une charge qui doibt sembler d'autant plus belle, qu'elle n'a ny loyer ny gaing, aultre que l'honneur de son execution. Elle dure deux ans ; mais elle peult estre continuee par seconde ellection, ce qui advient tres rarement : elle le feut à moy : et ne l'avoit esté que deux fois auparavant, quelques annees y avoit, à monsieur de Lanssac, et freschement à monsieur de Biron, mareschal de France en la place duquel ie succeday, et laissay la mienne à monsieur de Matignon, aussi mareschal de France : glorieux de si noble assistance :

« Uterque bonus pacis bellique minister. »

« La fortune voulut prendre part à ma promotion, par cette particuliere circonstance qu'elle y meit du sien, non vaine du tout : car Alexandre desdaigna les ambassadeurs corinthiens qui luy offroyent la bourgeoisie de leur ville ; mais quand ils veinrent à luy deduire comme Bacchus et Hercule estoient aussi en ce registre, il les en remercia gracieusement. » (Livre III, chap. x.)

MM. de Biron et de Matignon, comparés à des demi-dieux, c'est quelque chose ; Montaigne, comparé par lui-même à Alexandre, c'est beaucoup : on peut même, si on n'est pas gascon, trouver que c'est trop. Mais Bordeaux valait bien Corinthe, et la première magistrature de cette grande cité était une des plus éminentes dignités auxquelles les plus puissants personnages pussent atteindre. On se ferait une pauvre et fausse idée de la mairie de Bordeaux au xvie siècle, si on la mesurait aux proportions de nos municipalités actuelles, pouvoir subalterne par ses attributions comme par son rang dans les honneurs et préséances des cérémonies publiques.

Les contemporains de Montaigne font remarquer l'importance de la fonction, à propos de son élection : « Honoré, dit Étienne Pasquier (Lettre à M. de Pelgé) de la mairie de Bordeaux, qui n'est pas petite dignité en la ville. » « Burdigalæ major, écrit plus gravement de Thou (*Hist.*, livre CIV), quæ dignitas primaria provinciæ, proceribus atque adeo præfectis defertur. »

Dans plusieurs villes de France, qui avaient obtenu des rois ce privilége, tantôt étendu, tantôt restreint ou supprimé, les fonctions de maire conféraient la noblesse. Au contraire, « La charge de maire de Bordeaux a toujours été si considérable que les Bordelais, au lieu de chercher une origine noble dans la mairie, ont eu pour maires des nobles de haute qualité. » (Laroque, *Traité de la noblesse*, chap. XXXIX et XCII.) La noblesse d'épée était même une condition exigée[1].

Les écrivains bordelais sont donc bienvenus à exalter, avec la puissance de leur cité, la grandeur de leur mairie, la splendeur de leur corps de ville. « La ville de Bourdeaux, dit Darnal, qui vivait à la fin du XVIe siècle et au commencement du XVIIe, et qui a rempli les fonctions de clerc de la ville, est recogneüe de toutes les nations de l'Europe l'une des plus illustres, populeuses et fameuses villes du royaume de France, tenant le troisieme rang parmi les autres citez, decoree de dignitez, comtés, baronies, prevostez et iustices. Les maires et iurats commandans à ceste communauté portent de toute antiquité le tiltre de regens et gouverneurs : sont en possesion de preceder en tous actes, non seulement

---

1. La cour eut occasion d'imposer le maintien de cette condition. En 1575, M. Eymar, président au parlement de Bordeaux, fut élu maire : « Le seigneur de La Valette (lieutenant du roy en deça de la Garonne) entra dans l'hostel de ville, en l'assemblee des cent et trente, et proposa ce qui estoit du service du roy, et delivra une lettre à messieurs les jurats, par laquelle Sa Maiesté mandoit ne pouvoir approuver l'eslection de maire de la personne du president Eymar, et de proceder à nouvelle eslection : mais depuis, icelle eslection fut par Sa Maiesté approuvee pour ceste fois sans tirer à consequence, ceste charge estant reservee pour gentils hommes faisant profession d'armes.... 1577, le 21 juillet, le roy escrit au corps de ville, pour proceder à l'eslection d'un maire autre que de robe longue. » (Darnal, continuation de la *Chronique bourdeloise*.) Cette jurisprudence, si rigoureusement suivie, peut servir à prouver la noblesse de Pierre Eyquem et de Michel Montaigne.

les nobles de ceste province, mais aussi tous autres nobles du royaume, quelque degré qu'ils ayent, s'ils n'ont droict de monter es hauts sieges du parlement. Le maire de la dicte ville a esté de tout temps choisi et esleu des plus nobles, vaillans et capables seigneurs du païs. Il montoit à cheval aux occurances, ayant une compagnie dressee pour aller pourvoir aux desordres en temps de paix et de guerre : et qui plus est l'antiquité nous enseigne, que les dicts maires ont non seulement conduit la noblesse de la province, mais aussi les armees qui y estoient employees : et les seigneurs de la maison noble de Lisle et de la Lande portoient le guidon sous ledict maire[1], lesquels allans quelquefois devers les roys pour les affaires publics ne prenoient pas le tiltre de deputez, ains d'ambassadeurs, pour faire voir en quelle estime a esté la ville de Bourdeaus. Aussi avons nous veu ceste charge de maire avoir esté en telle reputation, que les princes du sang ne l'ont pas mesprisee, ains grandement desiree, et les lieutenans des roys en ceste province, des plus grands personnages du royaume, s'en sont bien voulu honorer, ainsi que chacun sçait et a veu de notre temps[2]. »

« .... Il n'y a ville en France où les magistrats populaires paroissent plus quand ils marchent en corps, ny qui ayent plus ample 'iuridiction. Il y a devant eux, quand ils sont en corps, quarante archers du guet, couverts de belles casaques d'ecarlate, et tous les officiers de la ville qui marchent aux processions et assemblees publicques. Monsieur le maire, vestu

---

1. En 1411, dans l'assemblée générale des bourgeois, il fut arrêté, par forme de loi « que le porte guidon de la ville se tiendroit prest, pour marcher lorsqu'il seroit mandé : car de toute ancienneté ladite ville avoit une compagnie de cavalerie, laquelle estoit commandee par le maire d'icelle. » (Delurbe, *Chronique bourdeloise*.)

2. Laroque, *loc. cit.*, énumère les noms des grands seigneurs qui, du xve à la fin du xvie siècle, ont occupé la mairie de Bordeaux ; entre Biron et Matignon, il passe Montaigne. M. Bernadau, *Annales bordelaises*, p. 206, répare cette omission : « La mairie, dont l'établissement connu remonte au xiie siècle, était une charge importante à Bordeaux ; elle fut toujours confiée à des hommes distingués, soit qu'elle fût élective, soit qu'elle fût à la nomination du roi. Depuis Monadey jusqu'à M. de Noë, on compte cent trois maires. Michel de Montaigne est le plus célèbre d'entre eux. »

d'une robe de velours blanc et rouge avec les paremens de brocatel marche deux ou trois pas avant les dits sieurs jurats, et iceux sieurs marchent deux à deux, et le procureur et clerc de ville, qui sont du corps aussi, de mesme au dernier rang, avec leurs robes et chaperons de damas blanc et rouge. Aux entrees des gouverneurs les dictes robes sont de satin blanc et rouge ; aux entrees des roys, de velours blanc et rouge, doublé de tafetas rouge, et celle de monsieur le maire de brocatel. » (*Continuat. de la Chroniq. bourdeloise*[1].)

Une dignité entourée de tant d'éclat, armée de tant de puissance, exercée par de si nobles personnages, était forte parce qu'elle avait à défendre des droits précieux, et parce qu'elle reposait sur les traditions séculaires d'un vigoureux esprit municipal. Les anciennes coutumes de Bordeaux et du pays bordelais formaient tout un code de lois civiles et criminelles ; elles furent rédigées au XIIIe siècle en idiome gascon[2]. La ville avait en outre des règlements municipaux, qui furent revus et arrêtés à l'assemblée des plus notables bourgeois, et publiés, avec le concours des maire et jurats, le 14 juillet 1542 (Delurbe, *Chroniq. bourdeloise*). En 1701, des *Extraits des statuts anciens et nouveaux* furent imprimés par ordre de MM. les jurats. Parmi les anciens recueils de statuts municipaux, on distinguait le *Livre des Bouillons*, qui était conservé au trésor de la ville.

Là se trouvent les titres des anciens priviléges dont les Bordelais étaient fiers et jaloux avec juste raison. Dès le XIIIe siècle, des garanties entourent la liberté des personnes et assurent une justice indépendante ; tout individu arrêté doit comparaître en justice ; le maire peut accorder la liberté sous caution. Un prévenu de coups et blessures envers un

---

1. Il fut ordonné, par arrêt du parlement de Bordeaux, du 14 novembre 1538, que, quand les jurats ou l'un d'eux seraient à l'audience de la cour de parlement, avec leurs robes ou chaperon de livrée, ils précéderaient tous les nobles, de quelque famille, qualité ou condition qu'ils fussent (Delurbe). « En 1559, ordonnances réitérées, contenant que les jurats porteront le chaperon de livrée par la ville, pour se faire honorer au menu peuple. » (Darnal.)

2. Voy. *Coutumes du ressort du parlement de Guyenne*, avec un commentaire, par deux avocats au même parlement (les frères Lamothe), 2 vol. in-8.

bourgeois de Bordeaux ne peut être laissé en liberté, à moins que le médecin ne déclare par serment que le blessé peut manger de la viande et boire du vin sans envenimer sa plaie ; lorsque le roi, son sénéchal ou son bailli porte plainte contre un bourgeois de Bordeaux, le maire doit juger selon la coutume de la ville. Les procès des jurats ou du maire sont jugés comme ceux des simples particuliers. Aucune chose ayant la valeur de trois cents sous ne peut être confisquée sans qu'il y ait un jugement.

Une ordonnance du prince anglais Édouard, fils aîné du roi Henri III, porte qu'une estimation doit précéder toute expropriation forcée. Si le roi ou son sénéchal veut construire un château dans la cité de Bordeaux, il est tenu de faire estimer, par les prud'hommes de la cité, les maisons, places et bâtiments nécessaires à cette construction. Le maire et les jurats doivent l'aider à obtenir ces objets pour un prix raisonnable.

On voit au xve siècle que le bourgeois de Bordeaux avait le droit de porter toujours des armes : il ne reconnaissait pour chef militaire que le maire[1]. Condamné au dernier supplice, il avait les honneurs de la décapitation comme les gentilshommes.

Aux termes des statuts, nul ne doit être reçu bourgeois de la ville de Bordeaux s'il n'y possède maison à lui appartenant, s'il ne tient feu et sa famille dans cette maison. Tous les citoyens par chaque paroisse sont inscrits en un livre exprès. Tout personnage reçu bourgeois prête serment. Les bourgeois de Bordeaux sont exempts de payer à la ville coutume ni autre subside pour les marchandises à eux appartenant sans fraude : « Les bourgeois de ladite ville ont aultres et plus grands privileges. Sçavoir est de n'estre aucunement taillables : de pouvoir tenir tous biens noblement, et acquerir fiefs, dignitez et terres nobles, et comme tels sont exempts de payer aucuns droits de francs fiefs et nouveaux acquests. »

Les rois d'Angleterre avaient eu soin de maintenir les priviléges des Bordelais et de favoriser le commerce de leurs vins. Cette politique leur avait réussi ; l'intérêt du pays leur

---

1. Voy. M. Ducourneau, *la Guyenne historique*, tome II.

garantissait sa fidélité. On le vit bien en 1398 : « Le duc de Bourbon, dit à cette date la chronique de Delurbe, estant venu à Agen, sollicité par ses deputez les Bourdelois de se remettre sous l'obeissance de la couronne de France ; mais ce fut en vain, de crainte que les dicts Bourdelois avoient de perdre leurs franchises et libertez, qu'ils ont de tout temps chery sur toutes choses, comme dit Froissard. »

Lorsque les Anglais durent abandonner Bordeaux, la soumission de la ville à l'armée de Charles VII fut accompagnée de sages concessions accordées aux Bordelais ; ils demandèrent et obtinrent le maintien de leurs priviléges dans le traité conclu avec le comte de Dunois, le 20 juin 1451 : « *Item*, et fera le roy, à l'entree de ladite ville de Bordeaux, au jour dessus dit, s'il y est present, ou monseigneur le comte de Dunois pour lui si le roi n'y peut estre, le serment sur le livre et sur la croix, ainsi qu'il est accoutumé, de tenir et maintenir les habitants du pays et chacun d'eux, present et absent, qui demeureront ou demeurer voudront en son absence, en leurs franchises, privileges, libertés, statuts, lois, coutumes, etablissements, styles, observations et usances de Bordeaux, du Baradois et d'Agenois. — *Item*, ne seront dorenavant les habitants dudit pays tenus de payer aucunes tailles, impositions, gabelles, fouages, courtages équivalents, ni autres subsides quelconques, et ne seront tenus que de payer les droits anciens et accoutumés en ladite ville de Bordeaux et pays susdits. — *Item*, a esté appointé que les officiers que le roi commettra au pays promettront au roi ou à ses commis et iureront de faire bonne iustice sans faveur au grand comme au petit, et qu'ils garderont les privileges, coutumes et lois de ladite ville de Bordeaux et pays bordelois et les maintiendront à leurs honneurs et preeminences et iouiront ceux de ladite ville de Bordeaux et pays Bordelois de leurs iuridictions, ainsi que d'ancienneté ils ont accoutumé. »

Après la victoire les promesses furent oubliées ; la violation de ce traité, et l'insolente présomption des seigneurs français firent bientôt regretter, puis rappeler les Anglais ; la

Guyenne se souleva en faveur de ses anciens maîtres. Le fameux Talbot revint et se mit à la tête du mouvement; mais il fut vaincu et tué à la bataille de Castillon, son armée dispersée. Il fallut rentrer sous la domination française. Vainqueur irrité, Charles VII ordonna aux Bordelais de renoncer à leurs priviléges et franchises. Mais bientôt après, mieux conseillé par une sage politique, il leur rendit leurs droits par un acte du 13 octobre 1452. En 1464, Louis XI confirma leurs priviléges, et, afin de compenser les fâcheux résultats de l'émigration de beaucoup de grandes familles en Angleterre, il offrit des avantages à ceux qui viendraient s'établir à Bordeaux [1].

Longtemps après l'établissement définitif des Français, les infractions aux priviléges causaient encore de vives agitations. En 1512, « emeute du peuple à Bourdeaux, de ce que le duc de Longueville, comte de Dunois, et lieutenant general pour le roy en Guyene, aurait faict entrer du vin du haut pays et prohibé en ladicte ville, tant le peuple estoit desireux de maintenir ses privileges et libertez. » (Delurbe, *Chron. bourd.*) La même cause, jointe aux exactions des agents, détermina le grand soulèvement de 1548, à la suite de l'établissement de la gabelle, « les habitants de Guyene de tout temps ont esté libres et impatients de daces et subsides. » (*Eod.*) L'ordonnance de 1550, rendue par suite de ces

---

[1] « Les Bordelois restoient attachés à l'Angleterre; les familles considérables émigroient, emportant leurs richesses et leurs archives, titres et documents. Édit du 16 février 1464, par lequel il fut dit que Sa Majesté permettroit à toutes sortes de personnes de quelque qualité et condition qu'elles puissent être, habitant dans son royaume, qui auroient intention de venir s'établir et habiter dans la ville de Bordeaux, et aux environs, sur les biens et maisons qui s'y trouveroient vacants, qu'ils eussent à s'y rendre et à s'y faire inscrire par les commissaires à ce députés par Sa Majesté; qu'ils y jouiroient de toutes libertés, franchises et anciens priviléges dont jouissoient les habitants, sans avoir besoin d'autres lettres de naturalisation, et qu'à chacun d'eux, selon leur état, il seroit fait don et partage des biens vacants et abandonnés, provenant des familles qui avoient préféré leur retraite en Angleterre à l'utilité de leurs propres fonds et domaines, et que patente leur en seroit délivrée par les commissaires de Sa Majesté. Cet édit fut publié dans le royaume, et, peu de temps après, la ville de Bordeaux fut repeuplée comme auparavant, mais presque tous gens nouveaux, d'où descendent ceux qui existent à présent. » (*Histoire curieuse et remarquable de la ville et province de Bordeaux*, par Lacolonie, tome I.)

troubles, énumère les priviléges qu'elle restitue aux Bordelais (voy. p. 226 et 227, note).

Indépendamment des priviléges de ses habitants, des seigneuries qu'elle possédait, et de ses autres richesses, la ville de Bordeaux avait encore dans la province une importance spéciale par sa suprématie sur plusieurs villes qui étaient ses *filleules*. Cela remontait au temps de la puissance anglaise, à l'année 1379, suivant la *Chronique* de Delurbe : « les villes de Bourdeaus et de Bourg entrent en alliance et confederation estroicte, à la charge toutes fois que Bourdeaus, comme capitale, tiendroit le premier rang, et y commenderoit, ainsi que ez autres villes de la province, et a esté touiours gardé iusques au iour que les Anglois furent chassez de la Guyenne, que lorsque la guerre estoit eschauffee entre les François et les Anglois, et qu'il y auroit danger de surprinse, que les maire et iurats de Bourdeaus envoyoient aucuns de leurs bourgeois es villes de ladite province, pour y commander et prendre garde à leur seurté. Et de là est venu que les villes de Blaye, Bourg, Libourne, Sainct Emylion, Castillon, Sainct Machaire, Cadillac, et Rions, sont appelees filleules de ladicte ville de Bourdeaus. »

Un grand caractère devait s'attacher à la municipalité d'une cité si considérable et si puissante. De temps immémorial, la ville de Bordeaux s'était administrée elle-même. Suivant Bernadau (*Antiq. bordelaises*, p. 383 et suiv.), le corps de ville est déjà mentionné dans des lettres patentes de Philippe IV, roi de France, adressées *juratis et communia Burdegalensis*. Il se composait, dès le xiii° et le xiv° siècle, des jurats, du maire, des prud'hommes, du grand conseil des Trois-Cents. Depuis le xv° siècle, un des jurats était nommé sous-maire.

Les jurats étaient les administrateurs de la commune. Leur nombre était anciennement de cinquante ; il avait été ensuite de vingt-quatre. En 1478, Édouard, roi d'Angleterre, ordonna qu'il n'y eût plus qu'un maire et douze jurats qui auraient la charge et le gouvernement de la ville (*Chronique* de Delurbe). Après 1550, le nombre des jurats ne fut plus que de six.

Les trente prud'hommes, dont les jurats prenaient l'avis, formaient le conseil ordinaire; ils furent plus tard réduits à vingt-quatre; ils étaient élus chaque année, et « les trois cents aussi, qui, es affaires occurrentes, grossissoient le conseil de ville, et en estoit faict un catalogue pour estre prests au moindre mandement des magistrats. » Les trente étaient appelés autrefois très-souvent. Au XVIᵉ siècle, les trois cents avaient été réduits à cent : « aux grands et plus serieux affaires, au lieu des cents que nous appelons, ils en appeloient trois cents ; c'estoit le conseil des trois cent trente, ores que la ville ne fust peuplee la moitié de ce qu'elle est auiourd'hui[1]. » (Darnal, *contin. de la Chroniq.*) Les formalités de l'élection et des serments des jurats, maires et prud'hommes étaient réglées, aux XIIIᵉ et XIVᵉ siècles, par les statuts anciens et par les ordonnances des rois d'Angleterre[2].

Dans le XVIᵉ siècle (et, en ce qui ne fut pas changé par l'ordonnance de 1550, les choses restèrent à peu près de même jusqu'à la révolution de 1789), voici ce qui avait lieu pour l'élection des jurats et des prud'hommes :

Autrefois le 24 juillet, depuis 1550 le 1ᵉʳ août de chaque année, les jurats se réunissaient à l'hôtel de ville pour procéder aux élections; ils s'adjoignaient les vingt-quatre prud'hommes; ils partaient tous ensemble avec leur portemasse, trompettes et autres officiers; ils prêtaient serment dans l'église de Saint-Éloy, sur l'autel, de bien et loyalement élire; puis, après avoir ouï la messe, ils rentraient en conclave et nommaient les nouveaux jurats. Pour pouvoir être élu jurat, il fallait avoir « en biens mille livres bordeloises,

---

1. On cite même un exemple de la convocation de tout le peuple. En 1420, le roi d'Angleterre ayant demandé quelques subsides à la ville de Bordeaux, on appela le peuple à son de trompe. Le clerc de la ville exposa en peu de mots le sujet de la convocation, et engagea chaque bourgeois à donner librement son opinion. Un citoyen, nommé Jean Ferrade, fut d'avis qu'on n'accordât ni taille ni imposition par feu; son opinion fut partagée par quinze cents des plus notables habitants. Les députés chargés de faire connaître au roi la volonté de la commune de Bordeaux étant de retour, rendirent compte de leur mandat au peuple, qui approuva leur conduite. (Ducourneau, *Guyenne historique*, tome II, p. 174.)

2. Voy. Darnal et Ducourneau.

ou deux cens livres bordeloises de prise de ses terres chacun an. » Celui qui avait été jurat ne pouvait être élu de nouveau qu'après cinq ans. Le maire présidait à l'élection, s'il était en ville. Le clerc de ville recevait les votes, dressait procès-verbal de l'élection et le cachetait de cire tout autour. La proclamation des nouveaux jurats se faisait solennellement le 2 août. Le premier jurat portait le procès-verbal à la main jusqu'à l'église de Saint-André, et là, étant au haut d'une galerie, il le mettait dans les mains du clerc de la ville pour en faire la publication en présence du peuple, sans prononcer aucun discours. Les jurats prêtaient serment dans l'église de Saint-André « de bien et loyaument, à leur pouvoir et bonne foy, regir et gouverner la commune de ladite ville de Bourdeaux, et eux porter bien et fidelement en l'exercice de leurs estats, faire droit, raison, et administrer iustice tant au pauvre qu'au riche, non ayant egard à amy ou ennemy, ni aultre cause quelle qu'elle soit, que tous et chacun de ladite ville garderont d'oppression, tort, force, et violence : que les biens de la commune de ladite ville ne donneront, ni frustratoirement dependront et distribueront, ains feront leurs efforts le tout augmenter au profit et utilité de ladite ville et chose publique d'icelle.... » (Le reste du serment est relatif au maintien des statuts et à l'élection des jurats.) Les conseillers prud'hommes juraient sur le missel et la croix « pardevant les dits seigneurs (le maire et les jurats) qu'ils seront obeissants aux mandements des maire et iurats, toutes fois qu'ils seront requis bien et loyaument conseiller les dits seigneurs, sans avoir égard à ami ou ennemi : et ne reveleront les secrets en maniere que ce soit. » (*Extrait des statuts anciens et nouveaux*; Darnal, *contin. de la Chroniq.*)

« Messieurs les iurats sortants de charge faisoient un testament, qui contenoit toutes les affaires de la ville : afin que les nouveaux successeurs, et comme heritiers y pourveussent estant bien instruits. On faisoit ouverture de ce testament en iurade. Laquelle ceremonie on a depuis mesprisée, qui sembloit neantmoins utile. » (Darnal, année 1555.)

J'ai dit plus haut quel éclat environnait la dignité de maire de Bordeaux. Darnal résume les prérogatives traditionnelles de cette charge : « Il estoit le chef du corps de ville et des bourgeois ; il avoit, de toute antiquité son logis, nommé la mairerie, à part.... Il estoit souvent envoyé vers le roy pour affaires importantes. Toute la ville se reposoit principalement sur luy, et s'il advenoit quelque tumulte, les bourgeois et habitants de chacune iurade s'en alloient là assembler avec leur iurat, et de là tous les iurats avoient leur rendez vous chez monsieur le maire.... La pluspart du temps il y avoit de la part du roy un conestable à Bourdeaux qui conduisoit les barons et autres gens d'armes quand il falloit marcher en campagne, et le maire ou son lieutenant (appelé soubs-maire) conduisoit les bourgeois et enfants de la ville. »

Des fonctions aussi importantes devaient inspirer de vives sollicitudes, quelquefois même des craintes aux souverains qui ont régné sur la Guyenne ; de là les vicissitudes dans le mode de nomination des maires de Bordeaux. Une charte d'Henri II, roi d'Angleterre, datée de 1173, accorde aux Bordelais le droit d'élire un maire. Le premier qu'ils choisirent fut le sieur de Monadey. En 1260, le roi d'Angleterre obtient des habitants qu'ils lui remettent la nomination de leur maire, et, à cette occasion, une ordonnance du prince Édouard règle différents points de l'organisation municipale dans l'intérêt de la couronne d'Angleterre. Le dernier maire anglais est Gadifer de Scortoise, baron de Genissac, qui a signé, comme maire, la capitulation avec Charles VII[1].

Les rois de France, peu certains de la fidélité de la Guyenne, se gardèrent de rendre la mairie élective comme elle l'avait été dans l'origine ; ils conservèrent pour eux la nomination du maire de Bordeaux : ils le choisissaient pour un temps illimité. Le premier est Jean de Bureau, trésorier de France, nommé en 1452, et le dernier, pour cette période, Charles de Chabot, baron de Jarnac, en 1531 ; son fils eut la survivance en 1545. Lorsque, en 1550, Henri II rendit la mairie

---

1. Après avoir perdu la Guyenne, les rois d'Angleterre, comme pour attester leur droit sur ce pays, nommèrent encore des maires de Bordeaux.

élective, il fut ordonné que ces deux seigneurs conserveraient douze cents livres de gages sur les revenus de la commune.

Le premier maire électif après 1550 est François de La Mothe de Cambes ; le dernier, en 1617, Henri de Prez de Montpezat.

Après un intervalle d'une trentaine d'années, on voit des provisions de maire de Bordeaux données par le roi à Godefroi, comte d'Estrades, maréchal de France ; la charge resta dans cette famille jusque sous le règne de Louis XV[1]. Nommé en 1769, M. le vicomte de Noë, maréchal de camp, est le dernier maire de Bordeaux sous l'ancien régime[2].

Revenons à la mairie élective, celle qui existait du temps de Montaigne. Le maire était élu par les jurats le même jour que les nouveaux jurats. Comme ceux-ci, il devait aller prêter serment : « Jurera le maire en sa nouvelle creation, en l'eglise Saint André, en presence du peuple, sur les saints evangiles notre Seigneur et reliques, comme est de coutume, qu'il gardera à son pouvoir tous les droits de la ville et cité de Bordeaux : son estat bien et loyaument exercera : et s'il sçait rien estre aliené du bien de la dite ville, le relevera, et fera diligence; celuy recouvrer des deniers communs de la dite ville. » (*Extraits des statuts.*)

Le maire et les jurats formaient la haute administration de la commune; ils avaient le titre de gouverneurs[3], et, à chaque élection, ils étaient ostensiblement mis en possession de ce gouvernement par la délivrance des clefs de la ville : cette prérogative leur fut plus tard disputée, mais leur resta

---

1. Cette magistrature, conférée héréditairement aux d'Estrades, n'était plus gratuite comme au temps de Montaigne; c'était un riche cadeau que le roi leur faisait : « La mairie de Bordeaux, de vingt mille livres de rente, qu'avoit Estrades, après son père et le maréchal son grand-père, fut donnée à son fils. » (Saint-Simon, *Mémoires*, chap. CDLXXI.)

2. M. Bernadau, *Antiquités bordelaises*, distingue les différentes phases de la mairie de Bordeaux, et donne la liste de tous les maires, depuis le sieur de Monadey jusqu'au vicomte de Noë.

3. Le maire, comme gouverneur, avait, depuis le XVI° siècle, une garde speciale, entretenue aux frais de la commune. (Ducourneau, tome II.)

en définitive. Dans les anciens temps, le maire connaissait de toutes les affaires criminelles, civiles, féodales, des bourgeois ou habitants de la ville et de la banlieue : pour rendre ses sentences, qui ressortissaient au sénéchal, il était aidé des jurats, des prud'hommes et des savants ou jurisconsultes ; quelquefois, en matière civile, il jugeait souverainement (*Coutume du ressort du parlem. de Guyenne*, t. I, avant-propos, p. 30).

En 1295, « Philippe le Bel, en faveur des Bourdelois, et pour attirer à soy leur cœur et amitié, confirme aux maire et jurats de ladite ville.... la iustice haute, moyenne et basse, qu'ils souloient avoir, tant en ladite ville que banlieufves d'icelle.... Ce droit, en 1360, est confirmé par Édouard, roy d'Angleterre. » (Delurbe, *Chron. bourdel.*) Les ordonnances d'Henri II et de François II leur reconnaissaient toute espèce de juridiction dans la banlieue et leurs autres possessions, mais seulement la justice criminelle et de police dans la ville et les faubourgs [1].

Les maires et jurats faisaient les règlements de police et homologuaient les statuts des métiers et corporations.

« Il est enioint à tous bourgeois, manants et habitants de la presente ville d'estre obeissants aux mandements desdits seigneurs (maire et jurats) tant en general qu'en particulier, memement à faire guet, postes et manœuvres, pour la defense et tuition de ladite ville, ensemble tous autres actes qui leur seront mandez par lesdits seigneurs, à peine d'estre privez de bourgeoisie, s'ils estoient trouvez coustumiers resister auxdits mandements, ou d'autre amende arbitraire. » (*Extraits des statuts.*)

En l'absence des lieutenants du roi, ils donnaient le mot du guet.

Au-dessous du maire et des jurats, il y avait un grand nombre d'officiers de différents degrés. Le premier était le

---

[1]. Plus tard, par une ordonnance rendue à Rouen le 30 janvier 1597, Henri IV confirma les priviléges des maire et jurats pour la juridiction et police de la ville et banlieue.

clerc de ville, ayant au moins le grade de bachelier ès droit ;
puis venait le procureur de ville ; tous deux étaient souvent
députés avec le maire aux voyages les plus importants. Il y
avait un trésorier de la ville, des assesseurs, un notaire. Le
portier est « un ancien officier de la ville, qui tient les clefs
et a la garde des portes de l'hostel de ville, et des prisonniers
estans dans icelle, desquels il est responsable. Il porte la
masse d'argent devant messieurs les maire et iurats, aux
processions, et autres assemblees publicques, lorsque le
corps marche.... Le chevaucheur de la ville porte pour sa
livree une casaque de velours rouge cramoysi, toute cou-
verte de fleurs de lys d'or, avec les armoiries de la ville, avec
une toque de velours noir. Sa charge est d'aller faire les
voyages et courses qui requierent diligence, soit en la ville,
soit ailleurs, et de se trouver pour marcher devant messieurs
aux processions et assemblees publiques. » Deux trompettes
sonnaient dans des trompettes d'argent. Le fourrier de la
ville, quand le roi était à Bordeaux, assistait toujours le
maréchal des logis du roi, par privilége exprès (Darnal).

La plupart des offices de la ville ont été conservés par
l'ordonnance de 1550, que je crois devoir reproduire, à la
fois parce qu'elle règle l'organisation municipale et les priviléges des Bordelais lors de l'élection de Montaigne, et parce
qu'elle renferme de curieux détails sur l'administration et
la police d'une grande ville à cette époque[1].

---

[1]. Le préambule de l'édit rappelle les événements de 1548 ; puis il continue ainsi :

« .... Et pour ce que lesdits habitants deplaisants desdites fautes sont recou-
rus à nostre grace, Nous voulons faire cesser les punitions qui par la rigueur de
iustice se devoient faire, leur avons par autres nos lettres donné abolition et
pardon de toutes les offenses dessus dites ; et en outre restitué le droit de corps
et college de ladite ville pour en iouyr par eux et leurs successeurs à tels titres
et nombre de personnes, et sous telle forme de police, et à tels privileges,
droits, revenu et domaines qui leur seroient par nous baillez et deslaissez par
nos lettres patentes : et à cette cause ils se soient retirés par devers Nous et
Nous ayent fait tres humblement supplier qu'il Nous pleut, en leur continuant
la grace dont il Nous a pleu user envers eux, leur pourvoir de telle forme de
police, droits, revenu, domaine et privileges qu'ils souloient avoir, ou bien
leur faire entendre et declarer la forme et façon de police que Nous voulons
qu'ils tiennent en ladite ville, et par quels officiers elle soit regie ; ensemble

Quelques mots pour rappeler les circonstances dans lesquelles elle est intervenue. L'établissement des gabelles et

quels privileges et revenu il Nous plaist leur laisser pour satisfaire aux charges d'icelle, et sur ce octroyer nos lettres patentes pour ce necessaires.

« Sçavoir faisons que Nous inclinant à la tres humble supplication desdits habitants, lesquels nous voulons bien et favorablement traiter, et leur donner moyen de bien policer et administrer ladite ville : à iceux habitants, pour ces causes et autres bonnes et grandes considerations à ce Nous mouvant, avons, de notre grace speciale, pleine puissance et authorité Royale, et par l'avis de plusieurs princes de nostre sang et gens de nostre conseil privé, remis, donné, cedé, quitté, transporté et delaissé; remettons, donnons, cedons, quittons, transportons et delaissons par ces presentes tous et chacun les droits, rentes, profits, revenu et domaine, leurs appartenances et dependances à Nous adiugez, et confisquez par sentence desdits commissaires et dont ils souloient iouyr auparavant ladite condamnation, sans aucune chose excepter ne reserver, fors la grande et petite coustume; lesquelles nous sommes reservez et reservons pour les deniers qui en proviendront estre convertis et employez dans nos affaires, lesquels nous voulons estre levez par le comptable et receveur de Bourdeaux, present et avenir, pour lesdits droits, rentes, profits, revenu et domaine ainsi par nous cedez et transportez à quelque somme, valeur et estimation que le tout soit et se puisse monter, recevoir par lesdits habitants, ou faire recevoir par leur receveur, par eux commis à la recepte des deniers communs de ladite ville, sans que ledit comptable et receveur ordinaire dudit Bourdeaux s'en puisse autrement entremettre; lequel nous avons dechargé et dechargeons par ces presentes; et en iouyr et user dorenavant, pleinement, paisiblement, perpetuellement et a touiours, à commencer du jour et date de ces presentes, par le corps des habitants de ladite ville de Bourdeaux, presents et advenir, pour convertir et employer aux reparations et autres choses necessaires à la police et administration de ladite ville, par la mesme forme et maniere qu'ils en avoient auparavant lesdites condamnations duement et iustement iouy, voulons, statuons et ordonnons par ces presentes, que ladite ville soit dorenavant regie et administree en la forme et par les officiers qui s'ensuivent.

« Premierement, que les maire et iurats de ladite ville de Bourdeaux auront tous la iustice et iuridiction politique de ladite ville de Bourdeaux et banlieue d'icelle : dont les appellations ressortiront immediatement en nostre cour de parlement de Bourdeaux; que au lieu du maire qui avoit accoustumé estre perpetuel, et avoit treize cent quatre vingt trois livres quinze sols tournois de gages par chacun an, s'en eslira dorenavant de deux ans en deux ans un, qui n'aura aucuns gages que deux robbes l'an, des couleurs de la ville....

« Item, qu'au lieu de douze iurats, qui avoient quatre vingt trois livres cinq sols tournois de gages par chacun an, n'y en aura plus que six, qui seront semblablement esleus et changez la moitié d'eux par chacun an : ainsi qu'il se fait des eschevins de nostre ville de Paris : et n'auront pour tous gages que deux robbes l'an desdites couleurs*.

---

* Il n'y eut plus de sous-maire. Mais cette fonction fut rétablie quand la mairie cessa d'être élective. M. Bernadau, *Antiq. bordel.*, p. 62, donne la liste des principaux fonctionnaires alors en charge à Bordeaux, et on y trouve : le marquis d'Estrades, maire; le comte de Ségur, sous-maire. Le 28 juillet 1753, mort de M. de Ségur, sous-maire; son fils obtient la survivance de cette place.

les mesures acerbes qui le suivirent avaient soulevé la Guyenne (1548); des masses d'insurgés étaient entrés à Bor-

« Un procureur et syndic de ladite ville et banlieue, appartenance et dépendance d'icelle, qui aura pour ses gages par chascun an cent livres tournois....

« Item, qu'il y aura un clerc de la ville, qui y servira de greffier, aux gages de cent livres tournois par chascun an.

« Un controlleur des fermes de ladite ville, qui aura quatre vingts livres tournois de gages ordinaires.

Vingt quatre sergents, qui auront chascun sept livres vingt quatre sols tournois de gages, revenant ensemble à la somme de cent soixante douze livres seize sols tournois.

« Celuy qui marquera les vins du haut pays aura pour ses gages, par chascun an, dix neuf livres dix sols tournois.

« Deux trompettes, qui auront chascun quinze livres tournois.

« Deux taxeurs de poisson, qui auront chascun neuf livres tournois.

« Un portier et garde de la maison de ville, qui aura trente livres tournois.

« Un maistre boulanger, qui visitera le pain, aura quarante livres tournois.

« Celuy qui pesera ledit pain aura trente livres tournois.

« L'executeur de la haute justice aura trente livres tournois.

« Celuy qui fera entretenir la police sur la riviere aura six livres tournois.

« Un qui rapportera le nombre et prix du bled qui sera sur ladite riviere, aura cinquante livres tournois.

« Deux visiteurs de ladite riviere, qui auront chascun quinze livres tournois par an.

« Deux visiteurs de poisson salé, qui auront chascun six livres tournois.

« Un advocat et un procureur pensionnaire de ladite ville en la cour de parlement, qui auront chascun vingt livres tournois.

« Un solliciteur de ladite ville, qui aura vingt livres tournois.

« Deux procureurs ez comté d'Ornon et baronnie de Verines, qui auront chascun dix livres tournois.

« Un prestre, qui dira la messe chascun jour de jurade, aura quinze livres tournois.

« Celuy qui aura la charge de tenir nets les grils de la devisse Saint Pierre, aura quatre livres tournois.

« Item, avons ordonné et ordonnons que dorenavant les maire et jurats, qui seront establis en ladite ville, commettront quelques bons et fideles personnages pour faire la depense des beuvettes ez iours de iurade, ensemble du bois et chandelle qui s'usera au bureau de la maison de ladite ville, laquelle depense iceux maire et jurats verront et controlleront par chascun mois, et au bout de l'année feront depescher acquit sur le receveur des deniers communs de ladite ville, de la somme totale à quoy pourra monter ladite depense, pour en rembourser celuy ou ceux qui l'auront avancee.

« Celuy qui aura la charge de tenir nets les lavoirs des fontaines aura vingt deux livres dix sols tournois.

« Les Iacobins, pour certaine fondation faite, auront vingt quatre livres tournois.

« Semblablement Nous voulons et ordonnons que le principal du college de ladite ville soit payé de la somme de mille livres tournois de gages, et les lec-

deaux : joints à ceux du dedans, ils avaient méconnu toute autorité, et s'étaient vengés par l'assassinat. L'autorité régulière avait dû céder. Peu à peu les magistrats et les jurats étaient parvenus à obtenir de l'émeute quelques concessions, à éloigner les étrangers, et à rétablir un peu d'ordre. La soumission était complète lorsque arriva l'armée que le roi envoyait pour punir les coupables et faire reconnaître en plein son autorité. Le connétable de Montmorency, chef de

teurs du droit canon et civil de six cents livres tournois aussi de gages par chascun an.

« Item, avons ordonné et ordonnons que la charge de nettoyer les bourriers et immondices de la ville sera baillée par chascun an au rabais, par lesdits maire et iurats : et la somme à quoy elle se pourra monter, payee des deniers communs de ladite ville.

« Item, celuy qui aura la charge de ranger les bourriers qui sont autour de ladite ville, aura soixante douze livres tournois.

« Un qui fera tirer le charriot aux ioueurs et vagabonds, aura cinquante quatre livres tournois.

« Item, celuy qui visitera les caves, pour sçavoir s'il y aura vins prohibez, aura trente livres tournois.

« Item, les barbiers hospitaliers, prestres, sergents et autres serviteurs de l'hospital de la peste, auront par chascun an la somme de cinq cents livres tournois.

« Item, les augustins, pour une messe de Saint Sebastien, auront par chascun an la somme de trente sept livres dix sols tournois, qui est la somme qu'ils ont accoustumé avoir.

« Un maçon qui aura la surintendance de conduire les œuvres de ladite ville, aura cinquante livres tournois.

« A tous lesquels estats lesdits maire et iurats de ladite ville pourront pourvoir, et y establir personnages qui en soient capables, ensemble aux autres offices accoustumés servant à ladite ville ; et pour autant qu'estant leurs dits deniers communs petits, ils ne pourroient satisfaire à tous les frais des susdits, au moyen de quoy il seroit impossible que ladite ville demeurast policée, servie et administrée ainsi que nous le desirons, sans notre plus grande ayde et libéralité, leur avons davantage accordé et octroyé, pour les decharger d'austant de depense, que sur les deniers de ladite grande et petite coustume, que retenons à Nous, Nous ferons dorenavant payer et acquitter les gages dudit sieur de Iarnac (alors maire) et son fils, tant qu'ils, ou l'un d'iceux vivront ; ensemble ceux du principal du college dudit Bourdeaux, et lecteurs en droit canon et civil : et ceux des barbiers, hospitaliers, prestres, sergents et autres serviteurs de l'hospital de la peste : aussi les gages de l'executeur de la haute iustice, montant aux sommes et ainsy que dessus est dit.

« Et en outre, en augmentant la liberalité et bienfaits dont nous usons envers les manants et habitants de nostre dite ville de Bourdeaux : et pour leur faire demonstration, que nous les voulons traiter en toute douceur, esperant qu'ils nous demeureront bons et loyaux subiects, auxdits manants et habitants avons donné, accordé et octroyé, donnons, accordons et octroyons par ces presentes, les privileges qui s'ensuivent.

ces troupes, remplit sa mission avec une rigueur excessive : sans tenir compte de l'ordre rétabli, sans distinguer les innocents, il confondit toute la population dans ses violences ; les cruautés, les perfidies, les infamies de toutes sortes signalèrent sa présence. Il déclara tous les Bordelais coupables de lèse-majesté, les désarma, abolit tous leurs priviléges, destitua et supprima les maire et jurats, brûla les titres et papiers de la ville[1].

« C'est à sçavoir, que toute la iustice et iurisdiction politique de nostre dite ville de Bourdeaux et banlieue d'icelle, demeurera auxdits maire et iurats : ainsi que dessus est dit.

« Item, que les habitants d'icelle demeureront dorenavant francs, quittes et exemts de toutes tailles et creuës d'icelles mises et à mettre sus en notre royaume.

« Item, que le vin qui se cueillera au dessus de la ville de Saint Macaire ne pourra estre descendu au devant de ladite ville de Bourdeaux iusques apres le iour et feste de Noel, et ne pourra, ledit vin, pour quelque occasion que ce soit, entrer et estre mis en ladite ville.

« Et semblablement n'entrera en icelle ville aucun vin, s'il n'est du creu de la senechaussee et diocese de Guyenne.

« Item, et tant qu'il y aura vin du creu de quelque bourgeois de ladite ville, il ne sera permis à autres personnes vendre vin en ladite ville et fauxbourgs d'icelle, que prealablement le vin des bourgeois ne soit vendu.

« Item, il ne sera permis à quelque personne que ce soit vendre vin en taverne en ladite ville depuis la feste Saint Michel iusques au iour et feste de Pentecoste, s'il n'est bourgeois de ladite ville, et que le vin qu'il vend soit de son creu.

« Item, pourront lesdits bourgeois de nostre dite ville de Bourdeaux, encore qu'ils ne soient nobles mais roturiers, acquerir neanmoins fiefs et terres nobles.

« Item, seront les deniers communs de ladite ville privilegiez tout ainsi que les nostres propres.

« Item, appartiendront et demeureront à ladite ville les paduans[*] de ladite ville et banlieue d'icelle, en nous payant par chascun an deux nobles, ainsi qu'il estoit accoustumé faire auparavant lesdits arrests et condamnations.

« Si donnons en mandement, etc.

« Donné à Saint Germain en Laye, au mois d'aoust, l'an de grace mil cinq cent cinquante, et de notre regne le quatrieme.

« Ainsi signé, Henry. Visa, et plus bas, par le Roy, de l'Aubespine, Contentor le Clerc, et scellé du grand seel de cire verte et lacs de soye verte et rouge, et contrescellé. »

1. « .... lequel (connestable) sans resistance aucune entre en Bourdeaus, les portes estant ouvertes, et les rues tapissees, comme en pleine ioye. Et bientost aprez, par son ordonnance et iugement, les armes sont prinses aux habitants, les cloches ostees tant de la maison de ville que des esglises, les tours de la-

[*] Terrains vagues pouvant servir à la pâture (voy. du Cange).

L'année suivante, Henri II, réparant en partie ce qu'il était possible de réparer « revocque et annulle par son edict la sentence donnee contre les Bourdelois par ledit connestable, restitue les Bourdelois et leur posterité en leurs honneurs, bonne fame et renommee. » (Delurbe.)

Le second édit, du mois d'août 1550 (voy. p. 225), profitant de ce qui s'était passé lors de l'émeute, octroie aux Bordelais, comme une grâce, la confirmation de leurs priviléges, et une nouvelle organisation de leur administration municipale, assez conforme à ce qu'elle avait été autrefois; il rétablit l'élection du maire pour deux ans seulement, réduit le nombre des jurats à six, renouvelés par moitié tous les ans comme les échevins de Paris[1], déclare les fonctions municipales gratuites, fixe le nombre et les gages des officiers de tout rang.

Les traces des malheurs de 1548 s'effacèrent peu à peu. C'est en 1561 seulement que cessa le silence de la grande cloche de la ville[2]. En 1566, « afin qu'il ne manquast rien à ladicte ville de ses anciens droicts, authoritez et honneurs, par edict du roy les clefs des portes, et *tours* de ladicte ville furent rendues aux maire et iurats, comme gouverneurs. » (Delurbe.) Darnal dit que la restitution eut lieu en 1565 à la poursuite du sieur Lafaye, maire. Ce droit leur fut encore contesté, car on voit en 1575 des députés qui avaient été envoyés à la cour, revenir avec des patentes attribuant

---

dicte maison de ville descouvertes, les privileges d'icelle, et droit de iurade et communauté osté, les titres et registres, artillerie et munitions de guerre qui estoient en ladicte maison de ville enlevez, les capitaines de la ville et des chasteaux, ores qu'ils fussent gens de bien et d'honneur, toutes fois pour leur negligence executez à mort. » (Delurbe.)

« Le connestable entra dans Bordeaux, desarma le peuple, osta, brusla tous les tiltres, registres et documents des droits et franchises des citadins et de tout le Bordelois. » (Jean de Serre, *Inventaire*, à l'année 1548.)

1. « .... Du nombre de six jurats on en eslit annuellement trois, en y demeurant tousiours trois anciens pour instruire les autres. » (Darnal.)

2. « Charles IX, prince magnanime, continuant la bienveillance de ses pere et frere envers les Bourdelois, leur permet par ses patentes, de remettre aux tours de ladicte ville, la grande cloche, qui avoit esté abatüe par le jugement du connestable, comme quelques mois auparavant le semblable avoit esté faict de l'horloge. » (Delurbe.)

aux jurats la garde des clefs de la ville, révoquant Sa Majesté toutes lettres contraires (Darnal[1]).

Rétablie dans ses anciennes prérogatives, gratuite, élective, la municipalité de Bordeaux avait toute sa puissance et tout son éclat quand Montaigne y fut appelé. Les circonstances de l'élection, accomplie à son insu, en son absence, ajoutaient au prix de cette haute dignité. S'il hésita avant d'accepter, c'est qu'il redoutait le poids des affaires et l'assujettissement d'une fonction, c'est qu'il lui répugnait de sacrifier son loisir et de cesser de s'appartenir tout entier à lui-même, et qu'il prévoyait les ennuis que subissent les hommes publics, surtout aux époques de parti où l'injustice est la récompense ordinaire des actes utiles et des bonnes intentions. Il savait parfaitement ce qui, en lui, s'alliait mal avec les soins de l'emploi qu'on lui imposait. En homme franc qu'il était, il voulut se bien faire connaître à ses administrés avant d'entrer en charge; puisqu'on persistait à le vouloir pour maire, on saurait du moins ce qu'on pourrait attendre de lui :

« A mon arrivee, ie me deschiffray fidelement et consciencieusement tout tel que ie me sens estre; sans memoire, sans vigilance, sans experience et sans vigueur; sans haine aussi, sans ambition, sans avarice et sans violence : à ce qu'ils fussent informez et instruicts de ce qu'ils avoient à attendre de mon service; et parce que la cognoissance de feu mon pere les avoit seule incitez à cela, et l'honneur de sa mesmoire, ie leur adioustay bien clairement que ie serois tres marry que quelque chose quelconque feist autant d'impression en ma volonté, comme avoient faict aultrefois en la sienne leurs affaires, et leur ville, pendant qu'il l'avoit en gouvernement, en ce lieu mesme auquel ils m'avoyent appellé. Il me souvenoit de l'avoir veu vieil, en mon en-

---

[1]. Plus tard, d'autres autorités voulurent entrer en partage de cette prérogative; mais, par une ordonnance du 12 juillet 1591, Henri IV confirma aux maire et jurats le droit exclusif de garde, maniement et gouvernement des clefs des portes de la ville et des tours. Enregistrement au parlement le 1er août 1592. En février 1612, ordonnance confirmative, de Louis XIII.

fance, l'ame cruellement agitée de cette tracasserie publicque, oubliant le doulx air de sa maison où la foiblesse des ans l'avoit attaché long temps avant, et son mesnage, et sa santé ; et mesprisant certes sa vie, qu'il y cuida perdre, engagé pour eulx à des longs et penibles voyages. Il estoit tel ; et luy partoit cette humeur d'une grande bonté de nature : il ne feut iamais une plus charitable et populaire. Ce train, que ie loue en aultruy, ie n'ayme point à le suyvre ; et ne suis pas sans excuse. » (Livre III, chap. x.)

Sur ce, Montaigne développe fort au long ses excuses ; sa pensée principale, c'est que les affaires publiques ne doivent point nous passionner ni nous enlever à nous-mêmes ; cela n'exclut point le dévouement, car « il ne veult pas qu'on refuse, aux charges qu'on prend, l'attention, les pas, les paroles, et la sueur, et le sang au besoin, » mais sans perdre la modération et l'empire de soi : « I'ay peu me mesler des charges publicques, sans me despartir de moy, de la largeur d'un ongle ; et me donner à aultruy, sans m'oster à moy. » Il entend que la charge ne domine point l'âme, et que l'homme se distingue toujours du fonctionnaire : « Le maire et Montaigne ont tousiours esté deux, d'une separation bien claire. »

Voilà des précautions bien prises, et les Bordelais bien avertis. On verra que le maire philosophe n'échappe pourtant pas aux jugements défavorables.

Montaigne se montrait habile en rappelant les services de son père qui avait, en effet, rempli plusieurs fois les charges municipales (voy. chap. i) : sincère, en annonçant qu'il ne serait pas, comme lui, dévoré par la passion du bien public ; modeste, en n'attribuant son élévation qu'aux souvenirs paternels. De nombreux titres personnels l'avaient désigné au choix de ses concitoyens ; il était bien apparenté, lié d'amitié avec la famille de Foix et d'autres grandes maisons du pays, en bonnes relations avec le roi de Navarre gouverneur de la province, bien reçu à la cour de France, chevalier de Saint-Michel et gentilhomme ordinaire de la chambre du roi ; renommé pour l'étendue de ses connaissances[1], connu par la publication déjà ancienne des œuvres de son ami La Boëtie, et par la publication récente de ses *Essais*[2]. Son élection servait également les intérêts et l'amour-propre des Bordelais.

La mairie de Montaigne présenta une parfaite ressemblance avec le portrait qu'il avait tracé d'avance : quoique

---

[1]. « Michel de Montaigne, dit Delurbe à l'année 1581, chevalier de l'ordre de Sainct Michel, et de singuliere erudition, maire de ladicte ville. »

[2]. Plusieurs biographes et les auteurs de plusieurs Éloges ont dit que Montaigne n'écrivait pas pour ses contemporains, qu'il ne pouvait pas être compris de son époque, qu'il ne s'adressait qu'à l'avenir et aux esprits d'élite. Il convenait à l'ardent enthousiasme de Mlle de Gournay de soutenir que Montaigne « n'arriveroit de cent ans au plus, parmy la foule du monde, à son iuste point d'estime. » Mais, de nos jours, une telle exagération n'est plus de mise ; les faits l'ont trop clairement contredite. Montaigne lui-même ne pensait pas écrire exclusivement pour les esprits supérieurs : « Que si ces *Essais* estoient dignes qu'on en iugeast, il en pourroit advenir, à mon advis, qu'ils ne plairoient gueres aux esprits communs et vulgaires, ny gueres aux singuliers et excellents. Ceulx là n'y entendroient pas assez ; ceulx cy y entendroient trop : ils pourroient vivoter en la moyenne region. » (Livre I, chap. LIV.) Ce tiers état des intelligences n'a peut-être jamais été plus nombreux, plus ouvert qu'au milieu du mouvement si vif, si général, qui agitait le XVIe siècle. Le succès des *Essais* fut rapide ; l'auteur le reconnaît dès qu'il publie son troisième livre : « La faveur publicque m'a donné un peu plus de hardiesse que ie n'esperois. » (Livre III, chap. IX.) Ce succès s'étendait à toutes les classes de la société. Dès 1582, Henri III complimente Montaigne sur son ouvrage (voy. p. 13) ; le cardinal du Perron appelle les *Essais* le bréviaire des honnêtes gens : le bourgeois Pierre de l'Estoile fait du *seigneur de Montaigne son vade-mecum*. Le livre parvient au fond de la Picardie, dans la retraite de Mlle de Gournay ; la jeune fille « leut les *Essais* par hazard : et bien qu'ils feussent nouveaux et sans nulle reputation encores qui peust guider son iugement, elle les mit à leur iuste prix. » *Recit de la vie de la damoiselle de Gournay*.) N'en déplaise à la docte fille par alliance de Montaigne, ce qui lui était arrivé était arrivé à bien d'autres comme à elle et avant elle. L'ouvrage, quoique nouveau, courait déjà, on le voit, toute la France : cinq éditions en furent publiées du vivant de l'auteur, dans l'espace de douze années, et le temps n'était pas très-loin où on ne devait plus connaître un gentilhomme qui n'eût son Montaigne, fait constaté par le savant Huet : « A peine trouverez-vous un gentilhomme de campagne qui veuille se distinguer des preneurs de lièvres, sans un Montaigne sur sa cheminée. » (*Huetiana*.)

La réputation de l'auteur s'était vite répandue ; suivant l'usage, elle était plus grande au loin que dans son pays ; il en fait plaisamment la remarque : « En mon climat de Gascoigne on tient pour drolerie de me voir imprimé : d'autant que la cognoissance qu'on prend de moy s'esloigne de mon giste, i'en vaulx d'autant mieulx ; i'achete les imprimeurs en Guienne, ailleurs ils m'achetent. » (Livre III, chap. II.) Combien d'écrivains, sans être Montaigne et sans habiter la Guyenne, peuvent attester que les choses vont toujours ainsi !

pressentie, sa conduite ne désarma point les critiques. Il y fut assez sensible pour présenter une apologie de son administration. L'esprit de parti, dans une ville de ligueurs et d'esprits échauffés, ne fut certainement pas étranger aux attaques dont il se plaint sans s'en étonner :

« Toutes actions publicques sont subiectes à incertaines et diverses interpretations; car trop de testes en iugent. Aulcuns disent de cette mienne occupation de ville (et ie suis content d'en parler un mot, non qu'elle le vaille, mais pour servir de montre de mes mœurs en telles choses), que ie m'y suis porté en homme qui s'esmeut trop laschement, et d'une affection languissante; et ils ne sont pas du tout esloignez d'apparence. I'essaye à tenir mon ame et mes pensees en repos, *quum semper natura, tum etiam ætate iam quietus;* et si elles se desbauchent parfois à quelque impression rude et penetrante, c'est, à la verité, sans mon conseil. De cette langueur naturelle on ne doibt pourtant tirer aulcune preuve d'impuissance (car faulte de soing, et faulte de sens, ce sont deux choses), et moins de mescognoissance et d'ingratitude envers ce peuple, qui employa tous les plus extremes moyens qu'il eust en ses mains à me gratifier, et avant d'avoir cogneu, et aprez; et feit bien plus pour moy, en me redonnant ma charge, qu'en me la donnant premierement. Ie luy veulx tout le bien qui se peult; et certes, si l'occasion y eust esté, il n'est rien que i'eusse espargné pour son service. Ie me suis esbranlé pour luy, comme ie fois pour moy. C'est un bon peuple, guerrier et genereux, capable pourtant d'obeïssance et discipline, et de servir à quelque bon usage, s'il y est bien guidé. Ils disent aussi cette mienne vacation s'estre passee sans marque et sans trace. Il est bon! on accuse ma cessation en un temps où quasi tout le monde estoit convaincu de trop faire. I'ay un agir trepignant, où la volonté me charrie; mais cette poincte est ennemye de perseverance. Qui se vouldra servir de moy, selon moy, qu'il me donne des affaires où il fasse besoing de vigueur et de liberté, qui ayent une conduicte droicte et courte, et encore hazardeuse; i'y pourrai quelque chose : s'il la faut longue, subtile, laborieuse, artificielle et tortue, il fera mieulx de s'addresser à quelque aultre. Toutes charges importantes ne sont pas difficiles : i'estois preparé à m'embesongner plus rudement un peu, s'il en eust été grand besoing ; car il est en mon pouvoir de faire quelque chose plus que ie ne fais, et que ie n'ayme à faire. Ie ne laissay que ie sçache, aulcun mouvement que le debvoir requist en bon escient de moy. I'ay facilement oublié ceulx que l'ambition mesle au debvoir et couvre de son tiltre ; ce sont ceulx qui le plus souvent remplissent les yeulx et les aureilles, et contentent les hommes : non pas la chose, mais l'apparence les paye ; s'ils n'oyent du bruit, il leur semble qu'on dorme. Mes humeurs sont contradictoires aux humeurs bruyantes : i'arresterois bien un trouble, sans me troubler ; et chastierois un desordre, sans alteration : ay-ie besoing de cholere et d'inflammation ? ie l'emprunte, et m'en masque. Mes mœurs sont mousses, plustost fades qu'aspres. Ie n'accuse pas un magistrat qui dorme, pourveu que ceulx qui sont soubs sa main dorment quand et luy : les loix dorment de mesme. Pour moy, ie loue une vie glissante, sombre et muette : *Neque submissam et abiectam, neque se efferentem* : ma fortune le veult ainsi. Je suis nay d'une famille qui a coulé sans esclat et sans tumulte, et, de longue memoire, particulierement ambitieuse de preud'hommie.

« Nos hommes sont si formez à l'agitation et ostentation, que la bonté, la moderation, l'equabilité, la constance, et telles qualitez quietes et obscures, ne se sentent plus : les corps raboteux se sentent ; les polis se manient imperceptiblement : la maladie se sent ; la santé peu ou point ; ny les choses qui nous oignent, au prix de celles qui nous poignent. C'est agir pour sa reputation et proufit particulier, non pour le bien, de remettre à faire en la place ce qu'on peult faire en la chambre du conseil ; et en plein midy ce qu'on eust faict la nuict precedente : et d'estre ialoux de faire soy mesme ce que son compagnon faict aussi bien.... Ils iugent que les bons reglements ne se peuvent entendre qu'au son de la trompette. L'ambition n'est pas un vice de petits compaignons, et de tels efforts que les nostres.... Quand ces ametes naines et chestifves s'en vont embabouinant, et pensent espandre leur nom, pour avoir iugé à droict une affaire, ou continué l'ordre des gardes d'une porte de ville, ils en montrent d'autant plus le cul, qu'ils esperent en haulser la teste. Ce mesme bien faire n'a ne corps ne vie; il va s'esvanouïssant en la premiere bouche, et ne se promene que d'un carrefour de rue à l'autre....

« La renommee ne se prostitue pas à si vil compte : les actions rares et exemplaires, à qui elle est deue, ne souffriroient pas la compaignie de cette foule innumerable de petites actions iournalieres. Le marbre eslevera vos tiltres tant qu'il vous plaira, pour avoir faict rapetisser un pan de mur, ou descrotter un ruisseau publicque : mais non pas les hommes qui ont du sens. Le bruyt ne suit pas toute bonté, si la difficulté et estrangeté n'y est ioincte.... Puisque ce n'est par conscience, au moins par ambition, refusons l'ambition : desdaignons cette faim de renommee et d'honneur, basse et belistresse qui nous le faict coquiner de toutes sortes de gens (quæ est ista laus quæ possit e macello peti?) par moyens abiects, et à quelque vil prix que ce soit : c'est deshonneur d'estre ainsin honoré. Apprenons à n'estre non plus avides, que nous sommes capables, de gloire. De s'enfler de toute action utile et innocente, c'est à faire à gents à qui elle est extraordinaire et rare : ils la veulent mettre pour le prix qu'elle leur couste....

« Ie n'avois qu'à conserver et durer, qui sont effects sourds et insensibles : l'innovation est de grand lustre; mais elle est interdite en ce temps, où nous sommes pressez et n'avons à nous deffendre que des nouvelletez. L'abstinence de faire est aussi genereuse que le faire; mais elle est moins au iour, et ce peu que ie vaulx est quasi tout de cette espèce. En somme, les occasions en cette charge ont suyvi ma complexion; de quoy ie leur sçais tres bon gré : est il quelqu'un qui desire estre malade pour veoir son medecin en besongne? et faudroit il pas fouetter le medecin qui nous desireroit la peste, pour mettre son art en pratique? Ie n'ay point

eu cette humeur inique et assez commune, de desirer que
le trouble et la maladie des affaires de cette cité rehaulsast
et honorast mon gouvernement : i'ay presté de bon cœur
l'espaule à leur aysance et facilité. Qui ne me vouldra sçavoir gré de l'ordre, de la doulce et muette tranquillité qui
a accompagné ma conduicte ; au moins ne peut il me priver de la part qui m'en appartient, par le tiltre de ma bonne
fortune. Et ie suis ainsi faict, que i'ayme autant estre heureux que sage, et debvoir mes succez purement à la grace
de Dieu, qu'à l'entremise de mon operation. l'avois assez
discretement publié au monde mon insuffisance en tels maniemens publicques : i'ay encore pis que l'insuffisance ; c'est
qu'elle ne me desplaist gueres et que ie ne cherche gueres
à la guarir, veu le train de vie que i'ai desseigné. Ie ne me
suis, en cette entremise, non plus satisfaict à moy mesme ;
mais à peu prez i'en suis arrivé à ce que ie m'en estois promis à ceulx à qui i'avois à faire : car ie promets volontiers
un peu moins de ce que ie puis et de ce que i'espere tenir.
Ie m'asseure n'y avoir laissé ny offense, ny haine : d'y laisser
regret et desir de moy, ie sçais à tout le moins bien cela,
que ie ne l'ay pas fort affecté :

« .... Mene huic confidere monstro!
Mene salis placidi vultum, fluctusque quietos
Ignorare ! » (Livre III, chap. x.)

Montaigne est tout entier dans ce beau plaidoyer, avec le
charme délicieux de son style, avec le bon sens de sa philosophie pratique, avec la hauteur de ses vues sur les petitesses
des ambitions mesquines, avec son ironique dédain des opinions aveugles, avec son inaltérable modération. Parmi ses
contemporains, personne ne s'est publiquement inscrit en
faux contre la noble attestation qu'il s'était donnée. Dans le
siècle suivant, Balzac mêla quelques railleries sur la personne
et la conduite de Montaigne à l'appréciation littéraire de ses
écrits. On lit dans un petit ouvrage intitulé : *Entretiens de
feu M. de Balzac* (chap. XVIII) :

« Notre homme tascha bien encore de nous persuader que

le mesme Montaigne n'avoit pas trop bien reussi en sa mairie de Bordeaux. Cette nouvelle ne surprendra pas beaucoup M. de La Thibaudiere, et il se souviendra bien qu'il dit un jour en ma presence à M. de Plassac Meré, admirateur de Montaigne, qui le louoit ce jour là au desavantage de Ciceron : Vous avez beau estimer vostre Montaigne plus que nostre Ciceron, je ne sçaurois m'imaginer qu'un homme qui a sceu gouverner toute la terre, ne valust pour le moins autant qu'un homme qui ne sceut pas gouverner Bordeaux. »

Après avoir galamment aiguisé une spirituelle antithèse, Balzac aurait dû donner la preuve du fait. Mais à quoi bon ? il avait dit son joli mot ! Sorel répond sérieusement ; sa meilleure raison peut-être c'est que les *Entretiens* n'ont paru qu'après la mort de leur auteur[1].

Le président Bouhier fait remarquer que ceux qui ont prétendu que Montaigne n'avait pas trop bien réussi dans la mairie de Bordeaux n'en rapportent aucunes circonstances. Quant à lui, ainsi que La Dixmerie, le chanoine Talbert, les auteurs des éloges de 1812, et les rédacteurs des différentes Notices biographiques, il rend hommage à l'illustre maire dont l'administration sut maintenir la tranquillité de la ville dans un temps d'agitation et de trouble. M. Villemain seul paraît douter de l'aptitude et du succès du maire. « Montaigne, dit-il, croit que son administration n'était pas assez sévère : je le crois aussi ; sans doute il était plus fait pour étudier les hommes que pour les gouverner. » (*Éloges*[2].)

Ce n'est que par Montaigne lui-même, ainsi que le remarque le président Bouhier, que nous connaissons les reproches adressés à son administration ; il faut ajouter que

---

1. « Quand il est question du prix des ouvrages de quelque autheur, il n'est pas besoin de s'attacher à des incidents particuliers touchant sa personne et sa condition. Ie n'en impute rien à M. de Balzac, sous le nom duquel on a publié de telles choses. Cecy a esté imprimé apres sa mort, dans des Memoires à qui on a donné le nom d'Entretiens, lesquels sont des pieces detachees qui auroient souffert quelque retranchement s'il avoit plus longtemps vescu. » (Sorel, *Bibliothèque françoise*. Paris, 1667.)

2. Dans la *Galerie française*, M. Villemain fait à Montaigne un autre reproche, qu'il tempère par un éloge : « Il remplit sa charge avec peu d'activité, dit-on, mais avec sagesse, et fut utile à la paix publique. »

nous ne paraissions savoir que par ses *Essais* les qualités qu'il y déploya et les bons résultats qu'il y obtint. Il est temps d'essayer de quitter ces généralités, dont les biographes se sont contentés jusqu'à présent. Les archives municipales de Bordeaux ne contiennent plus de documents suffisants pour faire apprécier, dans leur ensemble, les quatre années de son gouvernement, et indiquer la suite des actes qui s'y sont accomplis. Les registres de la jurade pour cette époque manquent depuis longtemps. Mais s'il faut renoncer à reconstituer entièrement la mairie de Montaigne, on peut, du moins, en connaître assez pour constater l'activité du magistrat, le soin qu'il apporta aux affaires de la ville, et, en même temps, les réserves qu'il faisait dans l'intérêt de son bien-être personnel, et, il faut l'avouer, sa faiblesse dans les derniers moments de l'exercice de sa charge. Sa mairie peut se diviser en deux périodes : la première, calme et pacifique, fut consacrée presque exclusivement aux affaires municipales, et Montaigne s'en acquitta si bien qu'il fut réélu. La seconde période devint moins facile : l'agitation politique s'y mêla aux soins des intérêts de la ville; il joignit à ses fonctions de maire des négociations, des correspondances, des voyages, où il agissait comme intermédiaire entre le roi de Navarre et le maréchal de Matignon (voy. chap. IX); enfin la peste le fit fuir de Bordeaux, où il ne résidait pas lors de l'expiration de sa magistrature.

Parcourons ces deux époques.

Lorsque Montaigne, revenu de son long voyage, quitta son château, où il s'était rendu directement le 30 novembre 1581, et vint à Bordeaux pour entrer en charge, il trouva la jurade composée de MM. du Périer, de Lurbe (l'auteur de la *Chronique bourdeloise*), Treilles, de Cursol, Turmet, Fort. (Darnal.)

Le nouveau lieutenant général du roi en Guyenne, M. le maréchal de Matignon, était arrivé depuis le 16 octobre précédent[1]. Montaigne le connaissait; il l'avait vu, en 1580, au

1. « L'advis donné de l'arrivée de monsieur le mareschal de Matignon, mes-

siége de la Fère, et l'avait sans doute rencontré auparavant à la cour. C'était un homme supérieur, également distingué dans la politique et dans la guerre. Élevé à la cour de François I*er*, il avait servi avec honneur dans les armées de Henri II ; à la mort de ce prince, il avait été appelé auprès de la reine Catherine, qui dès lors lui avait accordé sa confiance, et ne cessa jamais de le protéger, de le consulter, de l'employer dans les négociations les plus délicates. Lieutenant général en Normandie, il avait combattu vivement l'établissement des huguenots dans la province ; zélé catholique, adversaire de la politique tolérante du chancelier de L'Hospital, il avait néanmoins sauvé, lors de la Saint-Barthélemy, les calvinistes d'Alençon et de Saint-Lô. Il s'était porté avec empressement et s'était vaillamment conduit partout où l'avait appelé la cause du roi. C'est lui qui avait fait capituler le comte de Montgomery, et qui ensuite avait loyalement, mais vainement, tenté de le soustraire à la mort. Nommé maréchal de France en 1578, il avait acccompagné Catherine et Marguerite à Bordeaux, et avait contribué à la conclusion de la paix de Nérac. Fait chevalier du Saint-Esprit dès 1579, il venait d'être envoyé en Guyenne comme lieutenant général lorsque Montaigne y revint. Ces deux hommes étaient faits pour s'entendre, et, en effet, ils paraissent avoir toujours vécu en bonne harmonie ; tous deux,

sieurs deputent de leur compagnie pour l'aller recueillir à Blaye, luy menerent un bateau tapissé tiré de deux gallions, entra à Bordeaux le 16*e* octobre 1581, de matin. » (Darnal.)

Le P. Anselme place à l'année 1585 seulement la nomination du maréchal comme lieutenant général en Guyenne. Son erreur a entraîné celle de plusieurs biographes et de M. Jubinal. Elle a trompé dom Devienne, l'historien de la ville de Bordeaux : dans son *Éloge de Montaigne*, il dépeint la Guyenne et sa capitale telles qu'elles étaient en 1585 ; « La capitale de la Guyenne estoit alors dans des agitations dont une religion nouvelle avoit d'abord esté le principe, et que la politique avoit ensuite fait servir à ses desseins ambitieux. La Ligue avoit, sous un specieux pretexte, arboré l'estendard de la révolte ; et les Bordelois n'estoient pas moins divisés entre eux que le reste de la France. Ce fut dans ces circonstances que Montaigne prit possession de la première charge d'une grande ville. » Par suite de la même confusion, dom Devienne et d'Auvigny (*Vies des hommes illustres*) rapportent aux premiers temps de l'arrivée du maréchal de Matignon la prise de possession du château Trompette, qui eut lieu en 1585.

dans un temps où l'ambition amenait de fréquents changements de partis, restèrent invariablement dans la ligne de la soumission au roi ; tous deux surent allier leurs devoirs et leurs opinions avec la modération et l'humanité ; tous deux étaient fertiles en ressources, et possédaient une rare finesse, mais avec des nuances de caractère et de climat qui garantissaient leur bon accord ; l'un était Normand[1], l'autre Gascon.

Montaigne témoignait au maréchal de Matignon les égards et la déférence qu'exigeaient son rang et ses fonctions ; mais dire, avec dom Devienne, « qu'il n'eut d'autre soin que d'exécuter ses ordres, » c'est, contre toute vraisemblance, ravaler la dignité de l'homme et méconnaître l'importance du maire. Le gouverneur de Bordeaux avait une puissance propre ; son rôle ne pouvait pas se borner à obéir au lieutenant général du roi. Moins de vingt ans auparavant, Blaise de Montluc ayant fait nommer Tilladet gouverneur de Bordeaux, le maire, M. de Lansac, voulut se retirer, se plaignit de n'être employé qu'à des objets de police, de n'avoir aucun commandement dans la ville, de n'être plus ce qu'était le maire autrefois ; le parlement intervint et l'affaire ne se termina que par une transaction que Tilladet offrit. Un rôle subalterne n'aurait pas plus été accepté par M. de Montaigne que par M. de Lansac.

On ne sait pas avec précision le moment où Montaigne vint prendre possession de sa mairie. On a élevé à ce sujet une question de droit ; on a prétendu que s'il avait été élu le 1er août 1581, ce n'était que pour entrer en fonctions le 1er août 1582 ; et que telle était la règle pour chaque nouveau maire. Ni les anciennes coutumes, ni les statuts de la ville, ni les

---

1. Brantôme, qui n'aimait pas le maréchal, l'appelle « un tres fin et trinquat Normand, » et rend néanmoins justice à ses qualités : « C'estoit le capitaine le mieux né et acquis à la patience que i'aye iamais veu, et tres habile. »....« On disoit que ce mareschal s'estoit si fort heurté aux commandements du roy qu'il n'avoit rien tant en affection que de les exécuter, en quelque façon que ce fust. » La reine Marguerite, dont il avait dévoilé, à la cour d'Henri III, les intrigues avec le duc d'Alençon, l'appelle un dangereux et fin normand.

arrêts du parlement, ni l'édit de 1550 ne contiennent rien qui appuie ce système ; on ne trouve aucune disposition qui renvoie à un an l'entrée en charge du maire élu. A quoi bon cette élection faite un an à l'avance? Pourquoi le serment exigé du nouveau gouverneur immédiatement après sa proclamation? Pourquoi y aurait-il eu cette différence entre lui et les trois jurats élus chaque année, et dont on n'a jamais dit que l'élection fût ainsi anticipée? M. le docteur Payen (*Nouv. docum.*, p. 15) penchait vers ce système ; il dit que l'élection se faisait un an avant l'investiture, et qu'ainsi Montaigne aurait été maire de juillet 1582 à juillet 1586. Mais d'une part, M. Payen ne pose là qu'une simple énonciation, sans développement, sans discussion ; d'une autre part, les communications verbales dont il m'a honoré m'autorisent à penser et à dire qu'un nouvel examen a rendu son opinion beaucoup moins affirmative. Je crois devoir approfondir la question, afin de ne restreindre ni étendre au delà des vraies limites l'honneur ou la responsabilité des actes qui appartiennent à la mairie de Montaigne.

Pour établir que l'élection se faisait un an avant l'investiture, il faudrait alléguer un texte, une loi en usage ; je n'en connais pas. Jusqu'à preuve contraire, on est fondé à maintenir que le maire de Bordeaux devait entrer en fonctions aussitôt après son élection, et que le gouvernement de Montaigne date du 1er août 1581, pour finir, après une réélection en 1583, le 1er août 1585. Les expressions employées par Darnal peuvent à peine faire naître un doute ; ce chroniqueur, indiquant une année, dit fréquemment, pour faire connaître les magistats alors en charge, *entrant* (telle année) *en continuant jusque en* (l'année suivante). Cette formule bizarre et incorrecte avait pour objet de montrer que les fonctionnaires ne devaient pas exercer seulement jusqu'à la fin de l'année courante, mais jusqu'au mois de l'année suivante marqué pour la fin de leur exercice. D'ailleurs, en examinant de près, on voit que cette locution n'a pas pour but de fixer la durée de la mairie, mais le plus souvent de préciser le temps d'une jurade. Par exemple, à l'égard de la mairie de Montaigne lui-même, Darnal dit : « En l'année 1582, continuant jusques en juillet 1583, estant lieutenant du roy, monsieur le mareschal de Matignon; maire de Bourdeaux, monsieur de Montagne; jurats, messieurs de Cursol, etc.... » La limite de 1582 à 1583 ne peut évidemment concerner M. de Matignon; elle ne pourrait non plus regarder Montaigne, si on fait durer sa première magistrature municipale jusqu'en août 1584. Elle ne peut donc que servir à désigner la jurade telle qu'elle se trouvait constituée de la fin de juillet 1582 à la fin de juillet 1583.

Pour Montaigne particulièrement, le système que je combats me paraît inacceptable : il est impossible de ne faire dater ses fonctions que du 1er août 1582.

En effet, de Lurbe l'indique comme étant maire en 1581, et rien n'autorise à dire qu'il n'était que maire élu et non maire en exercice. Le chroniqueur place la mention de la mairie (datant de l'élection, le 1er août) avant celle de l'arrivée du maréchal de Matignon, qui eut lieu, comme je l'ai dit, en octobre. Il y a plus, lorsque Montaigne fut nommé, la mairie était vacante de fait; comment supposer que les Bordelais auraient élu un maire pour deux ans, à la condition qu'il ne prendrait l'administration qu'au bout d'une année, et que jusque-là, la ville resterait sans maire ? Dans une pareille situation, n'auraient-ils pas choisi un maire pour le temps qui restait à courir, ainsi qu'ils avaient fait lorsqu'ils élurent le sieur de La Rivière *pour succéder pour le temps qui restoit* au sieur de Noailles, mort, durant sa charge de maire, le 2 mars 1562? (Darnal.) Le maréchal de Biron, prédécesseur de Montaigne, était comme mort, car il avait quitté définitivement la Guyenne. Soit qu'il ait été sacrifié à une rancune de la reine Marguerite[1], soit que

---

1. Cette princesse étant à Nérac, le maréchal de Biron s'approcha de la place avec des troupes du roi de France; il tira quelques coups de canon sur les remparts du château, d'où la reine et des dames de sa suite regardaient le combat; un boulet tomba à peu de distance de l'endroit où Marguerite se tenait : elle le fit ramasser, et se plaignit vivement au roi de Navarre. On assure qu'elle ne pardonna pas à Biron, malgré les excuses qu'il lui fit faire, et qu'elle obtint, par un article secret du traité de Fleix, signé peu de temps après, que

son caractère bouillant, ou des discussions antérieures, aient fait craindre des difficultés dans ses rapports avec le roi de Navarre, qui n'était pas moins vif[1], et avec lequel on venait de faire la paix ; Henri III le rappela et donna la lieutenance générale à Matignon. On le voit encore à Bordeaux au commencement de 1581[2], mais la chronique de Darnal prouve qu'il était déjà parti quand les élections eurent lieu : « en l'année 1581, estant lieutenant du roi en la province, et

la lieutenance générale de Guyenne fût enlevée au maréchal. (Voy. *Mémoires de Marguerite*; *Mémoires de Sully*, tome I ; Boudon de Saint-Amans, *Histoire ancienne et moderne du département de Lot-et-Garonne*.)

1. Brantôme, trop favorable à la reine Marguerite pour rattacher ouvertement à l'aventure de Nérac la disgrâce de Biron, l'explique ainsi : « Ledit roy (de Navarre) ne laissa de hayr à mal mortel ledit sieur mareschal ; car de capricieux à capricieux et de brave à brave, mal aysement la concorde y regne. Si que nostre roy advisa de retirer mondit sieur mareschal de la Guienne par des plaintes que le roy de Navarre luy fist, et remonstrances qu'ils ne sçauroient jamais bien compatir ensemble, et n'esmeussent la guerre, s'il demeuroit davantage pres de luy. » (*Discours sur Biron*.) .... « Apres que mondit sieur mareschal de Biron fut parti de Guyenne, fut en sa place subrogé le mareschal de Matignon, un tres fin et trinquat Normand, et qui battoit froid, d'aultant que l'aultre battoit chaud ; et c'est ce qu'on disoit à la cour que le roy et la royne disoient qu'il falloit un tel homme au roy de Navarre et au pays de Guyenne, car cervelles chaudes les unes avec les autres ne font jamais bonnes soupes. » (*Discours sur Jacques le Matignon*.)

Il résulterait des Mémoires du duc de Bouillon que le roi de Navarre, en 1578 et 1579, aurait eu à se plaindre du maréchal de Biron, qui devait cependant à son intervention la lieutenance générale de Guyenne.

2. Le père Anselme, tome VII, p. 295, dit qu'Henri III rappela Biron près de lui, pour l'honorer, le premier jour de l'an 1581, du collier de l'ordre du Saint-Esprit, et, après l'avoir reçu, l'envoya auprès du duc d'Anjou, son frère, pour l'aider dans son entreprise de Flandre. Cela ne s'accorde pas avec les détails très-précis de la chronique : après la paix de Fleix, la reine Marguerite, puis son frère, Monsieur, vinrent à Bordeaux : « Le mercredy 10 janvier 1581, mondit seigneur frere du roy fit son entree à Bourdeaux, fut honorablement receu avec toutes les ceremonies qui avoient esté observees à l'entree de la reyne de Navarre.... Monsieur le mareschal harangua à son arrivee en qualité de maire de la ville assisté de messieurs les jurats. » (Darnal.) Pendant le séjour des princes, il y eut une procession solennelle : une description, extraite par M. Ducourneau (*Guyenne historique*) des registres du parlement, y fait figurer « le maréchal de Biron, monté sur un cheval d'Espagne, parce qu'il avait une jambe cassée » (il avait été blessé, l'année précédente, en Languedoc, par suite d'une chute de cheval, de Thou, livre LXXII).

Brantôme ne fait arriver le maréchal de Biron que beaucoup plus tard : « Pour ce (le roi) l'envoya querir pour venir à la cour ; où il lui donneroit meilleure recompense. Je l'y vis arriver un peu apres les nôces de M. de Joyeuse. » Or, les fiançailles de Joyeuse avec Marguerite de Lorraine, fille du

maire de Bourdeaux, ledit sieur mareschal de Biron, monsieur de Sanssac, lieutenant en son absence à Bourdeaux et senechaussée de Guyenne, jurats, MM. d'Aste, Terrier, Morilleres, du Perier, de Lurbe, Treilles. » Jusqu'à son remplacement officiel comme lieutenant général, et jusqu'à l'élection d'un nouveau maire, M. de Biron conservait de droit ces qualités[1]; mais on voit qu'il était remplacé de fait, en son absence, quand MM. d'Aste, Terrier, Morillères étaient pre-

comte de Vaudémont, et sœur de la reine, eurent lieu le 18 septembre 1581; le dimanche 24, ils furent mariés, à trois heures après midi, en la paroisse de Saint-Germain l'Auxerrois. (*Journal de L'Estoile.*) Si les souvenirs de Brantôme sont fidèles, il faut que le maréchal de Biron ait quitté Paris pour y revenir quelques mois plus tard; on en trouve la preuve dans des lettres de Villeroy au maréchal de Matignon, lesquelles expliquent l'erreur du P. Anselme : c'est pour le chapitre du 1er janvier 1582, et non pour celui du 1er janvier 1581, que Biron a été appelé par le roi. « Nous ecrivons presentement à M. le marechal de Biron, dit le secretaire d'État, qu'il s'avance de venir pour etre ici de bonne heure devant la feste du Saint Esprit, à quoi nous esperons qu'il satisfera. » (Lettre datée de Paris, du 16 décembre 1581.) — « M. le marechal de Biron est arrivé ici, lequel a esté tres bien reçu de Leurs Maiestés, selon son merite. » (Lettre de Paris, du 28 décembre 1581.) Ces deux lettres se trouvent dans un ouvrage cité par le P. Lelong, devenu rare, et qui a pour titre : *Lettres de Nicolas de Neufville, seigneur de Villeroy, ministre et secretaire d'Etat, ecrites à Jacques de Matignon, marechal de France, depuis l'année 1581 jusqu'en l'année 1596*; Montélimart, 1749; 1 vol. in-8.

La date de l'élection du maréchal de Biron est constatée dans les *Tables contenant les chapitres, qualitez, noms, surnoms et armes de tous les chevaliers de l'ordre du Sainct Esprit, depuis le iour de sa premiere institution iusques à present* (1633). On y lit : « Le quatrieme chapitre tenu le dernier jour de l'an 1581, où furent faits chevaliers .... Armand de Gontauld, baron de Biron, mareschal de France. »

Au milieu de ces dates diverses, une chose reste certaine, et cela me suffit ; c'est que le maréchal de Biron n'était plus à Bordeaux lorsque Montaigne fut élu maire.

1. Je n'ai pu trouver la date précise de la nomination de Matignon à la lieutenance générale de Guyenne. Elle remonte aux premiers mois de l'année 1581; le maréchal ne se rendit que beaucoup plus tard à Bordeaux, mais il était dans la province, et s'y occupait des affaires, surtout des relations avec le roi de Navarre, dès le mois d'avril. Villeroy lui écrivait le 25 avril 1581 : « La reine sa mère (Catherine de Médicis) nous a mandé que le roi de Navarre dit que vous ne lui avez encore fait rendre une seule de ses maisons : je réponds que vous nous avez écrit y avoir satisfait, suivant les accords que vous avez faits avec lui, etc. » (Deuxième lettre du recueil cité à la note précédente.) A partir de cette époque jusqu'à celle de l'arrivée du maréchal à Bordeaux, en octobre, Villeroy correspond avec lui sur des négociations et des faits administratifs concernant la Guyenne. D'une autre part, la correspondance de Matignon le montre, dans le cours de 1581, agissant comme lieutenant général avant son entrée

miers jurats; or ils perdirent ce titre aux élections d'août 1581; MM. du Périer, de Lurbe et Treilles devinrent les premiers : les nouveaux élus furent, ainsi que je l'ai dit déjà, d'après Darnal, MM. de Cursol, Turmet et Fort. Des lettres de Biron confirment les mentions de la chronique; elles montrent qu'en juillet 1581 il quitta Bordeaux pour se rendre à Biron où il se trouvait en août, c'est-à-dire précisément à l'époque des élections; il écrivait de Libourne, le 11 juillet 1581, à la reine Catherine : «.... Je m'en vais en ma maison de Biron où j'attendrai les commandements de Votre Majesté pour les exécuter avec autant d'attention et fidellité que pouvez espérer de vostre très-humble et très-fidelle serviteur. » Le 10 août suivant, par une lettre datée de Biron, il mande au roi qu'il a dit à son départ de Bordeaux à M. de Villeroy qu'il était en peine de savoir où mettre l'artillerie, etc. (Manuscrits de Harlay, 329-5.)

On comprend, dans cette position, l'empressement de M. du Tausin à faire part à Montaigne de son élection, l'insistance des jurats, l'ordre du roi pour que le nouveau maire revînt tout de suite faire sa charge à Bordeaux; rien de cela ne serait explicable si Montaigne n'avait dû prendre possession qu'au mois d'août 1582.

Ce n'est pas tout. Les commissaires du Parlement de Paris, dont je parlerai bientôt, étaient arrivés à Libourne, vers la fin de l'année 1581. L'un d'eux, Jacques-Auguste de Thou, le grand historien, fut député par ses collègues à Bordeaux, pour conférer avec le lieutenant général, Matignon, sur l'établissement de leur session dans cette ville. De là, il eut ordre d'aller saluer le roi de Navarre, qu'il joignit à Castel-Jaloux, où il se divertissait à la chasse; ce prince le conduisit au château de Nérac, et l'y garda deux jours. De Thou reprit ensuite son chemin sur Agen, et revint à Bordeaux; les commissaires choisirent le local de leurs

---

dans la capitale de la province; par exemple, il écrivait, le 2 septembre, à la reine mère, pour lui donner avis de la remise au roi de Navarre de la place de l'ymerol, donnée, comme place de sûreté, en échange de Périgueux, que les catholiques avaient repris aux protestants. (Collection de Harlay 329-5, fol. 210.)

séances, et en firent, peu après, l'ouverture. *Parmi ces occupations, de Thou n'interrompait point ses études ; il tira bien des lumières de Michel de Montaigne, alors maire de Bordeaux.* Ces paroles de l'illustre magistrat (*Mémoires*, livre II, à l'année 1582) prouvent que Montaigne était déjà en exercice au moment où la chambre de justice de Guyenne s'établit à Bordeaux.

Enfin une lettre de Montaigne lui-même montre qu'il était entré en fonctions avant le mois de juillet 1582.

Soit que l'état de ses affaires, qu'il avait abandonnées pendant plus de dix-sept mois, ait exigé sa présence dans son château, soit qu'il éprouvât le besoin de se soustraire aux ennuis, pénibles toujours, et pour lui surtout, d'une charge encore nouvelle, soit enfin qu'il fût retenu par les charmes de sa librairie, ou par l'agrément d'une belle saison, il s'était rendu à Montaigne, et ne se pressait pas d'en partir. Peut-être lui fit-on comprendre que son séjour se prolongeait trop, et lui écrivit-on de revenir à son poste ; peut-être a-t-il senti le besoin de justifier spontanément son absence et d'annoncer son retour ; quoi qu'il en soit, il écrivit aux jurats[1] :

« Messieurs, j'espere que le voïage de Mos{r} de Cursol[2] aportera quelque comodite à la ville aïant en mein vne cause si iuste et si fauorable Vous aues mis tout l'ordre qui se

---

[1]. La lettre, tirée des archives de la ville de Bordeaux, a été publiée, pour la première fois, par M. Gustave Brunet, dans le *Bulletin du Bibliophile*, juillet 1839; M. Champollion-Figeac l'a insérée dans le tome II, p. 484, des *Mélanges* (*documents inédits pour servir à l'histoire de France*); M. Payen l'a reproduite dans ses premiers *Documents*, p. 19, publiés en 1847 ; il l'a annotée ; et comme elle est tout entière de la main de Montaigne, il en a obtenu et publié le *fac simile*.

[2]. M. de Cursol était, comme on l'a vu, le quatrième sur la liste des jurats élus en 1581. D'après la loi du renouvellement annuel des jurats par moitié, il devint premier jurat à partir du 1er août 1582.

C'est sans doute à la cour que M. de Cursol se rendait, et le choix de sa personne avait pu être déterminé par ses autres titres et fonctions : il était conseiller du roi, trésorier de France en la généralité de Guyenne. Probablement la présence du maire lui-même fut jugée nécessaire; car Montaigne partit trois mois après.

pouuoit aus affaires qui se presantoient les choses etant en si bons termes ie vous supplie excuser encores pour quelque tamps mō absence que j'acourcirai sans doute autāt que la presse de mes affaires le pourra permettre. J'espere que ce sera peu cepādant vous me tienderes s'il vous plait en uotre bone grace et me cōanderes si l'occasion se présante de m'ēploïer pour le seruice publicq et votre Monsr. de Cursol m'a aussi escrit et auerti de son voïage. Je me recōāde bien hūblemāt et supplie Dieu

« Messieurs, vous doner lōgue et heureuse vie, De Mōtaigne, ce 21 may 1582.

« Votre heūble frere et servitur,

« MŌNTAIGNE. »

Au dos il est écrit :

« à Messieurs,

« Messieurs les jurats

« de la ville de Bourdeaux. »

Cette lettre serait inintelligible si Montaigne n'avait dû entrer en charge qu'au mois de juillet. De quoi aurait-il eu à s'excuser au mois de mai ? Qu'est-ce que les jurats auraient eu à lui demander ? S'il n'avait pas été maire effectif, ne serait-il pas resté tranquille dans son domaine, et n'aurait-il pas savouré avec d'autant plus de plaisir les dernières semaines qui auraient précédé le commencement de sa mairie ? S'il avait à se faire pardonner son absence, c'est évidemment parce qu'on avait droit à sa présence, et que les administrés étaient dès lors fondés à réclamer leur administrateur.

Je tiens donc pour certain que Montaigne était maire en exercice à la fin de 1581, ou, au plus tard, au commencement de 1582.

Maintenant, voyons-le agir.

Le 26 janvier 1582, il se rendit au couvent des Jacobins ; il y avait un concours extraordinaire de monde attiré par la nouveauté du spectacle[1] ; c'était le lieu et le jour de la

---

1. Expressions de de Thou. (*Mém.*, livre II, année 1582.)

première séance de la chambre de justice de Guyenne ; l'arrivée de ces juges, tirés du parlement de Paris, était saluée comme un événement heureux. Elle avait été décidée par l'édit de la conférence de Fleix[1]. La commission était présidée par Antoine Seguier et par Jacques Violle, seigneur d'Aigremont ; les conseillers étaient Jean Seguier, Jean Delavau, Estienne Fleury, Jérôme de Monthelon, Jean Scarron, Guillaume Benard, Adrien du Drac, Pierre Seguier, Lazarre Coqueley, Jean de Thumery, Claude du Puy, Jacques de Thou, Michel Hurault de L'Hospital[2]. « Loysel et Pitou étaient, l'un avocat, et l'autre procureur général de la commission ; couple d'amis illustre par leur mérite et par leur probité, plus illustre encore par la conformité de leur zèle pour le bien public (de Thou). » Des hommes aussi distingués s'empressèrent de rechercher la société de Montaigne. De Thou, l'apprécia mieux que personne, et lui voua une amitié qui ne s'est jamais démentie ni refroidie ; il rassemblait les matériaux de son grand travail : « Dans le dessein d'écrire l'histoire de son temps, il faisait connoissance, partout où il passait, avec ceux qui pouvaient y contribuer, et comparant tout ce qu'il avait lu ou entendu, avec ce qu'il en apprenait lui-même, il en tirait de justes conséquences…. Il tira encore bien des lumières de Michel de Montaigne, alors maire de Bourdeaux,... fort instruit de nos affaires, principalement de celles de la Guyenne, sa patrie, qu'il connaissait à fond (*Idem*). » C'est sans doute par

---

1. L'art. 11 porte : « Le Roy envoyera au pays et duché de Guyenne une chambre de justice composée de deux presidents, quatorze conseillers, un procureur et advocat de Sa Majesté, gens de bien, amateurs de paix, intégrité et suffisance requise. Lesquels seront, par Sa Majesté, choisis et tirez des parlements de ce royaume, et du grand conseil…. lesquels presidents et conseillers ainsi ordonnez connoistront et jugeront toutes causes, procez et differents, et contraventions à l'edict de pacification, dont la cognoissance et juridiction a esté attribuée à la chambre composée par iceluy. Serviront deux ans entiers audit pays, et changeront de lieu et seance de six mois en six mois, afin de purger les provinces et rendre justice à un chascun sur les lieux, etc. »

2. *Lettres du Roy pour l'establissement de la cour de justice en ses païs et duché de Guyenne, suivant ses edicts*. Bourdeaux, par Pierre Ladime, imprimeur juré de la dicte ville, 1582.

suite des relations formées à cette époque que Montaigne crut pouvoir écrire, en 1584, à Claude Dupuy, qui siégeait alors à Xaintes, pour lui recommander M. de Verres, son ami, gentilhomme, emprisonné et traduit, pour quelque méfait politique ou militaire, devant la chambre de justice[1].

Les nouveaux juges venaient pour remplacer « la chambre tri-partie de cette province[2], où la différence de la religion causait tant d'aigreur dans les esprits, qu'elle se remarquait jusque dans les jugements de cette chambre : cela faisait un tort considérable à ceux du pays, qui souffraient une grande vexation. » Aussi de Thou n'est-il pas éloigné de considérer comme une protestation contre les magistrats de la province le concours de la foule qui se portait aux Jacobins, le 26 janvier 1582.

La séance s'ouvrit par un discours du célèbre Antoine Loysel, avocat général ; cette « première remonstrance est une proposition generale ou exhortation et prooeme, comme parle Platon, de recevoir la compagnie avecques esjouissance, et assurance d'y obtenir justice égale, suyvant les édicts de pacification[3]. » La remonstrance, intitulée de l'œil

---

1. La lettre, publiée dans les éditions modernes de Montaigne, n'était pas exactement orthographiée, et on n'en donnait ni l'explication ni la date. M. Payen a tout rectifié et expliqué dans ses premiers *Documents*, p. 21, et dans les *Nouveaux docum.*, p. 41.

2. Ce tribunal y avait été établi à la suite de l'édit de pacification de 1576. On voit, dans les registres du parlement, à la date du 11 février 1581, que la chambre de justice ne pouvant encore être installée, Henri III, à la requête du duc d'Anjou et du roi de Navarre, avait prorogé la chambre tripartite, et en avait désigné les membres ; parmi eux se trouvait Geoffroy de Montaigne, le cousin-germain de Michel.

3. Avertissement de L'Oysel. A cette même séance d'ouverture, la cour fit lire les lettres d'institution, et rendit un arrêt portant ordre de les observer, et injonction « à tous seneschaux, viceseneschaux, ou leurs lieutenants, viguiez, maires, jurats et consuls des villes.... apporter ou faire apporter dedans quinzaine, au greffe de la dite cour, les informations tant decretees qu'à decreter, et dont les decretz n'ont esté executez, ensemble les procez verbaux concernant les cas dont la cognoissance est attribuee à la dite cour.... »

Le 21 février, la cour rendit un autre arrêt qui intéressait aussi le maire de Bordeaux ; elle enjoignit « à tous officiers et magistrats, tant royaux que aultres, mesme à tous maires, juratz, consuls des villes, bourgs et bourgades du

des rois et de la justice, fut continuée plus tard. Un langage érudit et substantiel, la science unie à l'amour de la justice, le règne de la loi substitué à la lutte des partis, c'étaient, dans une harangue, des *maîtresses qualités* qui allaient droit à la raison et au cœur de Montaigne. Aussi le maire de Bordeaux ne se borna-t-il pas à honorer la séance de sa présence officielle; il exprima à Antoine Loysel la satisfaction qu'il avait éprouvée à l'entendre. Un tel suffrage ne pouvait rencontrer l'indifférence; on va voir combien Loysel y fut sensible.

Dans un temps de partis, il y a de l'audace à parler de modération, de paix et de légalité; la remontrance de l'avocat général qui avait eu cette hardiesse fit bruit à la cour; le premier président du parlement de Paris, M. de Harlay, voulut savoir à quoi s'en tenir, et il requit Loysel de lui envoyer son discours. La seconde partie de la remontrance fut prononcée à la séance de clôture de la session pour Bordeaux, le 22 août 1582. L'orateur paya largement à M. de Montaigne sa politesse; après avoir parlé des hommes éminents produits autrefois par la Guyenne, il ajouta : « que s'il faut approcher de plus près de nos siècles et profession : nous avons ce grand jurisconsulte et chancelier de France, Jean Fabre, Bourdelois, selon l'opinion de plusieurs, ou du moins de ces quartiers de deça; feu M. Ransonnet, président, qui sçavoit si parfaitement toutes choses; les Boyers, les Chassaignes, les Ferrons, Roussignacs, Pommiers, Calvinonts, Carles, Langes, Alesmes, Montcaults, Boeties, Mallevins, Pontacs, Montaignes, et infinies autres lumieres de ce ressort. Car encores qu'aucuns des dessus dits ne soient point natifs de Bordeaux, si les puis ie néanmoins appeler Bordelois, selon les lois et statuts de la ville, en ce qu'à l'exemple des deux plus celebres villes du monde, Rome et Athenes, vous n'estimez pas moins vos bourgeois, *allectos*

---

ressort, et generalement à tous subiects du roy, de donner confort, faveur, ayde et assistance aux dicts huissiers et sergents executant les mandements de justice. » (Pièces publiées chez Ladime, imprimeur à Bordeaux, 1582.)

in civitatem vestram, que sont les propres et originaires citoyens natifs en icelle : les faisant tous esgalement participer, et leurs communiquans vos principaux honneurs de mairies, jurades, et autres dignitez et offices de la ville. » Montaigne, maire de Bordeaux, quoique Périgourdin, n'aurait pas pu s'empêcher de prendre pour lui une part de ce compliment. Malheureusement il n'assista point à la séance de clôture ; il était en cour pour les affaires de la ville.

Suivant de Thou, la chambre de justice reçut ordre de se rendre à Agen pour y tenir séance après la Saint-Martin. C'est une erreur ; par lettres patentes du 3 août, le roi avait mandé à la cour de justice de Guyenne de se transporter au plus tôt à Agen et y tenir séance pour trois ou quatre mois. En conséquence, la cour rendit, le 23 août, un arrêt qui ordonna que l'ouverture de la plaidoirie serait faite le 1ᵉʳ octobre prochain à Agen. (Pièces imprimées chez Ladime, à Bordeaux, 1582.) Toutefois, la séance d'ouverture ne put avoir lieu que le 11 octobre. Loysel, profitant du loisir des vacances, fit une copie de sa deuxième remontrance, et l'envoya, avec la lettre suivante, à Montaigne :

A MONSIEUR DE MONTAIGNE.

« Monsieur,

« Si vous pristes quelque contentement d'ouyr ce que je dis à l'ouverture de nostre premiere seance comme vous m'en fistes des lors quelque demonstrance, j'espere que vous en recevrez autant ou plus en lisant ce que vous trouverez ce que je vous envoye avec la presente. D'autant mesmement que vous trouverez plus de particularitez de vos villes et pays de bordelois. Comme de faict ie ne scauroy à qui mieux addresser cette closture qu'a celui qui estant maire et l'un des premiers magistrats de Bourdeaux, est aussi l'un des principaux ornements non seulement de la Guyenne, mais aussi de toute la France. Je vous prie doncques la recepvoir d'aussi bon cœur que ie vous l'envoye : priant Dieu, Monsieur, vous tenir en sa grâce.

« D'Agen, ce 1 novembre MDLXXXII.

« Vostre très-humble et très-obéissant serviteur,

« A. L'OISEL. »

Le célèbre légiste rendit public ce témoignage de ses sentiments en l'insérant dans l'édition qu'il donna des deux parties de sa remontrance de Bordeaux, et plus tard dans son livre intitulé *la Guyenne*, comprenant le recueil de toutes les remontrances qu'il avait prononcées comme avocat général à la chambre de justice[1].

---

1. La lecture de la lettre de L'Oisel ne permet pas de douter que le discours qu'il envoyait et dédiait à Montaigne ne soit la seconde remontrance, celle qui fut prononcée à la séance de clôture du 22 août 1582. Claude Joly (Vie de L'Oisel, en tête des *Opuscules tirez des Memoires de M. Antoine L'Oisel*) ne s'y est pas trompé : et « continua l'argument de cette remonstrance en la mesme ville de Bourdeaux le 22ᵉ jour d'aoust et suivant : et l'envoya à monsieur de Montaigne, maire de Bourdeaux, auteur du livre des *Essais*, qui luy avoit tesmoigné avoir pris plaisir à entendre la premiere. » Il n'y a point d'équivoque possible devant l'édition isolée des deux remontrances de Bordeaux, réunies dans une brochure petit in-8°, Paris, chez Langelier, 1595, sous le titre : *De l'œil des rois et de la justice*. La dédicace à Montaigne est imprimée à la fin de la brochure. M. Payen, premiers *Documents*, p. 31, s'est mépris quand il a dit : « En 1582, L'Oisel dédia à Montaigne un écrit intitulé : *Amnestie, ou de l'oubliance des maux faicts et receus pendant les troubles*, publié d'abord en 1595 in-8°, et inséré en 1605 dans le recueil publié sous le titre de *La Guyenne*, où il forme la troisième remontrance. » Cette erreur s'explique par la mauvaise disposition typographique du volume *La Guyenne*. Le livre dans son ensemble est dédié au garde des sceaux. La première remontrance, intitulée : *De l'œil des Roys et de la justice*, n'est précédée d'aucune dédicace ; pour la seconde, on lit d'abord le titre : *Continuation de l'œil des Roys et de la justice* ; puis vient une lettre de L'Oisel, du 31 mars 1582, à M. le premier président de Harlay, qui avait demandé à voir la première remontrance ; après cela le sommaire, et enfin le texte de la remontrance faite à la clôture, le 22 août. La pièce suivante a d'abord ce titre : *Amnestie, ou de l'oubliance des maux faicts et receus pendant les troubles et à l'occasion d'iceux*, Agen. Puis vient la dédicace à *Monsieur de Montaigne*, datée d'Agen 1ᵉʳ novembre 1582 ; enfin, le sommaire et le texte de cette remontrance « faite en la ville d'Agen, à l'ouverture de la chambre de justice, le 11 octobre 1582. » Il semble résulter de là que c'est la troisième et non la seconde remontrance que L'Oisel dédia à Montaigne ; mais la preuve du contraire est incontestable. Il est impossible que la seconde ait été dédiée à M. de Harlay, car elle n'a été prononcée que le 22 août, et la lettre d'envoi au premier président est du 31 mars précédent. C'est indubitablement cette seconde que L'Oisel a

Avant le départ de la chambre de justice pour Agen, les élections municipales avaient eu lieu à Bordeaux, le 1ᵉʳ août; les trois nouveaux jurats nommés furent MM. d'Alesme, Galopin, Reynier. (Darnal.)

Dans le cours de cette année 1582, le roi fit une concession importante. La traite foraine, c'est-à-dire des droits de douane imposés sur les marchandises entrant ou sortant, existait à Bordeaux. Pendant les deux années 1553 et 1554 (c'est à cette dernière que commence la maison de Pierre Eyquem), « on remarque la suppression de la traite foraine accordée par le roi, en faveur des habitants de Bourdeaux, moyennant deux mille écus qu'on paya aux coffres de Sa Majesté à l'espargne. » (Darnal.) La suppression n'était que temporaire : la ville aurait voulu l'abrogation définitive; M. de La Rivière, maire, fut député en 1556 ou 1557, avec M. le premier président Largebaton, pour solliciter, entre autres choses, « l'absolue suppression de la traite foraine. Il fut envoyé du vin de Grave à la cour, le nombre de vingt tonneaux, pour distribuer à messieurs le cardinal de Lorraine, connestable, et mareschal de Saint-André. » (Darnal.) La ville, malgré ses libéralités, ne paraît pas avoir réussi alors; car nous voyons la chronique mentionner, à l'année 1582, « l'extinction de la traite foraine accordée par le roy. » On ne dit pas si Montaigne était parvenu à obtenir, dans l'intérêt de sa ville, une suppression absolue : le mot d'extinction pourrait le faire présumer.

On ne sait pas non plus si c'est pour cette affaire que Montaigne se rendit à la cour. Ce fut, en tout cas, pour une affaire importante et compliquée; on en peut juger par cette

---

dédiée à Montaigne. Il annonce à celui-ci qu'il y trouvera des particularités sur le Bordelais : elles sont dans la seconde, prononcée à Bordeaux, et nullement dans la troisième, prononcée à Agen; il dit qu'il adresse à Montaigne *cette clôture*, ce qui s'applique au discours du 22 août, et non à celui du 11 octobre, prononcé à l'*ouverture* des séances d'Agen. Ce n'est donc pas l'*Amnestie*, mais bien la *Continuation de l'œil des Roys* que l'auteur a envoyée à Montaigne. L'arrangement vicieux qui a induit M. Payen en erreur est d'autant plus étrange que *La Guyenne* (1605) a été imprimée du vivant de L'Oisel, mort seulement en 1617.

mention de la chronique : « Monsieur de Montaigne, maire, envoyé en cour pour les affaires de la ville, avec amples mémoires et instructions. » Il partit au mois d'août; il emportait avec lui une copie des priviléges de la ville de Bordeaux, lesquels paraissaient engagés dans la question soumise au roi, et un mémoire contenant les articles des demandes; un de ces articles, le onzième, semble avoir eu plus d'importance que les autres. Montaigne réussit dans sa mission : le roi rendit une ordonnance favorable, qui fut expédiée au mois de juillet de l'année suivante. J'ai trouvé la preuve des faits que je viens de rappeler dans le texte même de l'ordonnance, qui était restée inaperçue dans un recueil relatif à la ville de Bordeaux[1]. Il est à regretter qu'on ne possède pas le manuscrit de cet acte, et les pièces qui y étaient annexées; on y verrait quelle était l'affaire grave qui avait conduit Montaigne à la cour dans l'intérêt de ses administrés. On saurait aussi quel était cet article onzième qui avait été spécialement octroyé, et compris dans la formule générale de renouvellement des priviléges; les villes, surtout au commencement des règnes, demandaient souvent des confirmations de ce genre : comme elles n'étaient pas gratuites, la couronne les octroyait volontiers.

« Henry, par la grace de Dieu, roy de France et de Pologne : à tous présens et advenir, salut. Comme entre autres remontrances que nous auroient fait nos chers et bien amez les maire et iurats de nostre ville de Bourdeaux, au mois d'aoust dernier, celle-ci sera l'une des principales, que pour les causes et considerations qui auroient peu nos predecesseurs roys leur octroyer plusieurs grands et beaux privileges, confirmez par nostre tres-honoré seigneur et pere Henry, que Dieu absolve, y adioutans les grandes pertes et travaux par eux receus et soufferts depuis vingt-quatre ans en ça, au moyen des guerres advenues en cetuy nostre

---

1. *Privilesges des bourgeois de la ville et cité de Bourdeaux, octroyez et approuvez par les roys très chrestiens Henry II, Charles IX, Henry III, Henry IV et Louis XIII, d'heureuse mesmoire,* reveus et imprimés de nouveau en 1667; Bordeaux, 1667, in-4°.

royaume, il nous pleut leur accorder la confirmation de leurs dits privileges, pour en iouir par eux et leurs successeurs, ainsi qu'ils ont cy-devant : ce qu'apres meure deliberation nous aurions ordonné. Nous, à ces causes, et en suivant nostre dite ordonnance escrite en la marge de l'onzième de leurs articles, dont la copie est cy-attachee avec coppie de leurs dits privileges, sous le contressel de nostre chancellerie, de nostre grace speciale, pleine puissance et authorité royale, avons confirmé, approuvé et continué, et par ces presentes, confirmons, approuvons et continuons tous et chacuns lesdits privileges, pour par les exposans et leurs successeurs en jouir ainsi qu'ils ont fait cy-devant bien et duement, jouyssent et usent encore de present. Si donnons en mandement à nos amez et feaux les gens tenans nostre cour de parlement audit Bourdeaux, etc....

« Donné à Paris, au mois de iuillet, l'an de grace 1583, et de nostre regne le dixieme, et sur le reply, signé par le roy, Almeras, et scellé du grand sceau de cire verte en lacs de soye à double queue. »

L'année 1582 qui avait commencé à Bordeaux par l'inauguration de la chambre de justice, se termina durant la tenue d'une autre assemblée, qui ne manqua pas d'intéresser Montaigne. L'archevêque Antoine de Sanssac, affligé des progrès de l'hérésie dans la Guyenne, et du dérangement que les troubles de l'État avaient introduit dans la discipline de son clergé, convoqua, au mois de novembre, un synode provincial. « En iceluy, dit de Lurbe, sont arrestez plusieurs beaux et saincts reglements pour les ecclesiastiques. » Les désordres étaient graves[1], et le pape Grégoire XIII félicita le prélat de ses efforts pour y remédier[2].

---

1. Anno 1582 celebravit Burdigalæ concilium provinciale ad tutandam fidem orthodoxam adversus hæreses tunc grassantes potissimum in Aquitania, restituendamque ecclesiasticam disciplinam, et emendandos cleri et populi mores; canonesque hoc in cœtu conditi ab apostolica sede approbati sunt. (*Gallia christiana*, II, p. 850.)

2. Hoc ad Antonium archiep. scripsit Gregorius XIII. Incredibiliter lætati sumus synodum provincialem a tua fraternitate ad nos missam perfectam esse tanta cum pietate, quantum et res ipsa flagitabat, et zelus tuus pollicebatur;

Montaigne avait dignement représenté la ville; il y avait maintenu l'ordre et la tranquillité, et en avait heureusement conduit les affaires; aux élections du 1ᵉʳ août 1583 il fut donc nommé de nouveau. Les trois nouveaux jurats furent MM. Ramond de La Roque sieur de Budoz, Jean La Peyre, et Jean Claveau; le sieur de Budoz étant mort dix mois après son élection, fut remplacé par M. Baude de Moncucq. (Darnal, *Chronique, et omissions de la chronique.*)

La réélection de Montaigne et la nomination des trois nouveaux jurats donnèrent lieu à des incidents et à des actes qui sont restés jusqu'à présent inconnus de tous les biographes.

Ces élections avaient excité des animosités; les mécontents les avaient d'abord attaquées devant le parlement de Bordeaux; mais ils semblent n'avoir pas compté sur le succès de cette procédure, qui n'aurait pas pu continuer sans devenir contradictoire, et qui aurait échoué devant des magistrats également bien informés de la teneur des statuts de la ville et de la valeur comme de la conduite des personnes élues. Ils se désistèrent donc avant d'avoir fait assigner le maire et les jurats, et ils portèrent leur réclamation au conseil d'État. Ils présentèrent la continuation de la mairie de Montaigne comme contraire aux statuts et à l'ordonnance de 1550; ils paraissent avoir signalé comme vices de l'élection des trois nouveaux jurats l'absence ou l'insuffisance du concours de la noblesse, et l'emploi de manœuvres pratiquées pour obtenir des suffrages. A l'aide de ces allégations, non contredites, ils obtinrent une décision qui ne leur donna pas entièrement gain de cause; la réélection de Montaigne fut maintenue; la nomination des trois nouveaux jurats fut annulée, et il leur fut fait défense de s'immiscer dans leurs fonctions avant d'avoir été entendus par le conseil. Sur mes indications, l'avis du conseil d'État et les lettres patentes du roi ont été trouvés aux archives de

quo nomine te plurimi facimus; tibi, provincialibusque tuis omnia a nobis paternæ charitatis officia deberi agnoscimus, etc. Dat. Romæ..., die 3 decembris an. 1583. (*Gall. christ.*, eod.)

la ville de Bordeaux; ces deux actes, datés du même jour, 4 février, 1584, m'ont été communiqués par l'archiviste de la ville, M. Detcheverry; les voici reproduits textuellement :

Extrait des registres du Conseil d'Estat.

« Sur la requeste que Sa Magesté a renvoye dans son conseil d'estat laquelle ceulx de la noblesse et plus saine partie des naturels bourgeois et citoyens de la ville de Bourdeaulx luy ont presenté, tendant à ce que l'eslection faicte le premier jour d'aoust de la personne du sieur de Montaigne pour estre continué maire de ladicte ville les deux années prochaines apres l'avoir este les deux precedentes, et que l'eslection aussy faicte le mesme jour, des personnes des sieurs de Budos, de Laspeyre et Claveau pour estre nouveaulx jurats de ladite ville seront l'une et l'autre declairée nulles et abuzives et comme telles cassees et annullees et ce faict estre procede a nouvelle eslection d'autres maire et jurats de ladite ville. Semble aux sieurs dudict conseil qu'il doibt estre remys à Sa Magesté d'ordonner sur ce contenu en ladite requeste sellon son bon plaisir et vollonté, bien estimant pour aulcunes bonnes considérations qu'il sera bon que l'eslection dudit Montaigne pour ceste fois demeure confirmée et luy continué en ladite charge de Maire, les deux ans qui luy sont prorogez sans ce tirer a consequence defendant aux habitans de Bourdeaux de plus user de semblables prorogations en l'eslection dudict maire oultre et par dessus les deux ans qui sont à ce prefixes par l'ordonnance du feu roy Henry en l'an mil cinq cent cinquante sy non que par expresse concession de Sa Magesté il leur fust permis en user ainsy, et quant aux sieurs Budos Laspeyre et Claveau qu'ils doibvent estre assignes audit conseil pour eulx oys et verification sommairement faicte des faicts propozés contre leur ellection, estre par Sa Magesté ordonné ce que de raison, enjoignant aux dits habitants de garder aux susdictes ellections la forme des estatutz de ladicte ville, sans reschercher par praticques et moyens indeubs les voix ou souffraiges des elizans, et que dores en avant ceulx de la noblesse de ladicte ville y soient appellés pour y avoir voix et baillés leurs soufraiges et y estre admis et estre elleuz aux dictes charges comme les autres habitants, et leur y estre deffendu sellon leur rang et qualité, la regnier, sur peyne s'ils ne sont duhement appellés, que lesdictes ellections seront declairees nulles et en marge et dessous, le Roy entend que ledict advis soit suyvy et d'abondant qu'il soit deffendu aux susdicts Budos, Lapeyre et Claveau de s'imiscer en ladicte charge de jurats que au prealable ils n'ayent este oys et que Sa Magesté n'en ayt ordonné. Faict audict Conseil d'Estat tenu à Sainct Germain en Laye le quatriesme jour de febvrier mil cinq cent quatre vingts et quatre.

« *Signé* GUIBERT. »

« HENRY par la grace de Dieu roy de France et de Pologne au Seneschal de Guyenne ou son conseil à Bourdeaulx salut. Nous vous mandons et ordonnons que l'arrest dont extraict est cy attaché soubz le contre sel de nostre chancellier aujourd'huy donné en nostre Conseil d'Estat vous ayés à faire mestre à pleine et entiere execution sellon sa forme et teneur usant à ces fins des moyens et contrainctes accoustumees en tel cas nonobstant opposition ou appellations quelconques pour lesquelles et sans preiudice d'icelles ne voulons estre differe, mandons en oultre à nos huissiers ou sergent premier, sur ce requis, assigner iour certain et comportant aulx sieurs de Budos, de Lapeyre et Claveau denommés au susdict arrest à comparoir en nostre Conseil d'Estat pour eulx oys et verification sommairement faicte des faicts proposés contre leur ellection, estre par nous ordonné ce que de raison leur faysant cependant tres-expresses deffenses de s'imiscer en ladicte charge de jurats que au prealable ils n'ayent esté oys, et aux habitants de ladicte ville de Bourdeaulx de cy apres proceder à telles prolongations, ains garder aux subsdictes ellections la forme des estatuts de ladicte ville sans reschercher plus par praticques et moyens indeulz les voix et soufraiges des ellecteurs et que doresenavant ceulx de la noblesse y soient appellés pour y avoir voix et bailler leurs soufraiges et estre admis et elleuz aux dictes charges comme les autres habitants de ladicte ville et leur estre deffendu sellon leur rang et qualité la regnier, sur peyne s'ilz ne sont duhement appellés que lesdictes ellections seront declairees nulles, et qu'il sera par nostre dict huissier ou sergent signifié à toutes les personnes et communaultés qu'il appartiendra et dont sera requis sans qu'il soit tenu demander aulcune permission placet ni pareatis car tel est nostre playsir. Donné à Sainct Germain en Laye, le quatriesme jour de febvrier, l'an de grace mil cinq cent quatre vingt quatre et de nostre regne le dixiesme. Signé par le Roy en son conseil, Guibert et sellées du grand sel de cire jaulne à simple queue. »

Le maire et les jurats, blessés dans leur honneur, et réduits à un nombre qui rendait leurs fonctions beaucoup plus onéreuses, voulurent député à la cour le procureur syndic de la ville pour obtenir le maintien de l'élection des jurats; le maréchal de Matignon leur ayant représenté que la présence de tous était nécessaire à l'administration de la ville, ils se bornèrent à adresser au roi la requête suivante, qui se termine par une demande concernant une affaire étrangère à l'élection[1].

« Sire,

« Ayants aucuns de ceste vostre ville pour des passions particulieres appelé de l'election et contination de maire en la personne du sieur de Montaigne, et election de trois nouveaulx iurats faite au mois d'aoust dernier, et fait poursuite de leur appel en vostre cour de parlement, ils auroient en se departant de leur premiere poursuite sans nous faire assigner, presenté requeste à Vostre Maiesté tendant à nouvelles fins, plaine de plusieurs faulx faicts, et à nostre defaut obtenu arrest de vostre conseil d'Estat par lequel entre

---

1. Ce document se trouve à la Bibliothèque impériale, collection de Harlay, $\frac{128}{7}$, fol. 151.

autres choses lesdicts nouveaulx iurats auroient esté interdicts de l'exercice de leurs charges iusques à ce qu'ils eussent esté ouys en vostre dit conseil ;

« Sire,

« Si nous eussions eu cet heur que d'estre entendus en nos raisons nous eussions esperé faire paroistre à Vostre Maiesté que toutes les formes contenues par nos statuts et privilleges ont esté soigneusement et religieusement gardees en ladite election, et qu'il fust fait le choix de vingt quatre preudhommes, bourgeois notables et non suspects, lesquels par ensamble auroient faict due eslection des dicts iurats, personnes de bien et d'honneur, comme nous aurions cognu par experiance de leurs deportements en leurs charges. L'interdiction leur a depuis esté signifiee, sans pourtant les assigner en vostre conseil, en maniere que de six iurats il ne nous en reste plus que trois en service qui en demeurent d'aultant surchargés, et le service publicq retardé, chose qui requiert prompte provision et reglement que nous supplions tres humblement Vostre Maiesté vouloir ordonner pour la conservation de nostre honneur en ladite election, et des droicts et privilleges de ladicte ville, esquels nous avons esté maintenus par les rois vos devanciers que Dieu absolve, et par Vostre Maiesté iusques à presant, et ne permettre qu'à l'avenir telles divisions soient tollerees, lesquelles ne peuvent engendrer que desordre, confusion et mespris de nos charges, ains que les reglements pourtés par les arrests de vostre cour de parlement, donnés en semblables matieres et confirmés par Vostre Maiesté soient effectués nous eussions envoié près Vostre Maiesté le procureur et syndic de vostre dicte ville pour vous faire entendre nos plainctes et doleances sur ce fait et autres plus amplement, n'eust esté que monsieur le mareschal de Matignon a iugé selon sa prudence n'estre expediant que pour le presant aucung de nous abandonnast le service de vostre ville.

« Sire,

« Il y a une instance pendant en vostre conseil d'Estat entre les iuges presidiaux de ceste dicte ville et nous, touchant nos preceances. Nous supplions tres humblement Vostre Maiesté de faire surseoir la poursuite de ladicte instance pour cinq à six mois, et iusques à ce que les affaires nous permettront envoïer ung de nous pres Vostre Maiesté pour luy representer que le droict que nous pretendons en cela n'est autre que celuy qui nous a esté attribué par les edicts des roys vos predecesseurs et par vous confirmé et auquel nous avons esté maintenus par les arrests de vostre dicte cour de parlement donnés toutes parties ouyes, et sur l'asseurance que nous avons que nos tres-humbles requestes qui ne tendent qu'au bien de vostre service et plus seure manutention de ceste vostre dicte ville sous vostre obeyssance nous seront accordees par vostre debonnaireté plus que paternelle.

« Sire,

« Nous supplierons tres-humblement le Createur donner perpetuel accroissement aux prosperités et felicités de Vostre Maiesté.

« Bourdeaux, ce 5 mars 1584.

« Vos tres humbles, tres obeyssans et très devotieux subiects les maires et iurats de vostre ville de Bourdeaux,

« DE PICHON[1]. »

Cette requête embarrassa la cour; elle fut communiquée au maréchal de Matignon, que le secrétaire d'État Villeroy pria, par une lettre du 16 avril, de donner son avis sur l'affaire[2]. M. de Matignon répondit le 27; son opinion fut en faveur des jurats attaqués : il paraît que l'on n'insista pas à l'égard de celui qui avait été pris dans la noblesse, M. de Budos; on abandonna la première décision prise contre

---

1. M. de Pichon était le clerc de ville.
2. « Ie vous prierai seulement de deux choses : la premiere, que vous vouliez nous mander votre avis sur la requeste presentee par les iurats de Bourdeaux, interdits de l'exercice de leurs charges.... Vous trouverez donc la requeste desdits iurats, et entendrez, s'il vous plaist, dudit sieur du Laurens, ce que plus particulierement ie lui ai dit sur l'un et sur l'autre point. » (Lettres de Nicolas de Neufville, seigneur de Villeroy, à Jacques de Matignon, 36ᵉ lettre.)

M. Lapeyre; quant à M. Claveau, le conseil persistait à exiger sa comparution en personne; mais M. de Villeroy écrivit au maréchal que, par considération pour lui, et si la ville insistait, on le sortirait aussi de peine[1]. Il est probable que l'affaire se termina ainsi.

Les Bordelais eurent à se féliciter d'avoir conservé un maire comme Montaigne; il avait réclamé avec succès auprès du roi de France : une occasion se présenta bientôt d'agir auprès du roi de Navarre; le maire de Bordeaux était en bonnes relations avec les deux cours, qui, à cette époque, n'étaient pas en guerre ouverte.

Il y avait grande importance pour Bordeaux à ce que les communications restassent libres entre cette ville et celles qui se trouvaient sur la Garonne, soit en amont, soit en aval; son principal commerce se faisant au moyen des communications par la rivière : or les habitants du Mas de Verdun, lieu situé sur la Garonne, entre Toulouse et Bordeaux, menaçaient d'arrêter les bateaux chargés. Cette voie de fait aurait été ruineuse pour les Bordelais; le maire, les jurats, le procureur de la ville, firent donc une adresse au roi de Navarre, gouverneur de la province; ils le priaient de maintenir les communications libres pour tous les bateaux montant ou descendant dans toutes les villes de son gouvernement. La pétition, *remonstrance*, comme on disait alors, est signée par Montaigne : les qualités exquises de bon sens, de clarté, de franchise dans l'expression, permettent d'en attribuer la rédaction à l'auteur des *Essais*. On va en juger[2] :

---

1. « Monseigneur, i'ai reçu votre lettre du 27 du passé : le iurat Lapeyre a esté ceiourd'hui depesché suivant votre avis, mais l'on veut que l'autre comparoisse ici en personne; toutefois, ie vous escris encore pour lui, et que la ville en fasse instance m'adressant les lettres, on le sortira de cette peine, et le gratifiera-t-on à votre recommandation. » (*Id.*, 37e lettre, datée de Saint-Maur, 3 mai 1584.)

2. Cette pièce a été publiée d'abord par M. Champollion-Figeac dans le tome II des *Mélanges des documents inédits pour servir à l'histoire de France;* M. Payen, *Documents*, p. 25, et *Nouv. docum.*, p. 45, l'a reproduite en y ajoutant des observations.

« C'est ce que messieurs de Montaigne, maire, et Delurbe, procureur et syndic de la ville de Bourdeaulx, sont chargés et commis faire remonstrances au roy de Navarre, lieutenant general du roy au païs et duché de Guyenne, pour le bien du service de Sa Maiesté et soulaigement de ses subiets.

« Remontreront au dict seigneur roy de Navarre que les provinces et villes ne peuvent estre maintenues et conservees en leur estat sans la liberté du commerce laquelle par la communiquation libre des uns avec les aultres cause que toutes chozes y abondent et par ce moïen le laboureur de la vente de ses fruitz nourrit et entretient sa famille, le marchand trafique des denrees et l'artisan treuve prix de son ouvraige, le tout pour supporter les charges publiques et dautant que le principal commerce des habitants de ceste ville se faict avec les habitanst de Tholose et aultres villes qui sont sizes sur la Garonne tant pour le faict des bledz, vins, pastelz, poissons que laynes et que les ditz maire et iuratz ont esté advertis par ung bruict commun que ceulx du mas de Verdun sont resolus soubs pretexte du default du paiement des garnizons des villes de seureté octroïees par l'edict de pacifiication d'arrester les bapteaux chargés de marchandises tant en montant qu'en dessendant par la dite riviere de Garonne ce qui reviendroit à la totalle ruyne de ce païs.

« Sera le dict seigneur roy de Navarre supplié ne permettre l'arrest des dictz bapteaux et marchandizes estre faict tant audict mas de Verdun que aultres villes de son gouvernement; ains conserver et maintenir la liberté du commerce entre toutes personnes suyvant les edictz du roy.

« Faict à Bourdaulx en iurade le dixieme de decembre mil cinq cens quatre vingtz trois.

« Signés Môtaigne, Dalesme, Galopin, Pierre Reynier, Delurbe, Claveau, Lapeyre[1]. »

---

1. Ces deux derniers noms étaient fort mal écrits sur l'original; aussi ont-

On a présenté à tort cette adresse comme une défense du principe de *libre échange*. Les Bordelais ne demandaient pas au roi de Navarre de rendre le commerce libre en l'affranchissant des entraves fiscales, mais de le rendre possible en empêchant les violences matérielles qui pouvaient le suspendre ou le détruire. Ce sont deux ordres d'idées entièrement différents. M. Charles Louandre en fait également l'observation.

La pétition de la jurade accusait les habitants du Mas de Verdun de prendre pour prétexte le défaut de payement des garnisons des places de sûreté; en s'exprimant ainsi, les Bordelais évitaient prudemment d'indisposer contre eux le maréchal de Matignon et la cour; ils savaient bien que c'étaient les soldats eux-mêmes qui, abandonnés depuis plusieurs mois sans solde et sans fournitures d'aucune espèce, se trouvaient forcés de rançonner les populations. Ce triste état des choses avait déjà excité les réclamations du roi de Navarre; il les renouvela avec plus de vivacité encore, et coup sur coup, en s'appuyant de la demande des Bordelais que Montaigne et le procureur de la ville lui avaient portée eux-mêmes très-peu de jours après l'avoir signée[1]. Il fit part aussi de leur démarche à M. de Meslon, son conseiller, gouverneur de Montségur, et lui annonça qu'ils avaient promis de s'employer à faire payer sa garnison et celles des places voisines, moyennant quoi, il leur avait, de son côté,

---

ils été tronqués par M. Champollion-Figeac, et par M. Payen dans ses premiers *Documents*, mais non dans ses *Nouveaux documents*, où il a rétabli les véritables noms d'après les omissions à la chronique de Darnal. Si la pièce n'est signée que par cinq des six jurats, c'est que probablement, ainsi que le fait remarquer M. Payen, le sieur de Budos, qui mourut peu de temps après, était déjà malade.

1. Lettre au maréchal de Matignon, du 17 décembre 1583 : « Ie vous ay mandé que les soldats qui sont ez villes de seureté sont reduitz à la faim, parce qu'estant en places povres et desgarnies de commoditez, ils n'ont aucun moyen de vivre, n'ayant rien receu iusqu'icy depuis quatre mois de leur entretenement, dont les deniers sont neantmoins imposez et levez. Il n'y a encore esté pourveu. Messieurs de la ville de Bordeaulx m'en ont faict parler; ie ne puis sinon les remettre à ceux qui disposent des dicts deniers, car la nécessité presse, et ne peut attendre davantage. » Autre lettre dans le même sens, le 19 décembre (*Rec. des Lettres d'Henri IV*, t. I, p. 601-603).

promis de patienter et de ne rien entreprendre[1]. Cette affaire de l'arrestation des bateaux tenait fort à cœur au roi de Navarre ; il avait intérêt à ne pas s'aliéner davantage les Bordelais, déjà mal disposés envers lui, et, en bonne partie, favorables à la Ligue. Il devait désirer aussi de ne pas désobliger le maire qui, en ce moment même, s'occupait de lui rendre des services politiques, dans une affaire délicate, suivie avec M. de Belièvre, auquel il écrivit, à la fin du même mois de décembre 1583 : « Ie vous prye, monsieur de Believre, de faire pourvoir au prompt payement des garnisons des villes de seureté ; car ils sont contrains d'arrester les bateaux ou vivre sur le peuple[2]. » Il s'était adressé dans le même but, au roi lui-même, et lui rappelait sa requête dans une lettre de la fin de février 1584 (*Lett. d'Henri IV*, t. I, p. 645).

Les mêmes causes ramenèrent bientôt les mêmes désordres. On voit, d'après le récit de de Caillière, qu'en 1585, on continuait de se plaindre, et que le maréchal de Matignon travaillant à arranger les affaires de la province avec le roi de Nararre, « celui-ci lui promit de faire cesser les troubles qui faisoient crier Toulouse, et changea les garnisons de ses villes de sûreté, qui se donnoient la liberté de courir et piller le pays, quand on manquoit à leur payer leur solde. »

Ce n'est pas seulement auprès du roi de Navarre que le maire de Bordeaux eut à réclamer en 1585 pour le maintien de la liberté et de la sûreté des communications fluviales. Ce fut aussi auprès des chefs de la Ligue : ceux-ci n'avaient point d'égards pour les promesses faites et pour les besoins du commerce ; leurs mesures violentes causèrent des pertes immenses, et le maréchal de Matignon ne craignit pas de dire que M. de Mayenne s'occupait plus d'intriguer à Tou-

---

[1]. « Monsieur Meslon, parce que les maire et procureur de la ville de Bordeaux me sont venus trouver, et m'ont promis de s'employer à ce que vostre garnison et aultres estant des villes de vostre costé seront payees pour le plus tard dedans quinze jours, ie lui ai aussi asseuré que, durant le dict temps seulement, ie patienteroys et ne permettroys qu'il fust rien innové d'extraordinaire. » (*Lettres d'Henri IV*, t. I, p. 607.)

[2]. *Lettres d'Henri IV*, t. I, p. 620.

louse et à Bordeaux, que de régler les intérêts du pays au Mas de Verdun et à Caumont [1].

Avant d'entrer dans ce que j'ai cru pouvoir appeler la seconde période de la mairie de Montaigne, je dois signaler quelques actes qui appartiennent aux années 1582, 1583 et 1584. L'évacuation de la Guyenne par les Anglais, les voyages maritimes lointains, les guerres extérieures et les troubles civils avaient apporté des modifications sensibles dans l'industrie bordelaise. La discipline des corporations s'était relâchée. Plusieurs corps de métiers demandèrent à changer leurs statuts, ou présentèrent des projets de règlements destinés à réprimer ce qu'ils regardaient comme des abus.

Ce sont d'abord les parcheminiers qui réforment leurs statuts afin de parer à l'inconvénient du nombre effréné de gens qui s'entremettaient du métier de parcheminerie sans y être réglés. Soumis aux maire et jurats, les nouveaux statuts furent arrêtés et publiés en jurade, à la maison de ville, le 2 mai 1582 [2]. La formule de promulgation porte la

---

1. « Je laisse que la Garonne, qu'on avoit promis d'ouvrir pour le contentement de Toulouse et de Bordeaux, demeure toujours enclose, plus mesme que par avant la guerre.... Outre certains ports de çà et de là l'eau qu'on y a bastis depuis au-dessous de Clarac, tellement que les marchands, auxquels on avoit promis d'affranchir le commerce dedans Noël dernier passé, leur defendant par exprès, à peine de la vie, de composer pour la liberté et seureté de leur passage et de leurs marchandises, s'en voyant plus loin qu'ils n'estoient par avant, ayant souffert en cependant, à faute du commerce, plusieurs pertes dont sont ensuivies notables banqueroutes, sont venus enfin à composition, maudissant la Ligue et tous ses adherents. Mais c'est aussi ce que le mareschal de Matignon a très bien reconnu (et quelque sobre qu'il soit, il ne s'en est pu taire en quelques lettres), que monsieur de Mayenne avoit plus d'entreprise sur Toulouse et Bordeaux (c'estoit parlant du chasteau Trompette), que sur le mas de Verdun et sur Caumont. » (*Exposition sur la déclaration de monsieur de Mayenne*, par Duplessis-Mornay, *Mémoires de la Ligue*, t. I.)

2. « Les maire et jurats, gouverneurs de la ville et cité de Bordeaux, desirant pourvoir aux abus qui journellement se commettent en la dite ville par ceux qui s'entremettent de faire le metier de parcheminier en icelle, par le moyen de ce qu'ils ne sont reglez au dit metier, et que le nombre en est effrené, ont, pour le bien, profit et commodité de la dite ville, du consentement du procureur et syndic et des parcheminiers d'icelle, creé et creent le dit metier en maistrise jurée de chef d'œuvre : et sur ce fait, statué et ordonné, pour estre desormais gardé et observé ce que s'ensuit : (suit le texte du règlement.)

« Vus, lus, arretez et publiez ont esté les presents statuts des dits parcheminiers, en jurade, en la maison commune de la ville et cité de Bordeaux, mes-

signature des six jurats, et non celle de Montaigne; il était à cette époque dans son château, et c'est le 21 du même mois qu'il écrivait aux jurats pour les prier de lui laisser encore un peu de répit (voy. p. 245). Il en faut conclure que, d'après les règles de la municipalité bordelaise, ces sortes d'actes administratifs n'avaient pas rigoureusement besoin de la signature et de l'intervention personnelle du maire. Toutefois, le maréchal de Matignon est désigné nommément comme maire, dans une formule de renouvellement des statuts industriels, de l'année 1586.

Plusieurs bouchers ayant présenté requête pour obtenir l'homologation d'un règlement fait par eux, conformément aux priviléges de leur profession, aux statuts de la ville et aux arrêts du parlement, les maire et jurats approuvèrent ce règlement, et en ordonnèrent, le 20 août 1583, l'enregistrement et la publication. La proclamation fut faite le 29 août, par un clerc au greffe de la ville et les deux trompettes [1].

Le 11 août 1584, le maire et les jurats accordèrent des statuts aux épingliers qui sollicitaient le règlement de leur profession; mais comme c'étaient des statuts nouveaux établis pour la première fois, la concession n'était faite que sous la réserve de l'approbation du roi et du parlement [2].

---

sieurs du Perier, de Lurbe, de Treille, de Cursol, de Turmet et Fort, jurats, le tenant pour le bien du service du Roy et de la dicte ville, le deuxième may 1582. » (*Statuts anciens et nouveaux de la ville de Bordeaux*.)

1. « Les maire et jurats, gouverneurs de Bordeaux, ont ordonné et ordonnent que le dit reglement sera enregistré es registres de la ville, gardé et observé par les dits bouchers, et tous autres, conformément aux dits statuts et arrests de la dite cour, sur les peines portées par iceluy; et aux fins qu'aucun n'en pretende cause d'ignorance, sera le dit reglement publié par les quatre boucheries de la presente ville, et autres lieux qu'il appartiendra. Duquel reglement la teneur s'ensuit : (ici le règlement.)

« Fait à Bordeaux, en jurade, le vingtieme d'aoust mil cinq cents quatre vingt trois. Signé de Pichon. » (C'était le clerc de ville, celui qui a eu pour successeur Darnal.)

« Le vingt-neuvieme du mois et an que dessus, le contenu en iceluy reglement a esté leu, proclamé et publié à haute voix, à son de trompe et cry public, par les quatre boucheries jurees de la dite ville, par moy Antoine Bourbon, clerc au greffe de la maison commune de la dite ville, appelez avec moy Baude Guilhem et Jehan Chabit, trompettes ordinaires d'icelle. »

2. « Les maire et jurats, gouverneurs de cette ville et cité de Bordeaux,

Durant la mairie de Montaigne, la jurade n'eut pas seulement à homologuer de statuts nouveaux ou des renouvellements et modifications de statuts anciens ; elle exerça aussi sa juridiction contentieuse en prononçant sur des contestations survenues entre deux corps de métiers différents, les chaussetiers et les couturiers. Ce procès est curieux par les détails industriels et judiciaires, et par l'intervention des personnes qui ont exercé successivement la jurade pendant l'administration de Montaigne [1].

J'arrive à l'histoire de la mairie pendant la seconde période.

Les infractions partielles du traité de Fleix dans la Guyenne n'avaient pas encore troublé la ville de Bordeaux.

---

sçavoir faisons, à tous presents et à venir, que nous inclinans à la supplication des comptes, bourciers et autres confraires de la confrairie de madame Sainte Claire, espingliers de la dite ville, pour obvier par cy aprez aux fraudes et abus qui se sont par cy devant commis au dit metier d'espinglier, et pour le repos et utilité de la chose publique, et bonification de la ville et païs des environs ; avons accordé les articles, statuts et ordonnances sur l'estat et exercice du dit metier d'espinglier, sous le bon plaisir du Roy et de sa cour de parlement. (Suivent les statuts.)

« Fait à Bordeaux, et arresté en iurade, sous le seing du clerc ordinaire de la ville, le onzieme d'aoust mil cinq cens quatre vingt quatre. Ainsi signé, de Pichon. »

1. Un différend s'était élevé, pour contravention aux statuts de leurs métiers, entre les maîtres chaussetiers et les maîtres couturiers de la ville ; l'affaire fut portée devant les maire et jurats ; ceux-ci ordonnèrent une expertise, puis prononcèrent la sentence suivante : « Avons fait et faisons inhibitions et defenses aux dits couturiers de la presente ville de faire desormais aucunes chausses, soit de drap, velours, soye, ou de quelque autre etoffe que ce soit, à peine de cinquante ecus contre celuy qui se trouvera avoir contrevenu, sauf et reservé les chausses larges ou haut en barques, de laquelle sorte leur avons permis et permettons en faire. Condamnons lesdits bayles couturiers es depens de la presente instance envers les dits demandeurs, la taxe d'iceux à nous reservee. Ainsi signé, de Cursol, Turmet, Fort, Dalesme et Galopin. Prononcé à Bordeaux, en iurade, par nous Guillaume de Cursol, conseiller du roy, tresorier de France en la generalité de Guyenne, et iurat de la dite ville, le dix neuvieme de septembre mil cinq cens quatre vingt deux. Signé Destivals. »

Le parlement confirma cette sentence par arrêt du 1er août 1583, et le 22 du même mois un autre arrêt ordonna la publication de ces décisions. En conséquence, acte rappelant ces décisions fut dressé en jurade ; il se termine ainsi : « Pourquoy le dit arrest et sentence ont esté lus à haute voix par Jehan Lautier, commis du greffier de ceans ; de laquelle lecture les maire et iurats, gouverneurs de Bordeaux, ont octroyé et octroyent acte aux dits bayles des maistres chaussetiers. Fait en jugement de la maison commune de Bordeaux, par devant M. de Claveau, jurat, le samedy dix-septieme septembre, iour de iurade, l'an mil cinq cens quatre vingt trois. Ainsi signé, d'Estivals. »

Le duc de Guise, qui pouvait prévoir la guerre, puisqu'il ne négligeait aucun moyen de la faire renaître, avait, dans cette ville, des émissaires qui entretenaient les idées et les espérances de la Ligue. Après la mort de Monsieur, à Château-Thierry, le 10 juin 1584, les mouvements du parti prirent plus d'activité. Il s'agissait de se mettre en mesure d'empêcher le roi de Navarre de succéder à la couronne de France qui devait lui échoir si Henri III, comme l'annonçaient ses médecins et l'inutilité de ses pèlerinages, venait à mourir sans enfant. Toutefois, grâce à la fermeté du maréchal de Matignon, et à la sagesse de Montaigne, la tranquillité fut maintenue à Bordeaux pendant toute l'année 1584. Au mois de mai, Montaigne fit un voyage auprès du roi de Navarre, et rapporta au maréchal de Matignon une lettre de ce prince, en date du 10 mai, avec ses communications verbales. Les trois nouveaux jurats élus le 1er août furent MM. Guillaume Colomb, Cazaux, La Forcade; le premier mourut de la contagion l'année suivante, et fut remplacé par M. de Moncuq, qui avait déjà succédé au sieur de Budos, aussi mort pendant sa charge (Darnal, *Chronique* et *omissions*.)

Montaigne profita du calme de la ville pour aller passer dans sa famille la fin de l'année 1584 et le commencement de l'année 1585; il recevait chez lui, le 19 décembre 1584, la visite du roi de Navarre (voy. p. 162). Pourtant il y avait des affaires à suivre; les jurats avaient envoyé des députés; à ce propos, et à l'occasion, déjà un peu tardive, du renouvellement de l'année, le maire écrit pour laisser entrevoir son prochain retour, sans pourtant l'annoncer positivement[1].

> « Messieurs messieurs les jurats de la ville de Bourdeaux.
>
> « Messieurs, i'ay pris ma bonne part du contentement

---

[1]. Cette lettre, qui n'a de la main de Montaigne que la suscription et la signature, a été publiée dans les *Documents inédits pour servir à l'histoire de France*, t. II des *Mélanges*, et par M. Payen; elle provient des archives de la ville de Bordeaux.

que vous m'aseurés avoir des bonnes expediôns quy vous ont esté rapportees par messieurs voz deputés et prens à bonne augure que vous ayés heureusement achemyné ce commencement d'annee esperant m'en conioyr avecques vous à la premiere commodité. Ie me recommande bien humblement à vostre bonne grace et prie Dieu vous donner

« Messieurs, heureuse et longue vye. De Monta, ce viij° febvrier 1585.

« Votre hûble frere et serviteur,

« MÔTAIGNE. »

Peu de temps après, il fallut renoncer aux doux loisirs ; l'état politique du pays rappela Montaigne à Bordeaux : la mairie fut bientôt aussi agitée que jusque-là elle avait été paisible, et le philosophe n'était pas encore sorti de ses fonctions publiques, qu'il se trouvait en butte aux divers fléaux qui désolèrent la Guyenne pendant cette fatale année 1585.

Le duc de Guise avait pris les armes; l'édit du roi, du 29 mars, qui défendait de faire des levées, ne l'arrêta pas : il rassemblait des troupes, prenait des villes, et fomentait partout la révolte, sous couleur de défendre la religion catholique. Bordeaux, capitale de la province dont le roi de Navarre, hérétique relaps, était gouverneur, devenait le point de mire des plus ardents ligueurs; les esprits s'y échauffaient : le parti du roi Henri III y perdait du terrain. Au bruit des démarches audacieuses et des progrès du duc de Guise, on pouvait craindre un soulèvement; le château Trompette, qui dominait la ville, était aux mains du baron de Vaillac, dévoué, disait-on, à la Ligue, et disposé à lui remettre la forteresse; les prédicateurs les plus véhéments animaient le zèle des catholiques contre les religionnaires.

Les difficultés politiques étaient extrêmes, en présence d'éléments aussi inflammables. Le maréchal de Matignon et Montaigne avaient la conduite la plus délicate à tenir. Ils ne pouvaient combattre ouvertement l'excès de l'ardeur catholique : ç'aurait été encourir l'accusation de favoriser les hérétiques ; ils ne pouvaient se mettre en hostilité avec le roi de Navarre, contre lequel, au fond, tous ces remuements étaient dirigés : le roi de France ne lui faisait pas la guerre, et on savait même qu'il n'était pas éloigné d'appeler à son aide les huguenots pour se débarrasser des Guise. Et cependant ils craignaient d'entretenir régulièrement avec le prince calviniste les relations que son rang et son titre auraient exigées[1]. Le silence du maréchal laissait le roi de Navarre dans le doute et l'inquiétude sur ses véritables dispositions. Il lui écrivit, au commencement d'avril, pour provoquer une explication franche : « Sy vous verrez ce qui est à propos, pour la façon comme ie me doibs gouverner, comme aussy pour adviser si en ce nouveau mouvement que i'ay entendu estre actuellement à Bordeaux, i'ay quelque moyen de vous ayder pour le service de Sa Maiesté, pour lequel et pour le bien de l'Estat il vous fault estre vray. » (*Recueil des lettres d'Henri IV*, par M. Berger de Xivrey, dans la collection des documents inédits pour servir à l'histoire de France.)

Le maréchal a-t-il répondu à cet appel significatif? On peut en douter. Le roi de Navarre, instruit, et surtout voulant paraître instruit de tout ce qui se passait à Bordeaux, sentant l'importance pour lui de ne pas être mis à l'écart dans les affaires de son gouvernement, et de faire croire à sa bonne intelligence avec le roi de France, écrivit au maire et aux jurats la lettre officielle suivante :

« A messieurs les maire et iurats de la villa de Bourdeaux.

« Messieurs, ie vous ay desià adverty par le sieur de Lezignan des advis que i'avoys de toutes partz de ces nouveaulx evenements et des commandements que i'avoys du roy. Maintenant nous voyons le mal continuer, et les au-

---

[1]. Varillas (préface de l'*Histoire d'Henri III*), en exposant toutes ces complications, dit qu'il n'y eut peut-être jamais de commission plus difficile à exécuter que celle de la lieutenance générale de Guyenne, qui fut donnée au maréchal de Matignon.

theurs sur le poinct d'executer plusieurs entreprinses, desquelles i'ay mandé les particularitez à mon cousin, monsieur le mareschal de Matignon, et commandé au sieur de Lambert, present porteur, vous dire de ma part. I'attens nouvelles de Sa Maiesté et ce qui luy plaira estre faict, dont ie vous donneray incontinent advis; vous asseurant que i'apporteray la vye et les moyens que Dieu m'a donnez pour le bien de son Estat et de son service.

« Cependant ie vous prie veiller à vostre conservation, et me tenir adverty de ce que iugerez en estre digne, mesme de ce qui vous touche en general et en particulier, pour m'y employer avec aultant d'affection que vous sçaurez desirer, ainsy que vous dira ce dict porteur : sur lequel nous remettant, prions Dieu vous avoyr, messieurs, en sa saincte et digne garde.

« Escript à Lectoure, le iij^e iour d'avril 1585.

« Vostre bien bon amy,

« Henry. »

Les entreprises qu'Henri disait être sur le point d'éclater ont-elles éclaté en effet? On pourrait le croire d'après un récit que M. Ducourneaux (*Guyenne historique*) a emprunté, en l'abrégeant, à Varillas et à Mezeray, et que M. Payen adopte (*Nouv. docum.*, p. 14) : des barricades auraient été élevées ; le maréchal, qu'on voulait cerner dans son hôtel, aurait marché en se promenant, une baguette à la main ; puis, avec ses troupes, aurait arrêté les plus mutins : sur la demande de quelques-uns des premiers de la ville, il aurait usé de douceur, relâché les prisonniers, et fait semblant de tout oublier ; on aurait paru de si bonne intelligence que l'on se traitait « magnifiquement les uns les autres, comme pour noyer le souvenir de tout le passé dans la joye des festins. » Une émeute à Bordeaux, à cette époque, aurait été un fait trop grave pour n'être pas noté ; or ni de Thou, ni les autres écrivains contemporains, ni de Caillière, l'historien du maréchal de Matignon, ne font mention de rien de semblable.

Le maréchal fit mieux que de réprimer un mouvement séditieux : il le prévint. Comprenant que, dans l'exaltation croissante des esprits, attendre c'était laisser la rébellion prendre de la force, désirant éviter l'appareil d'un grand déploiement de troupes, et la chance d'une collision sanglante, il employa la ruse en même temps que la fermeté ; il réussit complétement.

Dans le courant du mois d'avril[1], monsieur de Montaigne, maire[2], et les jurats reçurent du maréchal de Matignon l'invitation de se rendre à son hôtel, pour communication de quelques ordres du roi relatifs à la ville et à la province; ils y virent arriver aussi les présidents et les gens du roi du parlement, les principaux fonctionnaires et officiers de la ville, et le baron de Vaillac. Quand la réunion fut complète, le maréchal en exposa le véritable objet; il dit qu'il connaissait les pernicieux desseins des Ligueurs qui, sous prétexte de religion, se révoltaient contre leur prince souverain, troublaient le royaume et voulaient élever leurs fortunes sur les ruines de celles des gens de bien; qu'il était averti qu'ils avaient dans Bordeaux des partisans qui avaient promis de le livrer dans leurs mains ; qu'il avait prié les assistants de se réunir chez lui pour leur découvrir un secret aussi important pour leurs fortunes et pour leurs vies ; que comme le danger était grand, le remède devait être prompt, et que, dans des circonstances aussi graves, il fallait commencer par l'exécution.

Alors se tournant vers le baron de Vaillac, assis avec les

---

1. Je n'ai trouvé nulle part la date précise; celle que j'adopte me paraît vraisemblable ; l'événement doit être postérieur à la lettre d'Henri IV, du 11, qui le fait pressentir ; il a dû se passer peu de jours après, puisque Montaigne, qui ne se serait pas absenté quand un tel événement était imminent, rapportait de Bergerac une lettre du roi de Navarre, du 23 avril, et enfin qu'on verra le roi Henri III remercier le maréchal par une lettre du 3 mai.

2. De Thou se trompe en disant que le maréchal de Matignon, s'étant attiré l'affection des habitants par des manières populaires, avait été fait maire de la ville ; l'élection du maréchal n'était pas accomplie alors, elle n'eut lieu que le 1ᵉʳ août suivant. De Caillière est dans le vrai quand il nomme « Michel de Montaigne, pour lors maire, » parmi les personnes réunies chez M. de Matignon au mois d'avril.

autres personnes de l'assemblée, il lui dit que sa fidélité était suspecte au roi; que, pour se délivrer de cette inquiétude, Sa Majesté désirait qu'il remît le château Trompette entre ses mains.

Vaillac, étonné, voulut s'excuser, protestant qu'il n'avait jamais eu intention de rien faire contre le service du roi; qu'il suppliait le maréchal de se contenter de sa parole, et de lui donner le temps de se justifier, sans le déposséder de sa charge avec une honte qu'il n'avait point méritée; il termina en disant qu'il était homme d'honneur, et qu'il aimait mieux mourir que d'être déshonoré.

Le maréchal, coupant court aux paroles, lui répondit que s'il voulait mourir il n'avait qu'à résister aux ordres du roi; que de plus longues défaites le feraient regarder comme coupable; que s'il ne rendait pas la place, il aurait la tête tranchée à la vue de la garnison. Matignon ajouta qu'il voulait qu'on sût bien qu'il était en état de se faire obéir. En même temps, il fit venir le sieur Le Londel Auctoville, capitaine de ses gardes, lui ordonna de désarmer Vaillac et de lui donner des gardes.

Il s'adressa ensuite à monsieur de Montaigne, maire, et lui commanda de faire savoir dans toute la ville les intentions du roi et celles de son lieutenant général, afin de disposer les bourgeois, bons et fidèles serviteurs du roi, à se joindre à ses troupes pour forcer la garnison du château à se rendre si la punition de Vaillac ne les décidait pas à se soumettre.

Vaillac, si brusquement mené, eut recours aux prières. Comme il avait beaucoup d'amis dans l'assemblée, on intercéda pour lui; le premier président lui fit une sage exhortation à la soumission. Le maréchal voyant que Vaillac, tout en faiblissant, ne cédait pas encore, commanda qu'on l'emmenât hors de la salle. A cet ordre, l'assemblée redoubla de prières auprès de Matignon et d'instances auprès de Vaillac. Le maréchal eut la patience d'attendre quelques heures. Enfin, Vaillac reconnut la nécessité de se soumettre, promit au maréchal de lui remettre la place, et demanda seulement d'en retirer ce qui lui appartenait, et d'aller trouver le roi pour se justifier. Cela lui fut accordé.

Aussitôt le maréchal sortit de la salle, traversa son hôtel dont Le Londel avait fait garder les avenues par sa compagnie, par des amis, et par des personnes qu'il savait affectionnées au service du roi, et passa dans la rue, environné de ses gardes et de quelques gens de guerre, suivi de toute l'assemblée, ainsi que de Vaillac auquel il avait fait rendre son épée. Accompagné de la sorte, il marcha droit à la porte du château Trompette. Vaillac commanda à ses officiers et à ses soldats de sortir, la mèche éteinte ; cela se fit sans tumulte et sans rumeur. Le Londel s'empara de la porte ; le maréchal fit entrer ses gens, et permit à Vaillac d'y laisser quelques serviteurs pour enlever ses meubles, et pour faire, avec Le Londel, inventaire de l'artillerie, des armes et des munitions.

Le maréchal voulut constater officiellement ces faits. Dès le lendemain, Montaigne, les jurats, et toute l'assemblée furent convoqués pour dresser un acte qui fut envoyé au roi. M. de Matignon y joignit une dépêche qui rendait compte à Sa Majesté de tout ce qui s'était passé[1].

Par ce coup hardi, Matignon rendit un immense service au roi : « Si ce mareschal, dit Brantôme, n'eust attrappé lors cette place et par finesse et par adresse, Bourdeaux eust eu de l'affaire. » Il assura les conséquences de son action, en ajoutant de nouvelles fortifications au château et en y mettant une nombreuse garnison ; par là il put maintenir la ville, et la garder au roi pendant toute la guerre de la Ligue[2].

Il était naturel d'informer le roi de Navarre du fait si important qui venait de se passer dans la capitale de son gouvernement de Guyenne. Quoique ce prince eût écrit, pen-

---

1. J'ai suivi le récit de de Caillière, plus détaillé que celui de de Thou, de Davila et des autres historiens ou chroniqueurs contemporains, et de dom Devienne, parce que cet écrivain a rédigé son ouvrage d'après les documents puisés dans les archives de la famille du maréchal de Matignon.

2. De Thou, *Hist.*, livre LXXXI ; Davila, *Histoire des guerres civiles*, etc., livre VII.

dant le mois d'avril, lettre sur lettre au maréchal de Matignon, celui-ci paraît n'avoir pas voulu sortir de sa circonspection silencieuse, et avoir chargé Montaigne de porter verbalement les nouvelles à Bergerac, où se trouvait alors le Béarnais. Cela résulte de la lettre de ce dernier au maréchal, du 23 avril 1585, que je rapporte ailleurs tout entière; le roi commence par dire : « J'ay esté bien ayse d'avoir entendu si particulièrement de vos nouvelles par M. de Montaigne. »

Dans les conférences qui eurent lieu entre le maire et le prince, il est probable que Henri aura témoigné le désir de venir à Bordeaux : il aurait profité, pour s'y établir, de l'acte d'autorité qui venait d'être frappé; sa présence aurait été utile au roi de France, dont les huguenots affectaient de se dire défenseurs, car pendant plusieurs mois, ils firent la guerre aux ligueurs, en Guyenne, au cri de *Vive le roi !* Mais, d'une part, l'arrivée du prince hérétique aurait surexcité les passions de la ligue, et de l'autre, le maréchal ne se souciait pas de partager une autorité dont il était quelque peu jaloux[1], ni de laisser croire à l'alliance, qu'il avait toujours combattue, de la couronne avec les huguenots contre les ligueurs.

Ne pouvant se rendre à Bordeaux, Henri, peut-être sur la suggestion de Montaigne, envoya au maire et aux jurats M. de La Marsillière, et leur écrivit la lettre suivante[2] :

« A Messieurs les maires et jurats de la ville de Bourdeaux.

« Messieurs, par tant d'occurences et d'occasions qui se presentent, je desirerois vous faire plus souvent entendre de

---

1. La reine Marguerite dit, en parlant des tentatives qu'on avait faites trois ans auparavant pour attirer son mari à la cour de France : « Il (le roi) désiroit fort de le tirer de Gascoyne, pour le remettre à la cour en la mesme condition qu'ils y avoient esté autres fois mon frere et luy; et le mareschal de Matignon poussoit le roy à cela, pour l'envie qu'il avoit de demeurer tout seul en Gascoyne. »

2. *Recueil des Lettres de Henri IV*, par M. Berger de Xivrey.

mes nouvelles, et vous tesmoigner le desir et l'affection que j'ay à vostre bien, repos et conservation. Ce que ne pouvant faire en presence, et envoyant monsieur de La Marsillière devers mon cousin, monsieur le mareschal de Matignon, je luy ay recommandé vous voir aussy de ma part et vous representer mes intentions, avec quelques particularitez, convenables aux officiers que je presente. Je vous prie, messieurs, le vouloir bien ouïr et croire, et à Dieu qu'il vous ait en sa saincte et digne garde. De Bergerac, ce dernier avril 1585. « Vostre bien bon amy,

« Henry. »

La cour de France apprit avec une vive satisfaction la prise du château Trompette. Henri III s'empressa de féliciter et de remercier le maréchal de Matignon; il lui écrivit, dès le commencement de mai[1] :

« Mon cousin, j'ay receu tres grand contentement du signalé service que vous m'avez fait, en ce qui s'est passé pour assurer à ma devotion mon chasteau Trompette : car vous avez, en ce faisant, pourveu non seulement à la tuition de ma ville de Bordeaux, mais aussi à la conservation de toute ma province de Guyenne. Et avez conduit cette execution non moins sagement que fidellement : dont ie vous repeteray, de rechef, que ie vous sçay tres bon gré. I'ay trouvé aussy tres bon l'ordre que vous avez donné à la garde dudit chasteau ; mais ie desire que vous vous acheminiez à Agen le plus tost que vous pourrez : car i'ay esté averty que ma sœur a deliberé de s'en asseurer, et que desia elle se vante qu'elle l'a du tout à sa devotion ; à quoy ie vous prie de remedier, et n'en sortir point qu'avenant que ma dite sœur y veuille sejourner longuement, et qu'elle et ma dite ville dependent de ma disposition, estant chose que j'ay tres à cœur, pour l'assiette et importance de la place, à laquelle

---

[1]. La lettre est donnée par de Caillière. La partie concernant l'affaire d'Agen était en chiffres dans l'original.

donc ie vous prie pourvoir si bien que i'en reçoive contentement, et néantmoins vous y conduire avec vostre accoustumée prudence, afin de n'efaroucher personne.... Escrit à Paris, le 3 mai 1585. « HENRY. »

Le maréchal exécuta immédiatement les ordres du roi ; il s'écoula quelques jours jusqu'à ce que la lettre de Paris arrivât à Bordeaux ; et déjà, à la date du 22 mai, M. de Matignon était parti, puisque ce jour-là Montaigne lui écrivait la lettre dont je parlerai bientôt.

Dans le courant du mois, il y eut une grande revue de toutes les compagnies de bourgeois de Bordeaux : « Au moys de may audict an la monstre generale des habitants de ladicte ville se fait en armes. » (De Lurbe.) Dans la situation des esprits, avec l'émotion qu'avait excitée la prise du château Trompette, et en présence du mécontentement que devaient en ressentir encore les ligueurs bordelais, cette solennité avait le caractère d'une démonstration politique : elle pouvait présenter quelques chances d'agitation, ou même cacher quelques dangers sérieux. Maire de la ville, chargé d'y maintenir l'ordre, Montaigne dut se préoccuper de la mission qu'il avait à remplir ce jour-là, et de la responsabilité qu'il pouvait encourir. L'irritation mutuelle des partis, les haines qu'avaient dû soulever les actes récents des autorités, et la qualité de maire qui donnait à Montaigne un titre pour délibérer sur une cérémonie militaire, portent à penser que c'est de cette *montre* de 1585 qu'il est question dans ce passage des *Essais :* « On deliberoit de faire une montre generale de diverses troupes en armes (c'est le lieu des vengeances secrettes; et n'est point où en plus grande seureté on les puisse exercer) ; il y avoit publicques et notoires apparences qu'il n'y faisoit pas fort bon pour aulcuns, ausquels touchoit la principale et necessaire charge de les recognoistre. Il s'y proposa divers conseils, comme en chose difficile, et qui avoit beaucoup de poids et de suyte. Le mien feut qu'on evitast surtout de donner aulcun témoignage de ce doubte; et qu'on s'y trouvast et meslast parmy les files, la teste droicte et le visage ouvert; et qu'au lieu d'en retrancher aulcune chose (à quoy les aultres opinions visoyent le plus) au contraire, l'on solicitast les capitaines d'advertir les soldats de faire leurs salves belles et gaillardes en l'honneur des assistants, et n'espargner leur pouldre. Cela servit de gratification envers ces troupes suspectes, et engendra des lors en avant une mutuelle et utile confiance. » (Livre I, chap. XXIII.) [1]

Voilà M. le maréchal de Matignon parti pour l'Agenois. Le moment était critique, même périlleux. Les complications s'amoncelaient de tous côtés : les préoccupations de toute nature assiégeaient le maire de Bordeaux ; les partis, ne sentant plus peser sur eux la main ferme qui avait pris le château Trompette, pouvaient essayer quelque entreprise ; des émissaires du duc de Guise parcouraient la province ; on répandait des bruits alarmants : des nouvelles fausses circulaient avec les véritables ; on parlait de l'arrivée du maréchal de Biron, de celle de M. de Mercœur, d'une flotte envoyée de Nantes pour s'emparer de Brouage, d'une armée de ligueurs en Poitou, sous les ordres de M. d'Elbeuf, d'une grande armée prête à venir en Guienne sous les ordres de M. de Mayenne, pour attaquer le roi de Navarre. Il faut éclaircir ces bruits divers, et en profiter ; il faut veiller à la sûreté, à la tranquillité de la ville, se tenir en garde contre les coups de main, et au courant de ce que fait le roi de Navarre ; conférer à tous les instants, avec les autorités publiques, et ne pas négliger les rapports des agents secrets. Montaigne veille à tout, suffit à tout. Il a trouvé une occasion où il *fait besoing de vigueur et liberté*, des affaires ayant *une conduicte droicte et courte, et encores hasardeuse*, comme il dit qu'il en fallait pour se servir de lui.

Grâces à la vigilance, à l'activité, à l'intelligence de son

---

[1]. Le premier livre des *Essais* fut publié en 1580 ; mais on sait que Montaigne ajoutait constamment à ce qu'il avait écrit. En suivant la filière des différentes éditions, on pourrait voir si le passage dont il s'agit ici a été publié pour la première fois postérieurement à 1585, de manière à justifier ma conjecture.

administration, rien ne bougea pendant l'absence scabreuse du maréchal de Matignon. Montaigne, au milieu des soins et des détails qui absorbaient ses journées, prenait sur ses nuits pour compléter ses travaux et expédier ses correspondances. C'est pendant la nuit qu'il écrivit la lettre qu'on va lire, témoignage précieux des qualités administratives qu'on ne lui refusait pas de son temps, et qu'on a niées plus tard, parce que, suivant l'usage ordinaire du monde et de ceux qui écrivent l'histoire, on juge avant de connaître, et qu'on remplace les faits par des opinions.

Cette lettre, la plus intéressante peut-être de celles que l'on a publiées jusqu'à présent, a été trouvée par M. Horace de Vieil Castel en 1848 au *British museum* de Londres, *miscellaneous letters and papers*, bibl. Égerton, mss. vol. 23, Plutarch, f. 167, pièce cotée 240. Elle a été publiée pour la première fois par M. le docteur Payen, dans ses *Nouveaux documents*, p. 10, accompagnée d'un excellent commentaire historique et bibliographique, et de la discussion des prétentions qui se sont élevées sur la priorité de la découverte.

On connaît les circonstances dans lesquelles Montaigne écrivait (1); s'il ne fait pas connaître l'année à la suite du mois, ni le nom de la personne à qui il s'adresse, on ne peut néanmoins s'y tromper. Tous les faits dont il parle se rapportent à l'année 1585; M. le docteur Payen a complété la démonstration, en constatant que, sur les quatre années de mairie de Montaigne, l'année 1585 est la seule où le 22 mai corresponde à un mercredi.

Sous cette date, Montaigne ne pouvait écrire ainsi qu'au maréchal de Matignon; c'est à ce personnage, et à lui seul, que convient un compte rendu aussi détaillé de ce qui se passe à Bordeaux : c'est bien lui qui était absent alors et attendu à Agen, lui dont le maire devait désirer impatiemment le retour, lui qui, pour remplir les devoirs de sa charge de lieutenant général dans la province, et pour

1. Sa lettre, tout entière de sa main, remplit quatre pages *in-folio*.

pouvoir aviser la cour de France, avait intérêt à tout savoir.

En reproduisant cette lettre si curieuse, j'y joindrai quelques annotations, nécessaires pour en donner une complète intelligence :

« Monseigneur i'ai receu ce matin vostre lettre que i'ai communiquee a M. de Gourgue[1] et avons disné ensamble chez M. de Bourdeaux[2], quand a l'inconueniant du transport de lariant contenu en nostre memoire uous uoies côbien c'est chose malaisee à pouruoir ; tant y a que nous y orons leuil de plus pres que nous pourrons. Ie fis toute dilijance pour trouuer l'home de quoi uous nous parlates. Il n'a point esté ici et m'a M. de Bourdeaux môtré une lettre par laquelle il mande ne pouuoir uenir trouuer le directeur de Bourdeaux come il deliberoit aiant esté auerti que uous uous deffies de lui. La lettre est de auant hier si ie l'eusse trouue i'eusse a l'auanture suiui la uoie plus douce estant incertain de uostre resolution, mais ie uous supplie pourtant ne faire nul doubte que ie refuse rien à quoi uous serés resolu et que ie nay ny chois ny distinction d'affaire ny de personne ou il ira de uostre comandemant. Ie souhete que uous aiés en Guyene beaucoup de volantes autant uostre qu'est la miene. On fait bruict que les galeres de Nantes s'en uienent vers Brouage[3]. M. le mareschal de Biron n'est encore deslo-

---

1. C'est, selon toute vraisemblance, Ogier de Gourgues, seigneur de Montlezun, vicomte de Juillac, baron de Vayres, président des trésoriers de France en la généralité de la Guyenne, au bureau de Bordeaux ; ce qui, ainsi que le fait observer M. Payen, achève de le prouver, c'est que Montaigne parle d'un envoi d'argent, et que, pour des réclamations de sommes dues, le roi de Navarre écrit dans plusieurs lettres au maréchal de Matignon, en qualifiant M. de Gourgues de *général* (des finances).

2. Probablement il s'agit de l'archevêque de Bordeaux. A la vérité, les correspondances et les mémoires du temps parlent d'un capitaine *de Bordeaux* ; et on voit qu'Henri III, dans une lettre du 18 avril 1585, rappelait au maréchal de Matignon qu'à l'occasion des remuements d'armes, il lui avait envoyé, quelque temps auparavant, le sieur de Bordeaux ; mais ce dernier gentilhomme n'était point établi à Bordeaux, et n'avait point maison à recevoir à dîner chez lui M. de Montaigne et M. de Gourgues. D'ailleurs, son nom s'écrivait Bordeaux, et Montaigne écrit Bourdeaux, qui était alors le nom de la ville.

2. Port de Xaintonge, très-important pour les approvisionnements de Bor-

gé ¹. Ceus qui auoient charge d'auertir M. d'Usa ² disent ne l'auoir peu trouuer et croi qu'il ne soit plus icy sil y a esté. Nous somes apres nos portes et gardes et y regardons un peu plus attantifuemant en uostre absance laquelle ie creins non sulemant pour la côseruation de cette uille maist aussi pour la côseruation de uous mesme connaissât que les enemis du seruice du roy santant assés combien uous y estes necessere et côbien lon se porteroit mal sans uous. Ie creins que les affaires vous surpranderôt de tant de costés au cartier ou uous estes que uous serés lôgtamps à pouruoir par tout et y ares beaucoup et longues difficultes ³. S'il suruient aucune nouuelle occasion et inportante ie uous despecherai soudein home expres et deués estimer que rien ne bouge si uous n'aués de mes nouuelles, vous suppliant aussi de côsiderer que telle sorte de mouuemants ont acôstumé d'estre si inpourueus que s'ils deuoient auenir on me tiendera a la gorge sans me dire gare. Je ferai ce que ie pourrai pour santir nouuelles de toutes pars et pour cet effaict uisiterai et uerrai le gout de toute sorte d'homes. Jusques à cete heure rien ne bouge. M. du Londel ⁴ m'a ueu ce matin et auons

deaux. Les protestants se disposaient à en faire le siége, qui fut, en effet, entrepris plus tard par le prince de Condé. Les navires annoncés venaient contre le roi de Navarre, la ville de Nantes étant au pouvoir des catholiques.

1. C'est lui qui avait été remplacé en 1581 par Matignon comme lieutenant général en Guyenne ; il avait ensuite été envoyé à Monsieur, lors de son expédition en Flandre. En 1585, il vint dans le Périgord pour des affaires de famille. M. Payen dit que le 5 mai il avait repassé par Périgueux pour se rendre à la cour, où il était rappelé. Cette dernière date me paraît douteuse. Le maréchal de Biron reçut immédiatement le commandement d'une armée, qui devait être renforcée par les troupes du duc de Mayenne. Comme, lorsque Biron arriva dans la Guyenne, la guerre n'était pas encore déclarée, le roi de Navarre lui écrivit, au milieu de mai, lui témoignant le regret de ne l'avoir pas vu et le désir d'avoir avec lui une entrevue. D'après la lettre de Montaigne, il paraît que Biron n'avait pas quitté le lieu où il séjournait quand Matignon était parti de Bordeaux.

2. On trouve un vicomte d'Uza, de Bordeaux, commandant l'armée navale en 1573. Est-ce le même dont il s'agit ici ? On peut le croire, puisqu'il était question de l'avertir de l'arrivée des vaisseaux de Nantes.

3. En effet, Matignon eut à pourvoir à la sûreté de plusieurs villes ; mais il agit avec tant de célérité que son expédition fut de courte durée.

4. On a vu que M. du Londel ou Le Londel a joué un rôle actif dans l'affaire du château Trompette. M. Payen dit que « quoique capitaine des gardes de

regardé a quelques aiancemans pour sa place ou i'irai demein matin. Depuis ce comâcemant de lettre i'ai appris aus Chartreus qu'il est passé pres de cette uille deus iantilshomes qui se disent à môsieu de Guise qui uienent d'Agen sans auoir peu sçauoir qu'elle route ils ont tiré. On atant a Agen que uous y aillés[1]. Le sieur de Mauuesin[2] uint iusques a Canteloup et de là s'en retourna aiant apris quelques nouuelles. Ie cherche un capiteine Rous[3] a qui Masparraute[4] escrit pour le retirer à lui avecq tout plein de promesses. Lanouuelle des deus galeres de Nantes prestes à descendre

---

Vaillac, ligueur ardent, il était dévoué au roi. » M. de Matignon n'aurait pas confié la garde de son hôtel, l'arrestation de Vaillac, le soin de dresser l'inventaire avec celui-ci, et enfin le commandement de la forteresse à un ligueur ardent qui aurait trahi, dans cette circonstance, l'homme dont il commandait les gardes. De Caillière dit, et cela est d'accord avec tous les faits, que Le Londel était le capitaine des gardes du maréchal. C'était aussi son homme de confiance. On voit, par les lettres du roi et de Matignon, que Le Londel était souvent porteur de dépêches, et même d'explications, entre le roi et le lieutenant général.

1. La reine Marguerite avait voulu profiter de la prise d'armes des ligueurs pour s'entendre avec eux au détriment du roi son frère et du roi son mari; elle avait médité une entreprise sur Agen; il était donc naturel qu'il s'y fût trouvé des agents de M. de Guise. Henri III avait écrit à Matignon de se porter rapidement sur cette ville, et cet ordre s'exécutait avec promptitude; Montaigne avertit Matignon que déjà on l'attend à Agen.

2. Michel de Castillon, sieur de Mauvesin, était, au dire de M. Payen, capitaine d'une compagnie de deux cents hommes, cantonnée sans doute à peu de distance de Bordeaux.

3. M. Payen pense qu'il s'agit ici d'un gentilhomme périgourdin qui commandait la garnison du château de Montignac lorsque le duc de Mayenne, en 1586, vint attaquer cette forteresse, et qu'il obtint une capitulation honorable. Je ne sais si c'est le même qui défendait le château de Puynormand à la fin de cette campagne commencée par la prise de Montignac. Le commandant de Puynormand se rattachait au maréchal de Matignon par une circonstance étrange, que Duplessis-Mornay raconte ainsi dans les *Mémoires de la Ligue*, t. I : « Le château fut pillé et brûlé : voilà le discours de ce grand siége que le duc de Mayenne entreprit pour se venger particulièrement du capitaine Roux, qui donna avis au maréchal de Matignon que Cursol confessoit en prison avoir été sollicité par Landsac de le tuer. Ce maréchal n'en douta point, et entra en d'étranges soupçons, se souvenant que le duc de Mayenne avait retiré ce hardi entrepreneur de prison, lorsqu'il avait délibéré de le mettre entre les mains d'un prévôt ou d'un comité : voilà une des principales causes de ce siége, et une particularité très-certaine et bien remarquable. »

4. M. de Masparault ou Masparaulte, conseiller au conseil privé et maître des requêtes, mort en 1607. Pierre de L'Estoile parle d'un Masparot, maître des requêtes, que la cour envoya, en décembre 1576, au roi de Navarre.

en Brouage est certeine avecq deus compaignies de ians de pied. M. de Mercure [1] est dans la uille de Nantes. Le sieur de la Courbe a dict à M. le presidant Nesmond [2] que M. d'Elbeuf [3] est en deça d'Angiers et a logé chés son pere, tirant sur le bas Poictou avecq quatre mill'homes de pied et quatre ou cinq çans cheuaux aiant recueilli les forces de M. de Brissac [4] et d'autres et que môsieur de Mercure se doit iouindre à lui. Le bruit court aussi que môsieur du Meine [5] uient prandre ce qu'on leur a assamble en Auuergne et que par le pais de forest il se rendera en Rouergue et à nous, c'est a dire uers le roy de Navarre contre lequel tout cela uient [6]; môsieur de Lansac [7] est a Bourg [8] et a deux nauires

1. Dans les écrits et mémoires contemporains, on trouve très-fréquemment écrit ainsi le nom du duc de Mercœur. Ce seigneur, de la maison de Lorraine, avait été désigné par Henri III pour combattre le prince de Condé. Il se mit en campagne, mais éprouva un rude échec, et fut obligé de se réfugier à Nantes.

2. François de Nesmond, président au parlement de Bordeaux, devint premier président en 1617. Son fils André fut aussi président au même parlement.

3. Charles, duc d'Elbœuf, cousin du duc de Guise, avait un commandement dans les armées de la Ligue.

4. Charles de Cossé, seigneur de Brissac, était de l'Anjou, et fort zélé pour la Ligue. C'est lui qui reprit, dans cette même année 1585, aux calvinistes le château d'Angers : il en était gouverneur lors de l'expédition malheureuse du prince de Condé.

5. M. du Maine, ou de Mayenne, de la famille de Guise, devait être chargé par Henri III de conduire en Guyenne la principale armée dirigée contre le roi de Navarre. Mais le roi hésitait encore : il craignait la domination des ligueurs et l'ambition des Guise. Il retardait donc, tantôt sous un prétexte, tantôt sous un autre, les préparatifs de l'expédition et la concentration des troupes que devait commander M. du Maine. Il annonçait toujours ce secours aux maréchaux de Biron et de Matignon, qui l'attendaient en Guyenne. M. du Maine joignit son armée peu de temps après l'annonce de Montaigne ; mais il traversa le Poitou sans combattre, et ne se rallia au maréchal de Matignon que l'hiver suivant.

6. On voit que Montaigne ne se trompait pas sur la véritable destination des forces que la Ligue allait obliger Henri III de faire passer en Guyenne.

7. Gentilhomme attaché à la personne de Henri III, et dévoué à la Ligue. Il était d'une famille considérable dans la province. Un Lansac (est-ce son père?) « seigneur de grande authorité, et fort aymé à la cour, d'où il ne bougeoit guière, » dit Darnal, avait été élu maire de Bordeaux en 1556. C'est à M. de Lansac que Montaigne a dédié la traduction de la *Ménagerie* de Xénophon, par La Boëtie.

8. Bourg-sur-Mer, petite ville avec un port, dans l'arrondissement de

armés qui le suiuent. Sa charge est pour la marine. Je vous dis ce que iaprans et mesle les nouuelles des bruits de uille que ie ne treuue uraisamblables aveccq des uerités affin que uous sachés tout uous suppliant tres hûblement uous en reuenir incôtinant que les affaires le permetteront, et uous asseure que nous n'espargnerôs cependât ny nostre souin, ny, s'il est besouin, nostre uie pour côserver toutes choses en lobeissance du roy.

« Môseignur ie uous baise tres hûblemât les meins et supplie Dieu uous tenir en sa garde. De Bourdeaus, ce mercredi la nuit 22 de mai.

« Vostre tres hûble seruitur,

« MÔTAIGNE.

« Ie n'ai ueu persone du roy de Nauarre. On dict que M. de Biron la ueu [1]. »

Le maréchal paraît n'avoir pas fait une longue absence : car Montaigne se rendit auprès du roi de Navarre dans les premiers jours de juin, et il n'aurait pas quitté Bordeaux avant le retour du maréchal. Henri, dans une lettre du 6 juin, se plaignit à M. de Matignon de la conduite de sa compagnie dans les villes de Florence et d'Agen, et le pria d'y mettre ordre : « I'en ai parlé, lui dit-il, plus particulierement au sieur de Montaigne ; qui me gardera de faire la presente plus longue. »

Ici nous cessons de voir Montaigne à Bordeaux, quoique ses fonctions dussent l'y retenir plus que jamais.

Blaye. Très-peu de temps après la lettre de Montaigne, les ligueurs s'en emparèrent ; le roi de Navarre parle de cette prise dans une lettre qu'il écrit le 15 juin au maréchal de Matignon.

1. Cet *on dit* pouvait bien couvrir quelque information qui serait venue à Montaigne, soit du roi de Navarre, soit d'une personne à son service ; des renseignements exacts devaient faire penser, le 22 mai, que Biron aurait vu le roi de Navarre, car celui-ci, vers le milieu du mois, lui avait demandé une entrevue : « Mon cousin, ie suis marry que les remuements m'ostent le plaisir que i'avois espéré de vous voir. Cela mesme nous eust esté un moyen de nous esclaircir l'un l'aultre de plusieurs choses qui importent au service du roy et bien de cet estat. Ie vous prie d'adviser si, en quelque façon, sans interest de vostre santé, il se pourra recouvrer. » (M. Berger de Xivrey, *Lettres de Henri IV.*)

Il y avait « un cloaque impénétrable, au milieu d'un marais, situé du côté du couchant, et quasi joignant la ville derrière les jardins de l'archevêché, formé, de tous temps, par le débordement des eaux pluviales, venant d'un pays de landes inhabité, qui se corrompaient dans ce cloaque qui ne pouvait les regorger par aucune refuite. Ces eaux corrompues, lorsque l'ardeur du soleil dans l'été pénétrait dedans, faisaient élever des vapeurs empoisonnées qui se répandaient dans les quartiers de la ville comme une espèce de brouillard qui causait, de temps à autre, une contagion pestilentielle.... on tenait, à cette occasion, pour la guérison et le soulagement de ceux qui en étaient affligés, un hôpital qu'on appelait de la peste, dans un quartier éloigné de la contagion. » (*Histoire curieuse et remarquable de la ville et province de Bordeaux*, par M. de Lacolonie, t. II, p. 21.)

La chronique mentionne plusieurs exemples de ces épidémies meurtrières; en 1545 le parlement siégea à Libourne pendant les mois de septembre et octobre, à raison de la maladie qui sévissoit à Bordeaux; en 1555, pendant l'administration du père de Montaigne, le parlement fut obligé d'abandonner la ville, et d'aller siéger à Libourne en août, septembre et octobre; le principal du collége de Guyenne obtint des jurats la fermeture de la maison, et mourut; il fut remplacé par Vinet. En 1565, année de grande contagion, la cour voulut encore se retirer de la ville, mais les jurats firent entendre à messieurs « la nécessité qu'il y avoit qu'ils ne bougeassent, pour le service du roy, et du public, la ville estant continuellement menacée de quelque surprinse, laquelle les ennemis n'attenteroient le parlement estant en la ville comme en son absence ; qui fut cause que la cour s'arresta. » (Darnal.)

La maladie eut en 1585 une intensité extraordinaire : « Les chaleurs de l'été furent si excessives qu'elles contribuèrent beaucoup à augmenter le mal. Le cloaque du marais vomit plus de vapeurs empestées à proportion des vives ardeurs du soleil. La contagion causée par ces exhalaisons infectées prit premièrement dans les domestiques de l'archevêché, comme le plus à portée, et peu à peu s'étendit, de quartier en quartier, dans la ville. Le progrès du mal mit tous les habitants en mouvement afin de trouver des moyens à pouvoir y porter remède; plusieurs charlatans se présentèrent pour en donner, afin d'en faire leur profit; mais comme cette espèce de gens fréquentaient continuellement les malades, ils ne purent résister à un air si infecté, et en périrent plus promptement que les autres. Ce fut au commencement du mois de juin que la violence du mal se fit sentir, qui continua pendant toutes les chaleurs de l'été, qui furent excessives, et ne finit qu'aux environs des fêtes de Noël suivantes. Il y eut un si grand nombre de personnes attaquées du mal que l'hôpital de la peste, quoique fort spacieux et étendu, ne fut pas suffisant à pouvoir les placer, et l'on fut obligé de construire nombre de baraques pour y suppléer; et enfin le mal cessa par le nombre de morts qui périrent dans cette contagion.» (*Hist. curieuse et remarquable*, *Eod.*)

« Puys le moys de juin la contagion est si grande à Bourdeaux jusques au moys de decembre, dit de Lurbe, que 14000 et quelques personnes, de compte fait, en meurent[1].»

Dans de telles calamités, les magistrats d'une ville doivent donner l'exemple du courage, et rester fermes à leur poste, pour soulager les maux physiques et soutenir le moral des habitants. Montaigne avait un beau modèle à suivre dans la conduite du premier président Christophe de Thou qui, quoiqu'il ne fût pas lié par les devoirs d'une charge municipale, n'avait point voulu quitter Paris pendant l'épidémie de 1580[2]; un de ses successeurs à la mairie de Bordeaux,

---

1. Cette peste exerça encore de grands ravages à Bordeaux en 1599. La ville passa, dans cette année, un contrat avec un Flamand, Conrat Gaussem, pour le desséchement du *palu de Bordeaux*. Le cardinal de Sourdis fit entreprendre d'immenses travaux : il épuisa le cloaque, donna un cours au débordement des eaux, desséchа les marais d'alentour, fit construire des canaux bordés d'arbres, et bâtit à côté la Chartreuse. La générosité de ce prélat détruisit le foyer d'infection qui désolait périodiquement la ville.

.2 « Quoiqu'il pût sortir de Paris à l'occasion des vacances, et qu'il eût coutume de le faire tous les ans, ce grand homme, né pour le bien public, et

le maréchal d'Ornano, fut admirable de dévouement et d'humanité, en 1599[1]; l'histoire a conservé le souvenir d'une pareille vertu exercée par Rotrou à Dreux[2], par Montausier[3], en Normandie, par Belzunce[4] à Marseille.

Montaigne n'avait pas l'âme aussi fortement trempée; ses

---

qui faisoit peu d'état de sa vie auprès de la conservation de cette grande ville, ne voulut point en sortir, et il se promenoit tous les jours en carrosse dans les rues pour montrer au peuple qu'il méprisoit ce danger, et pour lui donner l'exemple d'en faire autant. » (De Thou, *Histoire*, livre LXXII.)

1. « Il ne manquoit pas d'aller deux fois la semaine à l'hôpital de la peste : il se faisoit ouvrir sans répugnance le grand portail, et entroit à cheval dans la basse court ; et là s'informoit par lui-même si les pauvres enfermés étoient bien secourus d'aliments, de médicaments et d'autres nécessités. Tous ceux des affligés qui n'étoient pas alités sortoient et se rangeoient à sept ou huit pas de distance pour lui dire leurs besoins; il avoit soin d'ordonner d'y pourvoir ou d'y pourvoir lui-même : car il ne sortait pas de là qu'il n'eust vidé sa bourse. Il étoit toujours pourvu de beaucoup de préservatifs qu'il envoyoit dans les maisons bourgeoises et autres de la ville, pour tacher de les garantir. Il alloit pareillement visiter les affligés qui étoient renfermés dans la ville, et s'il s'apercevoit qu'ils n'eussent pas les provisions nécessaires, il y faisoit pourvoir à ses dépens, jusques à y envoyer même les vivres de sa table, et consoloit autant qu'il lui étoit possible les affligés. Le roi Henri IV, qui aimoit beaucoup ce seigneur, ayant appris combien il exposoit sa vie dans cette contagion pour soulager les autres, le pressa, par différentes fois, de quitter cet air pestiféré ; à quoi il repondit toujours, avec une louable constance, qu'il regardoit les habitants de Bordeaux comme sa propre famille, et qu'il aimoit mieux mourir avec eux que de manquer à les assister de tout son pouvoir dans des besoins aussi pressants. » (*Histoire curieuse et remarquable de Bordeaux*, t. II, p. 57.)

2. « Rotrou était lieutenant particulier au bailliage de Dreux, assesseur criminel, et commissaire examinateur au même comté. Une maladie épidémique vient fondre tout à coup sur la petite ville du poëte : ses concitoyens meurent ou fuient; ses amis et son frère le pressent de s'éloigner ; il leur écrit pour la dernière fois : « Le salut de mes concitoyens m'est confié ; j'en réponds à ma « patrie : je ne trahirai ni l'honneur ni ma conscience. Ce n'est pas que le pé- « ril où je me trouve ne soit grand, puisqu'au moment où je vous écris, on « sonne pour la vingt-deuxième personne qui est morte aujourd'hui. Ce sera « pour moi quand il plaira à Dieu. » Et trois jours après, le 28 juin 1660, il mourut victime de son dévouement. » (*Encyclopédie des gens du monde*.)

3. Le duc de Montausier fut nommé, en 1662, gouverneur de la Normandie, à la mort du duc de Longueville. « La peste s'étant déclarée dans ce pays, Montausier s'y rendit aussitôt, malgré les vives instances de sa famille, en répondant aux inquiétudes qu'on lui témoignait, « qu'un gouverneur était tenu « à résidence; mais qu'il y avait pour lui obligation absolue dans les moments « de calamité publique. » Louis XIV désira le voir aussitôt après son retour, pour lui témoigner combien il était satisfait de sa conduite. » (*Biographie universelle*.)

4. Immortalisé par son religieux héroïsme durant la peste de 1720.

fonctions allaient expirer : le courage lui manqua pour les exercer jusqu'au bout. Il n'était plus à Bordeaux, dès le mois de juillet ; comme beaucoup de familles bordelaises, il paraît s'être retiré à Libourne [1], d'où il écrivit la lettre qu'on va lire. Hâtons-nous de dire, à sa décharge, que des préoccupations domestiques avaient dû l'appeler hors de Bordeaux, qu'il avait sans doute fait venir sa famille à Libourne, ou était allé d'abord la joindre à Montaigne, pour la protéger contre les violences de la guerre civile ; c'est à cette époque (l'été de 1585) qu'il faut placer le pillage de son château : « l'escrivois cecy, ajoute-t-il au chap. xii du livre III, environ le temps qu'une forte charge de nos troubles se croupit plusieurs mois, de tout son poids, droict sur moy : i'avois, d'une part, les ennemis à ma porte ; d'aultre part, les picoreurs, pires ennemis, *non armis, sed vitiis certatur;* et essayois toute sorte d'iniures militaires à la fois :

« Hostis adest, dextra levaque a parte timendus,
Vicinoque malo terret utrumque latus.

« .... Le peuple y souffrit bien largement lors, non les dommages presents seulement

« Undique totis
Usque adeo turbatur agris.

mais les futurs aussi : les vivants y eurent à patir ; si eurent ceulx qui n'estoient encore nays : on le pilla, et moy par consequent, iusques à l'esperance, lui ravissant tout ce qu'il avoit à s'apprester à vivre pour longues années.... Voicy un aultre rengorgement de mal *qui m'arriva à la suite du reste :* et dehors et dedans ma maison, ie feus accueilly d'une peste, vehemente au prix de toute aultre.... »

C'est bien en 1585 qu'une *forte charge de troubles* civils dut se *croupir plusieurs mois* sur le pays. Le roi de Navarre, qui voyait l'orage prêt à fondre sur lui, et qui ne se sentait pas assez fort pour tenir la campagne, enfermait ses hugue-

---

1. Archives de Libourne ; Souffrain, *Essais et variétés historiques sur la ville de Libourne*, p. 236.

nots dans les places : ils occupaient les villes ou châteaux peu éloignés de Montaigne, tels que Puynormand, Castillon, Sainte-Foy, Bergerac ; ils en sortaient pour faire des excursions dont les contrées environnantes payaient tous les frais. Les bandes indisciplinées de l'armée catholique battaient la campagne, et n'épargnaient pas davantage le paysan. Cette guerre qui venait guérir la sédition en était pleine, elle voulait chasser la désobéissance et en montrait l'exemple (expressions de Montaigne, qui déplore encore ailleurs la perte de la discipline dans les armées). Pendant une partie de cette année, on ne se battit pas en Guyenne, on ravagea : « du depuis le mois de mars que l'on avoit pris les armes iusques vers la fin du mois d'aoust, le soldat n'avoit fait que vivre sur le paysan : nul coup d'espee, nul combat, nulle rencontre. » (Palma Cayet, Introduction.)

C'est après le pillage que la contagion envahit le château de Montaigne ; l'épidémie qu'on appelait peste, fut la conséquence de la misère, de la disette, de l'accumulation des troupes, et sévit hors de Bordeaux, dans la province de Guyenne, en 1585 et au début de 1586. « Voilà donc, dit Palma Cayet, la Guyenne, le Poictou, la Xaintonge, le Limousin et le Perigord affligés de la guerre, de la famine et de la peste. » Jean de Serre mentionne énergiquement la présence de ces fléaux : « Les trois poinctes du tonnerre de Dieu matrassent les hommes en ces pays là. » (*Inventaire*, année 1586.)

J'ai dû fixer ces dates, afin de pouvoir un peu excuser Montaigne. S'il abandonna son poste d'homme public au jour du péril, ce ne fut pas précisément par crainte de la contagion et par amour de sa conservation personnelle, mais surtout pour remplir ses devoirs de famille, de chef de maison ; quand les *picoreurs* sillonnaient les campagnes, on avait besoin de lui là-bas : les soldats de tous les partis entraient, pour la dévaster, dans cette maison que jusque alors la guerre civile elle-même avait respectée. Si son absence de la ville, et même de son château, se prolongea, c'est qu'il se mit lui-même, ainsi qu'il nous l'apprend dans ses *Essais*, à la tête d'une caravane de sa famille et de ses gens qui, pendant six mois, s'enfuirent pour éviter la peste. Il paraît, du reste, qu'il ne redoutait pas beaucoup personnellement la maladie, si on doit s'en rapporter à ces paroles : « L'apprehension ne me presse guere, laquelle on craint particulierement en ce mal ; et si, estant seul, ie l'eusse voulu prendre, c'eust esté une fuyte bien plus gaillarde et plus esloingnée ; c'est une mort qui ne me semble des pires.... » (Livre III, chap. XII.)

Quoi qu'on pense de la conduite de Montaigne (et, à cet égard, l'indulgence ne me paraît pas pouvoir aller jusqu'à l'approbation), le fait de l'absence à un des moments les plus difficiles, est constant. La terreur s'était emparée des magistrats et des fonctionnaires ; quelques-uns cependant avaient résisté, et le maréchal de Matignon continuait de vaquer, avec son activité habituelle, aux soins multipliés de la lieutenance générale. On trouve la preuve de ces faits dans des lettres inédites d'un magistrat et de Matignon, insérées toutes deux parmi les manuscrits du fonds de Harlay $\frac{329}{10}$, fol. 56 et 87 [1].

---

1. « Sire,

« L'estonnement a esté si grand sur la fureur de la maladie contagieuse naguieres survenue en ceste ville et particulierement aux maisons d'aucuns de vostre parlement, que ne nous estants trouvés en nombre suffisant pour iuger les procés, ny en la Chambre de l'edict de laquelle il a pleu à Vostre Maiesté me commander de service, ny pareillement en tout le corps de vostre parlement, il nous a semblé estre de nostre debvoir d'en advertir Vostre Maiesté, et à moy particulierement, Sire, d'en faire le semblable pour entendre vos commandements, rendre à iceux la tres humble et tres fidele obeissance que ie dois et pour laquelle ma vie ne sera iama. espargnee, quelque danger qui se presente. Nous sommes quelques membres qui nous sommes assurés pour retenir la face de vostre iustice, servir à la conservation de vostre ville, et consoler le peuple par nos presences, ayant ordonné ce qui nous a semblé necessaire pour pourvoir à ceste maladie mesme en l'absence de monsieur le mareschal de Matignon, esperants que Dieu duquel procedent les bonnes voluntés benira les nostres de sa grace dont ie luy en fais tres humble requeste,

« Sire, et qu'il luy plaise conserver Vostre Maiesté en tres longue et tres parfaite santé et prosperité. A Bourdeaux, ce 25 juin 1585.

« Vostre plus que tres humble et plus que tres obeissant fidele serviteur et subiect.

« Chauvin. »

« .... La peste augmente de telle façon en ceste ville qu'il n'y a personne

De la seconde de ces lettres on peut induire que Montaigne n'était déjà plus à Bordeaux à la fin de juin. Le maire et gouverneur avait, dans de telles conjonctures, des fonctions trop importantes pour que, s'il avait été présent, le maréchal n'eût pas signalé sa présence comme celle du premier président et de M. de Gourgues, et pour qu'il ne lui eût pas attribué sa part dans les mesures municipales qu'il fallait prendre.

Montaigne apprend, vers la fin de juillet, des nouvelles des jurats, par M. le maréchal de Matignon : ces messieurs avaient exprimé le désir que le maire vînt, au moins, suivant l'usage, présider aux élections de son successeur et des trois nouveaux jurats. Montaigne répond qu'il est prêt à sacrifier sa vie pour ses compatriotes (dévouement dont son éloignement était une singulière preuve), mais qu'il ne pense pas devoir la hasarder pour une élection dans une ville malade, lui qui vit en si bon air. Seulement, il propose de se rendre dans un petit village près de Bordeaux, encore pourvu que le mal n'y soit pas arrivé ; et là il remettra à celui des jurats qui viendra les instructions qu'il aura reçues de M. le maréchal de Matignon. Voilà tout ce qu'il peut faire pour ses *frères*, auxquels il souhaite une *longue et heureuse vie!*

« Messieurs, i'ay trouvé icy par rencontre de vos nouvelles par la part que monsieur le mareschal m'en a faict. Ie n'espargneray ny vie ne aultre chose pour votre service, et vous laisseray à iuger de celuy que ie vous puis faire par ma presence à la prochaine election avant que ie me hazarde d'aller en la ville, veu le mauvais estat en quoy elle est, notamment par des gens quy viennent d'un sy bon air comme ie fais. Ie m'aprocheray mercredy, le plus près de vous que ie

qui aye moyen de vivre ailleurs qui ne l'ayt abandonnee et n'y a pour aujourd'huy que les sieurs premier president et de Gourgues qui y soient demeurez pour l'affection particuliere qu'ils ont à vostre service, dont ie me trouve fort empesché tant pour la garde d'icelle que des chasteaux où la peste est desia, dans celuy du Ha et à la maison de la ville. I'y pourvoieray et à tout ce qui sera concernant le service de Vostre Maiesté le mieulx qu'il me sera possible.

« Du dernier juin 1585. MATIGNON. »

pourray, est à Feuillas¹ se le mal n'y est arrivé, auquel lieu comme i'escris à monsieur de La Motte², ie seray tres ayse d'avoir cest honneur de voir quelqu'un d'entre vous pour recevoir vos commandements, et me decharger de la creance que monsieur le mareschal me donnera pour la compagnie, me recommandant sur ce bien humblement à vos bonnes graces, et priant Dieu vous donner, messieurs, longue et heureuse vie. De Libourne, ce 30 juillet 1585.

« Votre tres hûble serviteur et frere,

« MÔTAIGNE³. »

M. de Moncuq, seigneur de La Motte, auquel Montaigne venait d'écrire, était resté courageusement à Bordeaux, et s'était efforcé, avec d'autres jurats, de pourvoir aux nécessités de cette ville désolée; l'administration était d'autant plus pénible dans d'aussi affreuses circonstances, que non-seulement le maire avait quitté son poste, mais que le lieutenant général, maréchal de Matignon, avait dû partir pour rejoindre l'armée du duc de Mayenne. M. de Moncuq avait écrit, deux jours avant la lettre de Montaigne, au maréchal, en lui demandant ses ordres pour la manière de procéder aux prochaines élections; sa lettre est honorable pour lui, et donne d'intéressants détails sur la triste situation de la ville; elle n'a point encore été imprimée; elle se trouve à la Bibliothèque impériale, collection de Harlay, $\frac{329}{10}$, fol. 168⁴.

---

1. « Feuillasse, village non mentionné dans les dictionnaires géographiques, mais indiqué par Cassini et par Belleyme; il est à moitié de la distance qui sépare Bordeaux de Libourne, à l'embranchement de la route de cette dernière ville avec celle de Bordeaux à Bergerac. » (M. Payen, *Nouveaux documents*, p. 21.)

2. Il s'agit ici de M. Baude de Moncuq, seigneur de La Mothe alors jurat.

3. Cette lettre a été découverte par M. Detcheverry, archiviste de la mairie, dans les archives municipales de Bordeaux, et insérée par lui dans une *Histoire des israélites de Bordeaux*, publiée en 1850. Elle a été reproduite et annotée par M. Payen, *Nouveaux documents*, p. 20 et suiv.

4. « Monseigneur,

« Messieurs les iurats vous escriront ung de ces iours et vous fairont entendre partie de l'estat de la ville; il m'a semblé estre de mon debvoir de vous en advertir particullierement pour le regard de la santé. Monseigneur, elle ne fut iamais en si pauvre estat; car depuis trois ou quatre iours le mal s'est tel-

Les élections eurent lieu à l'époque ordinaire ; M. le maréchal de Matignon fut nommé maire ; MM. de Moncucq, de Cazaux, Laforcade, élus en 1584, passèrent premiers jurats. Les nouveaux élus furent MM. de Girard, du Breuil, Ledoux : ce dernier mourut en charge et fut remplacé par M. Verdalle.

De ce jour cesse la mairie de Montaigne. Il peut, sans manquer à un devoir public, respirer l'air sain de Libourne, pourvoir à la protection de son château et de sa famille, conduire sa maison au loin pour éviter la contagion. Il faudrait admettre qu'il aurait continué, pendant un an, de sacrifier l'homme public à l'homme privé, si le maire nommé le 1er août 1585 n'avait dû entrer en fonctions que le 1er août 1586.

lement eschauffé que nous n'y pouvons plus mettre aulcun ordre, parceque chascun des habitants a habandonné la ville : i'entends ceux qui peuvent y aporter quelque remede, car quant au menu peuple qui est demeuré, cela meurt comme mousches. Il semble que Dieu aye fait perdre le sens aux principaux bourgeois et leur a fait perdre la cognoissance de la ruine de leur ville qui est tout eminent. Suivant vostre commandement, monseigneur, nous estions deliberé mettre tout le menu peuple dehors, si nous eussions peu recouvrer de l'argent pour le nourrir ; mais il a esté hors de nostre puissance de recouvrer ung sol ny des riches ny des pauvres, combien que nous ayons mis en vente à cris publicqs tout le plus beau revenu de la maison de la ville, sans toutefois qu'il se soit présenté aulcun pour y mettre ung seul sol. C'est une grande desolation de veoir ainsi ceste ville habandonnee. La compagnie que nous avions dressee pour la garde des portes par vos commandements, les soldats sont tellement infectés qu'ils en sont morts desia dix ou douze, et quand il me faut bailler ou prendre les clefs de la porte, ie suis en toutes les peines du monde. Au reste, monseigneur, vous sçavez que l'eslection des iurats s'approche, et parce que ie vois une grande difficulté pour assembler les hommes qu'il faut pour ladite election, ie vous ay bien voullu advertir, et aussi mon intention n'est sinon suivre vostre volonté et faire vostre commandement, laquelle volonté ie vous supplie, monseigneur, me faire entendre par ce porteur, vous suppliant tres humblement trouver bon que l'election faite, si Dieu me fait ceste grace de la veoir, que ie me retire en ma maison, pour apres y avoir resté sept ou huit jours, vous aller trouver pour emploier ma vie aupres de vous, vous suppliant, monseigneur, vous voulloir servir de moy en ce que vous cognoitrez ; ie m'asseure, monseigneur, que vous aurez egard à l'affection que i'ay au service du roy et au vostre particulier envers tous et contre tous. Et d'aussi bon cueur que ie supplie le Createur,

« Monseigneur, vous donner en santé tres bonne, longue et heureuse vie. De Bourdeaux, ce vingt huitiesme iuillet 1585.

« Vostre tres humble et tres affectionné serviteur.
« De Moncuq. »

Je crois avoir prouvé que l'exercice effectif de la charge municipale de Montaigne date légalement du jour de son élection, 1er août 1581. Dès lors, chaque élection n'étant faite que pour deux années, il est évident que celle de 1583 n'a eu son effet que jusqu'en 1585. Cette démonstration me paraît former le meilleur commentaire de la mention de de Lurbe, à l'année 1585 : « Le seigneur de Matignon, mareschal de France, est esleu maire de la dicte ville. » Je puis surabondamment y ajouter un fait décisif : c'est la participation officielle du maréchal à un acte de la jurade, six semaines avant les élections de 1586[1].

On pourrait objecter Darnal et de Caillière. « En l'annee 1585, dit Darnal, *iusques en iuillet* 1586, estant lieutenant du roy monsieur la mareschal de Matignon, *maire de ladite ville monsieur de Montaigne*, iurats messieurs de Moncucq, Cazaux, La Forcade, Girard, du Breuil, Verdale. » J'ai déjà dit que cette locution avait pour objet principal d'indiquer les six jurats, en faisant connaître accessoirement les fonctionnaires en exercice à la même époque ; c'est comme si Darnal avait dit : Messieurs.... étaient jurats jusqu'en juillet 1586, pendant que M. de Matignon était lieutenant général. Il est vrai qu'il mentionne comme maire Montaigne, qui l'avait été en 1585, mais seulement jusqu'en juillet. Il y a ici une lacune ; il faut la remplir par la mention de de Lurbe, qui mérite toute créance, puisqu'il faisait, à ce moment-là, partie du corps de ville. Si, à l'année 1586, Darnal mentionne que le roi écrit à messieurs les jurats à l'occasion de la contagion, et « trouve bon que monsieur

---

[1]. Il s'agit ici du renouvellement des statuts des maîtres chapeliers. On lit, à la suite du texte de ces statuts, la formule suivante : « Les presents statuts ont esté renouvellez par les sieurs maire et iurats, gouverneurs de la ville et cité de Bordeaux : Jacques de Matignon, comte de Torigny, mareschal de France et lieutenant pour le roy en Guienne, et maire de Bordeaux ; Baude de Moncucq, ecuyer, seigneur de La Mothe ; maistre Jean de Casau, elu pour le roy en Guienne ; François de La Forcade, bourgeois et marchand ; François de Girard, ecuyer, sieur du Haillans ; maistre Jean du Breuil, avocat en la cour ; Durand Verdalle, bourgeois et marchand ; les tous, maire et iurats, ouy maistre Gabriel de Lurbe, procureur et syndic de ladite ville, en iurade, le quatorzieme juin 1586. »

le mareschal de Matignon soit esleu maire, » il ne faut voir là qu'une approbation de l'élection consommée et non l'agrément d'une élection future.

Quant à de Caillière, voici ce qu'il dit : « Pendant que le duc du Maine achevoit de se guerir à Bordeaux, le mareschal de Matignon, demeuré seul pour commander l'armee, fit quelque seiour à Montsegur. Les habitants de Bordeaux l'envoyerent supplier d'avoir agreable l'election qu'ils avoient faite de sa personne pour la charge de maire de leur ville : ce qu'il accepta volontiers. Il fit travailler à remettre la place en estat de deffense, quand l'armee en seroit partie. » En général, quand de Caillière n'est pas guidé par les documents datés qu'il rapporte, son récit manque de précision; il devient confus, se trompe de temps, et mêle les faits de manière qu'il est difficile de s'y reconnaître. Ici son erreur est palpable. Il raconte les événements de 1586; il ne peut être question de l'élection qui aurait eu lieu au mois d'août précédent : les Bordelais n'auraient pas attendu si longtemps pour la proposer à l'acceptation du maréchal; l'historien entend parler d'une élection récente, faite en 1586. On sait que les jurats nommaient le maire le 1er août; or, le duc de Mayenne, qui faisait le siége de Montségur, étant tombé malade, et ayant écrit à Bordeaux, au maréchal de Matignon, pour le prier de venir commander l'armée, le maréchal partit le 5 mai, et vint prendre le commandement; la ville de Montségur lui ouvrit ses portes le 15 mai. Sur la fin de mai, il fortifia Tonneins et y mit trois cents soldats (de Thou, *Histoire*, livre LXXXV). Il n'aurait plus été à Montségur en août, quand la députation bordelaise serait venue lui annoncer son élection. D'ailleurs le 1er août, jour des élections, le maréchal ne commandait plus *seul* l'armée, en remplacement du duc de Mayenne. Le duc, ayant rétabli sa santé à Bordeaux, et s'étant remis en campagne, le maréchal de Matignon et lui étaient partis ensemble de Libourne, et étaient allés camper, le 10 juillet, à Sainte-Terre, où le lendemain, ils passèrent la revue de leur armée (de Thou, *eod.*). Les circonstances indiquées par de Caillière sont donc impossibles. Ce qui est probable, c'est qu'après l'élection de 1585, faite dans des circonstances assez pénibles pour motiver un refus, des députés de la ville se seront transportés auprès du maréchal pour le prier d'accepter la mairie.

Montaigne, sorti de sa charge, resta en Guyenne jusqu'en 1588, année qu'il passa presque entière à Paris, à Gournay, à Rouen, à Chartres, à Blois[1]. Après lui, le principe électif, dans la dignité de maire de Bordeaux, fut moins ménagé par la royauté, moins défendu par les citoyens ; le maréchal de Matignon conserva la mairie pendant douze ans, jusqu'à sa mort (25 juillet 1597)[2] ; les Bordelais lui donnèrent immédiatement pour

---

1. En se retirant pour la seconde fois à son château, il n'était donc pas aussi déterminé que ledit dom Devienne (*Éloge*) à ne plus rentrer dans le tumulte du monde.

2. M. de Matignon fut réélu en 1587 et en 1589. Une troisième réélection parut sans doute exorbitante et contraire aux coutumes et libertés de la ville. Henri IV, qui tenait à concentrer le plus d'autorité possible entre les mains d'un homme aussi utile pour lui que le maréchal de Matignon, écrivit, peu de temps avant l'élection, aux jurats, en les priant de le nommer encore cette fois, sans que cela tirât à conséquence ; sa lettre est curieuse et trouve ici naturellement sa place :

« *A nos tres chers et bien amez les maire et iuratz de nostre ville de Bourdeaux.*

« Tres chers et bien amez, en attendant que nous vous renvoyons vostre depputé qui est icy, nous n'avons voulu perdre ceste commodité de vous faire ceste cy, mesme prevoyant qu'il ne vous pourra arriver auparavant le tems que vous debvés procedder à l'ellection d'un nouveau maire ; sur quoy nous avons à vous dire que, eu esgard à la qualité du tems et pour plusieurs aultres bonnes considerations, nous desirons que vous continuiés en ladicte charge nostre cher et bien amé cousin le sieur mareschal de Matignon, nonobstant la continuation precedente que vous en avés faicte, n'y en pouvant avoir aucun en ladicte charge qui y puisse apporter plus de dignité et intelligence que luy, tant pour le bien de mon service que pour la conservation de ladicte ville, pour laquelle il seroit perilleux en ceste saison d'y admettre aucun aultre qui eust à commencer à s'instruire en la conduicte des affaires de ladicte ville : dont touttes fois nous ne vous presserions pas, n'estoit la necessité que vous connoissés autant que nous mesmes, qu'il y a de le faire. Mais ce ne sera pas aussy pour en faire coustume ny aucun prejudice à vos privileges et formes ordinaires, lesquelles nous voulons conserver et maintenir, ny y innover qu'autant que vous cognoistrez propre et utile pour le bien de vostre ville, comme nous nous asseurons que vous jugerés estre ce que dessus.

« Donné à Mantes, le quinziesme jour de iuillet 1591.

« HENRY. »

successeur son fils le comte de Thorigny ; deux ans après, en 1599, « monsieur le mareschal d'Ornano fut esleu maire de la ville par l'exprès commandement du roy. » (Darnal.) Une élection ainsi faite n'était plus qu'un vain simulacre. La réalité ne tarda pas à paraître : les maires de Bordeaux furent nommés par le roi.

CHAPITRE IX.

MONTAIGNE NÉGOCIATEUR POLITIQUE.

Qualités de Montaigne comme négociateur. — Erreurs des biographes.
—Récit de de Thou.—Quand le roi de Navarre et le duc de Guise se rencontrèrent ennemis à la cour ; causes d'inimitié entre eux. — Rôle de Montaigne ; —tentatives ultérieures de réconciliation ; Montaigne y est étranger.—Mission donnée à Montaigne par le duc de Montpensier pour le parlement de Bordeaux.—Quand Montaigne a négocié entre les princes. — État des choses en Guyenne depuis la paix de Fleix. — Affront fait par Henri III à la reine Marguerite ; négociations commencées. — Prise du Mont-de-Marsan par le roi de Navarre. — Correspondance de Duplessis-Mornay avec Montaigne. — Conclusion des négociations. — Relations confidentielles avec le roi de Navarre et Matignon. — Réserve de Matignon envers le roi de Navarre ; voyages de Montaigne à Bergerac ; lettres et confidences pour Matignon. — Lettre de Turenne à Montaigne ; sa date et son objet.

Les biographes ont lu dans les *Essais* que Montaigne a un peu négocié entre les princes, et, dans les Mémoires de de Thou, qu'il est intervenu entre le duc de Guise et le roi de Navarre. Pas un n'a cherché à préciser l'époque, la nature, le but de ces négociations ; pas un n'a profité des lumières que fournissaient quelques documents imprimés depuis longtemps dans les Mémoires de Duplessis-Mornay : les correspondances publiées récemment n'ont pas non plus été employées à l'éclaircissement de la situation de Montaigne comme intermédiaire politique ; et pourtant son rôle, s'il n'a pas eu d'éclat, n'a manqué ni d'activité ni d'importance. Je vais essayer d'exposer, de discuter les faits, et de les compléter, autant du moins que le permettent les pièces connues aujourd'hui.

Montaigne avait tout ce qu'il faut pour réussir dans la diplomatie : naissance, relations, habitude de la cour, instruction, esprit ouvert, fin, curieux et discret; *fortune lui a donné l'accez aux chefs de divers partis* (livre I, chap. xx). Souvent il a *entretenu l'aureille des grands d'affaires de poids* (livre III, chap. xiii). La franchise et le désintéressement, qualités perdues de son temps, lui avaient attiré la confiance des personnages qui les pratiquaient le moins. Dans les négociations politiques comme dans la vie privée, en tout et vis-à-vis de tous, Montaigne tenait, par-dessus toutes choses, à rester lui-même, à conserver sa liberté, à agir selon son sens, quoi qu'il en pût arriver. C'est peu commun chez les négociateurs. L'usage n'est guère qu'ils fassent sincèrement leur portrait avant d'exhiber leurs pouvoirs. Montaigne n'y manquait pas : « en ce peu que j'ay eu à negocier avec nos princes.... j'ay curieusement evité qu'ils se mesprinssent en moy, et s'enferrassent en mon masque. Les gens du mestier se presentent et contrefont les plus moyens et les plus voysins qu'ils peuvent : moy, ic m'offre par les opinions les plus vifves, et par la forme la plus mienne : tendre negociateur, et novice, qui aime mieulx faillir à l'affaire qu'à moy. Ç'a esté pourtant, iusques à cette heure, avecques tel heur (car certes fortune y a la principale part) que peu ont passé de main à aultre avecques moins de souspeçon, plus de faveur et de privauté. J'ay une façon ouverte, aysee à s'insinuer, et à se donner credit, aux premieres accointances. La naïfveté et la verité pure, en quelque siecle que ce soit, treuvent encore leur opportunité et leur mise. Et puis de ceux là est la liberté peu suspecte et peu odieuse, qui besongnent sans aulcun leur interest, et peuvent veritablement employer la response de Hyperides aux Atheniens, se plaignants de l'aspreté de son parler : « Messieurs, ne considerez pas si je suis « libre; mais si ie le suis sans rien prendre et sans amender « par là mes affaires. » Ma liberté m'a aussi aysement deschargé du souspeçon de feinctise, par sa vigueur, n'espargnant rien à dire, pour poisant et cuisant qu'il feust (ie n'eusse peu dire pis, absent); et en ce qu'elle a une montre apparente de simplesse et de nonchalance. Ie ne pretends aultre fruict, en agissant, que d'agir; et n'y attache longues suittes et propositions : chasque action faict particulierement son jeu : porte s'il peult. » (Livre III, chap. i.)

Les personnages de partis opposés, qui le prenaient pour intermédiaire, le connaissaient bien; on le savait incapable de mentir, incapable aussi de trahir un secret, et peu désireux d'en savoir plus qu'on ne voulait lui en dire : « Ie ne dis rien à l'un que ie ne puisse dire à l'aultre, à son heure, l'accent seullement un peu changé; et ne rapporte que les choses, ou indifferentes, ou cogneues, ou qui servent en commun. Il n'y a point d'utilité pour laquelle ie me permette de leur mentir. Ce qui a esté fié à mon silence, ie le cele religieusement; mais ie prends à celer le moins que ie puis : c'est une importune garde, du secret des princes, à qui n'en a que faire. Ie presente volontiers le marché, qu'ils me fient peu, mais qu'ils se fient hardiement de ce que ie leur apporte. I'en ay tousiours plus peu que ie n'ay voulu.... ie veois que chascun se mutine, si on luy cache le fond des affaires ausquels on l'employe, et si on lui en a desrobbé quelque arriere sens; pour moy, ie suis content qu'on ne m'en die non plus qu'on veult que i'en mette en besongne; et ne dise pas que ma science oultrepasse ma parole. » (*Eod.*)

Voilà ses qualités. Voyons ses actes. Il ne donne aucun détail; c'était de la discrétion et de la prudence plutôt que de la modestie. Il ne nous apprend pas quand il eut à négocier entre les princes. De Thou ne dit pas non plus, du moins explicitement, l'époque de son intervention entre le roi de Navarre et le duc de Guise. Je tâcherai d'indiquer des dates. Faute de ce soin, les biographies et les éloges sont tombés dans le vague ou dans le roman. M. Victorin Fabre nous montre Montaigne mêlé aux intrigues des Guise, cajolé par le cardinal de Lorraine, recevant des confidences, même des révélations, et se portant quelquefois négociateur entre les grands et les princes. La Dixmerie voit Montaigne profiter de ses relations avec les chefs des divers partis pour réconcilier le duc de Guise avec le roi de Navarre. La guerre aurait déjà été déclarée, et sévissait dans toute son horreur. Le repos de la France dépendait de ces deux hommes.

La Dixmerie discute les raisons qui les empêchaient de se réunir ; il représente Montaigne épuisant « toute l'éloquence que le zèle et le génie peuvent suggérer en faveur de la raison et de l'humanité. » Henri aurait résisté : « Montaigne eut la douleur de ne pas réussir dans sa noble tentative ; mais il eut au moins la gloire, toujours bien réelle, de l'avoir formée. » L'*Encyclopédie des gens du monde* croit également que les choses se seraient passées ainsi : « Il paraît, dit-elle, qu'alors (en 1585 et 1586) notre philosophe, en dehors des partis, tenta vainement d'en concilier les chefs. »

L'éloquence, j'oserai dire la déclamation, peut tirer parti d'un rôle ainsi posé. Mais la vérité manque, et même la vraisemblance. N'était-il pas trop tard, après la prise d'armes de la Ligue, en 1585, pour qu'un homme aussi éclairé que Montaigne sur l'état des choses, se jetât entre les partis exaspérés ? Et, à cette époque, la question était-elle tout entière entre Henri de Guise et Henri de Navarre ?

Cette idée de réconciliation a été prise dans de Thou ; on s'est plus empressé de commenter son récit qu'on ne s'est inquiété de le bien comprendre. Il faut s'y arrêter.

De Thou avait fait connaissance avec Montaigne à Bordeaux lorsque ce dernier commençait ses fonctions de maire ; il avait trouvé en lui, non-seulement un citoyen loyal et ennemi des cabales, mais un homme parfaitement instruit des affaires du temps ; il avait beaucoup profité de ses lumières pour le grand travail historique qui fait la gloire de l'illustre magistrat. Quand ils se rencontrèrent à Blois, en 1588, pendant la tenue des états, les événements politiques occupèrent plus que jamais leurs entretiens. De Thou aimait à connaître l'opinion de Montaigne sur les causes des agitations présentes ; Montaigne les rattachait à la haine mortelle du duc de Guise et du roi de Navarre, et il expliquait ainsi, d'après ce qu'il avait vu par lui-même, l'origine de cet antagonisme à outrance :

« Quum vero de causis horum motuum dissereret, sic aiebat (nam se aliquando inter Navarrum Guisiumque, quum simul in aula essent, medium interposuerat): Guisium amicitiam Navarri omni officio et sedulitate ambivisse; ab eo, quem amicum, quem placatum habere expetiverat, delusum et dissimulatione exclusum; quum se hostem, eumque infensissimum habere sentiret, ad extremum armorum remedium, ut se decusque familiæ tueretur, confugere necesse habuisse; hæc alienati animi inter eos initia in hoc belli incendium postremo exarsisse, cujus non alium exitum videat, quam alterutrius exitium, quum et Guisius, incolumi Navarro, de vita propria et suorum salute desperet, et Navarrus, superstite Guisio.... Navarrum, nisi a suis deseri metuerat, ultro ad sacra majorum paratum redire; et Guisium, si periculum absit, ab Augustana confessione, cujus gustum aliquem sub Carolo cardinali patruo quondam habuerit, non abhorrere : ita, quum inter eos communicaret, utrumque sentire animadvertisse. » (*De Vita sua*, liber III, cap. IX.)

On doit distinguer ici différents éléments. D'abord, dans une parenthèse, de Thou constate le fait des négociations; ensuite il résume le rapport de Montaigne sur les relations mutuelles des deux rivaux, puis son opinion sur l'issue fatale de leurs dissentiments; enfin il rappelle un renseignement sur leur indifférence religieuse, telle que Montaigne l'avait remarquée quand il leur servoit d'intermédiaire.

Le seul fait qu'il nous importe d'éclaircir est celui de la négociation entre Henri de Navarre et Henri de Guise; les récriminations de celui-ci sont évidemment postérieures à la rupture, puisqu'elles l'expliquent[1].

---

1. Dans son *Histoire*, livre LXXXI, de Thou le dit en termes exprès : « Il est certain que le duc *disait depuis à ses confidents* que le roi de Navarre avait méprisé son amitié et l'offre qu'il lui avait faite de ses services; qu'il avait fait voir qu'il ne vouloit pas l'avoir pour ami, et l'avait mis par là dans la nécessité de se déclarer son ennemi, en lui ôtant l'espérance de posséder jamais ses bonnes grâces. » On trouve là, presque mot pour mot, la reproduction des conversations de Blois. Mais je ne puis croire que de Thou ait entendu placer Montaigne parmi les confidents du duc de Guise; cette expression ne sauroit lui être appliquée. On remarquera que, dans ses explications, recueillies par de Thou, Montaigne ne dit pas que c'est du duc lui-même qu'il tenait l'expression de ses reproches contre le roi de Navarre. Il pouvait les avoir entendu proférer par les partisans du duc; d'ailleurs, sans le traiter en confident, M. de Guise,

Deux circonstances sont à relever ; Montaigne s'était posé comme intermédiaire entre le duc et le roi, à une époque déjà ancienne (*aliquando*[1]) ; et c'était lorsque *tous deux se trouvaient ensemble à la cour* (*quum simul in aula essent*).

M. de Guise et le roi de Navarre s'étaient rencontrés à la cour pendant leur enfance ; à cet âge, point de querelles politiques qui aient pu motiver l'emploi d'un négociateur. Ils s'y retrouvèrent après le mariage du Béarnais avec Marguerite de Valois ; alors de nombreuses causes d'hostilité existaient entre eux, et des efforts réitérés durent être nécessaires pour maintenir les apparences d'une bonne entente : je dis les apparences, car une réconciliation sincère était impossible dans la situation et avec le caractère des deux princes. Après que Henri de Navarre se fut échappé de la cour de France où il était à peu près prisonnier, il n'y reparut plus que pour se réunir, en Touraine, avec Henri III, en 1589. Mais alors le duc de Guise avait été assassiné. Les négociations de Montaigne ne peuvent donc avoir eu lieu que du mois d'août 1572 au commencement de février 1576[2].

Dans cette période, quelles étaient les dispositions réciproques du roi et du duc ?

Ils n'étaient pas nés ennemis. Ils avaient été camarades

le rencontrant quelques années plus tard à la cour, avait bien pu chercher à expliquer à M. de Montaigne, ancien négociateur, ses griefs et les raisons de sa conduite.

1. Le sens de *autrefois*, adopté par les traducteurs de ce passage, est le plus ordinaire ; *aliquando* a encore d'autres significations, par exemple celle de *plusieurs fois*, comme le prouvent les exemples cités dans l'excellent dictionnaire latin de mon savant ami Louis Quicherat. La version adoptée ici nous a paru la plus naturelle : Montaigne, parlant des causes premières des troubles, et disant comment il avait eu occasion de les connaître, se reportait à un temps déjà ancien, et il précisait l'époque par la circonstance d'une présence simultanée à la cour. Il eût été inutile qu'il dît avoir négocié à plusieurs reprises, une inimitié comme celle qui divisait les deux princes, et que tout contribuait à entretenir, ne pouvant être calmée après une première tentative de rapprochement.

2. Je signale comme une erreur non discutable ce dire de Talbert et de M. Amaury Duval, que Montaigne aurait tenté de rapprocher le duc de Guise et le roi de Navarre, père d'Henri IV, mort d'une blessure reçue au siége de Rouen en 1562.

de collége, et avec eux le duc d'Anjou, depuis Henri III ; ces trois hommes, dont les querelles devaient coûter si cher à la France, étaient liés, enfants, d'une étroite amitié[1]. Les souvenirs de famille, les intérêts de parti, les rivalités personnelles les séparèrent de bonne heure. Les deux maisons de Bourbon et de Guise se disputaient depuis longtemps le pouvoir, et elles formèrent sous les derniers Valois les deux factions qui divisaient presque toute la France[2]. Pendant le règne de François II, les Guise étant tout-puissants, les Bourbons, surtout le prince de Condé, s'étaient efforcés de les faire crouler ; on disait même qu'ils avaient voulu ôter la vie au cardinal de Lorraine : et ils avaient continué leurs attaques dans les premiers temps du règne de Charles IX[3]. Enfin François de Guise, le père d'Henri, avait été assassiné devant Orléans, et on avait accusé les chefs du parti protestant d'avoir été les instigateurs du crime. D'un autre côté, on disait que les Guise, en 1560, avaient poussé François II à tuer de sa propre main Antoine de Bourbon, père d'Henri IV, que le courage avait manqué au jeune roi, et que le cardinal et le duc de Guise avaient dit : Voilà le cœur le plus poltron qui fut jamais[4]. La reine Jeanne

---

1. Au collége de Navarre, « il eut pour compagnons le duc d'Anjou, qui fut son roy quelque temps apres, et le duc de Guise, qui fit tout ce qu'il peust pour l'estre. Ces trois Henris, qui devoient estre un jour ennemis irreconciliables, estoient si estroitement unis en cette fleur de leur age, qu'ils avoient les mesmes affections et les mesmes plaisirs ; et eurent tousiours une complaisance si peu commune les uns pour les autres, qu'il ne leur arriva pas la moindre brouillerie tant qu'ils furent dans le college. » (*Mémoir. de Nevers*, t. II, p. 576 et suiv. ; Pierre Mathieu, *Hist. de Henri II*, livre III.)

2. « Les princes les plus considérables du royaume sont les Bourbons et les Guises : leurs deux maisons ont toujours été rivales dans les affaires et le gouvernement du royaume sous les derniers jeunes rois, et la France presque tout entière s'est divisée entre les deux factions des Guises et des Bourbons. Ceux-ci étant les princes du sang les plus rapprochés de la couronne, et devant y succéder dans le cas où le roi et ses frères mourraient sans enfants mâles, ont un parti plus nombreux, peut-être : mais les Guises n'en sont pas moins forts. » (Jérôme Lippomano, ambassadeur de Venise en France en 1577 ; *Relat. des ambassadeurs vénitiens*, t. II, p. 379.)

3. Brantôme ; Marc-Antoine Barbaro, ambassadeur de Venise, en 1563 ; *Relat. des ambassadeurs vénitiens*, t. II, p. 57 et 79.

4. De Thou parle de ce projet d'assassinat, *Hist.*, livre XXVI. Deux écrivains

d'Albret était morte presque subitement à Paris, et on soupçonnait un empoisonnement[1].

Le cardinal de Lorraine avait eu, pour son neveu, l'ambition de lui faire épouser la princesse Marguerite de Valois, dont le brillant duc de Guise s'était fait aimer; les choses avaient été poussées fort loin, lorsque Charles IX fut averti, soit par suite d'une trahison du duc d'Alençon, qui était dans le secret de sa sœur, soit par l'ambassadeur de Portugal auquel le cardinal avait eu l'imprudence de dire que son maître devait renoncer à épouser la princesse Marguerite, destinée au prince lorrain. Dans l'emportement que lui causa l'audace des Guise, le roi ordonna au grand prieur, son frère naturel, d'aller tuer le duc à la chasse; la reine mère parvint à calmer sa colère, sous la condition que le cardinal désavouerait le projet qu'on lui prêtait, et que le duc conclurait immédiatement le mariage dont il s'était occupé précédemment, avec Catherine de Clèves, veuve du prince Porcien. Marguerite refusa de se soumettre, le duc de Guise hésita: mais Charles IX prononça des paroles sévères[2]; Henri comprit qu'il n'y avait plus à balancer, et qu'il fallait obéir promptement[3]. Le conseil délibéra sur le projet de mariage de

---

protestants donnent des récits très-détaillés; ce sont: Regnier de La Planche, *Histoire de l'estat de France, tant de la republique que de la religion*, sous le règne de François II, petit in-fol., édit. Mennechet, p. 320; Olhagaray, *Hist. de Foix, Bearn et Navarre*, p. 527; Paris, 1609.

1. Davila, livre V, dit positivement que la mère d'Henri IV fut empoisonnée par ordre de la cour; d'Aubigné, *Hist. univers.*, t. II, livre I, chap. II, adopte la même version. Jean de Serre, invent. à l'année 1572, ne parle de l'empoisonnement que comme d'un bruit qui courait. De Thou et Pierre Mathieu attribuent la mort de la princesse à un abcès, et repoussent l'idée de poison.

2. « En dernier lieu, un jour de bal, Charles IX, placé près de la porte d'entrée, voyant arriver le duc de Guise, vêtu d'un riche et élégant costume, étincelant de pierreries, qui rehausse encore l'éclat de sa bonne mine, lui demande brusquement où il va; Guise répond qu'il vient pour servir Sa Majesté. Je n'ai pas besoin de votre service, répliqua le roi. » (Davila, livre V; M. René de Bouillé, *Hist. de la maison de Guise*, t. II, p. 461 et suiv.; de Thou, livre XLVII.)

3. Il épousa, sur la sollicitation même de Marguerite effrayée, et à l'aide de l'intervention de sa sœur, la duchesse de Lorraine, la princesse de Porcien, dont il avait dit quelques mois auparavant: « Qui pourra me voir marié avec elle, pourra me voir marié avec une négresse. » (Papiers de Simancas, René de

Marguerite avec le *petit prince de Béarn*, comme l'appelait l'ambassadeur d'Espagne. La princesse refusa d'abord, ne céda qu'avec répugnance, et, même dans la cérémonie nuptiale, elle laissa douter de son consentement réel à un mariage qui contrariait ses inclinations[1]. Cette union dut laisser de la rancune dans le cœur des deux rivaux.

Viennent ensuite les divisions politiques, profondes et sanglantes. Peu avant la Saint-Barthélemy, l'amiral de Coligny, un des plus puissants chefs du parti calviniste, fut blessé devant la maison de Vilemur, précepteur du duc de Guise, par un gentilhomme qui autrefois l'avait servi[2]. Le duc

Bouillé, *eod.* Voy. aussi *Antiguisart*, dans les *Mémoires de la Ligue*, t. I, p. 365; Pierre Mathieu, livre VI, *Hist. de Charles IX.*)

1. « Quelques-uns, dit Davila, remarquèrent que, dans cette cérémonie, lorsque le cardinal demanda à la princesse Marguerite si elle prenait le roi de Navarre pour son époux, elle ne proféra pas une parole, mais que le roi son frère lui fit baisser la tête d'un coup de main. On prit ce geste pour un consentement, quoique, auparavant et depuis, lorsqu'elle pouvait s'expliquer en liberté, elle déclara qu'elle ne pouvait rompre les engagements qu'elle avait pris avec le duc de Guise, surtout en faveur de l'ennemi capital de ce seigneur. » La contrainte qui aurait été exercée alors sur Marguerite devint un des moyens dont on se servit en 1599 pour faire prononcer la dissolution du mariage. Voici, sur ce point, la réponse de la princesse à la quatrième question qui lui fut posée dans son interrogatoire : « A dit qu'elle n'eut jamais volonté de consentir audit mariage, mais qu'à son grand regret elle y fut necessitée et contrainte par le roy Charles son frere et par la reyne sa mere, qu'elle les supplia à chaudes larmes de ne la contraindre de consentir au mariage; qu'à cette occasion ils se courroucerent fort contre elle; et le feu roy Charles la menaça que si elle n'y consentoit, il la rendroit la plus miserable de son royaume; qu'à cette cause, pour eviter la fureur de son dit frere, et l'indignation de la reyne sa mere, elle fut contrainte de leur obeir et consentir audit mariage, craignant que si elle faisoit autrement, il y alloit du peril de sa vie, combien qu'à la verité elle n'ait pu jamais porter aucune affection audit sieur roy de Navarre. » (*Collection de Brienne*, t. CXXXVIII, fol. 143.)

2. Le roi « voulut qu'à son exemple toute la cour rendît visite au blessé. Les Guises ayant demandé à ce prince qu'il daignât écouter leur justification, en furent très-mal reçus, et l'ambassadeur d'Espagne fut si mal traité à cette occasion, qu'il prit le parti de se retirer. » (*Mém. de Sully*, livre I.)

La Saint-Barthélemy, qui eut lieu quelques jours après, pourrait faire douter de la sincérité de ces démonstrations. Toutefois, il résulte d'une confidence qu'aurait faite Henri III pendant qu'il était en Pologne, que Charles IX avait des entretiens confidentiels et affectueux avec l'amiral, que la reine Catherine et son fils Henri en auraient pris ombrage, auraient organisé la tentative d'assassinat, et, plus tard, auraient inspiré à Charles des soupçons et des sentiments tels qu'il aurait résolu non-seulement de faire tuer l'amiral, mais d'ordonner le massacre général des huguenots. (Voy., à la suite des *Mémoires de Villeroy*,

donna l'ordre pour l'exécution de la Saint-Barthélemy, qu'il fut chargé de diriger, et à laquelle il prit une part personnelle ; un de ses serviteurs, Besme, porta un coup d'épée dans la poitrine de l'amiral ; lui-même attendait dans la cour qu'on jetât le corps par la fenêtre. Après le massacre des gentilshommes de sa religion, Henri de Navarre avait dû, sous des menaces de mort, abjurer, se reconnaître catholique en demandant au pape une dispense de mariage, et rendre un édit (16 octobre 1572) pour abolir la religion réformée dans ses États, édit qu'il fut plus aisé de lui arracher que de le faire exécuter par ses sujets [1].

L'année suivante, la cour, où les Guise exerçaient une haute influence, imposa au roi de Navarre un nouveau sacrifice ; elle le fit marcher au siège de la Rochelle, contre ses anciens coreligionnaires, dans les rangs de leurs meurtriers. Cela coûtait peu à sa foi, car il n'en avait guère [2] ; mais il souffrait des atteintes que recevait son autorité sur son

---

le *Discours du roy Henri III à un personnage d'honneur et de qualité estant près de Sa Majesté à Cracovie, des causes et motifs de la Sainct-Barthelemy.*)

1. « Les sujets du roy de Navarre, sachant bien que leur prince estoit captif, et qu'il n'avoit serviteur aucun autour de soy qui ne lui fust un espion aposté par le conseil secret qui avoit forgé ce bel edit, ne se soucierent de cela. » (*Estat de France sous Charles IX*, t. 1, p. 387.)

2. Les calvinistes, traînés au siège de la Rochelle, se vengèrent en applaudissant aux succès des assiégés ; le roi de Navarre « faisoit le rieux de tout ce qui se passoit, car, dès sa plus tendre jeunesse, il se donnoit du bon temps, de tout se plaisant à se moquer. » (De La Ville Gomblain, *Troubl. civ. de France sous Charles IX*; M. Massiou, *Hist. politique, civile et religieuse de la Saintonge et de l'Aunis.*) « Il n'a nulle croyance, à ce qu'on dit : car on assure qu'il se moque de ses prédicateurs huguenots au moment même où ils sont en chaire. » (Jérôme Lippomano, *Relat. des ambassad. vénit.*, t. II, p. 637.) C'était déjà l'homme qui, plus tard, disait gaîment : Paris vaut bien une messe, et qui écrivait à sa maîtresse, en lui annonçant sa prochaine abjuration, qu'il allait faire le saut périlleux. Quoique plus graves, ses adversaires n'étaient peut-être guère plus croyants ; Montaigne avait vu que le cardinal de Lorraine et son neveu n'auraient pas été éloignés d'entrer dans la confession d'Augsbourg s'ils y avaient trouvé leur intérêt politique : « Ce n'est pas que ce prelat eust plus de religion qu'un autre ; les propositions qu'il avoit faites d'admettre en France la confession d'Augsbourg, et l'empressement qu'il avoit eu à terminer le concile de Trente pour venir venger la mort de son frere, faisoient bien juger qu'il ne la regardoit que du costé qu'elle pouvoit lui estre utile. » (*Abrégé de l'histoire de la Ligue*, en tête de la satire *Ménippée.*)

parti. Il entama, d'accord avec le prince de Condé, le duc de Bouillon et La Noue, des intrigues tendant à faire échouer le siége; elles n'eurent aucune suite.

Les événements de 1572, où le duc de Guise avait figuré si activement, devaient ulcérer le cœur du roi de Navarre; des sentiments non moins haineux devaient germer dans l'âme du prince lorrain. L'éclat d'une rupture ne convenait pourtant ni à leur politique, ni à celle de la cour; condamnés à vivre près l'un de l'autre, il fallait les faire consentir à sauver au moins les apparences. Telle dut être la mission de Montaigne. M. Payen et d'autres disent que le duc de Guise le prit pour intermédiaire entre lui et le roi de Navarre; rien ne prouve que ce ne soit pas celui-ci qui l'ait choisi, ou la reine Catherine[1]; car il était estimé de chacun des trois, et tout le monde avait intérêt à ce que l'on vécût en paix, le roi de Navarre plus que personne; il n'était pas libre de quitter la cour, et il voulait jouir de tous les plaisirs de sa brillante prison.

Montaigne était venu à la cour au moment des premières irritations, en septembre 1572; quand elles furent calmées, les deux antagonistes laissèrent voir l'extérieur d'une réconciliation. Le négociateur aurait pu se laisser tromper à ces apparences qui firent illusion à une partie de la cour, à des amis des deux princes, à des diplomates étrangers, à de graves historiens. Non-seulement ils figuraient ensemble dans les cérémonies officielles, mais ils étaient inséparables dans les jeux, dans les fêtes; ils partageaient leurs logements, même leurs lits[2].

---

1. Dans sa lettre du 2 septembre 1590 (voy. chap. xii), Montaigne dit à Henri IV qu'il ferait plus volontiers pour lui ce qu'il avait fait pour ses prédécesseurs; en rappelant ainsi les services politiques qu'il avait rendus à Charles IX et à Henri III, Montaigne ne fait-il pas allusion, entre autres, aux négociations dont il s'agit ici, et ne peut-on pas en conclure que c'est le roi ou sa mère qui le fit intervenir, et non pas un des princes engagés dans la querelle? Le rôle de médiateur acquérait ainsi plus d'autorité, puisqu'il ne permettait aucun soupçon de partialité.

2. « On les voyoit en mesme chambre au Louvre, ils alloient à la chasse, faisoient des parties à la paume, jouoient aux dez, voloient les dames ensemble, le roy de Navarre portoit en crouppe le duc de Guise par les rues de

Ces amitiés à la surface furent plusieurs fois menacées et faillirent être rompues par les passions réelles qui bouillonnaient à l'intérieur et au fond. Henri de Navarre avait lieu de se sentir blessé des façons de la cour de France et des hautains princes de Lorraine à son égard : « La veille de la Toussaints, le roy de Navarre iouoit avec le duc de Guise à la paulme, où le peu de compte qu'on faisoit de ce petit prisonnier de roitelet, qu'on galloppoit à tous propos de paroles et de brocards, comme on eust fait un simple page ou laquais de cour, faisoit bien mal au cœur à beaucoup d'honnestes hommes qui les regardoient iouer. » (Pierre de l'Estoile.) La patience dut échapper plus d'une fois à Henri, jeune, Gascon, et de grande maison. S'il est permis de supposer que Montaigne s'interposa dans des occasions pareilles, on peut, à plus forte raison, admettre son intervention dans les circonstances brûlantes de 1574, qui ranimèrent un moment toutes les animosités des Bourbons contre les Guises. En traitant des relations de Montaigne avec la cour, j'ai montré qu'il y était venu précisément à la fin du règne de Charles IX et au commencement de celui d'Henri III.

Lorsque la cour avait reconduit le duc d'Anjou, récemment élu roi de Pologne, les mécontents, à la tête desquels était le remuant, égoïste et incertain duc d'Alençon, avaient eu des conférences; on avait, à Vitry, parlé de mouvements, et le roi de Navarre s'y était montré fort disposé[1]. A quelque

---

Paris. » (Pierre Mathieu.) « Ce voyage (à Paris en 1574) me mit en grande familiarité avec M. de Guise, ce qui me servit à me maintenir à la cour et à lier une etroite intelligence entre mon maistre et ce prince, laquelle parvint à un tel point qu'ils couchoient, buvoient et mangeoient ensemble, faisant de même leurs mascarades, ballets et carrousels, dont je composois les devises et donnois les dessins. » (*Mémoires* de d'Aubigné.)

[1]. « Monsieur, le roy de Navarre, et Monsieur le prince estoient à Vitry, où ils se lierent d'amitié plus estroitement que par le passé, et avec mauvais conseil on proietoit de remuer. Le roy de Navarre et Monsieur le prince avoient occasion de se recrier pour l'irreparable offense receue à la Saint Barthelemy, et la contrainte en leur conscience d'aller à la messe, ayant tousiours un vif ressentiment de la religion en leur cœur, et iugeant qu'ils demeuroient tousiours suspects au roy et à l'Estat, pour n'avoir iamais part à aucune charge. » (*Mémoir. du duc de Bouillon.*)

temps de là, l'échauffourée inopportune et manquée des protestants à Saint-Germain, dissipa ces velléités. La reine mère en prit prétexte pour indisposer le roi contre son frère le duc d'Alençon, et pour resserrer la captivité du roi de Navarre, que Charles IX emmena avec lui à Vincennes[1].

On instruisit le procès de l'affaire de Saint-Germain. Des commissaires du parlement furent désignés pour entendre le duc d'Alençon et le roi de Navarre. Celui-ci ne répondit point en homme qui veut se justifier, et n'accusa personne du complot dont le parlement était saisi : mais il s'adressa à la reine mère, devant le chancelier et les commissaires, lui reprocha les outrages et les injustices dont il était l'objet, et ne cacha point l'intention qu'il avait eue de quitter une cour qui le traitait si mal (de Thou, livre LVII; d'Aubigné, *Hist.*, t. II, livre II, chap. VI). Ce discours, s'il faut en croire la reine Marguerite, ne fut que le développement d'un mémoire qu'elle avait rédigé pour son mari[2] et adressé à la reine mère. Cinq jours après, il en répéta le contenu avec plus de vivacité encore. Ce document, que Marguerite a conservé dans ses Mémoires, dut exaspérer le duc de Guise, car lui et les siens y sont attaqués avec toute l'acrimonie d'une rivalité politique malheureuse[3].

---

1. « Le roy de Pologne estant party, le roy de Navarre demeura en grande captivité, iusque là qu'en ses chambres les gardes du roy regardoient sous ses lits. » (Legrain, *Décade*, livre II.)

« La reyne ma mere mettant dans son chariot mon frere et le roy mon mary, qui, cette fois, ne furent traitez si doucement que l'autre; car le roy s'en alla au bois de Vincennes, d'où il ne leur permit plus de sortir. Et le temps augmentant tousiours l'aigreur de ce mal, produisoit tousiours des nouveaux advis au roy pour accroistre la mefliance et mecontentement qu'il avoit d'eux. » (*Mémoir. de Marguerite de Valois.*)

2. « .... Mon mary n'ayant lors personne de conseil auprès de luy, me commanda de dresser par ecrit ce qu'il avoit à respondre, afin que par ce qu'il diroit, il ne mist ny luy ny personne en peine. Dieu me fist la grace de le dresser si bien qu'il en demeura satisfait, et les commissaires estonnez de le voir si bien preparé. »

3. Le roi dit qu'après la Saint-Barthélemy, Thoré vint le joindre et lui mit sous les yeux le peu de sûreté qu'il pouvait attendre, « voyant l'honneur et bonne chere que vous, madame, et le roy vostre fils et le roy de Pologne faisiez à ceux de Guyse : les quels, non contents de ce qu'ils avoyent voulu faire au feu roy mon pere et M. le prince mon oncle, triomphoient de ma honte....

De son côté, le duc ne cachait pas, du moins aux yeux d'une femme clairvoyante, et animée peut-être de plus d'une sorte de ressentiment, la joie secrète que lui inspiraient les divisions intérieures de la famille royale. Un jour Marguerite se rendait chez la reine mère pour s'expliquer sur de mauvais bruits auxquels le roi son mari lui-même n'avait pas voulu croire : « Entrant, dit-elle, en la salle, ie trouvay M. de Guise, qui prevoyant n'estoit pas marry de la division qu'il voyoit arrivee en nostre maison, esperant bien que du vaisseau brisé il en recueilleroit les pieces. »

Assurément une rupture était imminente dans de telles conjonctures ; pourtant on parvint encore à maintenir la bonne intelligence apparente entre le duc de Guise et le roi de Navarre. Montaigne n'y a-t-il pas aidé ?

Charles IX venait de mourir, et Henri III arrivait de Pologne. La dissimulation, cachée sous les dehors de l'amitié, devint de plus en plus profonde entre les deux rivaux ; l'intimité servait à chacun pour essayer de pénétrer les projets de l'autre. Les deux excellents amis n'avisaient qu'à se tromper mutuellement. Le roi de Navarre, qui venait d'être

---

je fus averti par plusieurs de mes bons amis que l'on vouloit faire une seconde Saint Barthelemy, et que M. le duc (d'Alençon) et moy n'y serions non plus espargnez que les autres.... mesme quelques uns de mes gentilshommes furent avertis de leurs amis qui estoient à M. de Guise, qu'ils sortissent de leurs quartiers pour aller au leur, parce qu'il ne faisoit pas seur pour les miens.... à Vitry, i'eus advertissement de plusieurs endroits que l'on vouloit tuer le roy, ce que ie ne voulus jamais croire, ensemble M. le duc et moy, et faire le roy de Pologne roy. Toutefois, faisant entendre ce que i'avois appris à M. le duc, il me dit qu'il en avoit eu beaucoup d'avis et d'appareils, et que M. de Guise faisoit assembler à Joinville pour faire l'execution de cette entreprise.... le roy de Pologne vous recommanda M. de Guise, afin que, par vostre moyen, il fust fait connetable, ce que ie ne voulois nullement croire ; mais estant Vostre Majesté de retour à Rheims, vous me fistes une si maigre mine, et commençastes là d'avoir une telle defiance de moy, que cela me fit penser qu'il en estoit quelque chose.... Me levant le matin pour me trouver à vostre lever, madame, comme i'avois accoustumé, chocquant à vostre porte, vous dites que l'on me respondist que vous estiez chez le roy. Toutefois, vous parliez à La Chastre et à quelques autres, de qui il ne me souvient des noms, qui avoient esté les principaux executeurs de la Saint Barthelemy, et du tout serviteurs de M. de Guise ; qui me fit croire que vous desiriez plus vous servir de ceux de ceste maison que de ceux qui ont cet honneur de vous estre plus proches, et plus fidelles serviteurs. »

compromis avec le duc d'Alençon, affectait de s'éloigner de lui, de se poser même comme son ennemi, et de porter toute son affection sur la famille de Guise[1]; il avait intérêt à savoir ce que cette maison si puissante, et la cour, d'accord avec elle, pouvaient méditer contre les protestants et les Bourbons. Henri de Guise n'était pas moins intéressé à connaître les projets, la situation, les mouvements des calvinistes. De là tant de soins à s'insinuer dans la confiance du roi de Navarre, tant de démonstrations de dévouement à sa personne[2].

Le duc d'Alençon s'étant sauvé de la cour (1575), les ruses redoublèrent avec les témoignages d'attachement. Le duc de Guise fit promettre au roi de Navarre de ne pas suivre l'exemple de Monsieur, et obtint en revanche plus de liberté pour son ami[3]. Le roi de Navarre témoigna une ten-

1. Il avait plus de liberté, quand les nombreux espions de Catherine ne donnaient pas de nouveaux ombrages au roi et à sa mère; on avait soin de susciter de véritables causes de dissidence entre lui et le duc d'Alençon : on se servait, pour cela, des aventures galantes et des promesses pour la lieutenance générale du royaume (d'Aubigné, *Histoire*, tome II, livre II, chap. XVIII). Lorsque Henri eut reconnu qu'on le trompait, et qu'il ne devait attendre que des humiliations, des dangers peut-être, il s'occupa, sans relâche, des moyens de s'évader (*Mémoires de Sully*, livre I; *de Marguerite de Valois*, livre II).

2. Henri III, à son retour de Pologne, fut atteint subitement d'un mal d'oreilles que les médecins n'expliquaient pas, que l'on crut semblable à celui qui avait enlevé François II, et qui parut menacer aussi la vie du roi; on eut quelques soupçons contre le duc d'Alençon, ce qui fut cause que, dans un entretien secret, Henri III dit au roi de Navarre qu'il voulait qu'il lui succédât et se défît de Monsieur : « Je sais, aurait-il ajouté, que le duc de Guise ne vous sera point contraire, car il n'aime point ce méchant. » Pierre Mathieu, qui affirme tenir ce récit d'Henri IV lui-même, dit ensuite : « En ce temps-là le roy de Navarre et le duc de Guise estoient en fort bonne intelligence : car comme le roy de Navarre vit que l'on doutoit de la vie du roy, il dit deux ou trois fois au duc de Guise : Nostre homme est bien mal. A la première, le duc de Guise respondit, ce ne sera rien; à la seconde, il y faut penser; et comme il vit qu'à la troisieme le roy de Navarre y ajoutoit, un geste qui marquoit quelque desir de sçavoir son intention, il luy dit : Je vous entends, Monsieur; et, frappant le pommeau de son épée : Voilà, dit-il, qui est à votre service.... Peu apres, le roy fut guéri. » (*Histoire de Henri III*, livre VII.)

3. « A présent, il (le roi de Navarre) est libre et va partout sur la parole secrètement donnée en son nom par M. de Guise qu'il ne quitterait jamais la cour sans le consentement du roi. Il est réconcilié avec M. de Guise, et d'anciens ennemis qu'ils étaient, ils sont étroitement liés. » (Giovanni Michel, ambassadeur de Venise en 1575, *Relation des ambassadeurs vénitiens*, t. I.)

dresse de plus en plus vive au duc, écarta tout ce qui aurait pu lui donner des soupçons, profita de toutes les occasions, et prit ses mesures avec une rouerie consommée. Quelques jours avant son départ, il trompa complétement le duc de Guise par des fanfaronnades gasconnes qu'il était facile de croire naturelles[1]; au moment même de partir pour la prétendue chasse d'où il ne devait pas revenir, il accablait le duc de caresses et le suppliait de l'accompagner[2].

Le 3 février 1576, il s'était enfui; Henri de Guise restait joué : il ne le pardonna pas[3]; son amour-propre se vengea, en attendant mieux, par les récriminations que Montaigne et de Thou ont recueillies.

1. « Le roi de Navarre « ayant fait un bon semblant de s'asseurer de la lieutenance, comme il avoit fait depuis peu de iours, estendroit ses longes iusques à aller chasser aux forests de Sainct Germain, estant tousiours sous la garde de Sainct Martin d'Anglure et de Spalunge, lieutenant des gardes. Le lendemain, au point du iour, le roy de Navarre alla se ieter dans le lict du duc de Guise, et avec les alliances qu'ils avoient faict de maistre et de compere, eurent plusieurs familiers discours : ceux du Bearnois tendant à ce poinct qu'aux depens de plusieurs vanitez et vanteries de ce qu'il feroit quand il seroit general, le duc courut en apprester à rire au roy, comme il avoit desia faict auparavant, sur d'autres vanitez echappees sans artifice : mais à ceste fois qu'il parloit par une feinte estudiee, il lui en donna autant qu'il falloit pour le mespris : ils le tenoient donc prisonnier de cette esperance : et ainsi il trompa à son tour par la mesme feincte qui l'avoit trompé : car on a sçu pour certain que sans ce coup de langue, on faisoit naistre une affaire pour lui rompre cette chasse, où il n'alla de tous les coniurez qu'Armagnac. » (D'Aubigné, *Hist. univ.*, t. II, livre II, chap. xx.)

2. « Le iour qu'il sortit de Paris, qui estoit le premier iour de la foire de Saint Germain, il y alla tout botté avec M. de Guise, auquel il fit des caresses extraordinaires, et le voulut amener à la chasse avec luy, le tenant embrassé plus d'un grand quart d'heure devant tout ce peuple, qui, ne iugeant que de la longueur de son nez, tiroit de là un bon presage, comme s'ils eussent esté bons amis, et bien reconciliés ensemble. » (*Journal de l'Estoile.*)

3. « A peine Charles IX eut-il les yeux fermés, qu'il (le duc de Guise) résolut dès lors, au cas qu'Henri vînt à mourir, de se servir du roi de Navarre, qui était encore à la cour, pour l'opposer à l'héritier présomptif de la couronne. Dans cette vue, il lia en apparence une amitié fort étroite avec ce prince; ils ne se séparaient presque plus, mangeaient ordinairement ensemble, et ne se servaient souvent que d'un même lit. Le roi de Navarre se prêtait d'autant plus aisément à ce que le duc souhaitait, que sans vouloir se rendre complice de ses desseins, il trouvait dans cette liaison un moyen sûr de pénétrer les vues secrètes de cet homme ambitieux qui lui était suspect. Mais lorsque ce prince, après s'être enfui de la cour, et après avoir fait une profession publique de la doctrine des protestants, embrassa hautement leur parti, cette amitié se rom-

Il fallait justifier le fait, révélé par Montaigne à de Thou, de son intervention entre le chef de la Ligue et celui du calvinisme, lorsque tous deux se trouvaient à la cour. Je crois avoir donné une explication vraisemblable, en montrant la coïncidence des voyages de Montaigne à la cour de Charles IX et d'Henri III avec les animosités primitives du Béarnais et du Lorrain, avec leur rapprochement déterminé par les plaisirs, avec leurs brouilleries causées par des froissements d'amour-propre, avec leur feinte amitié, inspirée par les intérêts de leur politique.

Plus tard on essaya encore de les réconcilier ; mais ces tentatives ne peuvent avoir rien de commun avec celles dont Montaigne faisait la confidence à son illustre ami. Elles demeurèrent infructueuses. En 1584, au mois de février, c'est-à-dire avant que la mort de Monsieur eût décidé les Guise à jeter le masque et à prendre les armes, on fit quelques ouvertures à Duplessis-Mornay, venu à la cour de France au nom du roi de Navarre, et qui lui écrivait de Paris : « A messieurs de Guise plus de caresses beaucoup que de coustume : lesquels toutes fois disent privement à leurs amis qu'ils connoissent bien une haine mortelle du roi contre eux. Quelques-uns m'ont parlé de les faire entrer en amitié avec vous, ausquels j'ai respondu ce que j'ai deu, et que V. M. peut assés penser. En somme, que vous ne negligez l'amitié de personne, moins de seigneurs de telle qualité, et que c'est à eux à commencer. » (*Mém. de Duplessis-Mornay*, t. I, p. 309.)

En 1587, Henri de Navarre désirait la paix. Avant l'arrivée des reitres allemands et des Suisses qui allaient venir au secours des seigneurs de la Guyenne, il fit faire des pro-

---

pit ; et le duc de Guise, qui se vantait d'avoir le talent de manier les esprits et de les tourner à son gré, eut la douleur de se voir obligé d'avouer que le roi de Navarre en savait plus que lui. » (De Thou, livre LXXXI.)

Suivant Varillas, Henri de Navarre avait découvert que le duc de Guise voulait, à l'aide d'un parti catholique zélé, s'emparer du trône de France quand il en trouverait l'occasion, et en se défaisant par l'assassinat de lui, roi de Navarre, tandis qu'il était à la cour.

positions au duc de Guise. L'ambitieux qui devait bientôt forcer le roi de France à se sauver de Paris, repoussa tout arrangement. « Le roy (de Navarre) eust bien désiré une paix, au contentement des uns et des autres ; il exhorta le duc de Guise d'y adviser, et luy fit faire des promesses particulieres, s'il y vouloit entandre, pour l'advancement des siens : mais ses desseins n'estoient pas à la paix. Il faut doncque que le roy, contre son vouloir, se resolve à la guerre. » (Palma Cayet, *Chronol.*, noven., *Introduction*.)

D'un autre côté, et ceci paraît étrange, dans les conseils tenus à Blois, et où l'assassinat du duc de Guise fut résolu, on articula contre lui « qu'il avoit declaré qu'il n'estoit armé que pour l'asseurance des catholiques de France et de leur religion, et empescher la succession du roy de Navarre à la couronne, et toutes fois le roy estoit adverty par ledit roy de Navarre que le duc de Guise l'avoit fait rechercher d'amitié, iusques à que de luy offrir son fils en ostage, et le venir rechercher avec dix et sept princes de sa maison iusques à la riviere de Loire pour luy faire service, et le faire le plus grand roy paisible de la France ; le baillif des montagnes de Dauphiné, et Bethune s'employans à ceste negociation. » (Pierre Mathieu, *Hist. d'Henri III*, livre VIII.) Cette accusation contre un homme dont on avait juré la perte était-elle fondée ? Sinon, qui était le calomniateur ?

Revenons à Montaigne. Dans les derniers jours du règne de Charles IX, il fut chargé d'une mission près du parlement de Bordeaux, dont il avait cessé d'être membre depuis quatre ans. Voici ce qu'on lit à ce sujet dans l'un des volumes manuscrits des registres secrets du parlement de Bordeaux, conservés à la Bibliothèque de cette ville ; 11 mai 1574, folio 344 : « Sur ce qui a été rapporté que le sieur de Montaigne, chevalier de l'ordre du roy et naguères conseiller du roy en la cour (c'est l'auteur des *Essais*[1]) estoit en la salle de l'audience et demandoit parler à icelle cour, a esté arresté qu'il sera assis et mis au milieu du bureau de la grand'chambre,

---

1. Note du copiste, intercalée dans le texte.

ce qui a été fait parmi les autres conseillers d'icelle chambre, et estant ledit de Montaigne entré, a présenté les lettres du sieur de Montpensier adressantes à la cour dont lecture a esté faite, et apres ledit de Montaigne a fait un long discours. »

Malheureusement le parlement n'a pas ordonné la transcription de ce discours sur ses registres; s'il l'avait fait, on connaîtrait le but et les circonstances de la mission de Montaigne. S'il a existé une copie, elle a échappé aux recherches les plus persévérantes. On ne peut douter que Montaigne n'ait préalablement mis par écrit et qu'il n'ait lu ce qu'il avait à dire au parlement; il ne se serait pas risqué à improviser *un long discours*, et il n'est pas probable qu'il ait voulu courir la chance de manquer de mémoire au milieu d'une harangue qu'il aurait péniblement apprise par cœur, ce qu'il était obligé de faire chaque fois qu'il avait à *tenir un propos de longue haleine* [1].

L'absence du précieux manuscrit lu devant la grand'chambre réduit à de simples conjectures ce qu'on peut savoir de la mission de Montaigne auprès du parlement.

Au mois de mai 1574, le duc de Montpensier commandait une des trois armées que le roi, ou plutôt Catherine de Médicis venait de mettre en mouvement contre les calvinistes; il opérait dans le Poitou. Il séjourna d'abord à Parthenay et à Coulonges, et vint à Sainte-Hermine pour tâcher d'attirer au combat La Noue, commandant des forces protestantes dans cette contrée. N'ayant pas réussi, il fit prendre Talmont, et vint en personne assiéger Fontenay; il s'empara d'un faubourg. En ce moment, on apprit que Charles IX était

---

1. « Quand j'ai un propos de consequence à tenir, s'il est de longue haleine, je suis reduict à cette vile et miserable necessité d'apprendre par cœur, mot à mot, ce que j'ay à dire; aultrement, je n'aurois ny façon, ny asseurance, estant en crainte que ma memoire veinst à me faire un mauvais tour. Mais ce moyen m'est non moins difficile; pour apprendre trois vers, il m'y fault trois heures; et puis, en un propre ouvrage, la liberté et auctorité de remuer l'ordre, de changer un mot, variant sans cesse la matiere, la rend plus mal aysee à arrester en la memoire de son aucteur. Or, plus je m'en desfie, plus elle se trouble. » (Livre II, chap. XVII.)

mourant; le duc de Montpensier fut rappelé à la cour, une trêve de deux mois suspendit les hostilités, qui néanmoins recommencèrent dès le commencement du mois de juillet[1].

Lorsqu'il s'avançait dans le Poitou, le duc de Montpensier se dirigeait sans doute vers la Guyenne, l'une des provinces de France où les réformés avaient le plus de partisans et d'influence. Il était naturel qu'il envoyât un homme de confiance et d'autorité auprès d'un corps aussi puissant que le parlement, pour s'assurer de sa fidélité et de son concours dans la guerre qui paraissait devoir s'approcher. Le chef de l'armée avait besoin d'appui : aussi n'agissait-il que mollement. Il ne pouvait guère compter sur des troupes composées en grande partie de volontaires, qui profitèrent des temporisations de La Noue pour se disperser[2]. Selon toute probabilité, Montaigne était venu auprès de ses anciens collègues, généralement bien disposés pour la cause catholique, afin de les préparer aux mesures ou démonstrations qui pourraient servir les opérations militaires commencées par ordre de la cour de France.

Cette mission de Montaigne était jusqu'à présent restée inconnue. Il ne parle dans les *Essais* que des négociations qu'il a suivies entre les princes ; elles se réfèrent à une époque postérieure. La phrase : « En ce peu que i'ay eu à negocier entre *nos princes*, en ces divisions et subdivisions *qui nous deschirent aujourd'hui* » ne s'applique pas aux négociations anciennes entre le duc de Guise et le roi de Navarre. En effet, ces paroles se trouvent au troisième livre, publié pour la première fois en 1588 ; alors l'épée était tirée, il y avait guerre à outrance entre la Ligue et Henri de Bourbon : les chances

---

1. De Thou, *Histoire*, livres LVII et LVIII ; d'Aubigné, *Histoire universelle*, livre II, chap. VIII.

2. « La Noue, temporisant, ne s'engagea à rien, dit d'Aubigné qui servait dans cette campagne, et l'armee, composee la plus part de volontaires, commença à s'esclaircir, comme font ordinairement les amas de cette sorte : sur quoi arriva bien à propos au duc de Montpensier que la roine lui escrivoit comme asseuree de la mort du roi, qu'il se vint ranger aupres d'elle. L'armee donc quitte Fontenai, et nous aussi, pour aller voir ce qu'on fait au bois de Vincennes. » (*Histoire universelle*, loc. cit.)

d'un rapprochement n'existaient plus. C'est bien à cette époque que la France était déchirée en divisions et subdivisions, et elle l'était depuis quatre ou cinq ans, date de l'intervention diplomatique de Montaigne [1]. La situation difficile qui exigeait d'habiles intermédiaires et pouvait recevoir d'eux un concours efficace, était celle où se trouvaient réciproquement Henri III et Henri de Navarre ; Montaigne les désigne en disant *nos princes* : les Lorrains étaient étrangers [2].

1. M. Vitet, dans l'*Histoire de la Ligue*, qu'il a mise en tête de ses *Scènes historiques*, a donné un résumé exact et concis du fractionnement des partis, à compter de la mort de Monsieur, en 1584. « Nous ne voulons point d'un huguenot pour roi ! tel fut le cri de tous les catholiques *zélés*, de ceux qui plaçaient dans leur affection le bien de l'Église avant celui de l'État.... Tous les catholiques ne tenaient pas ce langage. Il y en avait bon nombre qui, tout en détestant l'hérésie, portaient au fond du cœur un religieux respect aux règles de l'État, et très-peu d'affection aux princes étrangers ; ceux-là disaient : Il faut reconnaître le roi de Navarre, car il est l'héritier légitime ; espérons qu'il abjurera. Ils furent nommés *politiques*, ou royalistes,... Dans leurs rangs on comptait presque tout ce qu'il y avait de gens de bien, d'hommes de sens et de quelque savoir parmi les parlementaires et les riches bourgeois. Voilà donc les catholiques divisés, eux qui jusque-là n'avaient eu qu'une même pensée, qu'un seul but, la haine et la destruction de l'hérésie. Voilà trois grands partis en présence, les *zélés*, les protestants et les *politiques*. Parmi ces derniers il y avait, comme dans tous les partis, des différences d'opinion : les uns ne voulaient du roi de Navarre que s'il abjurait, les autres l'acceptaient sans restriction ; ceux-là consentaient à faire cause commune avec les huguenots, ceux-ci voulaient en demeurer séparés aussi bien d'intérêts que de croyances.

« Mais c'était dans le parti opposé qu'on trouvait le plus de nuances différentes. Les amis du duc de Guise étaient, sans comparaison, les plus nombreux ; mais les uns consentaient à ne lui donner le trône qu'après la mort du roi ; les autres, moins patients, voulaient que l'on se débarrassât du roi et que le duc fût couronné sur-le-champ ; quelques-uns proposaient qu'avant d'être placée sur la tête du duc, la couronne passât sur celle du vieux cardinal de Bourbon, qui n'avait que deux ou trois ans à vivre, et qu'on obligerait à reconnaître M. de Guise pour héritier. Enfin, le duc de Guise et le cardinal n'avaient pas seuls des prétentions : le roi d'Espagne était beau-frère de Henri III ; le duc de Savoie était son oncle par alliance ; le duc de Lorraine avait, comme Philippe II, épousé une de ses sœurs : or, ces trois princes soutenaient, qu'en dépit de la loi salique, leurs enfants, rejetons de sang royal, devaient être préférés à un étranger. Toutefois, comme cet étranger avait à lui seul deux fois plus de partisans qu'eux tous, ils ne contestaient pas bien hautement ses droits, ou même ils les favorisaient, espérant qu'au jour de la victoire il leur en saurait gré et leur donnerait part au butin. »

2. Cette origine étrangère est à la fois rappelée, et comme effacée par Montaigne à l'égard de François de Guise, qu'il désigne ainsi : « Un prince des

On va voir Montaigne intervenir dans les affaires politiques depuis les premiers dissentiments graves jusqu'au moment où la guerre fut déclarée.

La paix conclue à Fleix à la fin de 1580, et publiée au commencement de 1581, maintint la tranquillité dans presque toute la France durant près de cinq années. Les partis, en Guyenne, ne troublèrent pas d'une manière sensible le calme de la province, mais non plus ne respectèrent pas sans s'agiter la pacification qui leur était imposée. En envoyant le maréchal de Matignon comme son lieutenant général, Henri III lui avait donné l'ordre de rétablir et conserver la paix par sa sagesse et par sa présence dans « cette grande province où se formoient toutes les grandes tempêtes qui venoient ensuite retomber sur le reste du royaume. » (De Thou, livre LXXIV.)

Les catholiques commirent la première infraction en livrant aux troupes du roi la ville de Périgueux, qui était une des places de sûreté données aux protestants. Le roi de Navarre se plaignit vivement, et ne put obtenir que la bicoque de Puymirol en compensation de ce qu'on venait de lui prendre.

Dès l'année suivante, les chefs de la faction de Guise firent répandre partout le bruit que les protestants se disposaient à reprendre les armes, et que la religion catholique était menacée des plus grands malheurs. Le roi savait que ces bruits avaient pour but de le décréditer au profit des Guise; il résolut d'y répondre en agissant contre les protestants. Il commença par faire redemander au roi de Navarre les places de sûreté avant l'époque fixée pour leur remise (de Thou, livre LXXVI). En 1583, des troupes du duc de Joyeuse s'emparèrent par escalade de la ville d'Aleth, près Limoux, et y firent un grand massacre de calvinistes.

Ni le maréchal de Matignon ni le roi de Navarre ne se trompaient sur ces symptômes. Le premier, obligé de garder

nostres (et nostre estoit il à tres bonnes enseignes, encores que son origine feust estrangiere). » (Livre I, chap. XXIII.)

la province sous l'obéissance du roi de France, prenait des précautions militaires ; il fortifiait et garnissait de troupes Fronsac et Libourne, et visitait souvent ces villes, qui étaient comme des boulevards opposés aux excursions des protestants des places voisines[1] ; il surveillait les démarches du roi de Navarre et de ses nombreux partisans dans la province, et conservait envers lui une réserve poussée bien près de la méfiance[2]. De son côté, le roi de Navarre voyait l'orage se former ; il avait donné à Henri III son avis sur les intrigues des ligueurs, et refusé de se rendre à la cour, où l'on avait astucieusement essayé de l'attirer. Comprenant que le moment de songer à ses affaires était venu (Jean de Serre, *Inventaire*, 1582), il avait cherché à se ménager des alliances au dehors pour les éventualités de l'avenir, et envoyé dans ce but M. de Ségur en Angleterre au mois de juillet 1583[3]. Les protestants, se plaignant de l'inexécution des clauses de l'édit de pacification, le roi réclamait activement auprès de Matignon, qui temporisait, équivoquait, manquait les rendez-vous assignés pour le règlement des difficultés, et agissait comme s'il eût ajouté foi aux accusations de projets séditieux répandues contre les protestants par les ligueurs[4]. Le roi se plaignait aussi de n'être pas traité par le maréchal comme le voulait son titre de gouverneur de la Guyenne[5].

1. Souffrain, *Essais et variétés historiques sur la ville de Libourne*, t. I, p. 234.
2. « Même en pleine paix, le maréchal n'a pas fort recherché la bonne grâce du roi de Navarre, » disait Duplessis-Mornay en 1587 (*Mémoire* in-4°, tome I, p. 734 et suiv.).
3. Henri III se plaignit de cette démarche ; le roi de Navarre lui répondit en lui envoyant M. de Chassincourt, avec des instructions rédigées par Duplessis-Mornay (*Mémoires*, t. I, p. 289).
4. Dans une lettre qu'il écrit à M. de Chassincourt, le 10 mars 1583, Duplessis-Mornay proteste contre toute pensée de prise d'armes de la part du roi de Navarre, se plaint de M. de Matignon, qui élude les entrevues promises, et des soupçons et méfiances qu'il paraît écouter. « Cela, toustefois, dit-il, ne nous desgoustera jamais de bien faire. » (*Mémoires de Duplessis-Mornay*, collection Auguis, tome II, p. 231.)
5. Après avoir exposé qu'il ne jouit d'aucune autorité dans son gouvernement, il ajoute : « Dedans ses propres villes on tient encores ses citadelles, quelque instance qu'il ait pu faire vers M. le mareschal de Matignon, qui allègue quelquefois le commandement exprès de Sa Majesté quand on s'en plaint. »

Au milieu de tous ces embarras, d'où ne résultait toutefois pas l'interruption de la correspondance restée active et souvent affectueuse entre le roi et M. de Matignon, survint un incident qui augmenta singulièrement les difficultés, et où l'on voit apparaître Montaigne.

Le 5 août 1583, le roi de Navarre, étant à Sainte-Foi, reçut par un valet de chasse une lettre d'Henri III, qui lui mandait qu'ayant découvert la vie scandaleuse de Mesdames de Duras et de Béthune, il les avait chassées d'auprès de la reine Marguerite. Henri avait répondu, le 12, en remerciant son beau-frère du soin qu'il prenait de l'honneur de la reine, et en exprimant le plaisir qu'il aurait à la revoir. Il se préparait à aller au-devant d'elle, lorsque, se trouvant à Nérac, il apprit d'étranges nouvelles : Henri III, après une absence de trois mois, n'avait point vu sa sœur à son retour ; au bout de quelques jours, il lui avait ordonné de partir pour rejoindre son mari en Gascogne, et ne l'avait pas admise à lui dire adieu. Elle partie, le 8 août, il affecta de passer dans son carrosse à Bourg-la-Reine, où elle dînait, les fenêtres abattues et sans lui parler. Tout à coup, entre Palaiseau et Saint-Clerc, parut une troupe d'arquebusiers commandée par Selar, capitaine des gardes du roi, qui arrêta la voiture de la reine, la visita avec une minutieuse indiscrétion et des façons brutales, et, devant elle, fit prisonnières quelques personnes de sa suite, et les mena, près de Montargis, au roi, qui les interrogea séparément[1]. Aussi surpris que blessé

(*Justification des actions du roy de Navarre depuis* 1580, par Duplessis-Mornay, tome II, p. 3445.)

[1]. « .... Furent aussi, par mesme moïen, arrestés le sieur de Lodon, gentilhomme de sa maison, son escuïer, son secretaire, son medecin, et autres qu'hommes que femmes, iusques au nombre de dix, et tous menés à Montargis, où le roy lui mesme les interrogea et examina sur les deportements de ladite roine de Navarre, sa sœur, mesme sur l'enfant qu'elle avoit fait depuis sa venue en cour : de la façon duquel estoit soubçonné le ieune Chamvalon, qui, de fait, à ceste occasion, s'en estoit allé et absenté de la cour. Enfin le roy n'aïant rien peu descouvrir par la bouche desdits prisonniers et prisonnieres, les remeist tous et toutes en liberté, et licentia la roine de Navarre, sa sœur, pour continuer son chemin vers Gascongne; et ne laissa pourtant d'escrire de sa main au roy de Navarre, son beau-frere, comme toutes choses s'estoient passees. » (*Journal de L'Estoile.*)

d'un tel procédé, le roi de Navarre dépêcha Duplessis-Mornay et d'Aubigné pour demander à Henri III des explications. Duplessis partit de Nérac le 17 août, passa par Paris, et alla trouver le roi à Lyon[1]. Henri III le reçut seul dans sa chambre, lut ses lettres de créance et l'entendit parler. La question avait été très-nettement posée; le roi cherchait à éluder; Duplessis le ramenait au vrai point, et insistait pour

---

1. J'admets ici que Duplessis-Mornay et d'Aubigné furent tous deux envoyés par le roi de Navarre à Henri III ; c'est pourtant un fait contesté. D'Aubigné, dans ses *Mémoires* (édition de M. Lalanne, 1854, p. 67); dans son *Histoire universelle*, livre III, chap. III ; dans la *Confession de Sancy*, livre II, chap. VII, raconte que, sur le refus de tous les autres conseillers du roi de Navarre, il accepta la mission d'aller sommer Henri III de « faire une justice notable, avec une clause qui sentit le défi, ou au moins separation d'amitié en cas de refus ; » qu'il avait fait copier et vidimer sa commission, et envoyé l'original à sa femme pour le tenir secret ; puis, après avoir indiqué en quelques mots le plan de sa harangue, il rapporte la réponse sévère du roi, la réplique hardie qu'il lui fit, et la conversation audacieuse qu'il eut avec la reine mère à la suite de l'audience royale.

De son côté, Duplessis s'exprime de manière à montrer qu'il n'avait pas été question de d'Aubigné : « En ceste perplexité, le roy de Navarre se resoleut d'envoyer vers le roy, pour le supplier de luy en declarer la cause, et de lui conseiller, comme bon maistre, ce qu'il avoit à faire. Il parla premierement d'y envoyer le sieur de Frontenac ; puis se resoleut du sieur Duplessis, qu'il ne voulloit au commencement nommer, craignant quelque danger. » (*Mémoires*, tome II, p. 364.) Ces paroles se trouvent dans le récit détaillé et tout spécial que l'auteur intitule : *Negociation de monsieur Duplessis vers le roy Henri III; aoust* 1583. Cette pièce ne permet aucun doute ; d'ailleurs, on voit, par les documents ultérieurs, que Duplessis a suivi jusqu'au bout cette pénible négociation. Est-ce à dire que le récit de d'Aubigné est de pure invention? Un commentateur de la *Confession de Sancy* est allé jusque-là ; d'autres, au contraire, ont tout revendiqué pour d'Aubigné ; par exemple, M. Postansque qui, dans une thèse intéressante sur la vie et les ouvrages d'Agrippa (1854), admet seulement qu'on aura peut-être confié à Mornay quelques négociations relatives à cette affaire.

Si les deux narrations étaient absolument contradictoires, il faudrait reconnaître qu'un des narrateurs a menti ; or tous deux étaient hommes d'honneur ; d'ailleurs, le fait d'une ambassade à la cour dans des circonstances graves était trop notoire pour qu'il fût possible de s'en prévaloir s'il eût été faux. Non-seulement aucun démenti ne s'est élevé ; mais un témoignage imposant constate la véracité des deux historiens, au moins quant au fait principal. M. de Bellièvre, envoyé plus tard en Guyenne pour traiter cette affaire, écrivait à Henri III que le roi de Navarre lui avait rappelé ce qu'il avait mandé au roi par MM. Duplessis et d'Aubigné. (Collection de Brienne, tome CCXCV, fol. 250.)

Si, comme on doit le croire, tous deux furent députés à la cour de France, chacun n'a dissimulé la vérité que sur le choix de l'autre envoyé ; cela s'explique : la jalousie régnait habituellement parmi les conseillers ou amis du roi de

qu'une réparation fût donnée avant que le roi de Navarre reçût la reine sa femme ; il ne put obtenir de lui qu'un ajournement jusqu'à son retour à Paris où il pourrait consulter la reine sa mère, et la mise en écrit de sa réponse, qu'il fit immédiatement (voy. *Négociation de M. Duplessis vers le roi Henri III*, *Mémoires*, t. II, p. 364).

Henri III détestait sa sœur, qui le lui rendait ; il voulait,

---

Navarre, et le caractère emporté de d'Aubigné lui faisait beaucoup d'ennemis. La réalité ressort peut-être ici du soin même que chacun met à la cacher. Pourquoi d'Aubigné prétend-il que tous les autres ont refusé ? pourquoi surtout prend-il soin de mettre en sûreté l'original de sa commission, comme s'il eût prévu qu'on pourrait la lui contester ? Pourquoi Duplessis tient-il à répéter trois fois qu'Henri III l'assura qu'il remerciait le roi de Navarre de lui avoir envoyé un homme de telle confiance ?

On pourrait supposer, pour mettre d'accord les deux versions, qu'Henri de Navarre, en recevant la nouvelle de l'affront fait à la reine Marguerite, céda à un premier mouvement de colère, et fit partir sur-le-champ un homme dont l'humeur répondit à cet emportement, et qui fût assez téméraire pour aller demander réparation au roi de France ; ainsi s'expliquerait le choix de d'Aubigné. Le calme étant bientôt revenu, le prince offensé aurait ensuite compris la nécessité d'envoyer, pour discuter l'affaire, un homme discret et poli ; de là la nomination de Duplessis. Mais ici surgissent de nouvelles difficultés. D'Aubigné raconte avoir trouvé le roi à Saint-Germain ; Duplessis dit que, parti dès le 17 août, c'est-à-dire très-peu de jours après les nouvelles reçues à Nérac, il ne trouva pas le roi à Paris et fut obligé d'aller le chercher à Lyon ; dans l'entretien qu'il eut avec lui, Henri III lui expliqua qu'il était venu pour prendre les bains de *Bourbonnanci*, et qu'il avait été prié de visiter sa ville de Lyon et sa noblesse des pays circonvoisins. Cette circonstance est d'accord avec le *Journal de L'Estoile*, qui, parlant d'un acte du roi, dit qu'il eut lieu « en ce mois (aoust 1583) au retour des bains de Bourbonnensis. » Seulement, si Duplessis ne se trompe pas sur les dates, il est difficile d'expliquer comment Henri III aurait pu, après l'entrevue de Lyon, être de retour avant la fin du mois, surtout s'il avait fait ce qu'il avait dit dans l'entretien : « qu'il partiroit dans trois iours de Lion, s'en iroit aux bains de Bourbon, où il avoit à seiourner sept iours avec la royne, sa femme, pour voir, selon le conseil des medecins, si Dieu leur vouldroit donner des enfants par ceste aide là.... qu'en somme, dedans le commencement d'octobre, il seroit à Paris, avec la royne sa mere, etc. » Mais on peut penser que le roi, qui ne voulait que gagner du temps, prétexta des délais qu'il n'observa point. M. le marquis d'Aubais, dans son *Itinéraire des rois de France*, signale la présence d'Henri III à Paris le 1er septembre.

Peut-être peut-on concilier les deux missions, en changeant l'ordre de leur succession. L'époque du départ de Duplessis est précisée par lui le 17 août, et il rappelle dans son récit qu'il fut envoyé *incontinent*. D'Aubigné ne dit pas à quelle époque il partit. La lettre de M. de Bellièvre parlant de l'envoi de MM. *Duplessis et d'Aubigné*, fait supposer qu'Agrippa fut envoyé le second. Or, on sait qu'après le délai qu'Henri III avait fixé à Duplessis, c'est-à-dire au mois d'octobre, le roi de Navarre, impatienté de ne rien recevoir, dépêcha un

pour plaire aux catholiques, qui accusaient sa mollesse et presque sa complicité, humilier et affaiblir le roi calviniste : il avait donc résolu de laisser cours à tous les mauvais bruits, et d'obliger le roi de Navarre à reprendre sa femme sans condition. Celui-ci patienta, pria Marguerite de ne point venir jusqu'à ce qu'il eût obtenu la satisfaction qu'il avait demandée ; puis, le délai étant expiré, il députa un des siens (peut-être d'Aubigné, voyez ci-dessus, p. 322, note) à la cour pour rappeler au roi sa promesse. M. de Bellièvre fut envoyé en Guyenne quelque temps après comme pour arranger l'affaire[1].

Pendant ces retards, un autre fait vint encore ajouter aux complications : le roi de Navarre avait exécuté les traités de paix en remettant au maréchal de Matignon les places qu'il ne devait pas garder, entre autres Bazas, que le maréchal avait aussitôt fortifiée ; à son tour, il réclamait la remise du Mont-de-Marsan : « Cette place est du patrimoine de Navarre, assise sur le confluent de deux rivières, et commande un grand païs ; il avoit esté dit par les traictez qu'elle serait rendue au roi de Navarre sans delay : mandé aux consuls de le recevoir, au mareschal de Matignon, lieutenant du roy en la province, de les faire obéir. Et diverses jussions en avoient esté expediées ; mais ce mareschal, qui connoissoit les intentions de la cour, tergiversoit depuis trois ans et le payoit d'excuses. » (*Vie de M. Duplessis*, publiée par les Elzeviers pour une édition des *Mémoires*, livre Ier.)

---

des siens à son beau-frère pour lui rappeler sa promesse. Ce second envoyé ne fut-il pas d'Aubigné ? Cette supposition s'accommode avec un voyage à Saint-Germain ; la cour y séjourna plusieurs fois à cette époque, notamment le 29 octobre. (*Itinéraire du marquis d'Aubais*.)

1. Selon de Caillière (p. 165 et 166), le maréchal de Matignon, averti par la maréchale, aurait donné avis à la cour que Marguerite avait noué une intrigue pour se faire enlever par le roi d'Espagne, et faire casser son mariage. Le maréchal aurait été chargé, avec M. de Bellièvre, d'ajuster le différend entre la reine Marguerite et son mari, lesquels se plaignaient mutuellement l'un de l'autre ; la princesse aurait consenti à retourner avec son mari. C'est de ce service que remerciaient les lettres du roi, de la reine Catherine et de la reine Marguerite. Dans tout cela, pas un mot de l'insulte faite à la reine de Navarre par le roi son frère.

Henri voulait en finir : il écrit au maréchal, en août 1583, qu'il va passer au Mont-de-Marsan pour se faire reconnaître et obéir de ses sujets ; il demande une réponse : on ne la lui donne pas, et il la demande une seconde fois. Dans une autre lettre, il se plaint que les choses empirent ; il s'étonne que les gens du Mont-de-Marsan refusent de se rendre aux États de Béarn, et espère que le roi lui en fera un jour raison ; il avertit le maréchal de ses intentions, et le prie de le remettre dans sa ville, selon ce que le roi a ordonné et ce qui a été convenu ; il s'y arrêtera quelques jours en attendant sa femme. Vers le mois de septembre, il exprime au maréchal tout son mécontentement de la rébellion de ses sujets du Mont-de-Marsan, qui ont démoli sa maison en pleine paix, et menacé ceux qui iraient aux États de Béarn : « Ce sont choses à la longue insupportables, et que les plus petits ne vouldroient, ne pourroient souffrir. Il me fasche fort que ie soye seul à rentrer en ma maison et à iouir de l'edit, et mesmes aprez avoir faict tout ce qui restoit à faire du costé de ceulx de la religion, et que ie soys si longuement entretenu en paroles et longueurs. De quoy ie seray à la fin contrainct de me plaindre à bon escient. » Vers la fin de septembre, il prie encore le maréchal de tenir la main à ce que ses sujets lui rendent obéissance ; il dit en post-scriptum : « Ie vous prie que ie sois remis en ma maison, et ne me mettre point en peine de m'y remettre. On ne doibt, ce me semble, me mettre au desespoir. » (Voyez *Lettres d'Henri IV*.)

Toutes ses réclamations étant sans résultat, le roi de Navarre vit qu'il y avait parti arrêté contre lui, et il résolut de prendre ce qu'on refusait de lui rendre. Aux bonnes raisons qu'il avait s'ajouta un bruit qui courut parmi les réformés : ils eurent avis ou se persuadaient que l'évêque de Cominges, bâtard de Lansac, voulait s'emparer du Mont-de-Marsan ; il fallait le prévenir. Le roi de Navarre ouvrit des intelligences dans la ville ; il négocia avec deux bourgeois nommés Campet, qui lui avaient été présentés par le baron de Castelnau, bon catholique pourtant et dévoué à la reine Catherine. La place fut enlevée par surprise le **21** novembre, sans combat et sans aucun excès, pillage ni sang. « Deux hommes, pour tout, courans à l'allarme, y ont esté tués, que la voix de tous les gens de bien de la ville adiugeoit de longtemps à fin plus miserable. » (D'Aubigné, *Hist. univ.*, t. II, livre V, chap. v; Duplessis, lettre du 23 novembre.)

Aussitôt, dit Duplessis dans une lettre à M. de Salette, du 23 novembre, « nous avons escrit partout, afin que cette reprise de possession, que chacung feroit chez soy, ne soit interpretee en consequence du general. Et particulierement le roy de Navarre en escrit amplement à Leurs Majestés. »

Une des premières personnes à qui Henri voulut écrire, ce fut Montaigne, alors maire de Bordeaux. Sa lettre n'est pas connue; mais elle est mentionnée dans celle que s'empressa de lui adresser, dès le 25, Duplessis-Mornay, principal secrétaire du roi de Navarre, son confident et son agent aussi utile que zélé depuis qu'il était revenu, en 1582, des Pays-Bas. Par ces deux lettres, du roi et de son secrétaire, on jugera de la haute estime dont jouissait Montaigne, et de l'importance qu'on attachait à ce qu'il eût pour lui et donnât aux autres une opinion juste sur les événements. Évidemment, et il était inutile de le dire à un homme d'une telle sagacité, le roi ne lui envoyait ainsi dépêche sur dépêche que pour qu'il pût le défendre auprès du maréchal de Matignon, à la cour au besoin, et dans la ville de Bordeaux. Voici la première lettre de Duplessis-Mornay :

A M. DE MONTAGNE.

« Du 25 novembre 1583.

« Monsieur, le roy de Navarre vous a escrit comme il est entré en la ville du Mont de Marsan. L'insolence extreme de ses sujets et les remises sans fin de M. le mareschal lui ont fait prendre cette voie. Vous sçavez que toutes nos affections ont quelque borne; il estoit malaisé que sa patience n'en eust, mesmes puisque leur folie n'en vouloit point avoir. Cependant Dieu nous a fait la grace que tout s'est passé avec fort peu de sang et sans pillage, et vous puis asseurer que, sans la crainte du contraire, il y a six mois que nous pouvions estre dedans. J'estime que, pour gens de consideration, ceste action ne sera mal interpretee. L'intention du roy, selon ses edicts et mandements, estoit que nous y rentrissions. La seule obstination de ceux de la ville supportee, comme les lettres que nous avons en main nous tesmoignent, nous y faisoit obstacle. C'est comme si les mareschaux des logis du roy nous avoient donné un logis et que, sur le refus de l'hoste, nous fissions obeir la craie. Et i'ose vous dire plus, que, sans encourir un mespris public, que je redoute trop plus que la haine, nous ne pouvions allonger nostre patience. A ceulx qui en eussent pu prendre ou donner l'alarme, nous avons soigneusement escrit de toutes parts, et ne doivent presumer de ceste reprise de possession ordinaire au moindre gentilhomme de ce roïaume rien de public ni extreme. A vous qui n'estes, en cette tranquillité d'esprit, ni remuant ni remué pour peu de chose, nous escrivons à autre fin : non pour vous asseurer de nostre intention, qui vous est prou cognuë et ne vous peut estre cachee, soit pour nostre franchise, soit pour la pointe de vostre esprit ; mais pour vous en rendre pleige et tesmoin, si besoin est, envers ceulx qui jugent mal de nous, faute de nous voir, et par voir plustost par les yeux d'aultrui que par les leurs. Que voulés-vous plus ? M. de Castelnau l'a fait ; c'est vostre amy, qui plus est, non suspect pour la religion[1], mais esmeu de la seule equité de nostre cause : « Si quid peccatum dicunt in forma, « compensetur velim in materia. » Ce que certes faisons, avons fait et ferons, leur montrant par effet qu'il nous est plus naturel de pardonner leurs fautes qu'il ne leur seroit peut-estre de les amender. Sur ces entrefaites nous arrive M. de Bellièvre, et vous sçavés pourquoi : « Gravitati ego « sane silentium imponam. » C'est la sœur de mon roy, la femme de mon maistre ; l'un agent en ce fait, l'aultre pa-

---

1. Dans une lettre du 26 novembre 1583, où il donne à Henri III des détails sur la prise du Mont-de-Marsan, le maréchal de Matignon dit aussi : « C'est Castelnau, qui est catholique, qui a fait et executé l'entreprise. » (Manuscrit de Béthune, n° 8860, à la Bibliothèque impériale.)

tient : prudent qui emploie la prudence à ne s'y employer point. Si on parle d'une satisfaction d'iniure, ce n'est au serviteur à estimer celle de son maistre ; et qui n'est legitime estimateur de l'injure, de la satisfaction ne le sera-t-il point. Ie le vous ai dit et le redis encore, si i'estois deschargé de ce faix, je sauterois, ce me semble, sous le bast et entre les coffres que ie porte. Mais Dieu a voulu essaïer mes reins sous une charge plus forte, et ie me confie en lui qu'elle ne m'accablera point : « Hæc tibi et tuo judicio. » Au reste, faites estat de nostre amitié comme d'une très-ancienne et toutes fois touiours recente ; et de mesme foi ie le fais de la vostre, que ie pense cognoistre et la mienne mieulx qu'en toute aultre chose. Vous en ferés la preuve où et quand il vous plaira, et me trouverés sans exception, etc.[1] »

Immédiatement après la prise du Mont-de-Marsan, le maréchal de Matignon fit entrer une forte garnison à Bazas ; cela produisit dans le pays des méfiances et de l'agitation.

M. de Bellièvre, dont Duplessis annonçait l'arrivée et rappelait la mission à Montaigne, vint, en effet, quelques jours plus tard. Le roi de Navarre le pria de se rendre auprès de lui et de tout pacifier. Au lieu de déférer à cette demande, M. de Bellièvre alla à Potensac conférer avec M. de Matignon ; à la suite de leur conférence, non-seulement la garnison de Bazas ne fut point retirée, mais on en mit dans les autres places, notamment à Dax et à Saint-Sever, près du Mont-de-Marsan, où était alors le roi de Navarre, et à Marmande, Agen, Condom, proche de sa résidence de Nérac, « comme s'il lui eust voulu rendre toutes ses maisons inaccessibles et inhabitables.

« .... Ne voullant faire ce tort ny à la royne sa femme d'avoir esté reprise par telle voye, qui ne lui pouvoit estre honorable, ni à soy mesmes d'avoir faict par crainte ce qu'il doibt par amitié et par raison, prya de rechef ledict

---

[1]. *Mémoires* de Duplessis-Mornay, t. I, p. 273; de l'in-4°, 1624, t. II, p. 385, de M. Auguis.

sieur de Bellièvre de voulloir surseoir la negotiation de ce qui concernoit la royne sa femme, iusques à ce que ces apparences de force et ardentes menaces feussent levees. Et pour faire entendre les justes considérations qui à ce le mouvoient depescha incontinent le sieur Diolet[1] vers leurs majestez. » (Duplessis, *instruction à M. de Clervant.*)

Pendant la suspension des négociations, M. de Bellièvre se rendit à Bordeaux; Duplessis, qui avait continué d'échanger une correspondance avec Montaigne, voulut que l'arrivée de l'envoyé de France fût précédée d'un exposé de ce qui venait de se passer. A la lecture de cette lettre, on verra si elle était écrite pour Montaigne seul, ou si une partie n'allait pas à l'adresse de M. de Bellièvre et des autres serviteurs d'Henri III en Guyenne.

A MONSIEUR DE MONTAGNE.

« Monsieur, si mes lettres vous plaisent, les vostres me profitent; et vous sçavés de combien le profit passe le plaisir : M. de Bellievre confera avec M. le mareschal à Potenzac. Soudain aprez, renfort de garnison, forme de citadelle, poursuite par un vice-seneschal contre ceulx de la religion de Bazas; qui plus est, garnison à Saint-Sever, Dax, Marmande, Condom, etc. Ce prince a iugé qu'on le vouloit mener à ce qu'on pretend, par force, et que ces deux, bien que diverses voyes, tendroient à mesme but. Vous sçavés la profession qu'il fait de courage : *Flectatur forte facile,*

---

1. Cet envoyé arriva vers la fin de décembre à Paris; on y connut bientôt le but et les détails de sa mission. Le *Journal de L'Estoile* en parle en ces termes :
« Sur la fin de ce mois (de décembre) le seigneur d'Yolet, gentilhomme servant du roy de Navarre, vinst à Paris trouver le roy pour supplier Sa Maiesté, de la part de son maistre, de voulloir faire lever de la ville de Bazas et aultres lieux voisins, les garnisons que le mareschal de Mattignon y avoit mises. La roine mere lui parla et se plaignit fort du mauvais traittement que recevoit sa fille dudit roy de Navarre, enjoignant audit d'Yolet de lui dire le mescontentement qu'elle en avoit avec tant plain de paroles aigres et fascheuses, entremeslees de menasses au cas qu'il ne la reprist. A quoy le dit d'Yolet fit response asses bravement qu'il les feroit entendre à son maistre, mais qu'il le connoissoit pour prince qui ne se manioit pas à coups de baston. »

at frangatur numquam. Ainsi il a prié M. de Bellievre de surseoir la proposition de sa principale charge iusques à ce que ces rumeurs d'armes furent accoisees. Cela fait, il aura les oreilles plus disposees, et peut estre, par les oreilles, le cœur. Un festin preparé, si le feu prend à la cheminee, on le laisse pour courir à l'eau. Nous estions preparés à la reception; le feu reprend en un coin de ce roïaume : mesme sous notre foy, nos amis sont en danger; qui trouvera estrange qu'on desire qu'il y soit pourveu avant que passer outre? adioustés que ce prince veut avoir le gré tout entier de ce qu'il veut faire, sans qu'il en soit rien imputé à aultre consideration quelconque. On m'a lasché un mot, que les autheurs de ce conseil se pourroient repentir. Le maistre a assés d'esprit pour le prendre de soy mesme, et M. de Bellievre seroit marri que tous les conseils de France lui feussent imputés. Les persuasions peuvent beaucoup sur ma simplicité, les menaces font peu sur la resolution que i'ai prise : et vous sçaurés bien iuger pour vos amys en quelle opinion on en parlera. Ie ne vous dirai plus qu'un mot. L'affaire pour lequel il estoit venu merite sa gravité et experience ; mais il se tient tant de la reputation du roy, qu'il semble avoir peu de soin de la nostre. Et qui vient pour satisfaire une iniure, non tant pretendue que recognue, bien qu'il ait affaire avec l'inferieur, ne doit tant païer d'autorité que de raison. « Quo acriora ingeras, eo tantum acrior « evadat humor, qui mitigandus est ; quo sane nisi mi- « tigato vulnus convalescere nulla ratione potest. Viderint « ipsi, tu etiam atque etiam vale. »

« Du Mont de Marsan, ce 9 décembre 1589[1]. »

Les premières nouvelles de la prise du Mont-de-Marsan avaient grandement irrité Henri III; M. de Bellièvre l'écrivit de Bordeaux au roi de Navarre. Duplessis se hâta d'en faire part à Montaigne, et, dans sa lettre, on trouve des arguments suggérés, au moins autant que des faits racontés.

---

1. *Mémoires de Duplessis*, in-4°, tome I, p. 288. La date du 9 novembre donnée à cette lettre dans la collection Auguis est évidemment inexacte.

A M. DE MONTAGNE.

« Du 18 décembre 1583.

« Monsieur, nous apercevons par les lettres que M. de Bellievre escrit au roy de Navarre que le roy a esté mal informé de ce qui s'est passé icy. Sur fausses presuppositions on ne peut que conclure faux. Et i'espere quand il aura seu la verité tant par lettres de M. de Bellievre que par les nostres, qu'il prendra le tout en meilleure part. Ce qui est veniel à M. de Joyeuse ne nous doit point estre mortel. Encore nostre action en toutes circonstances est elle plus supportable. Cependant on nous circuit de garnisons pour tirer la chose en conséquence. On n'a point ainsi procédé contre les aultres. Et cette inegalité ne peut proceder que de la passion de quelques uns. Ce prince ne pense qu'à la paix; et ie desire fort qu'on ne le presse point outre mesure. Vous le connaissés, mesmes lorsqu'il doit craindre, il ne veut pas. Ie pense que la prudence de M. de Bellievre moderera toutes choses. Ces inconvenients appaisés *video cætera proclivia*. Et vous en orrez des marques, mais qui doivent estre aidees. Ie suis et seray tousjours vostre, etc.

« Du Mont de Marsan[1]. »

Le 31 du même mois de décembre, nouvelle lettre, aussi diplomatique, de Duplessis. On y voit bien clairement que Montaigne n'était pas un correspondant purement littéraire ; il agissait, dans le sens de la paix, et dans l'intérêt, loyalement compris, du roi de Navarre ; on savait, au Mont-de-Marsan, qu'il y travaillait de son mieux.

A M. DE MONTAGNE.

« Monsieur, nos conseils dépendent en partie des lieux où vous estes, car nous ne parons que les coups. Si on nous laisse en paix, nous n'aurons point de guerre, gens qui ne

---

1. *Mémoires de Duplessis*, in-4°, tome IV, Supplément, p. 184.

peuvent que perdre n'y entrent pas volontiers que pour sortir d'un plus grand mal; et nous avons assés d'esprit pour connoistre qu'au lieu que les aultres la nous faisant, acquierent des biens et des dignitez, nous, au contraire, hazardons humainement les nostres. Si on nous assault (et ie crois que ce n'est la volonté du roy), ce prince n'est pas né pour ceder à un desespoir, et qui quittera tousiours son manteau au vent de midy, plustost qu'au septentrion. Vous sçavés l'histoire de Plutarque. Nous appercevons que le roy s'offence. C'est à mon advis sur les fausses nouvelles qu'on lui a peu escrire; aultrement, il n'est pas croïable que la prise d'Aleth fust entendue de lui avec moins de mescontentement que celle de cette ville. Vous sçavés les circonstances des deux; ce qu'il y a d'inegalité c'est pour nous, et à nostre advantage. Du voïage de M. de Segur, nous en satisfaisons à Sa Majesté[1]. Nostre but n'a esté que de montrer que nos paisibles deportemens ne procedoient de necessité, mais de bonne volonté. Ce prince a cognu qu'on interpretoit sa patience à faulte de moïens. Il desire dores en avant qu'elle retienne le nom de patience, de moderation et de vertu; ie vous escri franchement à ma façon. Nous sommes prou advertis des preparatifs qu'on fait; si on continue, au moins ne pourra on trouver estrange que nous mettions la main au devant. Ie sçai que vous y apportés le bien que vous pouvés. Croyés que de ma part ie n'y obmets rien. Et, au reste, ie suis et serai toujours, etc. Du Mont de Marsan, ce dernier de l'an 1589[2]. »

M. de Bellièvre aurait peut-être suivi les conseils de modération que Montaigne s'efforçait de faire prévaloir, et amené les affaires à un point d'honorable conciliation ; mais il reçut d'autres ordres de la cour. Il repartit de Bordeaux,

---

1. En effet, Duplessis avait rédigé, quelques jours auparavant, des instructions sur ce que M. de Chassincourt devait dire au roi Henri III pour expliquer et justifier la mission de M. de Ségur. Voyez ces instructions dans les *Mémoires de Duplessis*, in-8°, tome II, p. 398.
2. *Mémoires de Duplessis*, in-8°, tome II, p. 401.

et alla au Mont-de-Marsan, déclarer au roi de Navarre que le roi de France n'avait pas de satisfaction à lui donner, étant libre d'agir comme il l'entendait avec ses sujets. Le roi de Navarre promit d'obéir, et demanda seulement qu'on éloignât les garnisons pour sauver les apparences. M. de Bellièvre ne voulut pas prendre sur lui d'y consentir. M. de Clervant fut chargé d'aller présenter cette demande ; il partit avec une instruction, écrite au nom du roi de Navarre, et rédigée, avec infiniment d'art et de dignité, par Duplessis[1]. Le jour du départ de M. de Clervant[2], l'habile secrétaire informa Montaigne de l'état de la négociation. Le roi de Navarre avait envoyé aussi, en janvier 1584, Pibrac avec un mémoire qu'il lut à Henri III et qu'on trouve tout entier dans la collection Dupuy, tome 87.

A M. DE MONTAGNE.

« En l'an 1584.

« Monsieur, nous avons ouï M. de Bellievre. A dire vrai, il n'a proposé aultre satisfaction, que l'indignité faitte à la roine de Navarre, et l'authorité et liberté qu'a un roi à l'endroit de ses subjets. Raison comme vous sçavés, qui tient plus du vinaigre que de l'huile, et mal propre à une plaie si sensible, et en partie si nerveuse : et, ie ne sçai si j'ose dire peu convenable à la grandeur de nos princes françois, qui ont tousiours attrempé leur souveraine puissance, d'une equité gracieuse ; et n'ont iamais disposé de l'honneur de leurs moindres subjets, que de gré à gré. Toutes fois le roy de Navarre a voulu monstrer qu'il aimoit

---

1. Mémoires in-8°, p. 475. Ce fait, mentionné dans la lettre, fait suffisamment connaître la date, qu'elle ne porte point autrement. Cette date résulte, au moins quant au mois, d'une lettre de M. Ferrand à M. d'Hautefort, datée d'Agen, 20 janvier 1584 ; on y lit : « Monsieur de Bellievre est party depuis quatre jours de Bourdeaux pour se rendre pres du roy de Navarre et continuer la negociation qu'il a commencee depuis quelques mois.... Nous esperons que toutes choses reussiront par doulceur. » (Manuscrits de Harlay, 329-7.)

2. Voy. les pièces contenant le résumé de ce que M. de Bellièvre a dit au roi de Navarre, la réponse du roi et les répliques de M. de Bellièvre. (Collection Dupuy, tome LXXXVII, f. 165-169.)

mieux rendre le roy satisfait, que de l'estre en soy mesmes. Et pour cet effet, s'est resolu de ploier son honneur sous le respect de ses commandemens. Se resolvant d'aller voir et recevoir la roine sa femme, en sa maison de Nerac. Seulement, qu'on levast les garnisons qu'on avoit mises aux environs, tant afin que cette reception n'eust aucune apparence de force, que pour la seureté de leur sejour. Vous scavés s'il est civil de la recevoir en maison empruntee, ou incivil de demander la liberté en la sienne. M. de Bellievre toutes fois en a fait difficulté tres grande; et de ce pas a esté depesché ce iourd'huy M. de Clervant vers la roine de Navarre, et delà tirera vers Leurs Majestez, lesquelles à mon advis, se representans le fait passé, et le considerans en la personne du roy de Navarre, ne le voudront esconduire en si petit accessoire; puis qu'a chose de telle importance, il a cedé au principal. Iugés en quelle peine ces gens nous mettent. Nous avions reduit tout à meilleur point que presque il n'estoit à esperer, et maintenant ils marchandent sur un rien, et nous font perdre credit, si nostre sincerité n'estoit bien connue envers nostre maistre. Ie remets le tout à Dieu, monsieur, lequel ie prie, etc.[1] »

Henri III, qui avait paru céder, ne voulut pas accorder complètement les dernières demandes du roi de Navarre; mais il offrit une transaction. Dans une longue lettre qu'il écrit à M. de Bellièvre, il discute les propositions de son beau-frère; son style diffus accuse les perplexités de sa pensée; on le voit partagé entre la méfiance que lui a laissée la prise du Mont-de-Marsan et le désir de terminer le différend actuel, entre la peur de voir le roi de Navarre, s'emparant des villes d'où les garnisons sortiraient, devenir trop fort dans son gouvernement, et la crainte de le voir refuser plus longtemps de reprendre sa femme; il consent donc seulement à ce qu'on retire, mais en prenant des précautions de sûreté, les compagnies d'Agen et de Condom,

---

1. *Mémoires* in-4°, t. I, p. 297.

et il presse M. de Bellièvre de s'entendre avec M. le maréchal de Matignon et de ne point revenir sans avoir terminé cette affaire[1].

Averti, sans doute par M. de Clervant, que le roi avait écrit à M. de Bellièvre, et sentant qu'il allait être encore déçu dans les espérances qu'on lui avait laissé concevoir, le roi de Navarre adressa, vers la fin de janvier, au maréchal de Matignon, une lettre où il renouvelait ses déclarations de soumission, sous les conditions qu'il avait demandées, et faisait entrevoir un doute sur la sincérité d'Henri III[2]; quelques jours après, il écrivit à M. de Bellièvre comme si les choses n'avaient pas changé, et le remerciait d'être allé à Bordeaux pour lever les difficultés[3]. Enfin, en février, il se soumit sans restriction aux conditions que le roi lui avait fait porter par M. de Clervant[4]. Le

---

1. « .... Ie desire tant me mettre à la raison et obvier à toute altercation, que ie suis content luy accorder de tirer d'Agen et de Condom les deux compagnies qui y ont esté mises et les esloigner de Nerac, pourveu qu'en mesme temps madicte sœur parte de celle d'Agen pour aller trouver ledict roy son mary, et qu'il consente que ie retienne seulement les cinquante soldats qui sont dedans Bazas pour la seureté d'icelle, en attendant que nous soyons tombés d'acord des poincts qui sont à vuider pour l'execution entiere de nostre dict edict....

« .... Et sera la response que je feray au sieur de Clervant de laquelle j'ay advisé vous advertir par ce porteur afin que vous en conferiez avecques mon cousin le mareschal de Matignon et advisiez ensemble au cas que mondict frere condescende à ceste derniere ouverture, à pourveoir tellement à la seureté desdictes villes d'Agen et de Condom, etc.... Je vous prie ne partir de Bourdeaux pour vous en revenir que mondict frere le roy de Navarre ne vous aye encore esclaircy de son intention sur lesdictes dernieres dispositions. » (Collection Dupuy, tome LXXXVII, fol. 179 et suiv.)

2. « Mon cousin, ie ne desire aultre chose sinon de satisfaire au commandement et à la volonté du roy. Aussitost que ie sçauray que les garnisons seront ostees, suivant son intention, ie partiray pour aller à Nerac. Ie ne sçay ce que Sa Majesté escript à monsieur de Bellievre sur ce faict; mais je n'ay rien demandé que suivant ce qu'elle m'a demandé, et croy qu'elle n'escript point de deux façons. » (*Lettres d'Henri IV*, tome I, p. 632.)

3. « Monsieur de Believre, ie connoy de plus en plus l'affection que vous avés aux commandements de Sa Majesté, ayant prins la peine d'aller incontinent à Bourdeaux pour les faire effectuer et lever les difficultez qui s'y trouvent. Aussytost que ie seray assuré que les garnisons seront ostees suyvant l'intention du roy, je partiray pour aller à Nerac, et pour y recevoir ma femme. » (*Lettres d'Henri IV*, tome I, p. 634.)

4. « Monsieur de Believre, depuis vous avoir escript, l'ay ouy monsieur de

10 février, le maréchal de Matignon mandait à la reine mère, qu'il avait fait sortir les garnisons d'Agen et de Condom, et qu'il n'y avait plus de prétextes pour le roi de Navarre de ne pas recevoir la reine sa femme [1]. Ce prince se rendit en effet à Nérac, et y reçut Marguerite, le 13 février, ce qu'il annonça au roi à la fin du même mois [2].

Ainsi finirent les longues et pénibles négociations auxquelles Montaigne fut mêlé. En retournant à Nérac, Marguerite n'y trouva plus la cour brillante et les fêtes d'autrefois : rapatrié sous de tristes auspices, le royal ménage ne fut pas plus uni qu'auparavant. Au bout d'un an Marguerite se retirait à Agen, et essayait de faire la guerre à son mari et à son frère [3].

Les commencements de l'année 1584 furent paisibles en

Clairvant et veu la depesche que le roy m'a envoyé par luy, par laquelle il me mande avoir ordonné à monsieur le mareschal de Matignon de tirer des villes de Condom et Agen les deux compagnies qui y ont esté mises, afin que je puisse mieulx, à mon plaisir, recevoir ma femme en ma maison de Nerac ; mais qu'il veut que les cinquante soldatz mis dedans Bazas y demeurent pour la garde de ladicte ville. Ce qui m'a faict vous envoyer ce porteur exprès, afin que vous donniez ordre promptement de faire tirer des dictes villes d'Agen et de Condom les dictes compagnies, et de Bazas ce qui y est pardesus les cinquante, en attendant que l'edit soit executé, afin que Sa Majesté soit obeye et satisfaite, d'une part, et d'autre, pour aussytost après m'acheminer en ma maison de Nerac, et y faire venir ma femme, et la y recevoir comme je doy. Je vous prye de rechef de le faire au plus tost, et faire estat de, etc. » (*Lettres d'Henri IV*, tome II, p. 639.)

1. Collection de Harlay, 329-7.
2. « Monseigneur, suyvant le commandement qu'il a pleu à Vostre Majesté me faire, et le desir que j'ay d'y obeyr et satisfaire, je suis venu en ce lieu pour y recevoir ma femme qui y est dez le treiziesme de ce mois. » (*Lettres d'Henri IV*, tome I, p. 645.)
3. « .... Que le feu roy Henri III l'y envoya d'authorité absolue au mois d'aoust de la dite année 1583 : qu'estant auprès du dit seigneur roy son mary, chacun recognoissoit qu'elle ne vivoit avec la privauté ny amitié conjugale, comme auparavant il n'y en avoit jamais beaucoup eu....

« Qu'en l'an 1585 elle se retira de la ville de Nerac, d'auprès du dit sieur roy, en celle d'Agen, et s'associa depuis avec ceulx qui avoient levé les armes, tant contre l'authorité du feu roy son frere que contre le dit seigneur roy son mary, depuis lequel temps ils n'ont esté ensemble. » (*Faits et ecritures pour le roy par le procureur général de La Guesle, dans la procedure de la dissolution du mariage d'Henri IV et de Marguerite, en* 1699. Collection de Brienne, tome CXXXIII, fol. 152.)

Guyenne ; on avait mis garnisons dans toutes les places, et on venait de frapper sur le roi de Navarre un coup qui rassurait la cour. Henri n'en voulait pas personnellement au maréchal de Matignon : il savait que, dans ce qui venait de se passer, il n'avait fait que se conformer aux ordres d'Henri III. Le maréchal se montrait bien disposé pour le règlement des affaires de la province ; il avait récemment offert ses bons offices en envoyant au roi de Navarre des passeports pour sa sœur qu'il avait voulu faire venir de Pau. Montaigne n'était pas resté étranger au rétablissement des bonnes relations entre le roi et M. de Matignon ; il tâchait de maintenir leur accord politique. Il recevait, à cet égard, pour les reporter au maréchal, les confidences du roi : la lettre suivante en contient la preuve[1] :

« A MON COUSIN, MONS^r LE MARESCHAL DE MATIGNON.

« 10 mai 1584.

« Mon cousin, ie vous remercie bien fort des passeports que m'avez envoyés par mon laquais. Je pense que ie n'en auray point de besoin, parce que, graces à Dieu, ma sœur se porte mieux. Ie reconnois fort vostre bonne volonté au repos de ce royaume et mesmes en mon endroit, et creez, mon cousin, que i'en ay de la satisfaction et vous en sçay beaucoup de gré. En somme, iamais nuls accidents, bons ny mauvais, ne changeront mes bonnes inclinations ; mais mons^r de Montaigne vous dira le surplus. Mon cousin, faites estat de mon amitié, et que ie demeureray,

« Vostre bien affectionné cousin et meilleur amy.

« HENRY. »

La mort de Monsieur, en juin 1584, n'eut point, d'abord, de conséquences défavorables à la tranquillité de la Guyenne. Henri III, soit qu'il redoutât une prise d'armes des protestants, soit qu'il voulût se ménager un appui contre les Guise, envoya le duc d'Épernon au roi de Navarre, pour l'engager à se faire catholique afin de s'assurer la succession au trône

---

1. Recueil de lettres d'Henri IV, par M. Berger de Xivrey.

de France, lui offrit de grands avantages s'il y consentait, et le pria de venir à la cour. D'Épernon ne put rien obtenir[1]. Non-seulement Henri faisait des avances à son beau-frère, mais pour donner quelque satisfaction aux calvinistes, il prolongea le délai de la remise des places de sûreté, et il accorda aux Églises réformées la permission de se réunir pour délibérer sur les affaires communes; l'assemblée eut lieu à Montauban au mois de septembre.

La province étant tranquille, Montaigne, quoique maire de Bordeaux, avait passé une partie de l'hiver dans son château. Les mouvements de la Ligue, plus ardents en Guyenne que partout ailleurs, l'avaient ensuite rappelé à son poste.

Les Guise ne cachaient plus leurs projets. Ils faisaient des levées de troupes, des réunions de noblesse; ils prenaient des villes et agitaient les populations. Dès le mois de mars 1585, le roi de Navarre avait averti Henri III des intrigues de la Ligue en Guyenne, et protesté de son affection et fidélité. En même temps, il avait pris des précautions contre ceux qui avaient fait révoquer l'édit de pacification, et qui troublaient l'État sous prétexte de religion : « Ce qui est cause, écrivait-il à M. de Ségur, en mars, que mon dit cousin (Montmorency) et moy avons pris ensemble une résolution de nous opposer à eux et de leur courir sus et exterminer, ou les reduire par la voie des armes. » Henri III voyait sans peine le roi de Navarre se préparer à faire la guerre contre les Guise, mais il ne voulait ni le laisser dé-

1. Journal d'Henri III, mai 1584 : Discours sur la conférence du roi de Navarre avec M. d'Épernon (Collection Colbert, V C, tome XVI, fol. 171). De Thou, livre LXXX, raconte une délibération qui aurait eu lieu, à ce sujet, devant le roi de Navarre, et où auraient été entendus le ministre Mermet et le savant du Férier. Duplessis-Mornay dément ce récit, et affirme qu'aucun conseil ne se tint à l'occasion de la mission de d'Épernon. M. du Férier, dont il est question ici, était un homme éminent par sa science et par sa sagesse, que le chancelier L'Hôpital aurait désiré pour successeur, et que le roi chargea de plusieurs ambassades, au concile de Trente, à Venise. Duplessis rappelle que l'ayant rencontré sur sa route à Artenay, près Orléans, il le pressa de se faire calviniste, ce à quoi il consentit plus tard, et qu'il devint chancelier du roi de Navarre; puis il ajoute : « Monsieur de Montagne me disoit souvent que nous leur avions gagné une bataille, par avoir retiré ce personnage : honorant la vertu qu'ils avoient meprisee. » (Remarques sur de Thou.)

venir trop fort, ni épouser sa cause. Se conformant à ses instructions, le maréchal de Matignon levait des compagnies de sa propre autorité en Guyenne, sans seulement en parler au roi gouverneur; celui-ci s'en plaignait à son député en cour, et lui écrivait (fin de mars) : « Monsr le mareschal de Matignon m'a faict dire par quelques uns de mes serviteurs, et diverses fois, que tous ces remuemens pourroyent bien enfin retomber sur moy, et que i'avois à y penser. »

Henri III lui-même donnait, au mois de mars, à son beau-frère, un avis semblable[1]; le roi de Navarre répondait, le 13 avril, en se plaignant qu'on ne lui parlât que d'un intérêt personnel, et qu'on le considérât comme inutile pour le service du roi et celui de l'État.

Le roi de Navarre, avant d'avoir reçu la lettre du roi, avait écrit au maréchal de Matignon, et l'avait prié de faire entendre à Sa Majesté sa droite intention et l'offre très-humble de ses services. Le 6 avril il demandait au maréchal une entrevue; le 8, il lui signalait les menées de la Ligue, lui proposait de s'opposer à ces commencements, et désirait avoir son avis pour se conduire et gouverner. Vers le même temps, nouvelle lettre, où il lui dit : « C'est à nous de regarder ensemble à ce qui est besoing pour le service du roy, et, d'une commune main, y apporter le remede. Ie vous prie donc, mon cousin, que nous prenions en ces affaires une bonne et mutuelle intelligence pour laquelle i'avois desiré vous entrevoir, et me mandés ce qu'estes d'advis que ie fasse par mon cousin le vicomte de Meille. »

A toutes ces avances le maréchal ne répondait rien. Lieutenant général du roi, il ne voulait pas, en unissant son action à celle du roi de Navarre, paraître confondre sa cause avec celle des huguenots. Il avait toujours combattu l'alliance

---

1. « Mon frere, ie vous advise que ie n'ay pu empescher, quelque resistance que l'aye faicte, les mauvais desseins du duc de Guise. Il est armé; ténés vous sur vos gardes et n'attendés rien. I'ay entendu que vous estiez à Castres pour parlementer avec mon cousin le duc de Montmorency, dont ie suis bien ayse, afin que vous pourvoyez à vos affaires. Ie vous enverrai un gentilhomme à Montauban, qui vous avertira de ma volonté.   Vostre bon frere, Henry. »

avec les calvinistes contre les ligueurs; d'ailleurs, il était trop fin pour s'engager; il savait que la cour avait tenté, par M. de Bellièvre, de négocier avec M. de Guise, et il pressentait que ces négociations reprises pourraient avoir plus de succès : il connaissait trop bien la reine Catherine pour se compromettre avec le chef de ces Bourbons qu'elle détestait[1]. Ces raisons expliquent le silence que Matignon gardait avant d'avoir reçu de nouveaux ordres de la cour. Mais comme il ne fallait pas rompre avec le roi de Navarre, et qu'il était impossible de ne pas lui rendre compte de la prise du château Trompette, Montaigne se rendit auprès du prince à Bergerac. Il en rapporta la lettre suivante qui atteste toute la confiance qu'avait en lui Henri :

« A MON COUSIN, MONS^r LE MARESCHAL DE MATIGNON.

« Mon cousin; i'ay esté bien ayse d'avoir entendu si particulierement de voz nouvelles par M. de Montaigne. Je lui ay donné charge de vous dire des miennes et vous asseurer de plus en plus de mon entiere amitié, m'en remettant donques sur luy, ie vous prieray de le croire comme moy mesme qui prie aussy le Createur vous tenir,

« Mon cousin, en sa tres saincte protection. De Bragerac, le xxiij^e jour d'avril 1585. »

1. Le fait de cette aversion est constant; on ne diffère que sur les motifs. Inutile de s'arrêter à la fable du projet qu'Henri, dans sa jeunesse, aurait eu d'assassiner de ses propres mains Catherine. « On prétend, dit Sully (*Mémoires*, livre I) que la haine qu'elle commença à montrer contre les princes de Bourbon vint de ce que Catherine s'étant mis dans la tête, sur la foi d'un astrologue, qu'aucun des princes ses enfants n'aurait de lignée, sur cette supposition, la couronne devant passer dans la branche de Bourbon, elle ne put se résoudre à la voir sortir de sa famille, et la destina à la postérité qui viendrait du mariage de sa fille avec le duc de Lorraine. » Pierre de L'Estoile parle dans le même sens : « La roine mere tenoit leur party (des guisards), comme elle avoit fait paroistre dans l'accord fait entre elle et eux pour le roy, au preiudice du roy de Navarre qu'elle n'aimoit pas. De fait, estoit le bruit commun que, par l'intelligence qu'elle avoit avec les guisards, ils avoient commencé ces derniers troubles, et qu'elle leur soustenoit le menton de toute sa force, en intention de priver de la couronne ceux de Bourbon, et la faire tomber en la maison de Lorraine, sur la teste des enfants de feue madame Claude de France, sa fille ; et y a apparence que c'estoit pure verité. »

Et plus bas, de la propre main d'Henri IV :

« Mon cousin, ie vous prie croyre, mons' de Montagne (*sic*), et fayre estat que ie suis et veux demeurer,

« Vostre plus affectionné cousin et parfaict amy.

« Henry[1]. »

Montaigne, dans les circonstances de plus en plus compliquées qui précédèrent la malheureuse alliance d'Henri III avec les ligueurs[2], en juillet, continua de remplir le rôle d'intermédiaire entre Matignon et le roi de Navarre ; il était auprès de ce dernier dans les premiers jours de juin, et il avait reçu, entre autres missions, celle de s'entendre avec le maréchal pour la répression des désordres commis par les soldats : « Ie vous prie, portait une lettre du roi, en date du 6 juin, surtout de mettre quelque reglement entre les soldats qui vivent à discretion. I'en ay parlé plus particulierement au sieur de Montaigne ; qui me gardera de faire la presente plus longue. »

C'est à la même époque que je rapporte un document publié par M. Payen (*Nouveaux documents*, p. 49). Il s'agit d'une lettre sans date, signée Turenne, et transcrite dans la préface, restée inédite, du voyage de Montaigne, par le chanoine Prunis (voy. p. 169). Cette lettre mérite la même confiance que les autres pièces trouvées dans les archives du château de Montaigne, et parmi lesquelles elle figurait sans doute.

---

1. *Recueil des lettres d'Henri IV*, par M. Berger de Xivrey, tome II, page 45.
2. Elle était déplorée par l'homme d'État même qui avait été chargé de la conclure : « Ie pars d'ici demain ou mercredy, écrivait Villeroy au maréchal de Matignon, pour retourner à Paris, pour conclure le traité qui m'a esté commis, duquel je pense que tomberons bientost d'accord ; mais il nous coustera bien cher. De quoy je creve de depit et de douleur ; encore ne perdrois ie courage si ie pensois que ce coup d'etrivieres nous pust faire devenir sages, et nous ouvrir les yeux. Nous disons que cela sera, et ie prie Dieu qu'ainsi soit. » (XLIX° lettre du *Recueil des lettres de Villeroy à Jacques de Matignon*.)

En voici d'abord le texte :

« Monsieur, je vous dirai comme nous partons pour aller voir M. le prince. Au retour, le roi de Navarre se résout de voir le maréchal de Matignon ; je vous prie y tenir la main, car on sait bien ici qu'à votre persuasion et selon que vous penserez que cela se pourra faire pour le bien du service du roi, pour le bien du service, pour le roi, pour le repos du gouvernement et au contentement de tous les gens de bien. Nous avons vu l'autre maréchal ; mais que je vous voye, je vous en dirai des particularités. Je vous prie de croire que j'affectionne infiniment votre amitié, aussi vous pouvez vous servir de moi comme de votre humble et assuré ami à vous obéir. « TURENNE. »

C'est Prunis qui, en présence de l'original, déclare qu'elle est adressée à Montaigne. Le signataire est évidemment le vicomte de Turenne, rallié au roi de Navarre depuis 1576, un de ses plus vaillants capitaines et fidèles serviteurs.

M. Payen fixe la date à 1587. M. le prince, dit-il, c'est sans doute le prince de Condé, résidant à Saint-Jean d'Angély, où il mourut. Henri de Navarre a pu l'y visiter ; du milieu de 1586 à octobre 1587, il stationna dans les environs de la Rochelle, et alla souvent à Saint-Jean d'Angély ; ensuite il retourna vers le midi, puisqu'il gagna une bataille à Coutras ; dans le trajet, il a pu passer par Bordeaux, où il aurait vu Montaigne, et s'aboucher avec M. de Matignon, dont Henri III employait l'entremise pour communiquer avec le roi de Navarre. Les mots *l'autre maréchal* peuvent désigner Anne de Joyeuse, venu, en 1587, à l'armée de Guyenne, et tué à la bataille de Coutras, le 20 octobre. C'est donc en 1587, et avant cette bataille, que la lettre du vicomte de Turenne aurait été écrite.

Cette explication me paraît inadmissible. Le roi de Navarre n'aurait point passé par Bordeaux pour se rendre de la Rochelle à Coutras ; ce n'était pas sa route : et, quand c'eût été son chemin, il ne se serait point hasardé dans une ville de ligueurs, où, selon un écrit du temps, il était haï plus qu'en aucune ville de France. Rien ne prouve qu'il y eût rencontré Montaigne, qui en était sorti depuis 1585; quant à Matignon, il ne servait plus d'intermédiaire à Henri III, auprès du roi de Navarre, depuis la guerre de la Ligue : la correspondance entre ces deux personnages avait cessé, et elle ne reprit qu'après la bataille de Coutras. Les mots l'*autre maréchal* ne peuvent désigner M. de Joyeuse; on sait les forfanteries de ce jeune seigneur et la présomption avec laquelle lui et sa brillante noblesse se vantaient de détruire l'armée des huguenots. Rien de moins vraisemblable qu'une entrevue entre lui et le roi de Navarre. On ne comprend pas non plus quel intérêt Henri et ses officiers avaient à conférer alors avec le maréchal de Matignon, qui se rapprochait lentement de Joyeuse : apparemment on ne voulait pas lui demander d'opérer avec ses forces dans l'intérêt du roi de Navarre. Montaigne était-il dans l'armée auprès du maréchal? Enfin, quelle circonstance urgente poussait M. de Turenne à solliciter un entretien qu'il paraît regarder comme décisif peut-être?

Rien de cela ne s'accorde avec les faits de 1587 : tout s'accommode avec les faits de 1585; et des documents certains donnent le jour de la lettre du vicomte de Turenne. Le 30 mai, le roi de Navarre écrit au maréchal de Matignon : « Ie vous envoye le sieur de Merle pour vous dire comme ie pars ce iourd'hui pour aller voir monsieur le prince, qui s'advance à Montguyon[1], avec lequel ie ne demeurerai qu'un jour. Si vostre commodité vous pouvoit permettre de venir à Libourne, ie vous verrois à mon retour, et croy qu'il en reussiroit beaucoup d'utilité au service du roy. » Le début de la lettre de M. de Turenne annonce le même départ dans les mêmes termes, comme si le vicomte avait lu celle du roi ou s'il l'avait écrite sous sa dictée ou par son ordre : « Je vous dirai comme nous partons pour aller voir monsieur le prince. » Les deux missives, écrites très-vraisemblablement le même

---

1. Sur la route de Saint-Jean-d'Angély où résidait le prince de Condé.

jour, ont exclusivement et identiquement le même objet, la demande d'une entrevue, dans le même but, l'utilité du service du roi, toutes deux indiquent également ce rendez-vous *au retour* de la visite de M. le prince; elles ne diffèrent que par le ton de la rédaction : l'une conserve la dignité d'un roi et le sang-froid d'un politique, qui n'était jamais plus calme que dans les moments les plus périlleux : l'autre a toute la fougue irréfléchie, tout le désordre de style d'un jeune militaire.

Les circonstances étaient fort critiques en effet, et comportaient l'intervention de toutes les personnes qui pouvaient avoir de l'influence à la cour. Le roi de Navarre et les siens sentaient qu'ils auraient à supporter l'effort des armées catholiques si le roi s'unissait définitivement aux ligueurs et déclarait la guerre aux calvinistes; cette fatale décision n'était pas encore prise, et il fallait, à tout prix, la prévenir; cela importait au roi lui-même qui allait subir le despotisme de la Ligue et l'ambition des Guise ; cela importait au pays que la guerre religieuse allait couvrir de sang et de ruines.

Il était naturel que le vicomte de Turenne s'adressât avec instance à Montaigne; c'était le maire de Bordeaux : il était bien en cour, et avait la confiance du maréchal; il connaissait le roi de Navarre, savait ses intentions, aimait sa personne, et tenait au maintien de la paix. On devait donc penser qu'il s'emploierait à obtenir l'entrevue si vivement demandée.

Montaigne est-il intervenu auprès de M. de Matignon, et a-t-il réussi? Je crois que oui. En effet, le maréchal n'avait pas refusé l'entrevue, mais il n'y était pas allé, sous prétexte de maladie, tandis que le roi de Navarre, après avoir passé trois ou quatre jours avec le prince de Condé, l'avait attendu à Libourne, d'où il avait regagné Bergerac. Il écrivait de cette ville, le 10, à M. de Ségur, son conseiller et surintendant : « Nous avons esté, monsieur le prince et moy, trois ou quatre iours ensemble avec mons^r de Rohan, mons^r le comte de La Rochefoucault et bonne compagnie à Montguyon et à Coutras, en esperance de voir le mareschal de Matignon, qui avoit promis de se trouver à Libourne, dont il s'est excusé sur la cholique; de sorte que nous n'avons peu conferer avec luy des choses qui concernent le service du roy, comme il estoit bien necessaire. Ce sera pour une aultre fois. » Montaigne avait vu le roi de Navarre quelques jours auparavant, comme le prouve la lettre de ce prince, du 6 juin, et l'entrevue remise eut lieu dès le 12 juin. Cela résulte du passage suivant d'une lettre écrite le 13, de Cleirac, à M. Meslon, gouverneur de Montségur : « Monsr Meslon, *hyer* monsieur de Matignon m'accorda, *à nostre entrevue*, le payement d'ung moys pour les garnisons des places de seureté. »

L'autre maréchal, dont M. de Turenne disait *nous l'avons vu*, c'est le maréchal de Biron. Il était en Guyenne. Dans le courant de mai, le roi de Navarre lui avait écrit ces lignes que j'ai déjà citées, mais qui doivent être reproduites ici : « Mon cousin, ie suis marry que les remuements m'ostent le plaisir que i'avois esperé de vous voir. Cela mesme nous eust esté un moyen de nous esclaircir l'un l'autre de plusieurs choses qui importent au service du roy et bien de cest Estat. Ie vous prie d'adviser si en quelque façon, sans interest de vostre santé, il se pourra recouvrer. » Il est probable que le maréchal n'aura pas résisté à cette invitation réitérée. Dans le post-scriptum de sa lettre du 22 mai (voy. p. 280), Montaigne dit : « Ie n'ay veu personne du roy de Navarre; *on dit* que mons^r de Biron l'a veu. »

Les documents s'interprètent les uns par les autres; la correspondance d'Henri IV, recueillie par M. Berger de Xivrey, confirme l'authenticité et précise la date de la lettre de Turenne, conservée par le chanoine Prunis.

Avant la fin de juin 1585, Montaigne avait quitté Bordeaux, à cause de la terrible contagion qui désolait la ville. Retiré à Libourne, il s'y est rencontré avec le maréchal de Matignon, comme le prouve sa lettre recueillie p. 291. Depuis sa sortie de la mairie, on ne trouve plus trace de sa participation aux affaires publiques dans cette année 1585.

Montaigne semble avoir résumé lui-même les services politiques qu'il avait rendus à Charles IX et à Henri III, lorsqu'il écrit à Henri IV, le 2 septembre 1590 : « N'ay receu nul paiement des pas que i'ay employés à leur service (celui des rois) desquels Vostre Maiesté a heu en partie cognoissance; ce que i'ay faict pour ses predecesseurs, ie le feray encores beaucoup plus volontiers pour elle. »

CHAPITRE X.

MONTAIGNE MILITAIRE.

Montaigne a été militaire; son tombeau, ses contemporains, ses *Essais*. — Absence de détails. — État des armées. — Service de la noblesse. — Faits militaires depuis 1576 jusqu'à la paix de Fleix; part qu'a pu y prendre Montaigne. — Guerre de 1585 à 1587; part qu'il a pu y prendre.

Madame de Montaigne fit élever à son mari un beau mausolée dans l'église des Feuillants à Bordeaux; cet ordre était établi dans la ville depuis 1580; Montaigne l'aimait beaucoup : de là le choix du lieu de sa sépulture. Représenté de grandeur naturelle, Montaigne est étendu sur le sarcophage, vêtu de son armure, ayant son casque et ses brassards à côté de lui. On a devant les yeux le tombeau d'un homme de guerre[1].

Montaigne a donc été militaire; rien n'est plus certain. Ses contemporains l'attestent : Lacroix du Maine (*Bibliothèque française*) dit qu'à la mort de son frère aîné, il se défit de son état de conseiller *pour suivre les armes*. On lit dans la notice que Scévole de Sainte-Marthe lui a consacrée ainsi qu'à La Boëtie : « avitam rei bellicæ gloriam initio neglexerat.... sed fratre natu majore post aliquot annos vita functo,... aliud plane vitæ genus instituit : ita tamen ut quæ togatus fœdera cum musis iniverat, ea nec torquatus quidem desereret. » Le malin Brantôme confirme ces témoignages en plaisantant Montaigne sur la manière dont il traînait l'épée après avoir déposé la robe et le bonnet carré.

---

1. On trouve le dessin de ce tombeau dans *le Magasin pittoresque*, année 1837, p. 28. M. L. Lamothe, de l'académie de Bordeaux, a inséré, dans un travail relatif au monastère des Feuillants, d'intéressants documents, inédits et officiels, sur la sépulture de Montaigne.

Les *Essais* contiennent non-seulement des allusions, mais des mentions positives sur la profession militaire de leur auteur; quelques citations suffisent : « Ie me treuve peu subiect aux maladies populaires, qui se chargent par la conversation et qui naissent de la contagion de l'air; et me suis sauvé de celles de mon temps, de quoy il y en a plusieurs sortes en nos villes et en nos armees. » (Livre I, chap. LV.) « I'ay veu assez de gents encourager leurs troupes de cette necessité fatale : car si nostre heure est attachee à certains poinct, ny les harquebuzades ennemies, ny nostre hardiesse, ny nostre fuyte et couardise, ne la peuvent advancer ou reculer. » (Livre II, chap. XI.)

« Il m'est advenu plus d'une fois d'oublier le mot du guet, que i'avois, trois heures auparavant, donné ou reçu d'un aultre. » (Livre II, chap. XVII.)

« En quelques bicoques forcees de mon temps, i'ay veu des coquins, pour garantir leur vie, accepter de pendre leurs amis et consorts, ie les ay tenus de pire condition que les pendus. » (Livre III, chap. I.)

« Ie ne voyage sans livres, ny en paix, ny en guerre. » (Livre III, chap. III.)

« .... Ie ne me suis iamais laissé induire d'en faire (de sa maison) un util de guerre, laquelle ie vais chercher plus volontiers où elle est le plus esloingnee de mon voysinage. » (Livre III, chap. IX.)

« Soldat et gascon sont qualitez aussi un peu subiectes à l'indiscretion. » (Livre III, chap. XIII.)

« .... Entre les difficultez de la guerre, ie compte les espesses poussieres, dans lesquelles on nous tient enterrez au chauld tout le long d'une iournee. » (*Eod.*)

L'âge et les maladies rendaient depuis longtemps le métier de la guerre pénible pour Montaigne, lorsqu'il écrivait, à la fin de ce troisième livre, dont la première édition parut en 1588 :

« .... Depuis quelques annees, aux courvees de la guerre, quand toute la nuict y court, comme il advient communement, apres cinq ou six heures, l'estomach me commence à troubler, avecques vehemente douleur de teste ; et n'arrive point au iour sans vomir. Comme les aultres s'en vont desieuner, ie m'en vays dormir; et, au partir de là, aussi gay qu'auparavant. » (Livre III, chap. XIII [1].)

Plusieurs biographes modernes ont noté que Montaigne a porté l'épée. La Dixmerie pense, sans en dire davantage, qu'il ne paraît pas en avoir fait usage. M. Philarète Chasles l'appelle *homme de guerre, homme de robe*. M. Leclerc induit des *Essais* qu'il a servi dans les armées catholiques. Le président Bouhier, au contraire, dit : « qu'il ne paraît pas avoir jamais eu d'emploi militaire. »

On ne voit, ni dans les histoires, ni dans les mémoires de son époque, qu'il ait occupé un grade dans l'armée royale ; on n'y trouve non plus aucun renseignement sur les lieux et le temps où il aurait combattu.

Il y aurait quelque intérêt à rechercher au juste quelle était sa situation militaire, si l'organisation des armées avait été alors ce qu'elle est aujourd'hui; mais il y a bien loin des armées du temps de Montaigne à celles du XIX° siècle. Aux premières tentatives de François Ier, Henri II avait fait succéder une organisation régulière pour l'infanterie, dont il prit les meilleurs éléments dans les anciennes bandes ou compagnies de gens de pied. Il y joignit le rétablissement des légions (ord. du 22 mars 1557), force temporaire qui

---

1. On a donné, avec raison, comme preuve du service actif de Montaigne, le tableau chaleureux et tout personnel qu'il fait de l'état militaire.

« Il n'est occupation plaisante comme la militaire : occupation et noble en execution (car la plus forte, genereuse et superbe de toutes les vertus est la vaillance) et noble en sa cause : il n'est point d'utilité, ny plus iuste, ny plus universelle, que la protection du repos et grandeur de son païs. La compaignie de tant d'hommes vous plaist, nobles, jeunes, actifs ; la veue ordinaire de tant de spectacles tragiques; la liberté de cette conversation, sans art, et une façon de vie, masle et sans ceremonie; la varieté de mille actions diverses ; cette courageuse harmonie de la musique guerriere, qui vous entretient et eschauffe et les aureilles et l'ame; l'honneur de cet exercice; son aspreté mesme et sa difficulté, que Platon estime si peu qu'en sa republicque il en fait part aux femmes et aux enfants; vous vous conviez aux rooles et hazards particuliers, selon que vous iugez de leur esclat et de leur importance; soldat volontaire; et voyez quand la vie mesme y est excusablement employee.

« Pulchrumque mori succurrit in armis. »

(Livre II, chap. XIII.)

avait existé déjà sous son prédécesseur, mais avec peu de succès. Les guerres civiles du règne de Charles IX arrêtèrent ce commencement d'organisation[1], et pourtant c'est à cette époque que remonte la création des premiers régiments permanents d'infanterie, formés par le duc de Guise[2]. Les troubles intérieurs, par les déchirements qu'ils produisirent, par l'indiscipline, par la pénurie des finances, démembrèrent l'infanterie régulière. Pour ajouter aux régiments permanents composés des vieilles bandes, il fallait procéder à de nouvelles levées, qui s'opéraient d'une manière déplorable, et donnaient les plus tristes résultats[3]. Les seigneurs, de leur côté, faisaient des levées pour leur propre compte, et la cavalerie, commandée par eux, n'était pas régulièrement enrégimentée. Toutes ces troupes improvisées n'avaient ni discipline à l'intérieur, ni énergie soutenue contre l'étranger. Les déplorables habitudes reprises et aggravées par les désordres des guerres civiles qui se succédaient, ne cessèrent que sous Henri IV, qui comprenait l'importance d'une armée bien réglée pour les grands projets qu'il méditait[4]. La noblesse était obligée de servir lorsque le

---

1. « D'un bout à l'autre du royaume il n'y a plus d'institutions militaires ni d'armée ; tout le monde est soldat pour son compte, pour sa propre sûreté. Tout soldat qui réunit trente hommes autour de lui s'intitule capitaine ; tout capitaine qui en a deux cents veut être mestre de camp, et, dans chaque province, il y a des colonels pour le roi et des colonels pour la religion. » (*Histoire de l'ancienne infanterie française*, par M. Susane, tome I, p. 142.)

2. M. Susane, *eod.*, p. 143 et suiv.

3. « Les régiments de nouvelle levée offraient un tout autre spectacle. Sauf un très-petit nombre d'entre eux qui, grâce à certaines circonstances particulières, étaient maintenus sur pied pendant quelques années, et acquéraient ainsi quelque consistance, ces corps ne vivaient que la durée d'une campagne ou même celle d'une simple expédition. Formés à la hâte au printemps, avec tout ce qui tombait sous la main, paysans enlevés violemment de leurs villages et conduits à coups de bâton jusqu'aux lieux d'assemblée, vauriens des villes livrés par le lieutenant criminel, bandes de voleurs de grand chemin enrôlées par suite d'odieux marchés, ils présentaient la plus déplorable composition. Entièrement effacés par les vieux corps, ils ne prenaient part qu'aux opérations secondaires, et ne se distinguaient que les jours de pillage. A la fin de la campagne ils étaient inévitablement cassés, et les hommes qui les composaient vivaient de brigandage pendant l'hiver, en attendant qu'ils pussent entrer dans une nouvelle formation. » (M. Susane, *eod.*, p. 184.)

4. La plaie lui avait été signalée dans un beau mémoire de Duplessis-

roi convoquait le ban et l'arrière-ban[1]. Elle servait aussi volontairement. Le concours de ces gentilshommes, quand ils n'avaient ni l'éducation ni l'expérience militaire, était souvent nuisible plutôt qu'utile; il amenait des combattants courageux, mais indisciplinés, présomptueux, arrogants. En tout temps, la noblesse abondait aux armées : la guerre était la vraie affaire, le privilége des gentilshommes, le rendez-vous de l'honneur : « La forme propre, et seule, et essentielle, de noblesse en France, c'est la vacation militaire. » (*Essais*, livre II, chap. VII[2].) Dans les guerres civiles, les fa-

Mornay, où on lit : « Le roy aiant une grande guerre à soutenir, de tous affaires n'en a point senti plus pressé que de restablir l'ordre de la guerre, sans lequel toutes autres provisions deviennent inutiles.... Il n'y a presque aucune milice ordinaire en ce royaume, obligée par serment estroit à son service, contre ce qui s'est tousiours pratiqué en tous Estats ; mais tumultuairement pour la plus part et levée à la haste ; subiecte, par consequent, soit à prendre parti, soit à s'eclipser à toutes heures ; le plus souvent au point du besoin et apres infinis ravages ; mais non moins en ce que chascun, presumant pouvoir lever, a fait siens les subjects du souverain, les a appelés ses troupes et ses armes, a pretendu bien obliger le roy en les lui menant ; plus cher que s'il les eust palés, à la ruine de tout son peuple. Chose qui tire ordinairement apres soy la ruine des Estats ; en tant que l'autorité et la force sont evidemment divisées et partagées, qui ne doivent resider qu'en un.

« Et cependant, si on se veut ressouvenir quel service S. M. a tiré de telles levées, elles ont ravagé ses provinces, et bransqueté toutes les bourgades six mois durant, pour se rompre au fort du besoin, apres six iours de service ; ont mangé pour mille, et n'ont pas servi pour cent ; ont arresté la noblesse à la conservation necessaire de leurs maisons et familles contre leurs insolences ; et qui pis est, excedant les ennemis en toutes sortes d'exces, ont eu ce privilege de plus qu'ils l'ont fait sans apprehension de revange, ni resistance ; mesme avec remerciement et recompense.

« Si cela dure tant soit peu, le peuple ne peut vivre, ni par consequent l'Estat subsister. Et pourtant fault arracher ce desordre premier que planter l'ordre. Ce qui se peut par une loi qui porte sa pene et son execution avec soy ; qu'il soit irremissible à tout homme, sans exception, de lever gens sans l'authorité du roy, et les aiant levés mesme sous son authorité, de tenir les champs sous quelque pretexte que ce soit. » (*Advis sur une milice françoise*, Mémoire de Duplessis-Mornay, in-4°, tome II, p. 884.)

1. François Ier, par un édit de 1545, déclara que le service du ban et arrière-ban, qui était de six semaines, serait à l'avenir de trois mois dans le royaume. Le 9 février 1547, ordonnance d'Henri II qui voulut que le service du ban fût de trois mois entiers dans le royaume, sans y comprendre l'allée et le retour. Les mêmes dispositions se trouvent dans les lettres royales du 25 février 1553, et dans l'ordonnance du 2 mai 1557. Cela fut encore suivi dans le règlement fait en 1579, aux états de Blois, par le roi Henri III (voy. Laroque, *Traité du ban et de l'arriere-ban*, chap. XIII).

2. « Dans ce pays-là (la France) tout noble, tout seigneur, tout prince qui

milles nobles prenaient l'épée pour la défense de leur opinion. Suivant toute vraisemblance, Montaigne, entré tard dans la vie militaire, prit rang parmi les volontaires de la noblesse du Périgord[1]. Ces volontaires était employés par les commandants à toutes sortes de missions; ils allaient quelquefois, sans recevoir aucun ordre, faire des expéditions aux environs, prendre des forts, piller des châteaux; quand ils étaient fatigués de guerroyer, ils se retiraient chez eux; ou bien ils regagnaient promptement leurs demeures lorsqu'ils avaient à les défendre contre les soldats ou les *picoreurs* qui battaient la campagne.

La manière de faire la guerre était au niveau d'une organisation aussi vicieuse, et d'une aussi désastreuse anarchie politique. Il ne faut pas oublier qu'il ne s'agit ici que de la guerre civile, la plus désordonnée de toutes les guerres; car depuis que Montaigne eut quitté la robe pour l'épée, il n'y eut d'expédition à l'extérieur que celle de Flandre, en 1582; Montaigne était alors maire de Bordeaux, et il y résidait. Dans ces tristes luttes, la tactique savante et réglée n'avait guère son emploi; on y compte quelques grandes batailles, comme Coutras : mais habituellement c'étaient des rencontres inattendues et tumultueuses, des combats de détachements, des attaques et défenses d'habitations isolées[2], des prises de places enlevées après quelques canonnades[3]. Dans

---

n'aime, qui ne cherche pas la guerre, n'est point estimé. » (*Relation de Jean Michel, ambassadeur vénitien*, tome II, p. 237.) Montaigne parle encore dans le même sens : « Ceulx auxquels ma condition me mesle plus ordinairement sont, pour la plus part, gents qui ont peu de soing de la culture de l'ame, et auxquels on ne propose, pour toute beatitude, que l'honneur, et pour toute perfection, que la vaillance. » (Livre II, chap. xvii.)

1. Cela résulte de ce passage, ci-dessus cité, des *Essais*, où il dit qu'il va plus volontiers chercher la guerre là où elle est plus éloignée de son voisinage.

2. Montaigne n'avait pas voulu suivre l'exemple général, et il explique les motifs qui l'avaient toujours empêché de mettre son château en état de défense, malgré les guerres qui désolaient si souvent la contrée (livre II, chap. xv).

3. « La guerre, comme elle se faisoit en ce temps là, ne consistoit gueres qu'à se saisir subtilement ou d'amblée des villes et des chateaux ennemis : ce qui ne se passoit pourtant pas sans des combats, souvent tres sanglants. » (*Mémoires de Sully*, livre I.)

ces engagements partiels, sans direction, sans surveillance, la discipline n'avait pas moins à souffrir que l'humanité; tandis que les Français s'acharnaient les uns sur les autres, les troupes étrangères seules conservaient une apparence d'ordre. Montaigne, qui avait été condamné à cet affreux spectacle, n'y peut penser sans gémir[1], et d'Aubigné, homme de guerre consommé, se plaint avec une effrayante énergie[2]. A la suite des soldats venaient les *picoreurs*, épouvantail des campagnes, sorte de glaneurs sans merci dans la moisson de dévastations qui couvrait les provinces, surtout la Guyenne. La noblesse elle-même, cupide et corrompue, donnait l'exemple de toutes les violences[3].

Voilà l'état militaire où Montaigne dut prendre place, le milieu où il dut vivre, les actions où il dut figurer. A quels engagements a-t-il pris part? A quelle phase des guerres civiles se rattache son intervention active? On n'en sait rien, on est réduit aux inductions et aux conjectures.

1. « Nos armees ne se lient et tiennent plus que par ciment estrangier; des François on ne sçait plus faire un corps constant et reglé. Quelle honte! Il n'y a qu'autant de discipline que nous en font veoir les soldats empruntez! Quant à nous, nous nous conduisons à discretion, et non pas du chef, chascun selon la sienne; il a plus à faire au dedans qu'au dehors; c'est au commandant de suyvre, courtizer et plier, à luy seul d'obeir; tout le reste est libre et dissolu. » (Livre III, chap. XII.)

2. « Nous lui (au comte Maurice de Nassau) avons envoyé des hommes endurcis au brigandage et aux rebellions *contre leurs chefs*, qui n'estimoyent avoir gibbier que les paysans leurs nourrissiez, des quels ils faisoyent les quintaines de leurs inhumanitez; qui, sans honte abandonnoyent les armes et leurs enseignes à la veille d'un combat, et qui, en un mot, devoient avoir pour titre espouvantaux des hostes et jouets des ennemis. »

3. A la prise de Rouen, en 1562, malgré les belles paroles prononcées sur le rempart, au moment de l'assaut, par François duc de Guise, commandant du siège, malgré ses ordres réitérés, la noblesse catholique donna pendant deux jours l'exemple du pillage le plus effréné (voy. *Mémoires de Castelnau*, et M. de Bouillé, *Histoire de la maison de Guise*, tome II, p. 216). Le calviniste Sully raconte ceci de la prise de Villefranche en Périgord (1576): « La ville ayant été forcée, tandis qu'elle parlementoit, elle fut entièrement pillée, et j'y gagnai pour ma part une bourse de mille escus en or, qu'un vieillard, poursuivi par cinq ou six soldats, me donna pour lui sauver la vie. » (*Mémoires*, livre I.) — « Le pillage de ceste ville (Périgueux, pris en 1575 par les huguenots) duroit tousiours, et n'eust point trouvé de fin que le manque de prendre, sans l'arrivée du vicomte de Turenne, et de La Noue, qui, sur l'espoir d'un second pillage, firent cesser cestui là. » (D'Aubigné, *Histoire universelle*, tome II, livre I, chap. XV.)

On ne doit pas faire à Montaigne l'injure de le mettre au rang de ces magistrats belliqueux, que L'Hospital a si sévèrement réprimandés dans le lit de justice tenu à Bordeaux en 1565, qui abandonnaient leur siége de juges pour aller remplir des fonctions militaires[1]. Il ne prit les armes qu'après avoir quitté le parlement. Lorsque s'opéra ce changement dans son existence, en 1570, il n'y avait point de guerre entre les calvinistes et les catholiques de Guyenne; mais il se faisait des expéditions partielles; ainsi, en 1575, M. de Chouppes, capitaine calviniste, vint avec des forces du Poitou et de la Saintonge pour s'emparer de Périgueux; il s'avança jusqu'à Bergerac, où il fut rejoint par plusieurs seigneurs réformés; il délivra les environs de Bergerac de plusieurs petits forts sur la Dordogne et sur l'Isle, et marcha le long de la Dordogne; il joignit Turenne et quelques autres; cette petite armée prit plusieurs places, en ravitailla d'autres, puis se répartit dans les garnisons, à l'arrivée des troupes du roi, commandées par Lavalette. Les huguenots s'emparèrent de Périgueux par surprise et avec peu de combat. La prise d'armes de 1576 trouva Montaigne paisiblement occupé de la première rédaction de ses *Essais*. Tous les engagements avaient lieu assez près de lui pour qu'on puisse supposer qu'il y prit part. Après une courte campagne, fut signée la paix dite de *Monsieur*.

On n'avait beaucoup accordé aux huguenots que parce qu'on avait l'intention de ne pas tenir ce qu'on leur avait promis. L'édit, rendu sur la demande des états de Blois, pour déclarer que la religion catholique serait seule tolérée en France, remit les armes aux mains des calvinistes avant la fin de l'année qui avait vu signer la paix. Le roi de Navarre

---

[1]. L'abus se renouvela plus tard; on voit, en 1577, M. le président Pontac, et M. le conseiller de La Rivière, commissaires généraux des vivres en l'armée du seigneur amiral de Villars. (Darnal.)

En 1587, les habitants de Libourne ayant averti les Bordelais que les ennemis du roi s'étaient emparés d'une tour de la ville de Saint-Émilion, « la cour de parlement depute M. de Massip, conseiller, pour accourir au secours, comme personne capable des armes, avec deux autres de MM. les conseillers, savoir, MM. de Lescure et de Barre. » (*Eod.*)

fit deux entreprises, l'une sur la Réole, l'autre sur Saint-Macaire; celle-ci manqua; il suspendit le siége de Marmande par une trêve avec le maréchal de Biron; on commença à s'occuper de la paix, tout en guerroyant en Gascogne et en Saintonge. Dans le Périgord, Sully fut chargé de défendre Périgueux, attaqué par les catholiques; Lavardin et La Noue firent capituler Villefranche, autre place dans le Périgord. Il y eut là pour Montaigne, à cause du voisinage, des occasions de servir le roi. En septembre 1577, le roi de Navarre signa la paix à Bergerac : il accepta des conditions dures, parce qu'il ne se sentait pas assez fort pour soutenir la guerre, et parce qu'il voyait des divisions dans sa cour et entre ses serviteurs. Malgré le traité, les catholiques s'emparèrent d'Agen et de Villeneuve en Agenois.

En 1578, Catherine de Médicis, sous prétexte de ramener sa fille Marguerite au roi son mari, fit un long voyage politique et séjourna longtemps à Nérac. Il n'y avait trêve qu'à une certaine distance autour de l'endroit où résidait la cour; partout ailleurs on se battait : c'était une guerre de partisans. Il ne se passa rien d'important dans la contrée qu'habitait Montaigne. Au mois de février 1579, furent arrêtés les articles de Nérac, publiés seulement deux ans plus tard, après la conférence de Fleix.

La prise de Figeac par les catholiques souleva de nouveau les huguenots; ils firent, en 1580, un grand nombre d'entreprises; trois seulement réussirent : celles sur la Fère, sur Montaigu en Poitou et sur Cahors, où le roi de Navarre déploya la bravoure la plus téméraire. Rien ne porte à penser que Montaigne ait tiré l'épée dans cette campagne. Il partit, il est vrai, en juin 1580, pour la Fère, mais son voyage paraît avoir été déterminé par des motifs de santé; il serait étrange de supposer qu'il l'ait commencé par les fatigues du siége d'une place éloignée. Avait-il quelque mission du roi de Navarre pour le maréchal de Matignon, qui dirigeait le siége, ou pour le prince de Condé, qui s'était emparé de la ville, peut-être sans l'aveu de son cousin? On n'a, sur ce point, aucun renseignement.

Au retour de Montaigne, en 1581, le pays était pacifié. La guerre, au contraire, allait éclater en Guyenne lorsqu'il cessa, en 1585, ses fonctions de maire. Il n'y prit point part immédiatement ; le pillage de son château le rappela dans sa famille. Pendant six mois, il resta à la tête de la caravane de sa maison et de ses serviteurs (voy. p. 289), qui allait de lieu en lieu, fuyant la contagion. Je suis porté à croire qu'il fit ensuite encore une campagne au moins ; voici mes raisons : la cause catholique et royaliste, dont il ne s'est départi à aucune époque de sa vie, se trouvait plus fortement engagée que jamais ; son exemple, ses services, pouvaient être fort utiles ; il avait intérêt à s'armer quand tout s'armait autour de lui, car il témoignait ainsi son zèle sous les yeux du maréchal de Matignon, et il avait plus de moyens de défendre quelque peu le pays contre la licence des soldats ; on devait d'autant plus lui en savoir gré qu'il vieillissait, et c'est bien à cette période de son existence qu'il pouvait dire que depuis quelques années les corvées de la guerre lui devenaient plus pénibles ; enfin, en 1586, la peste régnait parmi les troupes, et il fait observer qu'il a échappé aux contagions qui avaient existé dans les armées. La conjecture la plus vraisemblable est donc qu'il a repris du service dans le courant de l'année 1586. La guerre se trouvait alors à sa portée, et la noblesse du pays accourait se joindre aux armées royales. Après des lenteurs calculées, le duc de Mayenne avait été mis en possession des troupes qu'il devait conduire dans la Guyenne. Il avait séjourné en Saintonge, sans opérer contre Saint-Jean d'Angély et la Rochelle. Son ambition était de se mesurer directement avec le roi de Navarre ; dans ce but, il se rapprocha du maréchal de Matignon, et fit sa jonction avec lui, le 25 décembre 1585, à Mirebois. Le maréchal avait reçu ostensiblement l'ordre de remettre le commandement supérieur au duc de Mayenne ; le duc de Guise avait exigé que son frère fût le chef de l'expédition. Mais, en même temps, M. de Matignon avait des instructions secrètes ; Henri III ne voulait pas que la Ligue devînt toute-puissante par la destruction du roi de Navarre, ni que la défaite des huguenots fût le triomphe personnel des Guise ; il entravait les opérations de Mayenne en laissant ses troupes sans solde, sans vivres, sans fournitures d'aucune espèce, et cela au cœur de l'hiver et dans un temps de violente épidémie ; il avait envoyé d'Épernon en Provence, Joyeuse et Biron en Poitou et Saintonge[1]. Matignon devait temporiser, faire des diversions, empêcher Mayenne de frapper des coups décisifs ; cette sourde opposition fit naître entre eux une mésintelligence qui fut remarquée[2], et qui servait les intentions du roi de France[3].

Pressé et menacé par toutes ces armées qui s'avançaient contre lui, le roi de Navarre avait senti l'impossibilité de tenir la campagne ; il avait donc retiré ses forces dans les places qui lui appartenaient ou dont il s'était emparé, y avait mis de bonnes garnisons avec des vivres et des munitions ; de là ses capitaines faisaient des excursions qui harcelaient l'ennemi. Le commandement de ces places sur la Dordogne et en deçà de la Garonne fut donné au vicomte de Turenne ; Henri s'en alla en Béarn[4]. Voulant se diriger peu après vers la Rochelle, il faillit être pris par les deux armées catholiques qui avaient saisi les passages. Mais, suivi d'une faible escorte de gentilshommes, il prit à cheval des chemins détournés, et arriva sans perte à Sainte-Foy (*Mémoires de Sully*, livre II ; *Hist.* de d'Aubigné, t. III, livre I, chap. v).

Dans le conseil qui suivit immédiatement la jonction des deux armées, le duc de Mayenne fut d'avis d'agir avec vi-

---

1. Davila, livre VII.
2. Palma Cayet, *Chronique novenaire*, introduction.
3. Après la campagne, le duc de Mayenne se plaignit avec amertume et audace : « Soudain que le duc de Mayenne est revenu de Guyenne, il publie un escrit contre le mareschal de Matignon, qui, par le roy, luy avoit esté baillé pour compagnon en sa charge : lequel il accuse de trahison et d'intelligence avec les heretiques et avec le roy de Navarre : ce qu'il dit estre cause que l'on n'a peu faire grand chose en ce voyage : l'accuse si couvertement qu'il y mesle le roy, duquel il se plaint qu'il lui a retranché l'argent, les vivres, les munitions, et en somme lui a osté tout le moyen de rien faire, jusqu'à dire que c'estoit le meilleur ami que les heretiques peussent avoir. » (*Excellent et libre discours sur l'etat présent de la France*, 1588.)
4. *Mémoires du duc de Bouillon.*

gueur, et de commencer par le siége de Saint Jean-d'Angély ; le maréchal pensa qu'il ne fallait pas tenter une si grande entreprise dans une si mauvaise saison, à travers des pays ravagés ; que le roi de Navarre ayant bien garni les forteresses, on ne devait attaquer que les lieux découverts, et se rendre maître de la campagne pour empêcher les villes ennemies de recevoir des vivres et des renforts. Cette opinion fut adoptée. Un nouveau dissentiment s'étant manifesté sur le passage de la Dordogne, les deux chefs se séparèrent avec leurs troupes, le 13 janvier 1586, promettant de se réunir à Sainte-Baseille (de Caillière).

Le maréchal marcha sur Libourne, passa quelque temps à Bordeaux, et vint mettre le siége devant Castels (sur la Garonne); il le recommença, après avoir été forcé de le lever par le roi de Navarre. Le duc de Mayenne prit sa direction vers le Quercy, à travers le Périgord, fit son entrée à Périgueux, assiégea et prit Montignac à la fin de janvier, reprit Tulle dont le vicomte de Turenne s'était emparé quelques mois auparavant, emporta Beaulieu et le château de Saignat, et arriva sur les bords de la Garonne ; il fit cela promptement, en dépit de l'hiver et des privations : la cour cependant l'accusait de lenteur, et on parlait même de l'éloigner de la Guyenne[1]. Vers la mi-février, il rejoignit le maréchal de Matignon qui en était resté au siége de Castels : cette place se rendit. Ensuite, les deux généraux prirent Sainte-Bazeille, ville de l'Agenois. Au mois de mai, au lieu de marcher vers le roi de Navarre qui était revenu à Bergerac, Matignon, afin de faire diversion et de ne pas s'éloigner de Bordeaux, où Mayenne et les ligueurs entretenaient d'actives intrigues, fit décider le siége du château de Montségur, en Bordelais, entre la Garonne et la Dordogne ; Mayenne étant tombé malade durant le siége[2], la place capitula entre les mains du maréchal (16 mai).

A peine rétabli, le duc de Mayenne ramassa les restes de

---

1. Pierre Mathieu, livre VIII, *Histoire d'Henri III*; René de Bouillé, *Histoire de la maison de Guise*.

2. Dans ses *Mémoires*, le duc de Bouillon dit que cette maladie n'était pas

son armée, et malgré les murmures des gentilshommes de la Gascogne qui voulaient qu'on employât les troupes à la sûreté des communications commerciales dans leur province, malgré les plaintes des soldats qui étaient exténués et qui manquaient de tout, il franchit la Dordogne à Blagnac (juillet), le maréchal l'y suivit; les deux armées étaient fortes de 25 000 hommes; elles mirent le siége devant Castillon[1]; la garnison capitula le 30 août; Matignon et Mayenne entrèrent dans la place le 1er septembre. Dans le même mois, le duc remontant vers le nord et passant par la contrée où se trouve le château de Montaigne, termina la campagne par la prise du château de Puynormand; après quoi les soldats se débandèrent, et la noblesse rentra dans ses châteaux[2].

Mayenne ne pouvant obtenir du roi les moyens de continuer la guerre, demanda et obtint la permission de se retirer. L'armée se reposa à Libourne; le duc partit pour la cour, et M. de Matignon retourna à Bordeaux.

Si l'on admet que Montaigne suivit l'exemple de la noblesse de sa province, et prit part à la guerre qui s'y était abattue, la supposition la plus naturelle c'est qu'il tira l'épée dans ces engagements presque continuels dont l'infatigable activité du roi de Navarre et de ses capitaines harrassait l'armée royale[3]; c'est aussi qu'il se joignit à Mayenne et à Matignon lorsque, passant la Dordogne, ils vinrent opérer

---

sérieuse, et que le duc la simula pour aller diriger des intrigues politiques à Bordeaux : « M. du Mayne feignit une maladie durant ledit siege, pour avoir sujet de s'aller faire panser à Bordeaux, et laissa le sieur de Matignon pour parachever le siege; ledit duc se menageoit de la creance dans Bordeaux pour s'en asseurer, y ayant tousjours une notable mesintelligence entre les serviteurs du roy et ceux de la Ligue. »

1. Les Bordelais l'avaient demandé pour être délivré des excursions de la garnison protestante de Castillon : « Le siege (de Montségur) finy, l'armee de M. du Mayne s'estant repandue dans les provinces pour se rafraischir un peu, je m'en vins sur la Dordogne où je voyois qu'ils iettoient leurs desseins, la ville de Bordeaux continuant à sollicitter son elargissement, qu'on avoit desia commencé par la prise de Castels, Sainte Baseille et Montsegur, n'ayant plus proche d'elle que la ville de Castillon. » (*Mémoires du duc de Bouillon.*)

2. Pierre Mathieu, livre VIII, *Histoire d'Henri III*.

3. Davila, livre VII.

sur Castillon et sur Puynormand. Il était, durant cette année 1586, sur le théâtre de la guerre; en effet, il résidait dans son château en février, ainsi que le prouve cette note qu'il inscrivait à la fin d'un livre de sa bibliothèque : « achevé de lire en feurier 1586 à Môtaigne. » (M. Payen, *Docum. inéd.*, p. 36.) Il s'y trouvait aussi au mois de juillet; cela résulte de l'annotation mise par Charron sur un livre que Montaigne lui avait donné à cette époque (voy. chap. xii).

L'hiver de 1586-1587 fut d'une rigueur extraordinaire ; les opérations militaires durent être suspendues : « Au commencement de ceste année (1587), l'hyver fut la cause que la guerre ne se fit que fort peu ; les armées du roy furent toutes congediees, aucunes furent laissees es garnisons pour tousiours empescher les courses des huguenots du Poictou, de la Guyenne, du Languedoc et du Dauphiné. La noblesse se retira de chacun pays en leurs maisons. » (Palma Cayet, *Chronolog. noven.*, introduct.)

Au printemps, on reprit les armes dans le Périgord. Les catholiques avaient des rencontres avec les partis calvinistes, et s'attaquaient aux petites places qu'occupaient les soldats du roi de Navarre. C'est ainsi que lorsque Duplessis-Mornay, en mai 1587, allait du Languedoc à la Rochelle, « en chemin faisant il assista les sieurs de la Force et de Chouppes à faire lever le siége de la Linde sur la Dordogne, attaquée par la noblesse de Périgord. » (*Vie de Duplessy-Mornay*.)

La crainte de l'armée étrangère qui allait entrer en France pour secourir les huguenots et leur chef le roi de Navarre, détermina la convocation par lettres patentes, du ban et de l'arrière-ban. On sait que les Suisses et les Allemands, battus par Henri III et par le duc de Guise, ne purent arriver en Guyenne et furent obligés de sortir de France. Le duc de Joyeuse, qui avait été chargé de s'opposer à ce que le roi de Navarre, avec les forces qu'il avait tirées du Poitou, de l'Anjou, de la Touraine et du Berry, allât rejoindre les étrangers, avait cru présomptueusement qu'il pourrait non-seulement arrêter la marche de ce prince, mais vaincre son armée et s'emparer de sa personne. L'excès de sa confiance fut puni à Coutras où il fut battu et perdit la vie[1]. Après la victoire, les calvinistes se séparèrent en trois corps ; le roi de Navarre tira vers la Gascogne, observé mais non combattu par le maréchal de Matignon ; le prince de Condé alla en Poitou ; le vicomte de Turenne traversa le Périgord, après avoir pris plusieurs places sur la rivière de l'Isle et aux environs ; il échoua ensuite au siége de Sarlat[2]. Dans le dénombrement qu'il envoya au roi de Navarre des prises qu'il avait faites, il comprend « Montagne, quitté de nuit, saccagé et pillé[3]. » Évidemment il ne s'agit point de l'habitation du moraliste, mais d'un autre Montagne, plus avancé dans le Périgord[4].

Où peut être, dans cette campagne, la place de Montaigne ? Il est permis de se le représenter parmi les gentilshommes qui garantissaient le pays contre les sorties des garnisons huguenotes; on peut aussi penser qu'il aura rejoint le maréchal de Matignon, qui avait avec lui une très-nombreuse noblesse. Toutefois, s'il l'accompagnait dans sa marche pour rallier l'armée du duc de Joyeuse, il n'est pas probable qu'il ait continué de servir jusqu'au moment de la bataille de Coutras, car on voit, trois jours après l'action, le roi de Navarre souper et coucher au château de Montaigne. Dira-t-on que cette visite est inconciliable avec la supposition d'une prise d'armes récente contre l'armée calviniste ? ce serait une étrange erreur. Henri savait quel parti Montaigne avait toujours suivi : mais il savait aussi que le philo-

---

1. Matignon, qui lui amenait une armée, lui avait donné de sages conseils; il les avait rejetés, ne voulant pas attendre l'arrivée du maréchal, afin de ne point partager l'honneur de la victoire sur laquelle il comptait. Il reste des doutes sur la question de savoir si le maréchal n'aurait pas pu arriver à temps, et sur les motifs qui ont décidé sa conduite (voy. de Caillière).

2. Le siége de Sarlat, en 1587, par l'armée huguenote, conduite par le vicomte de Turenne (*Pièces recueillies par le marquis d'Aubais*, tome I, II° partie).

3. *Mémoires de la Ligue*, tome II.

4. La commune de ce nom existe encore dans le département de la Dordogne.

sophe était du nombre des royalistes qui voulaient, avec les lois de la nation, que la couronne de France passât à la maison de Bourbon et non aux Lorrains; il devait trouver naturel que la guerre ayant été déclarée, un gentilhomme ne pût refuser son épée au roi. Il n'en voulait pas plus à Montaigne que les huguenots éclairés n'en voulaient au maréchal de Matignon, dont leur sagacité devinait bien la double position[1].

En résumé, dans l'impossibilité d'avoir autre chose que des conjectures sur la carrière militaire de Montaigne, je pense que son service actif doit se rapporter aux années 1576 à 1580, 1586 et 1587. Il y eut des opérations militaires dans la Guyenne en 1588 : mais Montaigne était parti pour Paris, et ne revint à Bordeaux qu'au commencement de 1589.

---

1. « Nous avons le mareschal de Matignon en ceste Guyenne, duquel chascun s'est licentié de dire ce qu'il a voulu. M. de Mayenne se plaint qu'il l'a mal assisté en ses conquestes. Nous autres disons qu'il eust beaucoup plus fait s'il eust voulu. Si sçavons nous tous qu'il est bon capitaine, qu'il ne s'est point epargné en Normandie contre les huguenots; qu'il n'a pas fort recherché la bonne grace du roi de Navarre, mesme en pleine paix; qu'il sçait, au reste, la volonté du roy, si personne la sçait. De là donq que devons-nous conclure, sinon qu'il a fait ce qu'il sçait estre de son intention? et par consequent, s'il fait la guerre froidement, que le roi la veut plus froidement encore?

« .... Par deça M. le mareschal a tenu une armée, il a des Suisses et des lansquenets, il a eu cinq regiments françois, la noblesse du pays en tres grand nombre et bien armée. » (*Advertissement aux bons catholiques, en juin 1587; Mémoires de Duplessis-Mornay*, in-4°, tome I, p. 34. Voy. aussi de Caillière, à l'année 1587.)

CHAPITRE XI.

MONTAIGNE AUX ÉTATS DE BLOIS.

Montaigne n'a pas été député aux états de 1576. Preuves. — Sa présence à Blois pendant les états de 1588; n'y était pas comme député. — Ne s'y mêla à aucune intrigue. — N'y était pas comme négociateur près du duc de Guise. — Y était ou comme gentilhomme de la chambre, ou comme spectateur.

Henri III convoqua deux fois les états généraux du royaume à Blois, en 1576 et en 1588. Montaigne y fut-il député ?

En 1576, il vivait retiré dans son château, et y écrivait peu à peu les *Essais*. L'auteur de l'article MONTAIGNE, de l'*Encyclopédie des gens du monde*, le fait figurer aux états de cette année ; je ne sais sur quelle autorité il se fonde. Les députés de la sénéchaussée de Bordeaux sont connus, et Montaigne n'est pas du nombre : « Le roy escrivit aux seneschaux pour l'assemblee des estats de Bloys au 16 novembre 1577 ; et messieurs les iurats escrivirent aux villes filleules de la senechaussee de s'en venir en la maison de ville de Bourdeaux avec memoires et instructions pour deputer auxdicts estats deux personnages, et l'assemblee faite, monsieur d'Eymar, maire, fut député, et avec luy monsieur La Riviere, procureur de la ville. » (Darnal.) La noblesse envoya le seigneur de Marville. Montaigne n'est pas non plus sur la liste des députés de la sénéchaussée de Périgord, telle que la donne, d'après les écrits contemporains, Mayer (*des États généraux et autres assemblées nationales*, t. XIII). Ce sont, pour la noblesse, le seigneur de Limeul, et, pour le tiers état, maître Élie de Jean.

Aucun écrivain du temps ne signale d'ailleurs la présence de Montaigne aux premiers états de Blois. L'erreur vient peut-être d'un passage des *Essais*; on lit dans le XL° chapitre du Ier livre : « Quand ie veins de ces fameux estats de Blois, j'avois veu peu auparavant une fille, en Picardie.... » Or, les *Essais*, même le IIIe livre, ayant paru avant l'ouverture des états de 1588, il ne peut être question là, dirait-on, que de l'assemblée de 1576.

Cette interprétation ne résisterait pas au plus léger examen. Les *fameux états de Blois* sont évidemment ceux de 1588, où s'accomplit le meurtre du duc de Guise, événement qui alluma les fureurs de la Ligue et eut une bien autre importance que tout ce qui s'était passé aux états précédents. D'un autre côté, on ne sait rien d'un voyage qui, en 1576, aurait conduit Montaigne en Picardie. Il n'en est pas de même de 1588; au commencement de cette année, Montaigne se rendit à Paris pour faire imprimer une nouvelle édition des *Essais*; Mlle de Gournay ayant appris son arrivée, vint avec sa mère exprimer de vive voix au philosophe l'enthousiasme que lui avait inspiré la lecture de son livre; là se contracta, entre la tendre admiration de la jeune fille et la reconnaissance quelque peu vaniteuse de Montaigne, cette célèbre filiation d'alliance[1] qui a plus fait pour la gloire de Mlle de Gournay que son érudition et ses écrits. Mmes de Gournay emmenèrent Montaigne, durant son séjour à Paris, dans leur maison[2]. Gournay, où elles s'étaient retirées pour échapper au pillage des bandes indisciplinées des deux partis qui entretenaient la guerre civile, était une petite ville de la Picardie, située à peu de distance de Compiègne[3].

---

1. Montaigne a fixé lui-même la date de sa première entrevue avec Mlle de Gournay, en parlant *des 55 ans auxquels elle l'a rencontré*; né en 1533, c'est en 1588 qu'il accomplissait ses cinquante-cinq ans.

2. « Lequel (Montaigne) faisant en l'an 1588 un long seiour en la ville de Paris, elle (Mlle de Gournay) le vint exprès visiter pour le cognoistre de face, mesme que la damoiselle de Gournay, sa mere et elle, le menerent en leur maison de Gournay, où il seiourna trois mois en deux ou trois voyages, avec tous les honnestes accueils que l'on pourroit souhaiter. » (Estienne Pasquier, lettre I, livre XVIII. Voy. aussi la *Copie de la vie de la damoiselle de Gournay*, insérée à la suite de ses *Advis et presens*, in-4°, Paris, 1641.)

3. Il y a plusieurs lieux qui portent le nom de Gournay; la ville de Picardie dont il s'agit ici est Gournay-sur-Aronde, dont le père de Mlle de Gournay avait la seigneurie; elle le rappelle dans le titre de la pièce de vers qu'elle a com-

Quant à la date de la publication du chapitre où se trouve la mention des fameux états, elle est insignifiante. Montaigne lui-même nous apprend que s'il ne corrigeait pas, il ajoutait toujours, au risque même des transpositions chronologiques [1]; il augmenta si bien son livre qu'entre la dernière et la première édition faites de son vivant on a compté six cents additions.

Sa présence à Blois pendant la tenue des états de 1588 est certaine : « Il alla à Blois, dit de Thou, dans le temps que les états y étaient assemblés. » (*Mém.*, livre II, année 1588.) « Fusmes ensemblement en la ville de Blois, dit Étienne Pasquier, lors de cette fameuse assemblee des trois estats, de 1588, dont la tenue a causé tant de malheurs à la France. » (Lettre Ire, livre XVIII.) Avec de Thou, qui étudiait profondément ce qui se passait sous ses yeux, la conversation était surtout politique, et l'illustre historien rapporte, sur l'origine des troubles de cette époque, l'opinion remarquable de Montaigne, dont j'ai parlé ailleurs. Malgré les graves préoccupations du moment, Pasquier et le philosophe périgourdin devisaient ensemble des choses littéraires, et, en se promenant dans les cours du château, discutaient sur le style des *Essais*.

On vient de le voir, ni l'historien ni le savant magistrat ne disent en quelle qualité Montaigne se trouvait à Blois. Plusieurs écrivains ont cru et affirmé qu'il siégeait comme membre des états. L'auteur (M. Albert Deville) de l'article MONTAIGNE, dans le *Dictionnaire de la conversation*, n'hésite

---

posée pour « les tombeaux de ses pere et mere Guillaume de Jay, sieur de Gournay sur Ayronde, et Jeanne de Hacqueville. » C'est aussi de Gournay-sur-Aronde qu'elle date la dédicace du *Pourmenoir de Montaigne* (1589).

1. « J'adiouste, mais ie ne corrige pas.... mon livre est tousiours un, sauf qu'à mesure qu'on se met à le renouveller, à fin que l'acheteur ne s'en aille les mains du tout vuides, ie me donne loy d'y attacher, comme ce n'est qu'une marquetterie mal ioincte, quelque embleme supernumeraire : ce ne sont que surpoids qui ne condamnent point la premiere forme, mais donnent quelque prix particulier à chascune des suivantes, par une petite subtilité ambitieuse : de là toutes fois il adviendra facilement qu'il s'y mesle quelque transposition de chronologie, mes contes prenants place selon leur opportunité, non tousiours selon leur aage. » (Livre III, chap. IX.)

pas à déclarer qu'il *figura avec éclat* dans cette assemblée.

Paul-Louis Courier, cherchant à expliquer un mécompte électoral, se justifiait de n'avoir pas voulu solliciter les suffrages : « J'ai pour moi, écrivait-il au *Courrier français* (23 mai 1822), des exemples, à défaut de raisons. Montaigne et Bodin furent tous deux députés aux états de Blois, sans l'avoir demandé. » Il pouvait être piquant de rappeler ces faits dans la Touraine ; mais l'esprit de Paul-Louis et son érudition d'helléniste ne nous paraissent pas d'assez sûrs garants d'un fait historique avancé légèrement. Bodin fut député du bailliage de Vermandois aux états de 1576. Je ne sais s'il l'avait demandé ; Montaigne, qu'il l'ait sollicité ou non, ne le fut pas avec lui : j'en donnerai tout à l'heure la preuve.

M. Vitet a introduit Montaigne comme acteur dans ses belles scènes historiques des *États de Blois*; en cela il a usé du droit qui appartient au drame, de mêler la fiction à la vérité ; il a rencontré Montaigne à Blois, au milieu des hommes politiques ; cela suffisait pour l'autoriser à faire jouer au moraliste gentilhomme un rôle que ne lui aurait pas accordé l'histoire traduite avec une fidélité rigoureuse ; il a profité d'un avantage et n'a point prétendu établir l'exactitude d'un fait. C'est de M. Vitet lui-même que je tiens cette loyale explication.

Dans un ouvrage important et spécial, l'*Histoire des états généraux*, p. 226, M. Rathery compte Montaigne « parmi le petit nombre d'hommes éclairés et indépendants » des états de Blois. L'honorable écrivain me pardonnera de dire qu'en présence des autorités que je lui ai rappelées, il a reconnu son erreur.

En se demandant quel fut le rôle de Montaigne dans cette assemblée célèbre, M. Charles Louandre semble croire qu'il en fit partie.

Montaigne aurait pu être député pour la Guyenne aux états généraux, soit par la sénéchaussée de Bordeaux (il était propriétaire à Bordeaux et avait été deux fois de suite élu maire de cette ville), soit par le Périgord (il y était né et y possédait la plus grande partie de ses domaines); comme noble et homme d'épée, il pouvait être nommé par l'ordre de la noblesse, et par le tiers état comme ancien magistrat. Les listes de toutes ces élections pour 1588 existent: son nom ne figure sur aucune d'elles.

Dans la sénéchaussée de Bordeaux, la noblesse élut messire Jacques d'Escars, chevalier de l'ordre du roi, capitaine de cinquante hommes d'armes, conseiller du roi en son conseil privé, gouverneur du château du Ha en la ville de Bordeaux, et grand sénéchal de Guyenne, seigneur de Marville (*des États généraux et autres assemblées nationales*, t. XIV).

Pour le tiers état, « Monsieur de Vergier iurat est esleu dans la maison de ville pour aller aux estats generaux en la ville de Blois. Autre eslection faicte par les filleules, et autres, de la personne de messieurs de Pontac, sieur de Cassefort, greffier civil et criminel du parlement, et de monsieur de Mestivier, avocat. » (Darnal.)

Dans la sénéchaussée de Périgord, la noblesse élut Gantonnet de Saint-Aulaire, sieur de Celles, et le tiers état M. Élie de Jean, avocat, M. Remond de La Brosse, lieutenant criminel au siège de Sarlat et syndic dudit pays (*des États généraux et autres assemblées nationales*, t. XIV).

Si Montaigne n'assistait pas aux états comme député, il ne remplissait non plus à Blois aucune autre fonction ni mission. Le président Bouhier dit qu'en retournant chez lui, il voulut voir les états qui se tenaient à Blois, et que, quoiqu'il n'y fût pas député, *il ne laissa pas de s'y mêler dans quelques intrigues.* M. Villemain (*Galerie française*, article MONTAIGNE) répète cette assertion dans les mêmes termes, et M. Leclerc (*Notes et preuves*, p. 126, 127) la reproduit en adoucissant l'expression : « S'il ne fut point député, il prit du moins quelque part aux négociations. »

Aucun témoignage contemporain ne justifie l'allégation du savant président. Le caractère bien connu de Montaigne aurait dû retenir, sous la plume du biographe, le mot d'*in-*

trigues ; on ne parle pas ainsi d'un homme qui a toujours voulu rester étranger à toute cabale, selon le dire de son ami de Thou, confirmé par l'histoire de sa vie et par la nature de son esprit, telle qu'elle est manifestée par les *Essais.* Il n'y avait d'ailleurs rien à négocier avec une assemblée dont la très-grande majorité, animée de passions intolérantes et séditieuses, était, de parti pris, hostile au roi Henri III, adversaire à outrance de l'héritier présomptif, le roi de Navarre ; dans une telle mêlée, la raison et la modération de Montaigne n'étaient pas de mise, et il le savait bien.

Quelques personnes ont supposé[1] que Montaigne, ayant eu en Guyenne de fréquents rapports avec le roi de Navarre, avait pu être chargé par lui d'essayer un rapprochement auprès du duc de Guise, chef du parti le plus puissant et maître des résolutions des états. Rien de moins vraisemblable que cette conjecture, qui ne s'appuie sur aucun document. Henri de Navarre connaissait toute l'ambition des Guise ; entre eux et lui, depuis trois ans, il y avait guerre ouverte : l'épée était tirée de manière à ne plus pouvoir rentrer dans le fourreau ; c'était le trône de France que la mort de Monsieur livrait à leur compétition armée ; le duc de Guise, après avoir vaincu, humilié le Valois, se croyait trop près de mettre la main sur la couronne pour qu'on osât lui faire des propositions au nom du Béarnais, repoussé par la France catholique, affaibli par la lutte, tenu en échec dans ses États et dans son gouvernement de Guyenne, malgré son inutile victoire de Coutras. Entre ces deux hommes, Montaigne n'aurait pas risqué une intervention sans issue ; il était trop tard pour un rapprochement, et certes celui-là ne se serait pas chargé de l'essayer, qui disait à de Thou qu'il avait prévu que la querelle entre le duc de Guise et le roi de Navarre ne pouvait se terminer que par la mort de l'un ou de l'autre[2].

1. M. Charles Louandre est plus affirmatif : « Nous savons, dit-il, qu'il avait été chargé par le roi de Navarre de négocier avec le duc de Guise. »
2. Des propositions de réconciliation, si elles ont eu lieu, ne pouvaient, à cette époque, émaner que du duc, qui aurait fait ses conditions avec plus ou

Montaigne a pu être, à Blois, l'objet, mais non l'instrument de quelque intrigue. Le duc de Guise le connaissait d'ancienne date; il appréciait toute sa valeur et savait son dévouement, sinon au roi, du moins à la royauté; il a pu tenter de le rattacher à sa cause; car il s'appliquait sans cesse à recruter des partisans aux dépens du roi. Peut-être fit-il alors auprès de Montaigne les mêmes démarches qu'auprès de de Thou : « Le duc lui offrit, aussi bien qu'à son beau-frère, ses services et son crédit. De Thou, qui fuyoit toutes sortes d'engagements, ne répondit à ce prince qu'en peu de paroles; malgré les compliments et les caresses du duc, il le quitta le plus tôt qu'il put. Le duc s'en plaignit à Schomberg, et quand celui-ci en parla à de Thou, ce dernier lui répondit que les bonnes grâces d'un si grand prince ne lui seroient pas seulement honorables, mais encore très-utiles et très-nécessaires dans la conjoncture présente; mais qu'il lui avouoit naturellement qu'il ne pouvoit approuver les différends continuels que le duc avoit avec Sa Majesté; qu'au reste, on ne voyoit autour du duc de Guise que tout ce qu'il y avoit de gens ruinés et de plus corrompus dans le royaume, et presque pas un honnête homme; que cette raison l'avoit obligé d'en user comme il avoit fait; que de l'humeur dont il étoit, il aimoit mieux vieillir dans une retraite honorable, que d'acheter un peu d'éclat par d'aussi indignes liaisons. Quand le duc de Guise apprit cette réponse, il dit qu'il avoit toujours fait son possible par ses soins et par ses bons offices pour gagner l'amitié des honnêtes gens; que toutes ses démarches ayant été inutiles, puisque, plus il leur faisoit d'avances, plus ils sembloient s'éloigner de lui, il avoit été obligé, dans un temps où il avoit besoin d'amis, de recevoir ceux qui venoient s'offrir à lui de si bonne grâce. » (*Mém.*, à l'année 1588.)

Je m'imagine que si le duc fit les mêmes ouvertures à Montaigne, qui partageait les vues et les sentiments de de

---

moins de sincérité. En tous cas, Montaigne aurait été complétement étranger aux négociations (voy. ce que j'ai dit de Montaigne négociateur politique).

Thou, *voluntatum consensione conjunctissimus,* la réponse ne fut ni moins habile ni moins honnête.

Reste toujours cette question : Montaigne n'étant à Blois ni comme membre des états, ni comme négociateur, qu'y faisait-il donc? Ses amis avaient des titres pour demeurer : Étienne Pasquier était député; de Thou avait été, depuis quelque temps, nommé conseiller d'État, et avait prêté serment en cette qualité le 26 août. Montaigne ne possédait d'autre titre officiel que celui de gentilhomme ordinaire de la chambre du roi; c'était assez pour autoriser sa présence, non pour la rendre nécessaire, à moins qu'il n'eût pris un quartier de service, ce qui n'est pas impossible. Peut-être regardait-il comme un devoir, dans des moments si critiques, où la royauté était sérieusement menacée, de se montrer auprès du roi, comme il avait fait à Chartres et à Rouen, quelques mois auparavant, et de donner ses avis si on lui en demandait. L'avouerai-je? je m'explique encore autrement la prolongation du séjour de Montaigne à Blois, en supposant que son service de gentilhomme de la chambre ne l'ait pas retenu pendant trois mois. Je ne mets pas en doute son dévouement au roi, comme représentant des lois du pays; mais ce dévouement était moins volontiers offert que requis; rien n'engageait un homme ami de son repos et ennemi des cabales à s'immiscer, même d'un peu loin, dans des affaires très-embrouillées et qui pouvaient compromettre. Il y avait un autre motif qui devait retenir Montaigne, l'attrait du spectacle. Pour un observateur comme lui, pour un homme également au courant des choses et des personnes, il était curieux de voir de près une partie si fortement liée, dont les destinées de la France formaient l'enjeu. Quelle pâture pour le regard scrutateur du moraliste et du politique, que le mouvement de toutes les passions qui agitaient la cour et la Ligue! Avec quel intérêt Montaigne a dû suivre de l'œil l'audace du duc de Guise aux barricades, sa faiblesse au lendemain de la victoire, le ressentiment du roi dans sa uite, les efforts de son gouvernement pour regagner le terrain perdu, la dissimulation employée à mieux assurer la vengeance, enfin le théâtre solennel élevé à Blois pour frapper les coups décisifs! Montaigne savait que des offenses comme celles des Guise ne se pardonnent pas, et que les Guise ne pardonnaient pas à Henri de Valois son tort d'être encore roi ; il voyait s'approcher d'heure en heure le dénoûment du drame ; est-il étonnant qu'il ait désiré y assister ?

Je n'affirmerais pas aussi résolûment que M. Gence, dans la *Biographie universelle*, que Montaigne soit resté à Blois jusqu'après l'assassinat du duc de Guise ; mais je serais porté à le croire. La catastrophe accomplie, la curiosité ne retenait plus Montaigne ; la prévision des troubles qui allaient éclater lui conseillait de partir promptement ; le roi, d'ailleurs, lui donna l'ordre d'aller le servir en Guyenne. Il se rendit dans sa province, méditant sur les événements qu'il avait vus, et se bornant, quand il prépara une nouvelle édition des *Essais*, à mentionner qu'il était revenu de *ces fameux estats de Blois*; sa réserve était d'accord avec le rôle effacé qu'il avait joué dans cette circonstance.

CHAPITRE XII.

DERNIÈRES ANNÉES DE MONTAIGNE.

Silence des biographes. — Après les états de Blois, Montaigne va à Bordeaux, non à Montaigne. — Envoyé par le roi ; s'occupe des affaires avec Matignon. — Démonstration dans les rues et au parlement. — Soulèvement des ligueurs ; vive et prompte répression. — Mesures contre le parlement. — Henri IV. — Habileté de Matignon. — Montaigne se retire dans son château. — Députation du parlement à Henri IV ; Michel Montaigne n'en fait point partie. — Correspondance avec le roi.

Entre la clôture des états de Blois (janvier 1589) et la mort de Montaigne (septembre 1592), il s'est écoulé près de quatre années. Pendant ce temps, le philosophe est-il resté complétement étranger aux affaires publiques? A-t-il cessé toute relation avec les princes ou avec les personnages politiques? S'est-il renfermé dans la solitude de son château, occupé seulement à feuilleter sa librairie, à retoucher ses *Essais*, à gérer ses biens, et à soigner sa colique?

Les biographes ne disent rien de cette époque ; deux lignes de de Thou, et le récit de la mort de Montaigne, par Étienne Pasquier, voilà tout ce qu'on avait recueilli ou remarqué : un mot oublié dans les œuvres de Mlle de Gournay, quelques faits négligés, quelques conjectures, et les deux lettres à Henri IV, découvertes depuis peu d'années, remplissent imparfaitement cette lacune, mais suffisent pour montrer que Montaigne n'avait pas rompu avec le monde politique.

On s'étonne de lire dans l'historiographe de la ville de Bordeaux, dom Devienne : « Étant sorti de cette place (celle de maire), il se retira en Périgord où il passa le reste de ses jours.... Il partageoit son temps entre le commerce de quelques amis et les occupations du cabinet. Il menoit depuis sept ans une vie qu'il trouvoit délicieuse, lorsqu'il fut attaqué d'une esquinancie qui lui causa une paralysie sur la langue. » (*Hist. de la ville de Bordeaux*, Ire partie, livre III.) Il semblerait, d'après ces lignes, que Montaigne, de 1585 à 1592, n'a pas quitté son château du Périgord, tandis que nous le voyons, pendant l'année 1588, à Paris, à Gournay, à Rouen, à Chartres et à Blois.

Revenu dans sa province, après *ces fameux estats*, il n'alla pas s'enfermer immédiatement à Montaigne[1]. Il passa une partie de 1589 à Bordeaux. En effet, selon le récit de Roche-Maillet (voy. chap. Ier), c'est en arrivant dans cette ville, en 1589, que Charron, après avoir prêché pendant tout le carême à Angers, *feist cognoissance et vescut fort familierement* avec Montaigne[2].

---

1. M. Amaury-Duval se trompe en disant, dans la *Vie de Montaigne*, que « le spectacle des plus criminels attentats le décida à quitter Blois et à retourner dans sa retraite de Montaigne, d'où il ne devait plus sortir. » MM. Leclerc et Charles Louandre partagent cette erreur.

2. Le témoignage de Roche-Maillet, quelque précis et quelque imposant qu'il soit, ne doit pas être admis sans restriction. Il porte sur deux faits qui se seraient passés en 1589; Charron aurait, à cette époque, dans la ville de Bordeaux, fait la connaissance de Montaigne, et il aurait vécu familièrement avec lui. La présence simultanée et les relations des deux célèbres amis sont attestées par Roche-Maillet, ami intime et confident de Charron (c'est lui-même qui a soin de le rappeler), dans de tels termes et avec l'indication de telles circonstances qu'il n'y a pas place pour le doute; d'ailleurs, le récit de l'avocat parisien est conforme à la mention faite, par Mlle de Gournay, du départ de Montaigne pour la Guyenne dans un intérêt public. Charron a dû souvent parler, quand il fut de retour à Paris, de ses rapports avec Montaigne, et l'auteur de son Éloge ne pouvait oublier de les rappeler comme un titre d'honneur; mais il n'est pas étonnant qu'il ait pu se tromper, en écrivant plus de quatorze ans après, sur le fait secondaire de l'époque où ont commencé ces relations. En les faisant remonter seulement au voyage de 1589, il donne une date peu vraisemblable; comment supposer qu'une grande familiarité se soit établie, entre deux hommes qui n'étaient plus jeunes, après une fréquentation de quelques semaines? Montaigne ne se livrait pas si aisément ni si vite. Non; Charron avait *pris connaissance* de l'auteur des *Essais* plusieurs années auparavant; il avait été reçu au château de Montaigne. La preuve de ces faits se trouve dans une annotation d'un livre vendu récemment à la vente de M. Renouard, et acheté par la Bibliothèque impériale de Paris. L'ouvrage, intitulé : *Il catechismo, o vera institutione Christiana, di M. Bernardino Ochino, da Siena, in forma di dialogo; in Basilea*, 1561, porte sur le titre la signature de Montaigne, à qui il a appartenu; Charron a écrit de sa main, aussi sur le titre, ces mots : Charron, *ex dono dicti domini de Montaigne, in suo castello, 2 julii,*

Autre preuve. — Envoyés en 1589 vers l'empereur et les princes d'Allemagne pour une négociation militaire et politique importante, au moment où Henri III s'unissait enfin au roi de Navarre contre la Ligue, Schomberg et de Thou avaient été obligés, pour éviter les embuscades des ligueurs, de changer leur itinéraire, et d'allonger leur voyage en passant par la Guyenne. Montaigne était sur leur chemin, et ils ne manquèrent pas de s'y présenter : « Schomberg (écrit son compagnon de Thou) continua sa route par Jonsac et par Coutras, d'où, après avoir examiné le lieu où la dernière bataille s'étoit donnée, il vint à Montagne en Périgord : c'est de là que Michel de Montaigne et sa famille tirent leur nom. *Montaigne étoit alors à Bourdeaux* : sa femme, sœur de Pressac, qui accompagnoit Schomberg, les reçut très-poliment. » (*Mém.*, livre IV, année 1589.)

Montaigne n'était pas retenu loin de son domaine, de sa femme et de sa fille, uniquement par l'attrait de ses entretiens philosophiques avec Charron, ou par quelque autre motif d'agrément personnel. Les ordres et les services du roi l'avaient rappelé en Guyenne, et c'était à Bordeaux qu'il pouvait se rendre le plus utile. Le maréchal de Matignon, qui lui avait succédé dans la mairie, et qui, comme lui, avait été réélu, exerçait la charge de lieutenant général du roi. Il ne fallait pas moins que toute son expérience, sa finesse, sa fermeté pour maintenir intacte l'autorité royale; les circonstances étaient assez délicates pour lui avoir inspiré le désir d'avoir auprès de lui un homme tel que Montaigne; il connaissait ses lumières, son habileté, son dévouement : ils avaient concouru ensemble à déjouer les premiers mouvements de la Ligue en 1585. Pendant les troubles,

---

anno 1586. M. Payen, *Docum. inéd.*, p. 35, avait cité déjà ce livre comme étant en la possession de M. Renouard.

M. Sainte-Beuve, dans un article sur Charron (*Moniteur universel*, 25 décembre 1854), admet sans distinction le témoignage de Roche-Maillet, qu'il cite sans le nommer. Après avoir rapporté un passage d'une lettre de Charron, le célèbre critique ajoute : « Il est à remarquer que la date de cette lettre, qui est d'avril 1589, coïncide avec les premiers temps de la connaissance que fit Charron de Montaigne. »

il l'admit dans les conseils où se traitaient les grandes affaires de la province : « A Jacobo Matignone Aquitaniae præside consiliis de rerum summâ per hos motus adhibitus. » Ces paroles de de Thou (*Hist.*, livre CIV, année 1592) ne paraissent pas s'appliquer à l'époque de la mairie ; lorsque Montaigne était maire et gouverneur de Bordeaux, il avait un titre officiel pour participer aux affaires, et Matignon s'y serait d'autant moins refusé, qu'à la même époque, Michel était l'intermédiaire entre le roi de Navarre et lui pour des questions d'une bien autre portée que les intérêts municipaux (Voy. chap. IX). D'ailleurs, après la prise du château Trompette, et l'arrivée des armées du roi, en 1585 et 1586, les ligueurs bordelais n'avaient plus remué ; le pays était ruiné par la guerre, désolé par la peste, mais calme. Il n'en était pas de même en 1589, et alors, plus que jamais, le lieutenant général dut s'estimer heureux de pouvoir introduire dans ses conseils les lumières et la fidélité de Montaigne. Il n'avait fait en cela que se conformer aux intentions du roi ; en effet, c'est par ordre du roi que Montaigne était revenu servir sa cause. Mlle de Gournay, qui avait été à même de bien savoir tout ce qui concernait Montaigne à cette époque, dit : « Retourné qu'il fust en Guyenne, où la guerre de la Ligue qui lors embrasoit toute la France, l'attacha par le commandement et pour le service du roy.... » (*Copie de la vie de la damoiselle de Gournay* [1].)

L'année 1589 s'ouvrait sous de tristes auspices. Délivré par l'assassinat de son plus redoutable adversaire, Henri III s'était hâté de congédier les états généraux ; Catherine de Médicis, la protectrice constante de Matignon, venait de mourir, effrayée de la position où elle laissait son fils et le royaume. La Ligue furieuse levait l'étendard de la guerre civile sur le cadavre de son chef, de son héros. Paris, enflammé par ses *prescheurs*, s'était mis à la tête de la révolte ;

---

[1]. Ce petit Mémoire paraît avoir été rédigé par elle-même, bien que quelques mots semblent indiquer le contraire. En tous cas, elle le comprend dans une Note finale, où elle déclare ne reconnaître pour siens que les ouvrages contenus dans le volume.

d'autres villes avaient suivi le mouvement; les affiliations que les Guise s'étaient ménagées de longue main à Bordeaux s'efforçaient d'entraîner cette importante cité : les nouvelles qui arrivaient de toutes parts y excitaient l'agitation. Matignon, qui venait de visiter les places de son gouvernement, d'exhorter les habitants à l'obéissance, de renforcer les garnisons, de changer des gouverneurs douteux, était revenu à Bordeaux. Il résolut de prévenir, dès l'abord, toute sédition. Il s'entendit avec les gentilshommes dévoués au parti du roi; pourquoi ne supposerait-on pas que Montaigne figurait parmi eux [1] ? « Le mareschal se montra dans les rues, *suivy de la noblesse* et de ses gardes; s'opposa resolument au commencement de cette mutinerie : empescha les seditieux de prendre les armes : et ayant disposé ses corps de garde dans plusieurs endroits de la ville, et fait faire la patrouille à toutes les heures de la nuict, il conserva le calme parmy des gens qui mouroient d'envie de remuer. » (De Caillière.)

Le parlement comptait quelques têtes chaudes qui agissaient pour la Ligue; le maréchal s'en plaignit au premier président : « Tous deux resolurent d'assembler les chambres, et de se trouver au palais; le mareschal y alla, accompagné *d'un bon nombre de gentilshommes des plus considerables de la province.* » (*Eod.*) Montaigne n'avait-il pas sa place dans ce cortége ? Matignon parla avec énergie, demanda et obtint un arrêt prononçant des poursuites contre ceux qui se révolteraient contre le roi; puis il prit des mesures de surveillance, et la place demeura soumise. Le clergé de Bordeaux refusa de se joindre à celui de Toulouse qui le pressait de suivre et de prêcher la Ligue.

Une lettre du roi, du 26 février 1589, relative à ces événements, montre qu'il avait chargé Matignon d'une mission secrète : « Mon cousin, j'atends vostre reponse sur l'affaire

---

1. Montaigne ayant été envoyé en Guyenne pour le service du roi, on peut admettre comme extrêmement vraisemblable sa présence dans toutes les démonstrations qui eurent lieu à Bordeaux dans l'intérêt de la cause royale.

dont je vous ay chargé : vous pouvez mieux connoistre que personne les obstacles et oppositions qu'il y pourra avoir, estant sur les lieux, et ne pourroit estre aussi employé et deputé personne qui en puisse plus facilement venir about : car nul autre n'a plus d'intelligence que vous en avez pour vider les empeschements qui s'y peuvent trouver. » (De Caillière.) L'historien du maréchal pense qu'il s'agissait des négociations pour la réconciliation avec le roi de Navarre; Matignon, ne pouvant quitter Bordeaux [1], traitait l'affaire par ses agents, notamment par le sieur du Londel, capitaine de ses gardes. N'a-t-il pas pu y être aidé par quelques correspondances de Montaigne, qui avait eu fréquemment des rapports directs avec le roi de Navarre, et entretenait des relations avec quelques-uns des principaux gentilshommes de son parti, tels que le vicomte de Turenne, Duplessis-Mornay, d'Aubigné, etc.? On sait que ce fut Madame d'Angoulème qui alla conclure avec le Béarnais.

La réconciliation des deux rois éloigna de la Guyenne le fléau de la guerre civile, et rendit plus facile la mission du maréchal de Matignon; les huguenots n'étaient plus un parti ennemi à surveiller ou à combattre, mais des sujets du roi à gouverner, situation heureuse pour Montaigne, qui voyait enfin s'établir l'accord entre ses sympathies personnelles et son dévouement à la royauté légitime. La pacification ne faisait pas les affaires des ligueurs de la Guyenne; ils voulurent donner un dernier signe de vie, tenter un dernier effort de soulèvement. Ils étaient nombreux à Bordeaux, et leur zèle s'entretenait par les manœuvres des jésuites. Les exercices religieux du carême couvrirent leurs préparatifs; on tenait secrètement conseil dans la maison

---

1. D'Auvigny, *Vie du maréchal de Matignon*, suppose que l'allégation de cette impossibilité n'était qu'un prétexte : « .... Cela faisait craindre à Matignon d'avoir travaillé en vain auprès du roi de Navarre, si Henri III, environné de conseillers contraires à ses desseins, venait à changer de résolution. Pour se délivrer de cette inquiétude, il prit prétexte de ne pouvoir quitter Bordeaux, afin qu'on chargeât quelque autre personne du soin de s'aboucher avec le roi de Navarre. »

des révérends pères; là il fut résolu qu'on soulèverait le peuple pendant les processions des fêtes de Pâques, et qu'on s'emparerait d'une des portes de la ville par où l'on donnerait entrée aux troupes qui viendraient d'Agen pour se jeter dans Bordeaux. Le maréchal, soupçonnant quelque projet, ne voulut cependant pas défendre les processions; mais « il donna ordre sans bruit à ses troupes de ne s'éloigner point de leurs logements, *à ses amis de se trouver auprès de luy*, sous pretexte de l'accompagner dans les saintes ceremonies qui se pratiquent en ce temps-là dans nos eglises, et à ses gardes de le suivre tous ensemble.... Les processions se firent à l'heure accoustumee : et lorsqu'elles parurent dans la rue, assez près de la porte dont on se devoit saisir, les coniurez crierent aux armes, pour y exciter le peuple, mirent l'epee à la main, et commencerent une grande et dangereuse emeute. Les magistrats qui assistoient à la procession avec les marques de leurs charges se presenterent pour reprimer les seditieux : mais ils eurent l'audace de les outrager au lieu de leur obeyr, et de charger un petit nombre de gens de bien qui les voulurent deffendre. Le bruit s'en epandit dans les rues, et le mareschal qui en eut advis tout à l'heure suivant sa diligence naturelle, sortit *avec ses amis et ses gardes*, et estant incontinent suivy de ses troupes, marcha le pistolet à la main droit aux ennemys; fit faire une rude salve sur eux, et poussant *avec ce qu'il avoit près de luy de noblesse à cheval*, donna dans le gros des revoltés brusquement et avec resolution : passa sur le ventre à tous ceux qui se trouverent à son chemin, et les escarta en divers endroits de la ville, avec un tel effroy qu'ils ne penserent plus qu'à se cacher pour sauver leurs vies. » (De Caillière.)

Cette narration s'accorde avec le récit contemporain, plus concis, plus vif, du protestant d'Aubigné [1] : « Nous voylà à Bordeaux, et à la revolte assignee aux processions de Pasques; et pour ce que cette grande ville est recognue par les

---

1. Voy. aussi de Thou, *Hist.*, livre XCIV.

iesuites en leurs escrits, pour avoir esté leur fidele retraitte, quand toute la France les chassoit (pour user de leurs termes) aussi voulurent ils en avoir soing particulier, car chez eux se fit la coniuration, par laquelle le peuple soulevé se saisit d'une porte, reccurent à harquebusade et chassoient les magistrats qui les vouloyent reprimer. A temps y arriva le mareschal de Matignon, de qui lors les garnisons estoient foibles ; mais *estant très bien suivi de noblesse*, de huit cents reffomez, et d'hommes bien couverts, il fit sauter les murailles aux plus mutins, et à ceux qui en avoyent trop fait pour esperer pardon ; il ne fut tué en tout cette affaire que six hommes et deux qu'il fit pendre pour ce qu'ils tiroyent la solde du roy. » (*Hist. univ.*, t. II, livre II, chap. XVIII[1].)

J'ai peine à croire que Montaigne ne fût pas compris dans le rendez-vous d'honneur qui avait rassemblé autour de Matignon ses amis et beaucoup de gentilshommes.

Il me semble aussi qu'il dut figurer dans la séance solennelle du parlement qui eut lieu quelque temps après. Le 24 avril, le roi avait écrit au maréchal pour le remercier de ce qu'il venait de faire, et ordonner les mesures qu'il avait proposées ; il s'agissait de créer dans le parlement une chambre spéciale pour l'instruction et le jugement de la conspiration de Pâques, d'interdire et d'envoyer au roi un certain nombre de conseillers, de désarmer toutes les personnes convaincues ou soupçonnées d'appartenir à la Ligue, de prendre les chefs, de châtier ceux qui avaient fait acte de rébellion, de mettre hors de la ville et sans armes ceux du menu peuple qui se trouveraient prévenus ; d'agir contre les maisons et les personnes des gentilshommes tenant la campagne, de

---

1. Suivant Delurbe (*Chronique bourdeloise*), l'affaire eut lieu la veille de Pâques : « Comme la France, sur le commencement de ces derniers troubles, fut emue de toutes parts, il y eust à Bourdeaus, la veille de Pasques, quelque entreprise tendant à souslevation, laquelle en mesme instant, sans la presence et vertueux courage du seigneur de Matignon, mareschal de France, prudence de la cour de parlement et diligence des iurats, est rompue, et toutes choses remises en bon ordre. »

renvoyer les jésuites de leur maison et de démolir le château du Ha.

Le maréchal communiqua les dépêches au premier président et à ceux qu'il savait être du parti du roi, et résolut avec eux de se rendre au parlement : « Il fit avertir sous main les conseillers qui devoient estre interdits de la colere où estoit le roy : ou pour les obliger de se retirer de la ville en leur donnant la peur d'un mal plus grand encore que celuy qui les menaçoit, ou pour les resoudre à les venir trouver et luy demander sa faveur, et sa protection qui s'offroit.... Le marescal estant donc allé au palais avec ses gardes *et une suite extraordinaire de noblesse*, après avoir pris sa place, remarqua l'estonnement des conseillers ligueurs qui se trouvoient dans une chambre, environnez de gardes, et toute pleine de gentilshommes à sa devotion. » (De Caillière.)

Le premier président expliqua le but de la convocation, et fit lire par le greffier la lettre du roi et les lettres patentes; le maréchal prononça ensuite un discours grave et chaleureux (voy. de Caillière, p. 268). Le parlement établit la chambre de justice; les jésuites, mis sans bruit hors de leur maison et de la ville, se retirèrent à Agen. Le maréchal envoya aux conseillers interdits les lettres de cachet qui leur ordonnaient de se rendre à la suite du roi; il invita l'archevêque à recommander aux prédicateurs de ne rien dire de séditieux. Les conseillers interdits allèrent à la cour, et Matignon obtint du roi leur retour à Bordeaux et leur rétablissement dans leurs charges; l'affaire des conjurés ne fut point poussée : on usa de clémence à leur égard.

Le maréchal fit une guerre à outrance aux ligueurs de son gouvernement : « Il les renferma dans leurs places : et les bons sujets du roi avaient la campagne aussi libre qu'ils eussent eue en pleine paix. » (De Caillière.)

Quand le roi de Navarre se fut réconcilié avec Henri III, il s'empressa d'annoncer cette heureuse nouvelle dans la Guyenne, et de donner une première preuve de confiance à Matignon; dans sa lettre à MM. les maire et jurats de Bordeaux (17 mai 1589), il dit : « Je vous recommande doncque encore un coup le service de Sa Majesté, et comme tel vous prie, pour icelle, d'assister monsieur le mareschal ; ie le fays aussi. » Suivant d'Auvigny et de Caillière, le roi de Navarre, soit pour dissiper tout ombrage dans l'esprit d'Henri III, soit pour mieux s'assurer du dévouement d'un homme aussi habile et aussi important que Matignon, se serait démis du titre de gouverneur de la Guyenne, et aurait obtenu du roi qu'il en investît le maréchal qui commandait depuis 1581, en qualité de lieutenant général seulement. S'il en fut ainsi, Henri IV, devenu roi, aurait réduit Matignon à son ancien titre, car, dans une lettre du 20 juillet 1590, il lui confère, dans les termes les plus flatteurs il est vrai, le pouvoir de lieutenant général en Guyenne, dans l'absence du prince de Condé, gouverneur [1].

Après le crime de Jacques Clément, le 2 août 1589, Henri IV écrivit à Matignon qu'il comptait sur lui. Les circonstances qui lui assuraient la confiance du nouveau monarque augmentaient aussi les embarras de sa position. Il avait à contenir les huguenots exaltés par l'avénement d'un roi calviniste, et les ligueurs ennemis jurés d'un roi hérétique. Contre les soulèvements possibles des partis il chercha d'abord ses garanties dans la force : il augmenta ses troupes, et établit des gouverneurs affidés. Pour ménager une transition que l'état de la province et les divisions du parlement de Bordeaux rendaient très-difficile, il dut renoncer à toutes les ressources de sa finesse politique. « Le mareschal, dit son historien, sceut iudicieusement suivre le temperamment qu'il devoit apporter entre deux si grandes extremitez : qui fut de ne donner ni ne refuser publiquement son obeïssance

---

[1]. « Laquelle absence ne sçauroit moins durer d'une vingtaine d'annees, pendant lesquelles vous pouvez estre asseuré de tenir ladite charge comme en principal chef ; dont ie vous eusse aussy volontiers donné le tiltre, sans quelques considerations que vous pouvés bien juger. Mais à personnes de vostre condition qui abondent en iugement, il suffit de posseder la chose : et ne se travaillent gueres de la vanité du nom et des paroles. Je sçais que ie ne pouvois remettre ladicte charge en meilleure main que la vostre, mais rien ne vous pouvoit estre offert de meilleure volunté que ie le vous envoye. »

au roy : et de tenir son gouvernement en estat d'attendre le changement de sa religion, sans luy donner suict de plainte, et sans apprehander les armes de la Ligue. »

C'est du parlement que vinrent alors à Matignon ses principales difficultés, et c'est là aussi que son habileté temporisatrice obtint les plus heureux succès. Le parlement siégeant à Tours avait reconnu Henri IV; mais d'autres, notamment celui de Toulouse, avaient déclaré Henri de Béarn déchu de la couronne de France comme hérétique excommunié. Il ne manquait pas à Bordeaux de conseillers disposés à écouter les suggestions et à suivre l'exemple de ceux de Toulouse; ils firent même une proposition. Le maréchal assistait à la séance, où régnait une grande agitation; il donna son avis au milieu d'un profond silence; son discours fut un chef-d'œuvre de tactique (voy. de Caillière, p. 285). Il conclut à ce qu'il ne fût rien fait contre le légitime héritier du trône, mais qu'on remît à le reconnaître qu'il eût tenu la promesse de se faire catholique, et qu'il fût enjoint à ceux qui avaient pris les armes contre le feu roi de se retirer dans leurs maisons. Cet avis fut suivi : l'arrêt qui intervint, le 26 avril, ne parla pas du roi, exhorta le clergé à prier pour le feu roi, ordonna le maintien des édits de juillet et d'octobre 1588, favorables à la Ligue : « En outre, enjoint à tous sieurs gentilshommes, capitaines, villes, communautés, et autres suiets qui se sont elevés du vivant du feu seigneur roy, de poser les armes, se retirer et contenir en leurs maisons, et y vivre paisiblement sous l'observation d'iceux edits et arrests, » etc. « M. de Matignon, est-il dit aux *Mémoires de la Ligue*, aurait bien souhaité qu'on eût fait mention de Henri IV dans cet arrêt; mais il ne put jamais obtenir ce point du parlement. Il ne laissa pas de se servir de l'autorité de cet arrêt pour maintenir toute la Guyenne dans le devoir, à l'exception de quelques villes, en très-petit nombre, dont les ligueurs s'étaient rendus maîtres. »

Montaigne, qui appréciait toute l'importance des services du maréchal, et qui en faisait, comme on le lira bientôt, un juste éloge, voyant la Guyenne en paix, se retira, vers la fin de 1589 ou au commencement de 1590, dans son château.

Le retard que le roi mettait à se convertir ayant fait naître une nouvelle cabale dans le parlement, et un des anciens de la grand'chambre ayant proposé de se joindre au parlement de Toulouse, ce qui causa une vive émotion, le maréchal, au nom de la tranquillité rétablie en Guyenne depuis quelques mois, pria le parlement de ne point se départir de ses sages résolutions, et demanda qu'on députât au roi de la part de la cour, pour le supplier de se faire catholique, et lui remontrer que sans cela il ne pourrait assurer ni son autorité ni le repos de ses sujets, qu'il l'avait promis solennellement à la France qui attendait. Les conseillers ligueurs se récrièrent; le maréchal répliqua vivement, et la cour se rangea de son avis.

Pendant que les délégués du parlement se préparaient pour leur voyage, Matignon écrivit au roi ce qui venait de se passer. Henri, charmé de la manière dont le maréchal s'était tiré de ce mauvais pas, lui répondit de sa main : « Mon cousin, ie seray bien aise de voir les depputez du parlement de ma ville de Bordeaux. Ie suis sy satisfaict du service que vous me faictes, que i'ay chargé le seneschal, present porteur, vous le tesmoigner de ma part, vous priant faire tousiours estat de vostre bon maistre. Dieu vous conserve. HENRI. »

Le nom de Montaigne figure parmi ceux des conseillers députés : « Quelque temps après (la bataille d'Ivry) le parlement députa au roi le premier président Daffin, les conseillers Dalesmes, *Montaigne*, Sessac et Dessaignes, procureur général, pour lui rendre obéissance, et néanmoins pour l'exhorter à tenir la promesse qu'il avoit donnée de se faire instruire dans la religion catholique apostolique et romaine. Le premier président parla au roi avec tant de solidité, de discrétion, de dignité et d'éloquence, que ce prince, après avoir témoigné, dans les termes les plus flatteurs, la satisfaction qu'il ressentoit de la démarche du parlement de Bordeaux, remercia en particulier le magistrat du discours qu'il venait d'entendre. » (Dom Devienne, *Hist. de Bordeaux*, Ire part.) Quant au fond de la question, le roi répondit si vaguement, que le maréchal, afin de calmer les mécontents, insista pour une prochaine conversion ; le roi lui envoya par M. de Frontenac de longues explications : Matignon en fit connaître la substance au parlement, et parvint à étouffer les plaintes des magistrats ligueurs.

J'ai à peine besoin de dire que le conseiller Montaigne, qui faisait partie de la députation envoyée à Henri IV, n'était pas l'auteur des *Essais*, retiré de la magistrature depuis vingt ans ; ce doit être son cousin, Geoffroy de Bussagnet, fils de Raymond de Bussagnet, frère de Pierre Eyquem, père de Michel. Ce Geoffroy était conseiller au parlement de Bordeaux dès 1576, et c'est lui qui, après un procès, fut autorisé par arrêt rendu en 1595, à porter le nom de Montaigne, qui lui avait été contesté par d'autres membres de la famille [1].

Montaigne n'aurait pas eu besoin de la circonstance d'une députation extraordinaire pour se rappeler au souvenir d'Henri IV. Il lui avait écrit récemment : le roi lui avait répondu le 30 novembre 1589, en le priant de venir le voir, on ne sait en quelle qualité, à Tours. C'est à cet appel bienveillant que Montaigne a fait la belle réponse contenue dans une lettre du 18 janvier 1590, trouvée à la fin de 1849 par M. Achille Jubinal, à la Bibliothèque impériale, dans la collection Dupuy, tome LXII-LXIII [2].

Montaigne habitait alors son château ; c'est de là qu'il date son épître, d'une écriture plus soignée, et d'un style plus travaillé qu'il ne lui était ordinaire. La date, tracée de sa main, indique seulement le 18 janvier : c'est une main étrangère qui a écrit au dos : *xviij^e janvier* 1590, date que le contenu de la lettre aurait fait facilement suppléer. Sur le dos

---

1. M. le docteur Payen possède des documents qui établissent la preuve de ces faits de famille.
2. *Une lettre inédite de Montaigne, accompagnée de quelques recherches à son sujet, précédée d'un Avertissement,* etc., par Achille Jubinal. Paris, chez Didron, place Saint-André des Arcs, 30.

on lit aussi, d'une autre main que celle de Montaigne, *au Roy*. On ne peut savoir où elle fut envoyée et où elle fut remise ; depuis qu'Henri IV était parvenu à sortir de Dieppe, ce que Montaigne appelle son *heureuse issue*, il avait marché sur Paris, et, au commencement de 1590, il parcourait rapidement avec son armée la Normandie ; la fin de janvier ██████ successivement à Lisieux, au camp de Honfleur, au camp de Bernay.

Voici le texte de la lettre :

« Sire,

c'est estre audessus du pois et de la foule de vos grans et importans affaires que de vous sçavoir prester et desmettre aus petits a leur tour suivant le devoir de vostre authorité royalle qui vous expose a toute heure a toute sorte de degré d'homes et d'occupations. toutesfoys ce que vostre maiesté a deigné considerer mes lettres et y comander responce i'eime mieus le devoir a la benignité qu'a la vigur de son ame. l'ay de tout temps regardé en vous cette mesme fortune ou vous estes et vous peut souvenir que lors mesme qu'il m'en faloit confesser a mon curé ie ne laissois de voir aucunement de bon euil vos succez. a present aveq plus de raison et de liberté ie les embrasse de pleine affection. Ils vous servent là par effaict mais ils ne vous servent pas moins icy par reputation. le retentissement porte autant que le coup. Nous ne saurions tirer de la iustice de vostre cause des argumans si fors a meintenir ou reduire vos subietz come nous fesons des nouvelles de la prosperité de vos entreprises et puis assurer vostre maiesté que les changemans nouveaus qu'elle voit pardeça a son advantage son heureuse issue de Diepe y a bien a point secondé le franc zelle et merveilleuse prudance de monsieur le mareschal de Matignon. duquel ie me fois accroire que vous ne recevés pas iournellement tant de bons et seignalez services sans vous souvenir de mes assurances et esperances. l'atans de ce prochein esté non tant les fruits a me nourrir come ceus de nostre commune tranquilité et qu'il passera sur vos affaires aveq mesme tenur de bon heur faisant evanouir come les precedantes tant de grandes promesses de quoi vos adverseres nourrisent la volanté de leurs homes. Les inclinations des peuples se mainent a ondées. si la pente est une fois prinse a vostre faveur elle l'emportera de son propre branle iusques au bout. I'eusse bien desiré que le guein particulier des soldats de vostre armee et le besouin de les contanter ne vous eut desrobé nomeement en cette ville principale la belle recommandation d'avoir treté vos subietz mutins en pleine victoire aveq plus de solagement que ne font leurs protecturs et qu'à la differance d'un credit passagier et usurpé vous eussiés montré qu'ils estoient vostres par une protection paternelle et vraiement royale. A conduire tels affaires que ceus vous avés en main il se faut servir de voies non communes. Si s'est il tousiours veu qu'on les conquestes par leur grandur et difficulté ne se pouvoint bonemant parfaire par armes et par force. elles ont esté parfaictes par clemance et magnificence, excellans leurres a attirer les homes, specialement vers le iuste et legitime parti. S'il y eschoit rigur et chastiement il doit estre remis apres la possession de la maistrise. Vn grand conquerur du temps passé se vante d'avoir doné autant d'occasion a ses enemis subiuguez de l'eimer qu'a ses amis. Et icy nous sentons desia quelqu'effaict de bon prognostique de l'impression que reçoivent vos villes desvoiees par la comparaison de leur rude tretement a celluy des villes qui sont sous vostre obeissance. Desirant a vostre maiesté une felicité plus presante et moins hasardeuse et qu'elle soit plustost cherie que creinte de ses peuples et tenant son bien necessairement ataché[1] au leur ie me reiouis que ce mesme avancement qu'elle faict vers la victoire l'avance aussi vers des conditions de paix plus faciles. Sire vostre lettre du dernier de novambre n'est venue a moi qu'asture[2] et audela du terme qu'il vous plaisoit me prescrire de vostre seiour a Tours. Ie reçois a grace singuliere qu'ell'

---

1. Le c manque à l'original.
2. À cette heure.

aie deigné me faire sentir qu'elle pranderoit a gré de me voir, personne si inutille mais sienne plus par affection encore que par devoir. Ell' a tres louablement rangé ses formes externes a la hautur de sa nouvelle fortune, mais la debonaireté et facilité de ses humeurs internes elle faict autant louablemant de ne les changer. Il luy a pleu avoir respet non sulement a mon eage mais a mon desir aussi de m'apeler en lieu ou elle fut un peu en repos de ses laborieuses agitations. Sera ce pas bientost à Paris, Sire, et y ara il moiens ni santé que ie n'estande pour m'y randre.

votre tres hūble et
tres obeissāt serviteur et
subiet.
Mōtaigne. »

de montaigne, le 18 de janv.

Montaigne, on le voit, avait pris l'initiative. Il avait écrit plusieurs lettres, et cette fois, il remercie de la réponse. C'étaient sans doute des félicitations que Montaigne avait envoyées à Henri sur son avénement; peut-être (ce qu'on vient de lire autorise à le supposer) y joignait-il des conseils. Rien ne permet de penser qu'il eût présenté quelque demande d'intérêt personnel : le roi ne paraît lui avoir parlé que de son désir de le voir, en lui assignant un lieu où il espérait pouvoir un peu se reposer des fatigues de la guerre, ce qui convenait aussi à l'âge et aux goûts de Montaigne. Le vœu de rejoindre bientôt Henri IV à Paris s'accorde avec les sentiments d'un loyal sujet, et avec l'amour que Michel a toujours gardé pour la capitale (voy. p. 136). Son attachement pour Paris suffit à expliquer le souhait qui termine sa lettre; il n'est pas nécessaire de conjecturer, comme fait M. Jubinal (p. 46), une arrière-pensée de quelque avantage personnel, un désir d'occuper quelque charge de cour. Montaigne n'avait besoin d'aucun emploi pour être reçu à la cour d'Henri IV, comme il l'avait été à celle d'Henri II, de Charles IX et d'Henri III; la continuation de son titre de gentilhomme ordinaire de la chambre était, pour ainsi dire, assurée; l'ambition n'atteignait plus depuis longtemps son âme : quant à un intérêt pécuniaire, il en avait toute sa vie repoussé la pensée, et on verra tout à l'heure avec quelle noble fierté il le rappela au roi lui-même.

Ce que j'ai dit de la conduite de Matignon explique et justifie les éloges donnés par la lettre au franc zèle, à la merveilleuse prudence, aux signalés services de M. le maréchal[1]. On voit aussi, par un autre passage, également d'accord avec ce que j'ai rappelé de l'état de la Guyenne, qu'il y avait encore alors dans cette province des villes au pouvoir des ligueurs, mais que le désir de se rallier au roi commençait à s'y manifester.

L'habileté des compliments de Montaigne est le passe-port de ses conseils : ses paroles honorent et celui qui les prononce et celui à qui elles s'adressent. Montaigne connaissait la générosité d'Henri; Henri appréciait la franchise de Montaigne. Celui-ci se faisait bienvenir en rappelant le souvenir d'une sympathie ancienne, et qui n'avait pas été sans danger pour la conscience d'un bon catholique; Montaigne se confessant de ses vœux pour le succès du Béarnais, cela dut faire sourire le roi huguenot. Cette phrase si spirituelle : « Vous peut souvenir que lors mesme qu'il m'en faloit confesser à mon curé, ie ne laissois de voir aucunement de bon œil vos succez, » perdrait tout son sel si on y voulait trouver avec M. Jubinal (p. 47, 48) la prévision, à plusieurs années de distance, de l'abjuration d'Henri IV. Non; le sens grammatical s'oppose à cette interprétation, et plus encore le respect dû à la verve et au charmant style de Montaigne.

Un mot sur une difficulté soulevée par M. Jubinal (p. 49). « Sire, dit la lettre du 18 janvier 1590, vostre lettre du dernier novambre n'est venue a moi qu'asture, et audelà du terme qu'il vous plaisoit me prescrire de vostre seiour à Tours. » Le roi, dit M. Jubinal, entré à Tours, le 21 novembre, en partit le 25 pour aller faire le siége du Mans, et en

---

[1]. « Ledit seigneur, par sa prudence et sage conduite, sauva la ville de Bourdeaus. » (Darnal, *Continuation de la Chronique bourdeloise*.)

resta éloigné pendant tout le mois de janvier 1590 ; comment donc aurait-il *écrit de Tours* le dernier novembre? L'objection est toute gratuite ; Montaigne ne dit nullement que la lettre du roi ait été écrite de Tours; il n'indique pas le lieu d'où elle a été expédiée : il ne rappelle que la date du jour où elle a été écrite et le moment où il vient de la recevoir, afin de s'excuser de n'avoir pas répondu plus tôt et d'avoir laissé passer l'époque où le roi lui avait donné rendez-vous à Tours. Les événements militaires se précipitaient; il n'est pas étonnant qu'Henri écrivant, d'un endroit qu'on ne connaît pas, pour mander à Montaigne de se rendre auprès de lui à Tours, dans le mois de décembre probablement, ait été tenu éloigné pendant tout ce mois par les nécessités de la guerre. M. Jubinal pense que le roi a *dû* écrire à Montaigne, non en novembre, mais en octobre, et lui dire de venir à la fin de novembre, parce que c'est vers ce temps qu'eut lieu à Tours la réception solennelle de l'ambassadeur de Venise, et la séance du parlement où la reine veuve d'Henri III présenta requête pour obtenir justice de l'assassinat du feu roi, circonstances où Henri IV voulait naturellement s'entourer des hommes qu'il aimait et dont il tenait les conseils à grande estime. Tout cela repose sur la prétendue erreur de la date *de Tours*, 30 novembre, erreur qui n'a point été commise. D'ailleurs, Henri pouvait-il prévoir, un mois d'avance, le jour où s'accompliraient les actes de son gouvernement? Enfin, si Montaigne plaisait au roi, ce n'était pas à jour fixe : ses avis étaient bons en tout temps.

Par sa lettre de novembre 1589, le roi invitait Montaigne à venir le trouver. Montaigne répond, le 18 janvier suivant, avec respect, mais sans promesse de départ, sans engagement; il semble même disposé à attendre que l'agitation de la guerre soit calmée, et que le roi ait fait son entrée à Paris; alors rien ne lui coûtera pour se rendre à la cour. Henri, peut-être trompé sur les motifs qui retenaient Montaigne dans son château, et craignant que la dépense ne fût un obstacle au voyage de l'homme qu'il souhaitait voir auprès de lui, et qui n'arrivait pas, lui écrivit de nouveau : d'abord par une lettre dont la date n'est pas connue, il lui donne une mission pour le maréchal de Matignon; ensuite par celle du 20 juillet, il semble avoir fait quelque ouverture, ou du moins quelque allusion relative aux affaires d'argent. Montaigne reçoit la dernière lettre du roi le 2 septembre dans la matinée, et, quoique malade, il répond le même jour. Sa lettre, signée seulement par lui, mais écrite d'une autre main[1], a été trouvée, en 1846, par M. Antoine Macé, à la Bibliothèque impériale, dans le tome LXI-LXII de la collection Dupuy, et publiée, pour la première fois, dans le *Journal de l'Instruction publique*, du 4 novembre 1846. Elle est datée sans indication de l'année; mais le deuxième feuillet porte au verso, d'une écriture du temps : « Monsieur de Mōtaigne, second septembre 1590; » ce qui confirme la date que lui avait donnée MM. Macé et Payen.

Montaigne n'a rien écrit de plus beau que cette lettre :

« Sire,

celle qu'il a pleu a vostre maiesté mescrire du vintiesme de iuillet ne ma esté rendue que ce matin et ma trouvé engagé en vne fieburc tierce tres violente, populaire en ce pais despuis le mois passé. Sire, ie prends a tres grand honneur de recevoir vos commandemens et nay poinct failly descrire a monsieur le mareschal de Matignon trois fois bien expressement la deliberation et obligation enquoy iestois de laler trouver, et iusques a luy merquer la route que ie prendrois pour laler ioindre en seureté sil le trouvoit bon. a quoy nayant eu aucune response, iestime quil a consideré pour moy la longueur et hazard des chemins. Sire, vostre maiesté me fera sil luy plaist ceste grace de croyre que ie ne plaindray pas ma bource aus occasions ausquelles ie ne voudrois espargner ma vie. ie nay iamais receu bien quelconque de la liberalité des roys non plus que demandé ny merité, et nay receu nul payement des pas que iay employés

---

[1]. C'est l'opinion, fortement motivée, de M. Payen, *Documents inédits*, p. 7.

a leur service desquels vostre maiesté a heu en partie cognoissance. ce que i'ai faict pour ses predecesseurs, ie le feray encores beaucoup plus volontiers pour elle. ie suis, Sire, aussy riche que ie me souhaite, quand iauray espuisé ma bource auprès de vostre maiesté, a paris, ie prendray la hardiesse de le luy dire, et lors, sy elle mestime digne de me tenir plus longtemps a sa suite, elle en aura meilleur marché que du moindre de ses officiers.

« Sire,
« ie supplie dieu pour vostre prosperité et santé,
« Vostre très hūble et très obeissā servitur et
« subiect,
« MŌTAIGNE. »

de montaigne,
ce second septembre.

Il y a deux parties bien distinctes dans cette missive. Montaigne rend d'abord compte des démarches qu'il a faites dans le but de s'acquitter de la commission que le roi lui avait donnée pour le maréchal de Matignon ; il lui avait proposé trois rendez-vous et n'avait reçu aucune réponse : il donne à ce silence une interprétation polie ; il aurait peut-être laissé paraître un peu de mauvaise humeur, s'il n'avait pas connu les lourdes affaires que le maréchal avait sur les bras, ses négociations pour arriver à faire reconnaître le roi par le parlement, ses voyages dans les places dont il augmentait ou inspectait les garnisons, ses correspondances actives avec la cour, la surveillance incessante qu'exigeaient les manœuvres sourdes des ligueurs de Bordeaux, les soins que réclamaient les troupes qu'il fallait tenir prêtes pour la répression des mouvements séditieux, et pour des expéditions telles que la prise de Riom, en Bazadois, dont un parti de la Ligue s'est emparé en cette année 1590.

La seconde partie de la lettre concerne Montaigne personnellement ; elle n'a besoin d'aucune explication[1], et ne sau-

---

1. M. Macé a cru devoir l'accompagner, en la publiant, de quelques renseignements biographiques et de quelques réflexions. Les faits qu'il allègue ne

rait recevoir trop d'éloges. Déjà, dans ses *Essais*, le philosophe s'était félicité de son indépendance vis-à-vis les grands[1]; mais le gentilhomme n'avait pas encore montré au roi lui-même cette noble susceptibilité. Peu d'hommes de son temps auraient eu le droit et le courage de parler ainsi; aucun peut-être n'aurait su allier, dans un langage aussi ferme et aussi habile, l'expression de la dignité avec celle du dévouement.

Henri IV s'est-il fatigué de répéter un appel qui rencontrait toujours des retards? Montaigne s'est-il renfermé dans sa susceptibilité, ou plutôt n'a-t-il pas voulu attendre, comme ses lettres le laissent deviner, que le roi eût fini de guerroyer, pour aller le retrouver à Paris, vivant, jusque-là, dans une retraite dont nous ne connaissons plus aucun détail? Quels que soient les motifs, ces deux hommes, qui se comprenaient, s'estimaient et s'aimaient, ne parvinrent plus à se joindre. L'un tombait frappé de mort par une esquinancie, tandis que la Ligue fermait à l'autre les portes de la capitale. Une rencontre dans les salons du Louvre le jour de l'entrée triomphante d'Henri IV à Paris eût été une gloire de plus pour le roi, et une vive joie pour le serviteur loyal. La Providence en avait décidé autrement.

---

sont pas tous d'une entière exactitude : par exemple, il paraît supposer que les rapports intimes de Montaigne avec Henri IV ne datent que de cette époque; la preuve du contraire résulte des différentes parties de la vie publique de Montaigne.

Faisant allusion au récit contenu dans les *Mémoires*, M. Macé, qui sans doute n'avait point le passage sous les yeux, dit que de Thou représente Montaigne aux états de Blois, *louvoyant entre les partis, prévoyant déjà qu'Henri de Navarre reviendrait au catholicisme, se liant avec lui, sans se brouiller cependant avec le duc de Guise*. Rien de semblable ne se trouve dans de Thou; il raconte la conversation intéressante dans laquelle Montaigne, s'expliquant sur les causes des troubles du temps, rappelait qu'il avait eu occasion de connaître les vrais sentiments du roi de Navarre et du duc de Guise, lorsqu'il était intervenu autrefois entre eux. L'historien, ami de Montaigne, ne lui fait nullement jouer le rôle peu digne que lui prête M. Macé. Quelques lignes de M. Payen (*Documents inédits*, p. 9) l'en défendent très-bien, et ce que l'on sait avec certitude sur ses principes et sa conduite ne permet pas de douter de la position franche et résolue qu'il avait prise dans les partis qui divisaient la France.

1. Voy. ci-dessus, p. 131.

CHAPITRE XIII.

RÉSUMÉ CHRONOLOGIQUE DE LA VIE PUBLIQUE DE MONTAIGNE.

J'ai dû me livrer à une démonstration spéciale concernant chacune des fonctions que Montaigne a remplies, chacune des dignités dont il a été investi. Maintenant, appuyé sur le résultat des recherches et de la discussion, je vais résumer rapidement les faits en les exposant dans leur ordre chronologique.

Destiné par son père à la magistrature, et sorti, à treize ans, du collége de Guyenne, Michel Montaigne étudia de bonne heure le droit ; il est probable qu'il suivit les cours de la célèbre université de Toulouse.

En 1554, Pierre Eyquem, son père, fut nommé conseiller à la cour des aides, tout récemment instituée à Périgueux ; la même année, ayant été élu maire par les habitants de Bordeaux, il ne put continuer à exercer ses fonctions de conseiller. Il les résigna en faveur de son fils, ou bien il acheta pour lui, peu de temps après, un siége à la même cour. De quelque manière que Michel Montaigne y soit entré, de 1555 à 1557, il faisait partie de la cour des aides de Périgueux, lorsqu'elle fut réunie au parlement de Bordeaux à la fin de l'année 1557. Il devint dès lors le collègue de La Boëtie, qui lui doit son immortalité.

Le jeune conseiller avait peu de goût pour sa *vacation*. Il profita des avantages que lui offraient sa naissance et les relations de son père pour se rendre à la cour d'Henri II ; s'il n'assista pas à la fin tragique de ce prince, il était à la cour peu de temps après, et y portait le deuil. En 1559, il accompagna François II, lorsqu'il conduisit en Lorraine sa sœur Claude, mariée au duc Charles III. Il vint aussi à la cour dans les commencements du règne de Charles IX ; il était avec ce jeune roi à Rouen lorsqu'on lui présenta des sauvages d'Amérique, probablement en 1562. Il n'exerça point à cette époque ni à aucune autre les fonctions de secrétaire de la reine Catherine de Médicis, et n'eut aucune part à la rédaction des Avis qu'elle adressa, non pas à Charles IX, comme on l'a toujours dit, mais à Henri III.

En 1565, le parlement de Bordeaux reçut la visite de Charles IX et les sévères remontrances du chancelier L'Hôpital. L'esprit de cette compagnie, son zèle excessif contre les huguenots, ses habitudes d'insubordination, étaient antipathiques à la modération de Montaigne et à son respect pour la légalité. Quand il eut perdu son père, et que la mort de son frère aîné l'eut fait chef de la famille, il se hâta de résigner sa charge, en 1570, et quitta la robe pour l'épée.

Un an après, sur la demande de son voisin et ami le marquis de Trans, il était nommé par Charles IX chevalier de l'ordre de Saint-Michel.

N'étant plus tenu par les liens d'une fonction permanente, et ayant des biens à gérer, il vécut alors dans son château de Montaigne, et y commença la rédaction des *Essais*. S'il pensa d'abord à s'enfermer définitivement dans la solitude, il ne persista pas dans sa résolution. Tous les chevaliers de l'ordre de Saint-Michel ayant été appelés à Paris pour le chapitre de septembre 1572, on doit penser qu'il se rendit à cette convocation. Pendant que le roi de Navarre et le duc de Guise se trouvaient ensemble à la cour, c'est-à-dire pendant les deux dernières années du règne de Charles IX et les deux premières du règne d'Henri III (de 1572 à 1576), il servit à plusieurs reprises d'intermédiaire, afin de maintenir, en apparence du moins, la bonne intelligence entre ces princes que séparaient des causes si profondes d'inimitié. De plus, au mois de mai 1574, il remplit auprès du parlement de Bordeaux une mission dont il avait été chargé par le duc de Montpensier, commandant en chef d'une des armées du roi.

Le roi de Navarre, après s'être évadé de la cour de France, en 1576, fit la guerre en Guyenne; il y a lieu de croire que Montaigne servit alors la cause royale dans l'armée catholique. La paix de Monsieur fit cesser les hostilités.

Le retour de la reine Marguerite, ramenée par sa mère Catherine de Médicis, en 1578, donna beaucoup d'éclat et d'attrait à la cour de Nérac ; il est difficile de penser que Montaigne ne vint pas jouir des belles fêtes et de la société des personnages distingués parmi lesquels il comptait des amis, entre autres Pibrac.

La pierre et la colique ayant commencé à le tourmenter, il se donna lui-même, car il était son propre médecin, le conseil d'aller chercher du soulagement et de la distraction dans l'usage des eaux thermales. Il partit, le 22 juin 1580, se proposant de visiter les principaux établissements de bains de la Lorraine, de la Suisse, de l'Allemagne et de l'Italie. Il se rendit d'abord à la Fère, place qui avait été surprise par le prince de Condé, et dont M. le maréchal de Matignon était chargé de s'emparer pour le roi. M. de Gramont, mari de la belle Corisande d'Andouin, ayant succombé à une blessure causée par le canon des assiégés, Montaigne alla, avec quelques autres amis de la famille, conduire le corps à Soissons. De là il se mit en route pour Plombières.

Il avait parcouru l'Italie, avait fait un premier séjour à Rome, y avait obtenu un diplôme de citoyen romain, et se trouvait pour la seconde fois aux bains qu'il préférait, ceux *della Villa*, près de Lucques, lorsqu'il reçut, le 7 septembre 1581, de M. du Tausin, une lettre qui lui annonçait qu'aux dernières élections il venait d'être nommé maire de Bordeaux. Il ne s'empressa pas de prendre un parti sur la dignité qu'on lui offrait ; au lieu de se diriger vers la France, il retourna à Rome ; en y arrivant, il trouva une lettre des jurats de Bordeaux, qui lui annonçaient officiellement sa nomination et le priaient instamment d'accepter. Flatté de l'honneur que ses concitoyens lui faisaient, mais, avant tout, ami de son repos, il refusa en s'excusant, passa encore une quinzaine de jours à Rome, et revint lentement en France ; il rentra dans son château à la fin de novembre.

Pour vaincre sa résistance, les Bordelais s'étaient adressés au roi. Henri III lui écrivit, le 25 novembre, une lettre où il l'engageait, presque avec injonction, à accepter la mairie et à venir promptement remplir son office. Montaigne, chevalier de l'ordre de Saint-Michel, et devenu, on ne sait depuis combien de temps, gentilhomme ordinaire de la chambre, ne pouvait plus persister dans un refus que, d'ailleurs, ses amis avaient blâmé.

Le moment précis où il abandonna son château pour prendre ses fonctions de maire n'est pas connu. Il se trouvait en exercice à Bordeaux dès le mois de janvier 1582, et il reçut les membres de la chambre de justice de Guyenne, instituée par le traité conclu à Fleix en 1580. Le 26 janvier, il était présent à la séance d'ouverture, et il se montra si satisfait de la belle *remontrance* que prononça M. l'avocat général Antoine Loisel, que lorsque ce magistrat la fit imprimer, il la dédia à Montaigne. Pendant le temps que la chambre de justice siégea à Bordeaux, Montaigne se lia d'amitié avec ses membres les plus distingués, notamment avec le conseiller de Thou, le célèbre historien.

En cette année, la ville de Bordeaux obtint du roi l'extinction de la traite foraine, droit de douane dont elle avait souvent demandé l'abrogation.

Au mois d'août, Montaigne fut député à la cour pour une affaire importante; il emportait avec lui d'amples instructions, des mémoires et une copie des priviléges de la ville. Henri III rendit en juillet 1583 une ordonnance favorable.

La bonne administration de Montaigne lui assura de nouveau les suffrages de la majorité des électeurs; au mois d'août 1583, il fut continué pour deux autres années dans ses fonctions de maire. Une minorité, animée d'on ne sait quelles passions malveillantes, attaqua les élections; elle se pourvut d'abord devant le parlement de Bordeaux; mais bientôt elle se désista de la procédure, qui aurait nécessité une discussion contradictoire, et déféra l'affaire au conseil du roi, sans y appeler les parties intéressées. Un arrêt du conseil, en date du 4 février 1584, confirmé par lettres patentes du roi, maintint la nomination de Montaigne, mais sans tirer à conséquence, et avec défense à l'avenir de continuer le maire après deux ans d'exercice sans avoir obtenu l'agrément du roi, et annula l'élection des trois nouveaux jurats élus, leur interdisant de remplir leurs fonctions jusqu'à ce qu'ils eussent été entendus au conseil. Le maire et les jurats adressèrent au roi, le 5 mars 1584, une requête contre sa décision ; l'affaire fut arrangée par les soins de Villeroy, secrétaire d'État, et du maréchal de Matignon.

Au mois de décembre 1583, Montaigne, les jurats et le procureur syndic, adressèrent une remontrance ou pétition au roi de Navarre, gouverneur de la Guyenne, pour lui demander d'assurer ou de rétablir les communications commerciales sur la Garonne.

A la même époque, une correspondance importante s'échangeait entre Montaigne et Duplessis-Mornay, à l'occasion des négociations qui se poursuivaient entre le roi de Navarre et le maréchal de Matignon, lieutenant général en Guyenne depuis 1581, et M. de Bellièvre envoyé par Henri III ; il s'agissait de la prise de Mont-de-Marsan, dont le roi de Navarre venait de s'emparer, et de la reine Marguerite, que le roi son mari ne voulait pas recevoir avant d'avoir obtenu satisfaction pour l'affront public qui avait été fait à cette princesse lors de son départ de Paris. Montaigne, renseigné et consulté par l'agent principal du roi de Navarre, intervint auprès du maréchal de Matignon et de M. de Bellièvre pour l'arrangement définitif du différend.

En 1584, il visita Henri et Marguerite à la cour de Nérac ; il rapporta, en mai, au maréchal une lettre et des commissions verbales et confidentielles.

Il passa la fin de cette année et le commencement de l'année suivante dans son château ; il y fut honoré, le 19 décembre 1584, de la visite du roi de Navarre. Au commencement de 1585, la ville avait envoyé des députés en cour ; les affaires exigeaient la présence du maire ; les jurats le prièrent de revenir ; il leur répondit, au mois de février, sans leur promettre positivement son retour. Mais il ne tarda point à partir ; l'état politique de Bordeaux le réclamait impérieusement.

La Ligue s'agitait dans la Guyenne plus que dans toute autre province ; Henri III, encore indécis, suivait sa politique de dissimulation et de duplicité : son lieutenant général, le maréchal de Matignon, se trouvait dans le plus grand embarras, ne pouvant ni s'opposer ouvertement au roi de Navarre, ni prendre son parti ; malgré toutes les instances de ce prince, il ne s'expliquait pas avec lui, et ne répondait rien à ses lettres. Henri, ne voulant point paraître étranger à ce qui se passait dans son gouvernement, écrivit, en avril 1585, au maire et aux jurats de Bordeaux pour les avertir de se tenir en garde, et pour leur faire ses offres de service.

Le maréchal ne laissa pas au mouvement préparé le temps d'éclater. Il convoqua, dans le courant d'avril, Montaigne, les jurats, et d'autres fonctionnaires importants, à se trouver dans son hôtel ; il y fit venir aussi le baron de Vaillac, gouverneur du château Trompette et zélé ligueur ; il avait donné pour prétexte à la réunion une communication d'ordres reçus du roi ; il en fit connaître le véritable but, qui était de sommer Vaillac de lui remettre le château Trompette ; après une longue résistance, le baron se soumit ; le maire et les jurats prirent des mesures pour assurer la tranquillité de la ville, et le lendemain signèrent le procès-verbal de ce qui s'était passé.

C'est sans doute dans le but de porter au roi de Navarre la nouvelle de cet événement que Montaigne l'alla trouver à Bergerac ; sa visite est constatée dans une lettre écrite par Henri au maréchal de Matignon, le 23 avril.

Henri III, par une dépêche du 3 mai, félicitait le maréchal sur la prise du château Trompette, et lui ordonnait de se diriger le plus tôt qu'il pourrait vers Agen, où la reine Marguerite entretenait des intrigues avec les ligueurs. Matignon se hâta d'exécuter les ordres du roi. En son absence, Montaigne porta dans ses fonctions de maire une activité, une vigilance à toute épreuve; une lettre de lui, du 22 mai, écrite pendant la nuit, rend compte au maréchal de tout ce qui se passait dans la ville. Pendant ce mois il y eut, à Bordeaux, une grande revue des compagnies de bourgeois, ce qui dut exciter vivement les sollicitudes du maire.

Vers le commencement de juin, Montaigne fit encore une visite au roi de Navarre; ils conférèrent ensemble sur divers sujets de réclamation pour lesquels une lettre du prince, en date du 6 juin, prie le maréchal de s'entendre avec lui.

Une maladie contagieuse qui régnait fréquemment à Bordeaux, éclata avec une intensité extraordinaire. A partir du mois de juin la mortalité devint effrayante. Montaigne, premier magistrat de la ville, devait donner l'exemple du courage et rester à son poste jusqu'à la fin de ses fonctions, qui expiraient le 1er août. Le courage lui manqua. Il quitta Bordeaux. Les jurats lui demandèrent de venir aux élections municipales; il répondit de Libourne, le 30 juillet, en s'excusant; il avait déjà écrit dans le même sens à M. de Moncuq, l'un des jurats, qui s'était mis à la tête de l'administration abandonnée par le maire.

Montaigne sortit de son château quand la peste y fut arrivée, et, avec toute sa maison, chercha pendant six mois, au dehors, un asile contre la maladie. Il est probable, qu'en 1585 et 1586, il suivit l'exemple de la noblesse catholique de la province, et servit comme volontaire afin de repousser les bandes huguenotes qui, sortant des places fortes, inquiétaient et ravageaient les campagnes; peut-être aussi prit-il quelque part aux expéditions conduites, en 1586 et 1587, par le duc de Mayenne et le maréchal de Matignon.

Il ne combattit sans doute pas à la bataille de Coutras; car trois jours après, le 23 octobre 1587, il recevait le roi de Navarre, qui soupait et couchait au château de Montaigne.

Au commencement de 1588, il visita la cour dans le voyage qu'il fit à Paris pour faire imprimer une nouvelle édition des *Essais*. Après la journée des Barricades, il n'hésita pas à quitter la capitale, et il suivit la cour à Chartres, à Rouen, et enfin à Blois. Il ne fut point député aux états, mais il resta à Blois pendant la tenue de cette assemblée, soit comme gentilhomme de la chambre du roi, soit comme simple spectateur.

En 1589, il retourna à Bordeaux, par l'ordre et pour le service du roi; le maréchal de Matignon l'admit dans le conseil où se traitaient les grandes affaires de la province, et il prit part aux démonstrations que dirigea le maréchal, soit pour empêcher le soulèvement des ligueurs, soit pour maintenir dans le devoir les têtes ardentes du parlement.

La tranquillité étant rétablie en Guyenne, Montaigne se retira dans son château, sans cesser ses relations politiques. Il resta en correspondance, dans les années 1589 et 1590, avec Henri IV, auquel il avait toujours gardé des sympathies, même lorsque son devoir l'avait obligé à tirer l'épée contre les armées calvinistes.

Montaigne mourut chez lui, en 1592, et son dernier acte fut une profession en quelque sorte publique de la religion catholique qu'il avait constamment observée et servie dans sa carrière politique. Au milieu des guerres civiles et religieuses, et sans jamais se départir de la modération qui faisait le fond de son caractère et de sa philosophie, il s'était toujours montré résolûment catholique et royaliste.

FIN.

ADDITION

AU CHAPITRE VIII.

Un travail de M. Rabanis, analysé dans le *Compte rendu des travaux de la commission des monuments et documents historiques et des bâtiments civils du département de la Gironde*, pendant l'année 1849-1850, page 26, et dont je n'ai eu connaissance qu'au moment où va se terminer l'impression de ce volume, rectifie ce qui a été dit par des historiens de Bordeaux, et ce que j'ai répété d'après eux, page 220, sur l'époque où les rois anglais ont rendu la mairie élective. D'après les recherches de ce savant écrivain, la libre élection des maires fut octroyée aux Bordelais en 1218 et confirmée en 1235 par le roi Henri III. Les registres de la municipalité ne donnent la liste des maires pour ces temps-là que depuis 1218 jusqu'en 1294, époque de l'occupation de la Guyenne par Philippe le Bel. M. Rabanis a continué la liste des maires anglais de 1294 à 1452, année de la prise de Bordeaux par le roi de France. Cette liste, plus complète et plus exacte que celle de Bernadau, que j'ai citée page 221, note 2, rectifie plusieurs erreurs et rétablit la véritable orthographe des noms anglais. Voyez aussi l'intéressant travail de M. L. Lamothe sur l'hôtel de ville de Bordeaux, page 4.

ERRATA.

Page 213, ligne 22, au lieu de « parmi les anciens recueils de statuts municipaux » lisez : « parmi les anciens recueils de chartes municipales. »

Page 213, ligne 23, au lieu de : « le livre des Bouillons qui *était* conservé » lisez « qui *est* conservé. »

Page 224, ligne 2 de la sous-note, au lieu de : « la liste des principaux fonctionnaires alors en charge, lisez : « la liste des principaux fonctionnaires depuis lors en charge. »

Page 231, ligne 27 de la note 2, au lieu de : « cinq éditions, » lisez : « quatre ou cinq éditions. »

Page 271, ligne 21, au lieu de « Ducourneaux, » lisez « Ducourneau. »

TABLE DES CHAPITRES.

Préface .... Page i.

CHAPITRE PREMIER.

NAISSANCE ET NOBLESSE DE MONTAIGNE.

Date de la naissance de Montaigne. — Noblesse de son père. — Origine des Eyquem et du nom de Montaigne. — Vie et fonctions de Pierre Eyquem. — Michel lui succède. — Ses armoiries ; ce qu'il en dit dans ses *Essais* ; ce qu'il en fait dans ses voyages. — Il les lègue à Pierre Charron .... Pages 1-12.

CHAPITRE II.

PRINCIPES GÉNÉRAUX DE LA CONDUITE PUBLIQUE DE MONTAIGNE.
CATHOLIQUE. — ROYALISTE.

C'est sa vie et ses idées que Montaigne a décrites dans son livre. — Témoignages en faveur de sa sincérité. — Il faut l'apprécier en le comparant à son époque. — Il a joué un rôle considérable. — Il a combattu en lui l'ambition. — Sa modération, son amour du repos. — Dans toutes ses fonctions, il a suivi des principes fermes et constants. — Il reconnaît que les affaires de son temps ne peuvent être conduites par la vertu seule. — Il constate et déplore la corruption générale de son siècle. — Il a horreur du mensonge et de la dissimulation. — Il garde partout son franc parler. — Il met l'honnête au-dessus de l'utile. — Il veut qu'on tienne toujours ce qu'on a promis ; une nécessité d'intérêt public peut seule dispenser les princes de garder leur parole. — Il était cosmopolite, aimait l'égalité parmi les hommes. — Il veut que, quoi qu'on pense, on reste soumis aux lois du pays ; qu'on se sacrifie pour les défendre. — Il admet qu'elles doivent fléchir si le salut public l'exige. — Il était ennemi des nouveautés dans l'État ; ne désespérait pas de l'avenir, malgré tous les troubles et les vices du présent. — Il ne veut pas qu'on reste neutre et indifférent dans les affaires publiques. — Résista aux entraînements de parti, et aux alliances avec les hommes malhonnêtes. — Il n'avait point de haine contre ses adversaires.

— Aimait sa propre conservation, mais la subordonnait au devoir. — Condamnait les excès de zèle. — Sa modération l'exposa aux inimitiés des partis opposés. — Malgré les progrès de la réforme en Guyenne, il est toujours resté du parti catholique ; s'est plusieurs fois déclaré catholique ; agissait conformément à sa profession de foi. — Flétrissait ceux qui emploient la religion dans leur intérêt ; condamnait les excès des catholiques ; était tolérant et juste envers les dissidents. — Il est toujours resté fidèle à la royauté. — A professé courageusement son opinion. — Ne s'est pas mépris sur la Ligue. — N'a jamais été le serviteur ni l'obligé des Guise ; erreur de quelques biographes à ce sujet. — Ses sympathies étaient pour le roi de Navarre.
Pages 13-62.

CHAPITRE III.

MONTAIGNE MAGISTRAT.

Montaigne destiné par son père à la magistrature. — A fait probablement ses études de droit à Toulouse. — Établissement d'une cour des aides à Périgueux : Pierre Eyquem en fait partie. Michel Montaigne y entre ensuite ; devient conseiller au parlement de Bordeaux par suite de la fusion de la cour des aides. — Durée de la magistrature de Montaigne ; erreurs des biographes. — Autres Montaigne membres du parlement. — Vrais sentiments de Montaigne sur les lois, la jurisprudence et la justice. — N'a jamais caché sa qualité de conseiller et n'en a point eu honte. — Histoire du parlement de Bordeaux pendant qu'il y a siégé. — Attitude qu'il a dû y tenir. — — Mentions relatives à sa présence et à sa coopération. — Opinion sur sa valeur comme magistrat................ Pages 63-120.

CHAPITRE IV.

RELATIONS DE MONTAIGNE AVEC LA COUR.

La cour depuis François Ier. — Montaigne y vint parce que c'était l'usage. — N'a jamais flatté les princes. — Blâme, par allusion, la conduite d'Henri III. — Critique les profusions, les faveurs, les violations de promesses. — Conseille aux princes la bonté et la justice. — N'a point été ébloui ni asservi par la grandeur des rois. — N'a jamais reçu de bienfaits de la royauté, l'a servie sans intérêt. — Se souciait peu de la faveur, ne parlait aux princes ni pour les flatter, ni pour les amuser, ni pour se faire remarquer. — Est venu souvent à la cour, sans y rester longtemps. — Explication ou excuse de sa présence dans des cours corrompues. — Se plaisait au mouvement. — Erreurs des biographes sur ses apparitions à la cour et sur sa retraite ; inscription de son château. — Est venu à la cour d'Henri II. — A suivi en Lorraine la cour de François II. — S'est trouvé à Rouen avec Charles IX ; est-ce en 1562? — Sauvages brésiliens à Rouen et à Bordeaux. — Vint à la cour en 1570. — Ne s'est pas enfermé depuis 1571 dans la solitude. — Dut venir à la cour en 1572 comme chevalier de Saint-Michel. — Servit d'intermédiaire au roi de Navarre et au duc de Guise quand ils étaient à la cour, de 1572 à 1576. — Se trouvait à la cour d'Henri III au commencement de son règne. — Vint à la cour comme maire de Bordeaux en 1582. — Y parut en 1588, et la suivit à Chartres, à Rouen et à Blois. — Il eut de fréquents rapports avec la cour de Navarre. — Probablement vit le roi de Navarre après 1576, visita la cour de Nérac en 1578. — Y retourna en 1584. — Reçut plusieurs fois dans son château *la royauté;* c'était la cour de Navarre, et la personne d'Henri IV .... Pages 121-163.

CHAPITRE V.

MONTAIGNE CHEVALIER DE L'ORDRE DE SAINT-MICHEL.

Origine de l'ordre. — Sa splendeur, son discrédit, surtout depuis Charles IX. — Dates diverses attribuées à la promotion de Montaigne. — Lettre de Charles IX, de 1571, qui le nomme ; détails sur cette lettre, observations. — Critique de Brantôme sur la promotion de Montaigne. — Déclin de l'ordre; création de l'ordre du Saint-Esprit ; opinion de Montaigne. — Destinée du nouvel ordre.
Pages 164-177.

CHAPITRE VI.

MONTAIGNE GENTILHOMME ORDINAIRE DE LA CHAMBRE DU ROI. — SUPPOSÉ A TORT SECRÉTAIRE DE CATHERINE DE MÉDICIS.

Origine des charges de gentilshommes de la chambre du roi. — Quand Montaigne a-t-il été nommé? — En quoi consistaient ces fonctions? — Quand elles donnaient droit à des gages. — Elles exigeaient la noblesse. — Avis de Catherine de Médicis à son fils. Montaigne ne les a pas écrits. — N'a point été secrétaire de Catherine. — Ces avis ne sont point adressés à Charles IX, mais à Henri III. — Ont été écrits par Jacques de Montaigne............ Pages 178-199.

CHAPITRE VII.

MONTAIGNE CITOYEN ROMAIN.

Amour de Montaigne pour l'ancienne Rome. — Ambitionne le titre de citoyen romain. — Passage des *Essais* et diplôme. — Biographes ont foi à la spontanéité de l'honneur décerné. — Montaigne avoue qu'il l'obtint avec beaucoup de peine .... Pages 200-204.

CHAPITRE VIII.

MONTAIGNE MAIRE DE BORDEAUX.

Montaigne part pour les eaux thermales ; — passe à la Fère ; — aux bains della Villa reçoit la nouvelle de son élection ; reçoit à Rome la lettre des jurats ; refuse. — Lettre d'Henri III qui lui ordonne d'accepter. — Revient dans son château. — S'applaudit d'avoir accepté. — Importance de la municipalité de Bordeaux, noblesse exigée du maire. — Priviléges des bourgeois; habile politique des Anglais; infraction par les Français, et troubles qui en résultent. — Villes filleules. — Composition du corps de ville ; — jurats, prud'hommes, conseil des Trois-Cents ; élections des jurats et prud'hommes. — Prérogatives du maire ; nomination sous les rois anglais, puis sous les rois de France ; élection rétablie en 1550 ; serment. — Fonctions et attributions des maires et jurats ; officiers de la commune. — Origine et texte de l'édit de 1550. — Droits successivement rendus à la commune. — Après son acceptation, Montaigne écrit pour se dépeindre tel qu'il est. — Ses titres à être élu. — Présente la défense de sa mairie. — Épigramme de Balzac. — Biographes louent son administration. — L'histoire de son exercice est peu connue. — Se divise en deux époques. — M. le maréchal de Matignon lieutenant général ; époque de sa nomination, son caractère, ses rapports avec Montaigne. — Le maire de Bordeaux entrait en fonction immédiatement, et non pas un an seulement après son élection ; discussion ; preuves spéciales pour Montaigne. — Assiste à l'ouverture des séances de la chambre de justice ; Antoine Loisel, avocat général, lui dédie sa remontrance. — Extinction de la traite foraine. — Montaigne va à la cour pour une affaire de la ville ; ordonnance favorable rendue par Henri III. — Synode provincial assemblé à Bordeaux. — Montaigne est réélu en 1583 ; sa réélection et le choix des trois nouveaux jurats sont attaqués ; arrêt du conseil d'État et lettres patentes du roi maintenant sa continuation et annulant la nomination des jurats ; requête contre cette décision ; fin de cette affaire. — Pétition au roi de Navarre pour la liberté des communications sur la Garonne. — Différents actes de la jurade relatifs à des statuts ou règlements de plusieurs corps de métiers. — Bordeaux maintenu tranquille malgré les premières agitations de la Ligue. — Montaigne s'absente pendant l'hiver ; réclamé par les jurats. — Progrès de la Ligue, situation difficile vis-à-vis le roi de Navarre ; lettre de ce prince aux maire et jurats de Bordeaux. — Il n'y a pas émeute à ce moment ; prévenue par Matignon. — Maire, jurats et autres convoqués chez le maréchal; Vaillac sommé de remettre le château Trompette, soumission, prise de possession, procès-verbal. — Montaigne porte ces nouvelles au roi de Navarre. — Henri III ordonne à Matignon de se rendre à Agen. — Revue des compagnies armées des habitants de Bordeaux. — Ordre maintenu pendant l'absence de Matignon; lettre que lui écrit Montaigne sur ce qui se passe dans la ville et le pays; — nouveau voyage auprès du roi de Navarre. — Maladie contagieuse, ordinaire à Bordeaux, éclate en juin 1585, avec une extrême violence. — Montaigne se retire; va protéger sa famille; pillage de son château. — Refuse aux jurats d'aller aux élections; sa lettre. — M. de Moncuq, jurat, écrit au maréchal sur l'état de la ville et les élections prochaines...... Pages 205-297.

CHAPITRE IX.

MONTAIGNE NÉGOCIATEUR POLITIQUE.

Qualités de Montaigne comme négociateur. — Erreurs des biographes. — Récit de de Thou. — Quand le roi de Navarre et le duc de Guise se rencontrèrent ennemis à la cour; causes d'inimitié entre eux. — Rôle de Montaigne; — tentatives ultérieures de réconciliation; Montaigne y est étranger. — Mission donnée à Montaigne par le duc de Montpensier pour le parlement de Bordeaux. — Quand Montaigne a négocié entre les princes. — État des choses en Guyenne depuis la paix de Fleix. — Affront fait par Henri III à la reine Marguerite; négociations commencées. — Prise du Mont-de-Marsan par le roi de Navarre. — Correspondance de Duplessis-Mornay avec Montaigne. — Conclusion des négociations. — Relations confidentielles avec le roi de Navarre et Matignon. — Réserve de Matignon envers le roi de Navarre; voyages de Montaigne à Bergerac; lettres et confidences pour Matignon. — Lettre de Turenne à Montaigne; sa date et son objet.
Pages 298-346.

CHAPITRE X.

MONTAIGNE MILITAIRE.

Montaigne a été militaire; son tombeau, ses contemporains, ses *Essais*. — Absence de détails. — État des armées. — Service de la noblesse. — Faits militaires depuis 1576 jusqu'à la paix de Fleix; part qu'a pu y prendre Montaigne. — Guerre de 1585 à 1587; part qu'il a pu y prendre .... Pages 347-362.

CHAPITRE XI.

MONTAIGNE AUX ÉTATS DE BLOIS.

Montaigne n'a pas été député aux états de 1576. Preuves. — Sa présence à Blois pendant les états de 1588; n'y était pas comme député.

— Ne s'y mêla à aucune intrigue. — N'y était pas comme négociateur près du duc de Guise. — Y était ou comme gentilhomme de la chambre, ou comme spectateur............ Pages 363-371.

CHAPITRE XII.

DERNIÈRES ANNÉES DE MONTAIGNE.

Silence des biographes. — Après les états de Blois, Montaigne va à Bordeaux, non à Montaigne. — Envoyé par le roi ; s'occupe des affaires avec Matignon. — Démonstration dans les rues et au parlement. — Soulèvement des ligueurs ; vive et prompte répression. — Mesures contre le parlement. — Henri IV. — Habileté de Matignon. — Montaigne se retire dans son château. — Députation du parlement à Henri IV ; Michel Montaigne n'en fait point partie. — Correspondance avec le roi............................. Pages 372-392.

CHAPITRE XIII.

RÉSUMÉ CHRONOLOGIQUE DE LA VIE PUBLIQUE DE MONTAIGNE....................... Pages 393-400.

FIN DE LA TABLE DES CHAPITRES.

TABLE ALPHABÉTIQUE

DES MATIÈRES.

Nota. Les chiffres indiquent la page.

Américains. Voy. *sauvages.*

Armée; son organisation au XVIe siècle, 349. — Sa manière de faire la guerre; guerres civiles, 352.

Armoiries. De Montaigne, 7. — Son opinion sur les armoiries, 8. — Usage des siennes dans ses voyages, 8. — Les lègue à Charron, 11.

Arnaud. Voy. *Saint-Martin.*

Aubigné (Agrippa d'). Conversation avec Montaigne sur les prétendants, 55. — A été envoyé à Henri III en 1583, 322, note.

Avis de Catherine de Médicis à son fils. Voy. *Catherine de Médicis.*

Balzac; commente le prétendu silence de Montaigne sur sa charge de conseiller, 90. — Plaisante sur sa mairie de Bordeaux, 235.

Beauregard (M. de), frère de Montaigne; calviniste; conseils que lui donne La Boëtie mourant, 47, note. — Était l'aîné de Michel, 76; époque de sa mort, 77.

Bellièvre (de); ses négociations pour le retour de Marguerite chez son mari le roi de Navarre, 328 et suiv.

Biron (le maréchal de); motifs et époque de son rappel de la Guyenne comme lieutenant général, 241 et suiv. — Son séjour en Guyenne en 1585, 281, note 1, 345.

Bordeaux; ses coutumes, règlements et statuts, 213; privilèges de ses bourgeois, *ib.*, respectés par les Anglais, 214; — maintenus, violés, puis rétablis par les rois de France, 215. — Villes filleules, 217. — Son corps de ville, 217. — Prud'hommes, trois cents, assemblée générale du peuple, 218. — Voy. *mairie.* Revue des compagnies armées, 277. — Peste de 1585, 285 et suiv.; triste état de la ville, 292.

Brantôme. Ses plaisanteries sur la promotion de Montaigne dans l'ordre de Saint-Michel, 172.

Brésiliens. Voy. *sauvages.*

Catherine de Médicis. Ses vues dans le voyage de Charles IX en 1565, 102. — Conduit sa fille Marguerite en Guyenne en 1578, 156. — Prolonge son séjour à Nérac; fêtes, plaisirs et guerre, 156, 157. — Abuse des promotions dans l'ordre de Saint-Michel, 165. — Ses avis à son fils, 183; ne sont pas rédigés par Montaigne, 185; ne sont pas adressés à Charles IX, mais à Henri III, 186 et suiv.

Chambre de justice de Guyenne, sa composition, son installation, 246; sa première séance, 248. Son départ pour Agen, 250.

Charles IX. Son voyage et son lit de justice à Bordeaux en 1565, 102 et suiv., 142. — Quand s'est rencontré à Rouen avec Montaigne, 143; les avis écrits par Catherine de Médicis ne s'adressent pas à lui, 186. — Jaloux de l'autorité de Catherine et d'Henri III, 191, note.

Charron. Sa liaison avec Montaigne, 11. — Reçoit de lui le legs de ses armoiries, 11. — Son testament, 11, note. — Date du commencement de ses relations avec Montaigne, 373, note.

Cour; avant et après François Ier,

121. — Abus des voyages, 122. — Montaigne y vient souvent, 123 et suiv., 134 et suiv. Voy. *Montaigne*. — Cour de Catherine à Nérac, 156. — Cour de Nérac, 158. — Grand train de la cour de France, 161 ; n'a pas visité le château de Montaigne, 161. — Ses voyages à Gaillon, 188.

Cour des aides, à Périgueux. — Sa création, 67. — Sa composition, son installation, 69. — Sa diminution, 71. — Sa suppression, 72.

Duplessis-Mornay. Envoyé à Henri III en 1583, 322. — Première lettre à Montaigne sur la prise de Mont-de-Marsan et l'affaire de la reine Marguerite, 326. — Deuxième lettre sur ce dernier sujet, 329. — Troisième, 331. — Quatrième, *eod*. — Cinquième, 333.

Escars (d'). Sa querelle avec le président Largebaton, 100.

Essais. Loués par Henri III, 13. — Quand sont commencés, 148. — Interruptions, 149. — Promptement connus et répandus, 231, note.

États de Blois. Voy. *Montaigne*. — Députés de Guyenne en 1576, 363. — En 1588, 367.

Eyquem. Origine de ce nom, 2. — Établis en Angleterre, 3. — Nombreux et puissants en Guyenne, 3.

Eyquem de Gaujac. Frère de Pierre Eyquem de Montaigne ; a été procureur de ville à Bordeaux, 6.

Eyquem de Montaigne (Pierre), écuyer, père de Michel, 2. — Ses diverses fonctions, 4. — Confondu par le *Gallia Christiana* avec son fils Michel, 5, note 1. — N'a point été procureur de ville, 6. — Était noble, 6. — Destine Michel à la magistrature, 63. — Fait partie de la cour des aides de Périgueux, 69. — Nommé maire de Bordeaux, résigne sa charge de conseiller, 70.

Gentilshommes de la chambre du roi. Leur origine, 178. — Époque de la nomination de Montaigne, 179. — Leurs fonctions, 180. — Leurs gages, 180, 181. — Devaient être nobles, 182, 183.

Gournay (Mlle de) va voir Montaigne à Paris, 153. — Emmène Montaigne à Gournay, 364. — Sa maison à Gournay sur Aronde, *eod*.

Guerre. Voy. *Montaigne*.

Guise. Montaigne n'a pas été leur obligé, ni leur partisan, 56. — Le duc était chevalier de Saint-Michel avant le discrédit de l'ordre, 175, note. — Causes d'inimitié entre lui et le roi de Navarre, 303 et suiv. — Lui et le cardinal de Lorraine ne tenaient à la religion que par politique, 307, note. — Feint de l'amitié pour le roi de Navarre, 311. — Trompé par la fuite de celui-ci, 313. — Rôle de Montaigne entre lui et le roi de Navarre, 309 et suiv. — Autres tentatives de conciliation, 314, 368. — Ses tentatives auprès des royalistes, 369.

Henri III complimente Montaigne sur les *Essais*, 13. — Flatteries de ses courtisans, 124 et note. — Allusion à son éloignement de l'armée, 125, 126. — Mécontentements qu'il excite, à son retour de Pologne, parmi les nobles, 151. — C'est à lui que s'adressent les avis de Catherine de Médicis à son fils, 188. — Défend les duels à sa cour, 193, note. — Son règlement de 1588 sur les secrétaires d'État, 195, 196, note. — Remercie Matignon et l'envoie à Agen, 276. — Affront qu'il fait à sa sœur Marguerite, partie pour Nérac, 321. — Négociations à ce sujet, 322 et suiv. — Envoie d'Épernon au roi de Navarre, 337. — Sa conduite envers le roi de Navarre avant la prise d'armes de 1585, 338.

Henri IV. S'attache Matignon, 381. — Reçoit en 1590 une députation du parlement de Bordeaux, 383. — Écrit à Montaigne, 384. — Réponse de celui-ci, 385. — Lui écrit de nouveau, et reçoit réponse, 389. Voy. *Navarre*.

Hospital (chancelier de l'). Sa harangue au parlement de Bordeaux en 1565, 109 et suiv.

Jurats. Voy. *mairie de Bordeaux*.

Lamontagne. Familier du cardinal de Lorraine, 58.

Largebaton (le président). Envoyé pour s'opposer à la création de la cour des aides de Périgueux, 68 ; en obtient la fusion dans le parlement, 72.

— Attaqué dans le parlement, 100. — Dénonce Montaigne au parlement comme familier de M. d'Escars, 101. — Dénonce au roi les abus du parlement, 103. — Requête présentée contre lui au roi, 113. — Dépossédé de sa charge et réintégré, 117.

Le Londel d'Anctoville. Coopère à l'arrestation de Vaillac et à la prise du château Trompette, 273. — Était capitaine des gardes de Matignon, 291, note 4.

Ligue. Montaigne n'en a pas été partisan, 55. — Henri III traite avec elle, 341 et note. — Ses tentatives à Bordeaux en 1589, 375 et suiv.

Loisel. Son discours d'ouverture à la chambre de justice, 248. — Fin de ce discours, 249. — Le dédie à Montaigne, 250, 251 et note.

Lorraine (cardinal de) n'a point été protecteur de Montaigne, 56. Voy. *Guise.*

Mairie de Bordeaux. Son importance, et splendeur du corps de ville, 211. — Le maire devait être noble d'épée, *ib.* et note. — Nombre des jurats, 217. — Élection des jurats, 218. — Modes de nomination du maire, 220, 401. — Élection et serment, 221. — Pouvoirs du maire et des jurats, *ib.* — Officiers de la commune, 222, 223. — Édit de 1550, 223, note. — Son histoire, 224. — La commune entièrement réintégrée dans ses droits, 228. — Jurats de 1581, 237. — Jurats de 1582, 252. — De 1583, 255. — Élections contestées; décision, réclamation, arrangement de l'affaire, 255 et suiv. — Maire et jurats renouvellent ou établissent les statuts de plusieurs métiers, 265. — Prononcent sur un procès entre deux métiers, 267. — Jurats de 1584, 268. — Ce qu'elle devient après Montaigne, 296.

Marguerite de Valois. Reconduite par sa mère au roi de Navarre, 156. — Son séjour à Nérac, 158. — Fait rappeler Biron de la Guyenne, 244, note. — Son attachement pour le duc de Guise; obligée d'épouser le roi de Navarre, 305. — Rédige un mémoire pour son mari, 310. Voy. *Henri III* et *Navarre.*

Matignon (le maréchal de). Son arrivée en Guyenne, comme lieutenant général, 237 et note. — Sa vie et son caractère, 238. — Ses rapports avec Montaigne comme maire, 239. — Époque de sa nomination de lieutenant général en Guyenne, 243, note. — Difficultés de sa position en 1585, 269. — N'a pas d'émeute à réprimer en 1585, 270 : il la prévient, 270. — S'empare du château Trompette, 272. — Envoie Montaigne au roi de Navarre, 274, 275. — Est envoyé par Henri III à Agen, 276, 277. — Continué maire jusqu'à sa mort, 296. — Sa tenue après la paix de Floix vis-à-vis le roi de Navarre, 319. — Négociations pour la restitution du Mont-de-Marsan, 324 et suiv.; pour déterminer le roi de Navarre à reprendre la reine Marguerite, 328 et suiv. — Sa conduite réservée et son silence envers le roi de Navarre, en 1585, 339. — Montaigne lui sert d'intermédiaire, 340. — Sa conduite avec le duc de Mayenne en 1585, 1586, 356 et suiv., avec le duc de Joyeuse, 361. — En 1589, admet Montaigne dans ses conseils, 374. — Résiste aux ligueurs et au parlement, 376 et suiv. — Sert le roi Henri IV, 381. — Habileté de sa conduite avec le parlement, 382. — Mission auprès de lui donnée à Montaigne par Henri IV, 390. — Son éloge par Montaigne, *eod.*

Mattecoulon (de). Voyage avec son frère, 9. — Attaché au roi de Navarre, 60, note.

Mayenne (duc de). Sa campagne de 1585, 1586, en Guyenne, 356 et suiv.

Moncuq (Baude de), jurat; sa conduite pendant la peste; sa lettre à Matignon, 292.

Montagne (Jacques de). Ce qu'il a été; c'est lui qui doit avoir écrit les avis de Catherine à son fils, 198.

Montaigne (Michel de). Époque de sa naissance, 1. — Était noble, 2. — Sa descendance des Eyquem, 2. — Origine de son nom, 3. — Plusieurs familles de ce nom, 4. — A eu, après son père, le titre d'écuyer, 7. — Possédait le bénéfice seigneurial de Lahontan, 7. — Ses armoiries. Voy. *armoiries*. — Sa réponse à Henri III sur les *Essais*, 13.—Témoignage de de Thou et de Pasquier sur sa franchise, 15. — Pour être jugé doit être rapproché de son siècle, 15. — S'est défendu contre l'ambition, 16. — Ses principes honnêtes et fixes, 19. — Ses idées sur l'honnêteté dans la vie publique, 19.— Sur la corruption de son temps, 21. — Sur le mensonge et la dissimulation, 22. — Sa franchise, 25. — Met le juste au-dessus de l'utile, 26. — Repousse les offices déshonnêtes, 27. — Veut qu'on tienne sa parole ; excepte les princes en cas de nécessité publique, 29. — Était cosmopolite, 29. — Ami de l'égalité, et juge les hommes selon la valeur morale, 30. — Pas éloigné du gouvernement républicain, 31. — Veut la soumission aux lois du pays, 31. — Obéissance même aux mauvais rois qu'on n'estime pas, 31, note. — Admet que la loi fléchisse si le salut public l'exige, 32. — Ennemi des nouveautés, 33. — Avait, et voulait qu'on eût des principes arrêtés, 40. — Résista aux entraînements, 40. — Prit parti sans engagement et sans haine, 41. — Restait impartial, 41. — Désirait sa conservation, mais sans manquer au devoir, 42. — Condamne les excès de zèle, 43. — Sa modération lui fut nuisible, 44. — Resta catholique, 45. — Déclare sa religion, 47.—Sincérité de sa profession de foi, 49.—Flétrit l'emploi de la religion par les partis, 51. — Bienveillant envers les dissidents, 53. — Résolûment royaliste, 53. — Contraire à la Ligue, 55. — N'a point été attaché aux Guise, 56. — Ses sympathies pour le roi de Navarre, 59. — Étudie le droit, probablement à Toulouse, 64. — Entre dans la magistrature, 67, à la cour des aides de Périgueux, 70, 71. — Au parlement de Bordeaux, 72. — Ne paraît pas avoir subi d'examen, 73. — Durée de sa magistrature, 73. — Autres Montaigne membres du parlement, 78. — N'a pas eu de dégoût pour sa profession, 79. — Ses opinions sur les procès, sur les vices et les imperfections des lois et de la justice de son temps, 80 et suiv. — N'a pas caché sa qualité de magistrat, 89. — Se déplaisait dans le parlement, et pourquoi, 93. — Dénoncé par le président Largebaton comme familier récusable de M. d'Escars, 101. — A dû assister à l'entrée de Charles IX et au lit de justice en 1565, 107 et suiv. — Attitude qu'il dut garder au parlement, 118. — Mentions de ses présence ou absence, 119. — Opinions sur sa valeur comme magistrat, 120. — Ce qu'il dit des flatteries de courtisans, 123. — Ses conseils hardis aux princes, 125 et suiv. — Son attitude digne et indépendante à la cour, 131. — Ne doit pas être blâmé d'être venu souvent à la cour, 134 et suiv. — Son goût pour Paris, 136, note. — N'a jamais fui la cour, 136 et suiv. — Rien à conclure, pour cela, d'une inscription de son château, 138. — Est venu à la cour d'Henri II, 139; de François II, 140. — Quand s'est-il trouvé à Rouen avec Charles IX? 140, 141. — Est venu à la cour en 1570, 146. — S'est retiré en 1571 dans son château, mais non sans en sortir, 147 et suiv. — Venu à la cour en 1572, de 1572 à 1576, 150. — Au commencement du règne d'Henri III, 151. — En 1580, en 1582, en 1588, 153. — Ses relations avec la cour de Navarre, dans la jeunesse du roi, 154. — Après la fuite de 1576, 155. — Lors du voyage de Catherine et de Marguerite à Nérac, 156. — A reçu, dans son château, la royauté, c'est-à-dire le roi de Navarre; description du château, date des visites, 159 et suiv. — Époque de sa promotion dans l'ordre de Saint-Michel, 166 et suiv. — Son opinion sur l'ordre de Saint-Michel, 168; sur celui du Saint-Esprit, 176. — Quand il a été nommé gentilhomme ordinaire de la chambre du roi, 170. — N'a pas été secrétaire de Catherine, et n'a pas rédigé les instructions de cette reine à son fils, 183 et suiv. — Son goût pour Rome, 200. — Sa bulle de bourgeoisie romaine, 201. — Ce diplôme considéré comme un honneur spontané; aveu contraire de Montaigne, 203. — Époque et motifs de son voyage de 1580, 206. — Se rend à la Fère, 207. — Reçoit, près de Lucques, l'avis de son élection comme maire de Bordeaux,

207. — Refuse la mairie, puis l'accepte, 208. — Lettre d'Henri III qui lui ordonne d'accepter, 209; s'en applaudit, 210. Voy. *mairie*. — Écrit ce qu'il serait comme maire, 229. — Ses titres à l'élection, 230. — Défend son administration, 231 et suiv. — Épigramme de Balzac, 235. — Opinion générale favorable, 236. — Administration de Montaigne peu connue, 237. — Ses périodes, *ib*. — Jurats qu'il trouve en arrivant, *ib*. — M. de Matignon, lieutenant général, rapports avec lui, 239. Voy. *Matignon*. — Entrée immédiate en fonctions, discussion, spécialement pour Montaigne, 239 et suiv. — Assiste à l'ouverture de la chambre de justice, 246. — Se lie avec de Thou, 247. — Félicite Loisel, et est loué par lui, 249. Voy. *Loisel*. — Obtient l'extinction de la traite foraine, 252. — Est député à la cour; obtient une ordonnance du roi, 252. — Sa réélection attaquée et maintenue, 255. — Signe et porte une pétition au roi de Navarre pour la liberté des communications sur la rivière, 261. — Mêmes démarches renouvelées, 264. — Écrit aux jurats en février 1585, 268. — Retourne à Bordeaux; difficulté politique de la situation, 269. — Convoqué chez Matignon pour la prise du château Trompette, 272. — Délibère sur une revue de troupes armées, 277. — Veille à la sûreté de la ville en l'absence de Matignon, 278. — Sa lettre à ce maréchal, 279. — Va voir le roi de Navarre, 284. — Quitte Bordeaux à cause de la peste, 287. — Motifs d'excuse, 289. — Répond aux jurats qui lui demandaient de venir aux élections, 291. — Cesse d'être maire en 1585 et non en 1586, 293. — Ses qualités comme négociateur, 298. — Son rôle de négociateur mal connu, 300. — Raconte ses négociations à de Thou : sens de ce récit, 301. — Quand a été intermédiaire entre le duc de Guise et le roi de Navarre, et dans quelles circonstances, 303 et suiv. — Envoyé au parlement de Bordeaux par le duc de Montpensier, 315. — A quelle époque se rapportent ses négociations entre les princes, 317. — État des partis après la paix de Fleix et en 1585, 318 et suiv. — Ses négociations pour le retour de Marguerite chez le roi de Navarre, 326 et suiv. — Sa correspondance avec Duplessis-Mornay, *eod*. — Sert d'intermédiaire et maintient l'accord entre Matignon et le roi de Navarre, 337, 340. — Son mot à Duplessis sur du Ferier, 338, note. — Reçoit une lettre pressante de Turenne, 341. — Réussit dans ce qu'elle lui demandait, 344. — A été militaire, témoignages et preuves, 347. — A probablement servi comme volontaire avec la noblesse du Périgord, 352. — Dans quelles années et quelles circonstances a pris part aux guerres civiles, 353 et suiv. — N'a pas été député aux états de Blois en 1576, 363. — Ni à ceux de 1588, 365. — Ne s'y est mêlé d'aucune intrigue ni négociation, 367 et suiv. — En quelle qualité a pu rester à Blois pendant les états, 370. — Ne s'est pas rendu de Blois à Montaigne, mais à Bordeaux, 372. — Envoyé par le roi, seconde le maréchal de Matignon contre les ligueurs et le parlement, 374 et suiv. — Se retire dans son château, 382. — Répond à Henri IV, 384. — Remarques sur sa lettre, 387. — Seconde lettre à Henri IV, 389. — Remarques sur cette lettre, 391. — N'a plus revu Henri IV, 392. — Sa mort, 50 et 392. — Résumé chronologique de sa vie, 393.

Mont-de-Marsan. Prise de cette ville et ses conséquences, 324 et suiv. Voy. *Duplessis-Mornay*, *Matignon*, *Montaigne*.

Montmorency (connétable de). Sa conduite après l'insurrection de 1548, 226.

Montpensier (duc de). Envoie Montaigne au parlement de Bordeaux, 315; dans quelles circonstances, 316.

Navarre (roi de). Rapports divers de Montaigne avec lui, 59. — Sympathie exprimée par Montaigne, 60. — Son séjour à Bordeaux en 1567, 154. — Mal reçu en Guyenne en 1570, 155. — Y revient en 1576, 155. — Reçoit Catherine et Marguerite en 1578, 156. — Visite Montaigne dans son château, 162. — Insiste pour le payement des garnisons des places de sûreté, à la demande des Bordelais, 263. — Presse Matignon de s'expliquer, 270. — Écrit aux maire et jurats en 1585, 270. — Nouvelle lettre, 275. — Causes d'inimitié entre lui et le duc de Guise, 303 et suiv. — Ne traitait pas la religion sérieusement, 307, note. — Mal traité à la cour, 309. — Ses réponses à Catherine de Médicis devant les commissaires du parlement, 310. — Trompe le duc de Guise, et s'enfuit de la cour, 311 et suiv. — Avertit Henri III, et se prépare contre la Ligue, 320. — Ses négociations en 1588, avant de reprendre sa femme Marguerite, 321 et suiv. — Prise de Mont-de-Marsan et ses conséquences, 324 et suiv. — S'attache Matignon, après la réconciliation avec Henri III, 380. Voy. *Henri IV*.

Nérac. Voy. *Cour, Marguerite de Valois, Montaigne*.

Noblesse. De Montaigne, 2 et suiv. — De ce temps exploitait ses mécontentements politiques, 54, note. — Son service militaire, 350 et suiv. — Sa mauvaise conduite dans les guerres civiles, 353.

Ordre du Saint-Esprit. Sa création, 175, 176. — Opinion de Montaigne, 176. — Sa destinée, 176, 177.

Ordre de Saint-Michel. Sa création, 164. — Son déclin, 165. — Opinion de Montaigne à ce sujet, 168. — Quand Montaigne l'a reçu, 166 et suiv. — Son entier discrédit, 174.

Paris. Affection de Montaigne pour cette ville, 136, 387.

Parlement de Bordeaux. Sa création et ses vicissistudes, 73, note. — Sort de ses registres, 74. — Son mauvais esprit, 93. — Son histoire pendant que Montaigne y a siégé, 94 et suiv. — Députe à Henri IV après la bataille d'Ivry, 383. — Un Montaigne fait partie de la députation; quel est-il ? 384.

Pasquier (Étienne), fait l'éloge de Montaigne, 15. — Raconte sa mort, 50. — Suit les cours de Cujas, 64.

Prunis. Fait remonter la famille de Montaigne à 1400, 3. — Découvre le manuscrit du voyage de 1580, 8, note.

— Insère dans une préface la lettre d'Henri III, nommant Montaigne chevalier de l'ordre, 169, et une lettre de Turenne à Montaigne, 341.

Résumé chronologique de la vie publique de Montaigne, 393.

Rome. Montaigne y obtient le droit de bourgeoisie, 201. Voy. *Montaigne*.

Saint-Martin (le capitaine.) Frère aîné de Montaigne, 76. — Époque de sa mort, erreur de Moréri, 76, 77.

Sauvages. Nom donné aux Américains, Brésiliens, amenés en Europe, 141. — Présentés à Henri II, 141. — A Charles IX à Bordeaux, 142. — A Troyes, *ib.*, note. — A Rouen, où se trouvait Montaigne ; à quelle date ? 143.

Scaliger. Son mot sur le père de Montaigne, 2.

Synode provincial à Bordeaux, 254.

Thou (de). Fait l'éloge de Montaigne ; leur amitié, 15. — Conseiller à la chambre de justice, se lie avec Montaigne, 247. — Son récit relatif aux négociations de Montaigne, 301. — Est sollicité par le duc de Guise, 369.

Turenne (vicomte de). Écrit à Montaigne ; date et explication de sa lettre, 341 et suiv.

Université de Bordeaux. Sa fondation et ses statuts, 66.

Vaillac. Forcé de livrer à Matignon le château Trompette, 272.

Voyages ; de Montaigne en 1580 ; manuscrit découvert, 8. — Honneurs que Montaigne reçoit en Allemagne, 9. — Dons qu'il fait de ses armoiries, 9. — Sa dévotion, 49. — De Charles IX en 1565, 102 et suiv. — A Rouen, en 1562, 141. — De Montaigne à Paris, en 1570, 147. — Ses différents voyages à la cour. Voy. *Montaigne*. — De Catherine de Médicis et de Marguerite en Guyenne et à Nérac, 156 et suiv. — De la cour à Gaillon, 188. — De Montaigne auprès du roi de Navarre et à son château en 1584, 268, 337. — A Bergerac, 275, 284, 340, 341. — A Gournay, 364. — Retour en Guyenne, 373.

FIN DE LA TABLE ALPHABÉTIQUE.

TYPOGRAPHIE DE CH. LAHURE
Imprimeur du Sénat et de la Cour de Cassation
rue de Vaugirard, 9.